TRAITÉ

DE

TOXICOLOGIE

ET DE

CHIMIE JUDICIAIRE

PARIS. — Typographie RENOU ET MAULDE, rue de Rivoli, n° 144.

TRAITÉ

DE

TOXICOLOGIE

ET DE

CHIMIE JUDICIAIRE

PAR

M. A. CHEVALLIER

PROFESSEUR A L'ÉCOLE SUPÉRIEURE DE PHARMACIE DE PARIS
MEMBRE DE L'ACADÉMIE IMPÉRIALE DE MÉDECINE ET DU CONSEIL D'HYGIÈNE PUBLIQUE
ET DE SALUBRITÉ DU DÉPARTEMENT DE LA SEINE

PARIS

P. ASSELIN, SUCCESSEUR DE BÉCHET J[NE] ET LABÉ

LIBRAIRE DE LA FACULTÉ DE MÉDECINE

PLACE DE L'ÉCOLE-DE-MÉDECINE

1868

INTRODUCTION.

La toxicologie est la partie dogmatique de la chimie et de la médecine qui traite des poisons; on a donné le nom de *poisons* aux substances qui, introduites à petites doses dans l'économie animale, y apportent un trouble profond, susceptible dans un grand nombre de cas de déterminer la mort.

L'étude des toxiques a pris depuis un certain nombre d'années une grande extension, et l'on doit rendre justice au savant dont la perte a été si vivement ressentie, à Orfila, car profitant des connaissances acquises, il a par ses travaux, par ses recherches, fait de la toxicologie une science nouvelle, qui a progressé grâce aux nombreuses publications faites par les savants de tous les pays.

La médecine légale tire de la toxicologie de vives lumières; elle est importante encore sous le rapport de la thérapeutique en faisant connaître les secours qui peuvent être donnés en cas d'empoisonnement.

Le pharmacien sait que chaque jour les toxiques à petites doses sont prescrits comme médicament; la démarcation entre les médicaments et les poisons n'est donc ni précise ni même possible : la dose, l'idiosyncrasie, la progression due à l'habitude de l'usage décident de l'action médicamenteuse ou toxique d'un même corps. Cette action d'ailleurs n'est pas absolue : ce qui est toxique pour telle espèce animale ou végétale ne l'est pas pour telle autre; on pourrait citer à l'appui de ce que nous avançons un grand nombre d'exemples.

Aucune règle générale n'est, par conséquent, applicable aux poisons. Aussi est-ce en parlant de chacun d'eux en particulier, que nous indiquerons ce qui leur est relatif sous le rapport des caractères qu'ils présentent ; nous ferons connaître les antidotes dont on doit faire usage, les expériences pratiques qui doivent être faites dans leur recherche, etc.

Les poisons ont été divisés d'abord en trois classes : 1° *poisons minéraux*; 2° *poisons végétaux*; 3° *poisons animaux*.

Les toxicologistes ont admis une autre classification qui est la suivante : *poisons irritants ou corrosifs, poisons narcotiques ou stupéfiants, poisons narcotico-âcres*, et *poisons septiques ou putréfiants.*

Quoique nous adoptions, pour plus de facilité pour nos confrères, l'ordre alphabétique, nous suivrons cet ordre dans les trois divisions qui ont été adoptées pour cette classification.

Notre livre étant destiné à nos confrères qui, en raison de leurs études, sont appelés à éclairer la justice, nous nous permettrons avant d'entrer en matière de leur donner quelques détails sur ce que la justice doit attendre d'un expert.

L'expert qui s'occupe de chimie appliquée à la toxicologie, de chimie judiciaire, le chimiste, le pharmacien, qui a obtenu la confiance des tribunaux, s'il comprend bien la mission qui lui est confiée, doit se livrer à l'étude spéciale de toutes les questions qui se rattachent à la chimie judiciaire. Il ne doit jamais se prononcer sans que sa conviction soit entière; s'il conçoit un doute, s'il ne se sent pas assez éclairé, il doit mettre de côté toute fausse honte et demander au magistrat instructeur qu'un second expert lui soit adjoint afin de discuter et d'élucider le point douteux.

De ses expériences dépendent l'honneur et quelquefois la vie d'un accusé ; il doit donc s'assurer de la valeur des résultats obtenus, de la propreté des vases et de la pureté des réactifs qu'il a employés, il doit *voir* et *voir encore* (1). Convaincu, il doit exprimer son opinion sans se

---

(1) Cela est d'autant plus nécessaire que des faits ont fait connaître que de certains produits peuvent induire en erreur. Nous citerons pour exemple une matière jaune qui fut prise par des experts *pour du sulfure d'arsenic*, matière que nous avons été à même d'examiner, et que nous avons reconnue

passionner pour ou contre l'accusé. Dans le premier cas, il deviendrait accusateur; dans le deuxième, il deviendrait avocat; il outrepasserait la mission qui lui est confiée par les magistrats sous la foi du serment.

Nous connaissons des savants, des praticiens habiles, qui, désignés par des magistrats pour des missions toxicologiques qu'ils n'avaient pas osé refuser dans la crainte d'être accusés de manquer de savoir, tout en se livrant à l'examen des questions qui leur avaient été posées, faisaient en même temps faire par des toxicologues expérimentés, des essais sur les mêmes produits, et ne se prononçaient que quand ils avaient acquis la conviction qu'ils n'avaient point fait erreur. Dans un pareil cas, un chimiste chargé de l'analyse d'un produit toxique, faisait lui-même des expériences, puis il en faisait faire à deux chimistes à la fois, à M. C...., chimiste, et à M. D...., qui avait publié un ouvrage dans lequel il traitait de toxicologie; le hasard fit connaître ce mode de faire aux deux personnes qui avaient fait l'analyse du produit toxique.

Il faut le dire, la recherche de certaines substances toxiques n'est pas toujours facile, et la mission d'expert exige de celui qui la remplit, probité, savoir, rectitude de jugement et indépendance. L'expert chimiste, lorsqu'il opère, et surtout lorsqu'il s'agit d'inciser des organes en putréfaction, doit le faire en prenant les plus grandes précautions, car on sait qu'une piqûre, une coupure, que la projection des matières en putréfaction, peuvent être la cause de graves dangers et même causer la mort de l'expert.

Il faut quelquefois se méfier des résultats présentés par des hommes honnêtes cependant, mais qui se sont trompés. Nous avons été à même de constater de graves erreurs commises par des personnes qui étaient pourvues de connaissances étendues, mais qui manquaient d'une pratique suffisante. A notre avis, pour être expert habile, il faut avoir surtout beaucoup pratiqué. A l'appui de ce que nous avançons sur des erreurs commises, voici quelques faits.

---

n'être pas du sulfure d'arsenic. Le résultat de notre examen nécessita l'intervention de MM. Orfila et Barruel, qui déclarèrent que cette matière, de couleur jaune, n'était pas due à de l'arsenic.

(*Journal de chimie médicale*, 1846, p. 434.)

1° Dans une affaire d'accusation d'empoisonnement qui s'instruisait à A....., les experts, au nombre de trois, concluaient à la présence de l'arsenic dans les matières examinées; l'accusé ayant obtenu qu'une contre-expertise serait faite à Paris, j'en fus chargé; la lecture du rapport des experts me fit désirer qu'un second expert me fût adjoint, ce fut M. Lassaigne; les opérations nous conduisirent à reconnaître *qu'il y avait dans la portion des matières mises de côté par les premiers experts absence totale d'arsenic* (1).

2° Dans une affaire d'inculpation d'empoisonnement, portée le 10 février 1854, contre le nommé D....., celui-ci était accusé d'avoir empoisonné sa femme par l'arsenic; d'une expertise faite à O....., il résultait que les organes de la femme D..... contenaient un produit arsenical; par suite de je ne sais quelles circonstances, le rapport des experts de B..... ne fut pas considéré comme complet, le tribunal ne crut pas devoir statuer sur le rapport; il fut demandé une contre-expertise, et MM. Bussy, Reveil et moi fûmes nommés. On nous envoya le cadavre entier de la femme D.....; des expériences répétées faites sur les différents organes de ce cadavre nous démontrèrent *qu'il n'y avait pas eu d'empoisonnement par l'arsenic.*

A l'audience nous reconnûmes *que des taches excessivement nombreuses qui étaient présentées comme pièces de conviction par les premiers experts, étaient des taches dues à de l'antimoine provenant de produits antimoniaux employés par les experts dans leurs opérations.*

Des expériences contradictoires furent faites sur ces taches, chez un chimiste de la localité, M. Delarue; elles firent connaître que ces taches étaient bien dues à l'antimoine et qu'elles ne présentaient pas les caractères qu'on leur avait indiqués dans le rapport des premiers experts. (*Annales d'hygiène et de médecine légale,* t. II, 2e série, p. 116.)

Nous pourrions citer d'autres faits, mais nous allons faire connaître ceux dans lesquels la recherche du poison, existant dans les organes des décédés, avait échappé aux recherches des experts et avait donné lieu à des rapports négatifs.

---

(1) Il est de règle que, dans une expertise médico-légale, l'expert ne doit pas employer la totalité des matières saisies, mais en réserver la moitié, autant que cela est possible, pour une contre-expertise.

1° A S....., une suspicion d'empoisonnement sur son mari fut portée contre une femme G...... Trois experts, dont le mérite ne pouvait être contesté, avaient été chargés d'examiner les organes de G...... Ils déclarèrent à l'unanimité que ces organes ne contenaient pas d'arsenic. Le parquet de S....., n'étant pas satisfait de cette déclaration, demanda une deuxième expertise ; elle fut confiée à M. Devergie, à M. Flandin et à moi ; nos recherches nous firent reconnaître dans ces organes la présence d'un produit arsenical.

Aux assises, notre rapport fut contesté ; une troisième expertise fut faite par les trois experts de S..... et par les trois experts de Paris. La présence de l'arsenic fut de nouveau constatée.

2° A B....., une femme X..... fut inculpée d'avoir empoisonné son mari. Les experts de la localité déclaraient que les organes examinés ne contenaient pas d'arsenic. Nommés, M. Duchesne et moi, pour une contre-expertise qui fut faite concurremment avec l'un des experts de B....., la présence de l'arsenic dans ces organes fut facilement démontrée.

M. Audouard, de Béziers, nous a fait connaître qu'une jeune dame ayant été atteinte de symptômes d'empoisonnement après avoir pris du café, le médecin fit mettre de côté une partie du liquide ingéré. Le juge de paix appelé ordonna l'analyse du liquide ; le rapport des experts concluait à la présence d'un sel de fer dans le café saisi. M. le juge d'instruction de Béziers, qui ne croyait pas que les sels de fer pussent être considérés comme toxiques, demanda une contre-expertise. M. Audouard, qui en fut chargé, reconnut que le toxique était du sulfate de cuivre. (*Journal de chimie médicale*, 1842, p. 772.)

L'expert n'a pas toujours des affaires de cette importance, il ne s'agit quelquefois que d'affaires correctionnelles ; mais là encore l'honneur de la personne accusée est en question. Ces affaires sont relatives à des fraudes de toute nature, vin, vinaigre, farine, pain, huiles falsifiées, etc. Là encore, le manque de pratique des experts a été la cause d'erreurs qui pouvaient être graves pour les personnes inculpées. Citons des exemples.

A N....., des experts déclarèrent des vins falsifiés par l'alun, le négociant, homme loyal, fut condamné à l'amende et à la prison ; il obtint en appel qu'une contre-expertise serait faite à Paris. Cette opération démontra que les premiers experts avaient pris du *phosphate de chaux pour de l'alumine*.

A M....., un expert crut avoir découvert de l'alun dans des vins qui n'en contenaient pas, l'absence de ce sel fut démontrée dans une contre-expertise; l'expert ne croyant pas avoir fait erreur vint à Paris trouver l'un de ses maîtres. Il lui soumit le vin sujet du litige; ce savant, après des essais, déclara dans un rapport écrit qu'il n'avait pas trouvé de traces d'alun dans ce vin; l'expert fut donc forcé d'avouer à son maître l'erreur qu'il avait commise, mais il n'eut pas le courage d'avouer son manque de connaissances nécessaires, et si une deuxième expertise n'eût pas fait connaître la vérité, des négociants eussent été condamnés, déshonorés et peut-être ruinés.

A....., à C....., des farines, des blés, furent déclarés mauvais, altérés, falsifiés; les contre-expertises vinrent démontrer le contraire. Les négociants furent acquittés en appel et les marchandises qui avaient été saisies leur furent restituées. Nous pourrions citer d'autres faits analogues. Nous ne savons si on doit donner le nom d'expert à un homme qui, dans un rapport, établissait que de la farine avait été falsifiée par du poussier de charbon.

Nous devons dire à l'expert qu'il doit se mettre en garde contre des personnes qui viendraient le charger d'expertises *particulières* soit dans des cas d'empoisonnements vrais, soit dans des cas supposés; il doit dans son rapport, dont on pourrait tirer parti, *établir d'une manière précise, comment le produit à examiner lui a été remis, par qui, s'il était renfermé ou non sous scellé, quelle était la personne qui avait apposé le scellé, enfin toutes les circonstances qui pourraient éclairer la justice, si ce rapport était le sujet d'une affaire portée devant les tribunaux*.

L'expert doit être sans cesse en défiance et rechercher si les scellés, lorsqu'il y en a d'apposés, sont intacts, s'ils ont pu être déplacés. Nous allons faire connaître ce qui nous est arrivé.

Chargé de l'examen d'un vin blanc qui avait été allongé de cidre et qui avait été saisi, nous trouvâmes dans les bouteilles qui nous furent remises pour l'examiner, d'excellent vin de Chablis. Nous fîmes notre rapport en conséquence; le chef de la dégustation, à qui on en avait donné connaissance, vint nous exprimer son étonnement de nos conclusions; mais j'avais conservé de ce vin, et son étonnement fut très-grand de trouver que le vir était d'excellente qualité, il voulut me convaincre que celui que j'avais analysé n'était pas le vin sujet du procès. Nous nous rendîmes à l'entrepôt; là, il fut reconnu qu'il y avait eu une substitution. Comment avait-elle eu lieu, on n'en sut rien; le fait positif c'est que les étiquettes portant les mentions judiciaires se trouvaient sur des bouteilles contenant du vin qui n'était pas celui qui avait nécessité une information.

Nous nous présentâmes devant le tribunal pour lui faire connaître les faits et notre appréciation sur le vin saisi, dont nous avions nous-même pris des échantillons.

Le fait suivant fait connaître les ruses de certains fraudeurs et les précautions que l'expert doit prendre.

En 1855, nous fûmes chargés, M. Stanislas Martin et moi, d'examiner du vin saisi à Nevers, que l'inculpé déclarait avoir été saisi à tort et dont il voulait avoir une analyse et un rapport.

En effet, l'analyse aurait démontré *que ce vin était loyal et marchand* si nous n'avions découvert qu'il y avait eu substitution. Le fraudeur avait percé le fond des bouteilles portant les mentions judiciaires à l'aide d'un foret et d'un archet, il avait enlevé le vin saisi, l'avait remplacé par du vin non fraudé, puis, à l'aide d'un petit bouchon en liége, il avait fermé l'ouverture et recouvert le bouchon de noir et de cire; cette substitution ne put réussir, car on lui délivra le certificat dont la teneur suit :

« Je certifie que le vin que le sieur X..... m'a donné à analyser est « de bonne qualité. Je ne l'engage pas à se servir de cette déclaration, « attendu qu'il a commis un faux en substituant au vin saisi par la po- « lice un vin de bonne qualité, et que cette substitution a été faite en « perçant le fond des bouteilles et en les rebouchant avec du liége « noirci avec art, et que, heureusement pour moi, M. Chevallier a dé- « couvert cette fraude assez à temps pour que notre nom et notre hon-

« neur ne soient pas compromis, car on aurait pu faire une troisième « expertise, et établir que nous nous étions trompés (1). »

LES EXPERTS SONT-ILS UTILES, LES RECHERCHES MÉDICALES ET TOXICOLOGIQUES SONT-ELLES NÉCESSAIRES?

Cette question, qui est résolue par le besoin qu'il y a d'assurer la sécurité publique, de punir le criminel, a été le sujet de controverses dont nous ne nous expliquons pas le but. Voici ce que disait à ce sujet un jurisconsulte français qui a siégé dans les assemblées législatives et qui a fixé l'attention publique par de nombreuses publications à propos des recherches chimiques faites dans les cas de suspicion d'empoisonnement :

« Quand la victime est morte, s'il y a soupçon, on déterre le cadavre; on jette ses viscères, son estomac et ses os sur des brasiers de feu; on épouvante les imaginations, on livre des innocents aux commentaires absurdes ou odieux de la malignité publique; on offre pour consolation aux familles les fonctionnements ingénieux de l'appareil de Marsh, on empaquette le cadavre coupé par morceaux, on le met en fiole et on le livre aux analyses des chimistes et des médecins *dont les uns disent oui, et les autres non;* et puis, dans le doute du crime, les jurés absolvent; dans la certitude, ils font grâce de la vie, c'est-à-dire que, dans le premier cas, on encourage le crime, et que dans le second on fausse la logique des peines. »

On se demande, lorsqu'on lit cet article critique, qui ne touche pas seulement l'expert, ce que doit faire le magistrat qui est appelé à faire une instruction dans un cas de suspicion d'empoisonnement? Sur quoi établira-t-il l'acte d'accusation? Est-ce sur des symptômes qui peuvent le tromper? Doit-il ou ne doit-il pas consulter les médecins légistes, les toxicologistes, ou se baser sur les symptômes de la maladie, symptômes qui peuvent induire en erreur?

Si nous recherchons ce qui a été écrit sur ce sujet, nous trouvons dans les *Annales d'hygiène* le travail d'un médecin légiste dont la répu-

---

(1) Le vin examiné était contenu dans deux bouteilles; ces deux bouteilles avaient été vidées, puis remplies avec du vin de bonne qualité.

tation est bien établie : nous parlons de M. Tardieu, qui a publié des *Observations de médecine légale sur les cas de mort* naturelle et des maladies spontanées qui peuvent *être attribuées à un empoisonnement.* Dans ce travail, l'auteur a signalé ce qui a été dit sur ce sujet par Orfila, par M. Devergie, et il complète les notions données par ces savants.

M. Tardieu a établi diverses catégories de maladies qui sont les suivantes, et il a signalé dans la première les faits dans lesquels la cause matérielle de la mort est évidente et la suspicion d'empoisonnement inadmissible. Ces maladies sont : l'étranglement intestinal, la fièvre typhoïde, les ruptures viscérales, les ulcères simples du tube digestif, les perforations spontanées, la péritonite, les tumeurs sanguines du petit bassin, les congestions et les hémorrhagies cérébrales, la méningite, l'hydrocéphale aiguë, les maladies du cœur et du poumon. Dans la seconde catégorie il a rangé *les maladies dans lesquelles la cause de la mort restant douteuse, la suspicion d'empoisonnement ne peut être jugée que par l'analyse chimique.* Ces maladies sont le choléra, l'entérite, la gastro-entérite, l'avortement, l'hémorrhagie intestinale, l'indigestion.

On voit donc que dans un grand nombre de cas il y a nécessité de procéder à l'analyse chimique des organes des personnes dont la mort spontanée peut donner lieu à une suspicion d'empoisonnement.

A l'appui de ce que nous avançons, nous devons citer un mémoire publié dans les *Annales d'hygiène*, t. VII, p. 160 (1832), et qui a pour titre *Commentaire sur les articles 43 et 44 du Code d'instruction criminelle en matière d'expertise médico-légale.* Nous ne pouvons donner ici *in extenso* le travail de M. Collard de Martigny, que nous avons compté au nombre de nos bons élèves, et qui, après avoir étudié la chimie, fut appelé à remplir diverses fonctions dans la magistrature, notamment celle de substitut près de la Cour d'assises des Vosges. Nous en donnerons seulement un extrait.

M. Collard de Martigny admet en principe :

1° Qu'il faut avoir recours à des experts dans un grand nombre de cas ;

2° Que le choix des experts a une grande importance ;

3° Que les titres d'un homme ne peuvent donner aux magistrats les garanties nécessaires sur son mérite comme expert ;

4° Que des experts incapables ont commis ou fait commettre de graves erreurs (1).

Ce magistrat développe ensuite les raisons qui l'ont porté à établir ces propositions; nous ne les rapportons pas ici, mais nous renvoyons à l'article lui-même, que nous ne pouvons pas reproduire ici en entier.

On pourrait obvier aux graves dangers que nous venons de signaler en créant une École pratique de toxicologie et de médecine légale.

Les professeurs chargés de cet enseignement devraient non-seulement faire des leçons orales aux élèves, mais en outre leur faire exécuter toutes les opérations décrites.

Les élèves qui auraient acquis la science théorique et la science pratique seraient ensuite soumis à des examens sévères, et, lorsqu'ils auraient justifié de leur savoir, ils seraient reconnus aptes à en recevoir un diplôme qui leur donnerait droit à prendre rang parmi les experts.

On conçoit qu'une semblable création ne pourrait être faite que par l'intervention de S. Exc. M. le Ministre de l'instruction publique, qui seul est à même de faire étudier les moyens à mettre en pratique pour obtenir des résultats utiles à la magistrature et au pays.

(1) M. Collard de Martigny cite divers faits à l'appui de ce qu'il avance.

TRAITÉ DE TOXICOLOGIE

ET DE

CHIMIE JUDICIAIRE.

DES POISONS.

DE LEURS CARACTÈRES. — DES MOYENS DE LES RECONNAITRE. LEURS ANTIDOTES PRÉSUMÉS.

Acétates de cuivre.

On connaît, dans le commerce, deux acétates de cuivre qui peuvent être la cause d'empoisonnements accidentels ou criminels; ce sont : 1° l'acétate basique de cuivre, connu sous les noms de *verdet*, de *vert-de-gris*, d'*æs viride*, de *viride æris*, d'*ærugo rasilis*; 2° l'acétate neutre de cuivre, qui porte aussi les noms d'*acétate cuivrique*, de *verdet cristallisé*, de *cristaux de Vénus*. Les empoisonnements accidentels par le vert-de-gris sont assez nombreux. Les empoisonnements criminels qui ont été le sujet de poursuites se sont élevés à quinze dans un espace de dix ans, de 1855 à 1865. Nous n'avons pas appris que pendant ce laps de temps un seul cas d'empoisonnement par l'acétate cuivrique ait été constaté.

ACIDE BI-BASIQUE.

Cet acétate, qui constitue le verdet de Montpellier, est un composé de deutoxyde de cuivre 42.93, d'acide acétique 27.85 et d'eau 27.22 (Philips). Employé dans une foule de préparations pharmaceutiques contre diverses maladies, il demande à être administré avec la plus grande prudence et ne doit jamais être délivré sans ordonnance du médecin.

Le vert-de-gris se présente en masse amorphe micacée dans son intérieur, colorée tantôt en bleu clair, tantôt en vert bleuâtre; mis en contact avec l'eau distillée, il se décompose et se transforme en acétate neutre qui est soluble et en acétate tribasique qui se dépose au fond du vase, fournissant un produit floconneux de couleur bleu de ciel pâle; la liqueur, qui a une couleur bleue, est précipitée par l'ammoniaque, qui, en excès, redissout le précipité, en prenant une couleur bleue qu'on a qualifiée d'*épiscopale*; l'acide hydrosulfurique, les hydrosulfates le précipitent en noir, le cyano-ferrure de potassium en rose ou en brun-marron; une lame de fer bien décapée, mise en contact avec cette solution, se recouvre de métal et acquiert une apparence cuivrée.
Le vert-de-gris, exposé à l'action de la chaleur, sur un charbon, noircit sans

se boursoufler, en répandant une faible odeur d'acide acétique, en laissant un résidu abondant qui a d'abord une teinte rougeâtre, mais qui, par l'air et la chaleur, devient noir.

L'acide sulfurique concentré et la chaleur en dégagent l'acide acétique, qu'on reconnaît à son odeur caractéristique.

Le vert-de-gris a souvent été la cause, par insouciance ou par défaut de soins, de nombreux accidents; quelques-uns d'eux ont été suivis de mort (1).

Le vert-de-gris, qui détermine des accidents graves et même la mort, provoque souvent des vomissements, des coliques, des évacuations alvines. Dans les cas de suspicion d'empoisonnement, toutes les déjections, lorsqu'on peut les obtenir, doivent être le sujet d'un examen chimique.

Lorsqu'on veut savoir si des déjections, si des organes contiennent du cuivre, on agit de manière à reconnaître sa présence, et cela, si on peut, sans faire usage des acides ou du fer, en jetant sur un filtre, qu'on a eu soin de mouiller d'avance avec de l'eau distillée, les matières liquides que, dans quelques cas, on est forcé d'étendre d'eau distillée; on laisse la filtration s'opérer, et lorsque le liquide est séparé des matières solides on l'examine par les réactifs suivants : l'acide sulfhydrique, l'ammoniaque, le ferrocyanure de potassium, la lame de fer bien nette et bien décapée. On ne doit pas, dans ces essais, comme quelques auteurs l'ont indiqué, faire usage des hydrosulfates, par la raison que si les matières examinées contenaient du fer, il y aurait formation d'un précipité de sulfure de fer de couleur noire qui induirait en erreur.

Nous avons quelquefois obtenu une séparation plus rapide des liquides des matières solides en étendant ces matières d'acide acétique pur étendu d'eau, si l'examen des liquides additionnés de réactifs n'a pas donné, après quelques heures, d'indices de la présence du cuivre, il faut alors procéder au traitement des matières solides.

Quelques auteurs ont conseillé, dans la recherche du cuivre et d'autres substances toxiques dans les liqueurs colorées, de leur faire subir un traitement au charbon pour enlever les matières colorantes. Cette prescription ne doit pas être suivie, elle induirait le chimiste en erreur. En effet, nous avons démontré, dès 1845 (Voir le *Journal de chimie médicale* de cette année), que le charbon s'emparait des sels métalliques, et que les recherches qu'on faisait ensuite sur les liquides décolorés donnaient des résultats qui n'avaient pas de valeur. Voici ce que nous écrivions en mai 1846 (*Journal de chimie médicale*) :

Des expériences que nous avons faites, il résulte :

---

(1) Voir le mémoire ayant pour titre : *Le cuivre et les sels de cuivre sont-ils toxiques? Les ustensiles de cuivre sont-ils dangereux?*

(*Journal de chimie médicale*, 1867.)

1° Que les sels de fer sont enlevés à chaud par le charbon d'os non lavé, par ce charbon lavé à l'acide hydrochlorique, par le charbon végétal;

2° Qu'à froid, le charbon non lavé a seul enlevé les sels de fer;

3° Que les sels de cuivre sont enlevés à chaud par le charbon d'os, par ce charbon lavé, par le charbon végétal;

4° Qu'à froid, le charbon non lavé enlève ces sels;

5° Que les sels de zinc sont enlevés à chaud par le charbon d'os, par le charbon lavé, par le charbon végétal;

6° Qu'à froid, le charbon non lavé enlève les sels de zinc, tandis que les autres charbons ne les enlèvent que partiellement;

7° Que les sels de cobalt, de nickel, sont enlevés à chaud par le charbon d'os, par ce charbon lavé, enfin par le charbon végétal;

8° Que les sels d'argent et de mercure sont enlevés à chaud par ces trois sortes de charbons;

9° Que l'arsenic, à chaud, est enlevé par le charbon non lavé; que le charbon lavé n'agit pas de la même manière, quoiqu'il retienne un peu d'arsenic; que le charbon végétal n'enlève pas cet arsenic;

10° Que les sels formés par les matières organiques sont enlevés plus ou moins facilement et complétement par le traitement à chaud à l'aide des charbons.

Les résultats que nous avons obtenus méritent d'être examinés et contrôlés, *pour savoir si tous les charbons agissent de la même manière*; ils doivent cependant faire admettre en principe :

1° Que, dans les recherches médico-légales, les liquides dans lesquels on recherche une substance toxique, soit de nature minérale, soit de nature organique, ne doivent jamais être décolorés par le charbon;

2° Que si l'on avait traité ces produits par le charbon, on devait ensuite examiner le charbon obtenu pour s'assurer s'il ne renferme pas de substances toxiques;

3° Que l'on pourrait, dans divers cas, se servir de la propriété absorbante du charbon pour utiliser ce corps, dans le but de le faire servir à isoler des liquides les substances toxiques qui s'y trouvaient en dissolution.

RECHERCHES DU POISON DANS LES MATIÈRES SOLIDES.

Il nous est arrivé qu'ayant agi sur les liquides en suivant le procédé que nous avons indiqué plus haut, de ne pas obtenir de résultats positifs; dans ce cas, les matières solides réunies ont été traitées par l'acide acétique, puis, laissées en contact, elles nous ont fourni un liquide dans lequel nous avons pu par les réactifs constater la présence du cuivre.

Si ce mode de faire ne réussissait pas, on doit encore rechercher dans les matières solides; il faut avoir recours alors à la carbonisation, non à l'aide du feu, mais de la carbonisation par l'acide sulfurique, puis de l'incinération. En effet, on sait que lorsqu'on brûle des matières contenant du cuivre, la flamme verte qui se laisse apercevoir démontre qu'une partie du principe toxique est volatilisée. Notre opinion est basée sur l'étude faite par l'un de nos élèves, M. Georges, de Nantes, qui, après avoir étudié et expérimenté les procédés indiqués par les auteurs, a, dans une thèse présentée aux professeurs de l'École de pharmacie (1), élucidé la question, et a établi :

1° Que lorsqu'on carbonise les substances animales au moyen de l'acide sulfurique, le charbon traité par l'eau distillée ne cédant pas le cuivre, il peut servir à l'entière extraction du métal qu'il renferme ;

2° Que, sous l'influence des acides azotique et chlorhydrique, le même charbon fournit une quantité notable de cuivre, mais qui est toujours faible comparativement à celle qui n'a pas été dissoute, donc la carbonisation pure et simple doit être rejetée;

3° Que l'incinération seule est également insuffisante, ne s'effectuant jamais sans volatiliser une partie du composé cuprique;

4° Que, selon toute probabilité, la perte constatée n'a d'autre cause que la présence des chlorures dans l'économie;

5° Que *l'incinération, précédée d'une carbonisation par les acides, n'offre pas les mêmes chances d'erreur, et permet de doser avec exactitude tout le cuivre contenu dans les matières analysées.*

Nous avons, MM. Bayard, Bussy et moi, reconnu, en 1844, dans une affaire judiciaire, un empoisonnement par l'arsenic (affaire Loget, de Vendôme), que l'on pouvait, à l'aide de la carbonisation par l'acide sulfurique et de l'incinération, reconnaître qu'il y avait présence à la fois de cuivre et d'arsenic.

Le bruit public nous a fait connaître que la femme Loget avait tenté d'empoisonner d'abord son mari sans résultat, et qu'elle avait fait alors usage de l'arsenic. Nous rapportons ici la partie de notre rapport qui fait connaître les résultats obtenus.

Voulant reconnaître si le foie de Loget, dont l'analyse avait eu pour résultat la présence de l'arsenic, contenait d'autres métaux toxiques, nous avons incinéré le charbon sulfurique provenant de 150 gr., faisant usage d'un creuset neuf de porcelaine; les cendres provenant de cette calcination, traitées par l'acide azotique pur, nous ont fourni une solution qui, évaporée, a laissé un résidu d'une couleur bleu verdâtre qui, repris par l'eau et filtré, a fourni un liquide qui, par l'ammoniaque, a donné un précipité bleu soluble dans un excès d'ammoniaque avec coloration en bleu céleste.

M. Verguin, préparateur du cours de chimie à l'École secondaire de médedecine de Lyon, a fait connaître le procédé suivant pour démontrer la pré-

(1) Voir le *Journal de chimie médicale*, 1854, p. 201.

sence du cuivre. Voulant précipiter une solution d'un sel de cuivre et doser le métal, il avait mis cette solution dans une capsule de platine; il y plongea ensuite une lame de fer. Tant que le fer ne fut pas en contact avec le platine, aucun phénomène ne se produisit; mais à l'instant même où la lame de fer fut en contact avec ce métal, la capsule se recouvrit d'une couche très-adhérente de cuivre, adhérence qui était telle qu'il fallut, pour enlever le cuivre, avoir recours à l'acide azotique. Aucune précipitation du cuivre ne s'était faite sur le fer.

M. Verguin dit qu'il faut : 1° que la liqueur, si elle est faible, soit concentrée; 2° qu'elle soit légèrement acidulée par l'acide chlorhydrique. Il a vu que, lorsqu'on prenait une goutte de cette liqueur, qu'on la plaçait sur une lame de platine, puis que l'on mettait en contact une lame de fer bien décapée, au bout de quelques secondes, le platine se recouvrait d'une couche de cuivre : ce qui s'explique par la théorie électro-chimique. Ce procédé, qui est des plus simples, peut être utilisé dans les cas de chimie légale.

On a souvent, dans des cas de médecine légale, posé la question de savoir à quel acide le cuivre trouvé dans les organes était combiné; mais cette question, selon nous, est insoluble : 1° en raison de la présence de divers sels qui existent naturellement dans les organes; 2° de l'alimentation du sujet; 3° des fermentations qui ont pu se développer.

ANTIDOTES DES SELS DE CUIVRE.

Les antidotes des substances toxiques n'ont pas encore été suffisamment étudiés. On a proposé contre les sels solubles du cuivre les huiles essentielles (Majault); les hydrosulfures (Navier); mais il faut que les quantités soient minimes, car il y aurait danger; l'eau hydrosulfurée, les eaux minérales hydrosulfurées, conviendraient mieux; le sucre (Marcelin Duval), son action est douteuse; l'albumine, qui peut être considérée comme utile; la limaille de fer porphyrisée, le charbon en poudre très-ténue; mais il y a là encore un travail à faire, travail qui peut avoir un grand degré d'utilité.

ACÉTATE DE CUIVRE.

(Acétate cuivrique, — verdet cristallisé, — cristaux de Vénus.)

Ce sel, qui s'obtient en faisant dissoudre le vert-de-gris, donne l'acide acétique; faisant évaporer et cristalliser soit dans le liquide, soit sur des morceaux de bois fendus en quatre à leur extrémité et dont les branches ont été écartées par un morceau de liége.

L'acétate de cuivre cristallise en prismes rhomboïdaux d'un vert bleuâtre qui sont légèrement efflorescents lorsqu'ils sont exposés à un air sec. Sa saveur métallique est excessivement désagréable. Ce sel est soluble dans l'eau froide, et plus soluble dans l'eau portée à 100 degrés. Cinq parties d'eau à cette température dissolvent une partie de ce sel ; la solution a une couleur bleu verdâtre.

L'acétate de cuivre cristallisé contient 90.01 de deuto-acétate de cuivre et de 8.99 d'eau en combinaison. Sec, sa composition est la suivante : acide acétique, 56.48 ; bioxyde de cuivre, 43.82.

Les caractères distinctifs de cet acétate sont les suivants :

1° Réduit en poudre et projeté sur un charbon incandescent, il pétille, se fond en laissant dégager de l'acide acétique ; il reste sur le charbon une couche de cuivre métallique de couleur rougeâtre, qui, en s'oxydant, devient noir ;

2° Chauffé dans une cornue, il donne de l'acide acétique coloré par une portion de cuivre entraîné ; l'acide qui est redistillé est le *vinaigre radical* ;

3° Chauffé dans un tube ou dans une petite fiole à médecine, ce sel pulvérisé, additionné d'acide sulfurique concentré, il y a dégagement de vapeurs d'acide acétique ; exposé à l'action de la flamme du chalumeau après avoir été placé sur un charbon, la flamme se colore en vert ;

4° La dissolution d'acétate de cuivre, traitée par les réactifs, est précipitée en bleu par la potasse ; elle est précipitée par l'ammoniaque, qui, en excès, redissout le précipité ; la solution est d'un bleu qu'on a désigné par les noms de *bleu épiscopal*, de *bleu céleste* ; l'acide hydrosulfurique et les hydrosulfates le précipitent ; le précipité est noir ; le cyanure de mercure le précipite ; le précipité varie de couleur selon les proportions de sel qui se trouvent en solution. Si la solution en contient très-peu, la coloration est rose ; si elle en contient davantage, la coloration affecte la couleur rouge violacé et la couleur marron ; des lames de fer, de zinc, décapées mises dans la liqueur, donnent lieu à la précipitation du cuivre métallique, qui donne à ces lames l'aspect du cuivre. Si les lames étaient rouillées ou grasses, cette réduction du cuivre n'aurait pas lieu, ou, du moins, très-difficilement. Si ces lames chargées de cuivre précipité sont, après avoir été bien lavées, placées dans l'ammoniaque, cet alcali dissout le cuivre, et on obtient un ammoniure de cuivre.

L'acétate de cuivre est assurément un sel toxique, mais il n'est pas employé par les empoisonneurs. En effet, dans le relevé des cas d'empoisonnements déférés aux tribunaux de 1855 à 1865, cas qui se sont élevés à 495, on ne trouve pas qu'une seule fois le verdet cristallisé ait été employé, tandis qu'on trouve que 15 de ces empoisonnements sont dus au vert-de-gris, et 63 au sulfate de cuivre.

Si l'acétate de cuivre n'est pas mis en usage par les empoisonneurs, il peut cependant être la cause d'accidents qui résultent de l'action de l'acide acétique sur le cuivre. Ainsi, les vases en cuivre dans lesquels on laisse séjourner des assaisonnements qui contenaient du vinaigre peuvent donner lieu à des accidents plus ou moins graves dus à l'acétate de cuivre. Nous avons trouvé : 1° des vins qui contenaient du cuivre à l'état d'acétate, qui était le résultat de l'usage, dans les débits, d'entonnoirs, de tuyaux, de pompes, de cannelles en cuivre ; 2° de l'acétate de cuivre dans des eaux de fleur d'oranger contenues dans des estagnons en cuivre qui avaient été mal étamés ; 3° de ce sel dans des graisses, dans des eaux-de-vie, dans des vinaigres, dans du cidre, dans du sel blanc, dans des cornichons. Dans ce dernier cas, l'acétate de cuivre pouvait provenir de la bassine, soit de l'emploi qu'on avait fait de vinaigre qui avait été mis en contact avec des pièces de cuivre.

Nous sommes convaincu qu'un grand nombre d'indispositions dont on ne connaît pas la cause peuvent être attribuées soit à la négligence, soit à des manipulations dangereuses pratiquées par des personnes ignorantes qui ne connaissent pas la portée de leurs actes.

Pour les opérations à faire dans un cas d'empoisonnement dû à l'acétate, nous renverrons nos lecteurs à ce que nous avons dit en traitant de l'empoisonnement par le vert-de-gris.

Acétate de plomb.

(Acétate neutre de plomb, — acétate plombique, — sucre de saturne ou de plomb, — sel de saturne.)

Ce sel, qui a une saveur sucrée, se prépare en grande partie pour les besoins des arts; il est aussi employé dans l'usage médical, mais en petite quantité. Cet acétate s'obtient en dissolvant la litharge en poudre dans le vinaigre distillé ou dans du vinaigre de bois, saturant l'acide, filtrant, faisant évaporer et cristalliser.

Les cristaux qu'on obtient ainsi sont blancs, en aiguilles; ils ont été reconnus pour être des prismes allongés à quatre pans terminés par des sommets dièdres. La saveur de l'acétate de plomb est d'abord sucrée, puis astringente. Exposé à l'air, il s'effleurit, devient opaque et pulvérulent à sa surface, quelquefois cette surface prend une coloration noirâtre; il y a eu formation de sulfure de plomb par suite de la présence de l'acide hydrosulfurique dans l'air avec lequel il a été en contact. L'acétate de plomb est soluble dans l'eau et dans l'alcool.

Ce sel à l'état de cristaux contient 14.2 d'eau pour 100, sec il est formé d'acide acétique 31.5 et de 68.5 de protoxyde de plomb.

Ses caractères distinctifs sont les suivants :

1° Placé sur un charbon incandescent, l'acétate de plomb se boursoufle en émettant des vapeurs piquantes, qui ont l'odeur du vinaigre ; après sa décomposition, on trouve sur le charbon un résidu qui a une couleur jaune orangé. Ce résidu, qui est du protoxyde de plomb, se réduit en globules métalliques lorsqu'on active la combustion du charbon.

2° Étendu d'une petite quantité d'eau, de manière à former une bouillie, et traité par l'acide sulfurique, il y a dégagement, surtout en s'aidant de la chaleur, de vapeurs dont l'odeur piquante et caractéristique démontre que ces vapeurs sont dues à de l'acide acétique.

3° Soluble dans l'eau, il fournit une solution qui, traitée par les réactifs, présente les caractères suivants :

A, Elle rougit légèrement le papier de tournesol; B, elle est précipitée en blanc par l'acide sulfurique et par les sulfates; le précipité (le sulfate de plomb) est pesant, insoluble dans l'acide azotique, soluble dans l'acide chlorhydrique concentré et bouillant; ce sulfate est décomposable par les sous-carbonates de potasse et de soude, on obtient alors du carbonate de plomb insoluble et des sulfates alcalins; C, elle est précipitée en blanc par la potasse, par les carbonates alcalins, par le ferrocyanure de potassium; le précipité obtenu par la potasse est soluble dans un excès de réactif; D, en flocons noirs par l'acide hydrosulfurique et par le protosulfure de potassium; E, en un beau jaune par l'iodure de potassium, mais ce précipité se redissout par l'addition d'une solution de potasse; F, en jaune par le chromate de potasse; G, la solution, mise en contact avec une lame de zinc bien décapée, se recouvre de plomb métallique, qui affecte la forme de petites lames grisâtres brillantes; H, en jaune d'une couleur terne par le tannin.

Si l'acétate de plomb est à l'état liquide, on conçoit qu'il est facile de constater sa présence à l'aide des réactifs que nous avons indiqués. Il n'en est pas de même lorsque l'acétate de plomb est mêlé à des matières organiques albumineuses, avec des matières sécrétées par les organes; dans ce cas, et selon les quantités, il peut avoir été décomposé et avoir été transformé en un composé insoluble dans l'eau : ce composé jouit cependant de divers caractères qui peuvent donner quelques indications; traité par l'acide hydrosulfurique, il prend une couleur brune qui passe au noir. Nous avons trouvé de ces mélanges solides qui affectaient une couleur jaune lorsqu'on les humectait avec une solution d'iodure de potassium.

Nous avons quelquefois pu obtenir avec ce produit insoluble dans l'eau un liquide qui présentait les caractères des sels de plomb; à cet effet, nous triturions le produit avec de l'eau distillée, aiguisée d'acide acétique, en faisant usage d'un mortier de verre ou de porcelaine; après une heure de contact, nous jetions sur un filtre, puis nous traitions le liquide clair par les réactifs.

Une difficulté peut se présenter, c'est la présence de sulfates dans les liquides organiques dans lesquels on recherche l'acétate de plomb. On conçoit qu'il y a eu formation de sulfate insoluble; on peut cependant déterminer la présence du plomb, soit en faisant usage du carbonate de potasse et de la chaleur, soit du cyanure de potassium : chauffant dans un petit creuset de porcelaine, on obtient le métal réduit.

Lorsque le vin, le cidre, la bière contiennent de l'acétate de plomb, l'opération est simple; elle consiste à faire évaporer ces liquides, puis à charbonner et à incinérer l'extrait dans un creuset de porcelaine ; le résidu fournit quelquefois des traces de plomb métallique visible à l'aide d'une loupe, mais toujours de l'oxyde, qu'on traite par de l'acide azotique; la solution évaporée, pour chasser l'excès d'acide, est reprise par l'eau, puis essayée par les réactifs.

On peut traiter par la dessiccation, la carbonisation, l'incinération, les matières qui peuvent retenir le plomb provenant de l'acétate dont la démonstration ne peut être faite par l'action des dissolvants et des réactifs; le produit de l'incinération obtenu, il faut l'examiner pour savoir si de petits globules de métal réduits ne sont pas visibles, puis traiter l'oxyde par l'acide azotique, faire évaporer à une douce chaleur pour chasser l'excès d'acide, reprendre par l'eau et faire intervenir les réactifs sur le liquide filtré.

Quelques personnes ont proposé de traiter les matières organiques supposées contenir du plomb par l'acide azotique en excès, de chasser l'excès d'acide, de traiter par l'eau distillée tiède en quantité convenable, de filtrer les liqueurs, de les soumettre à un courant d'hydrogène sulfuré, puis de traiter le sulfure par l'acide azotique, de faire évaporer la solution, de la reprendre par l'eau, de filtrer, puis de faire usage des réactifs qui caractérisent le plomb et ses sels. Cette méthode, qui peut être utile, nous a paru longue et ne pas présenter d'avantages.

Il est vrai qu'en la mettant en pratique et en divisant le sulfure obtenu en deux parties, traitant la première comme nous l'avons dit, la seconde avec du carbonate de soude dans un charbon formant *creuset brasqué*, et en se servant de la flamme du chalumeau, on peut obtenir du plomb métallique.

On a aussi signalé l'emploi de la méthode Flandin et Danger, la carbonisation par l'acide sulfurique ; mais il y a conversion en sulfate de plomb; il est vrai qu'on peut facilement ramener le sulfate en carbonate en faisant intervenir les carbonates alcalins et en s'aidant de la chaleur, mais ces opérations sont longues et exigent beaucoup de manipulations.

L'ACÉTATE DE PLOMB EST-IL UN POISON ? — Cette question nous a été suggérée par la lecture d'un article dû à deux savants praticiens enlevés trop tôt à la science, MM. Mérat et Delens, qui, dans leur excellent ouvrage le *Dictionnaire universel de matières médicales et de thérapeutique générale*, 1833, p. 382, s'exprimaient ainsi :

« Aucun fait n'a démontré jusqu'ici que ce sel, même à dose assez élevée, soit vraiment toxique pour l'homme ; aussi son action vénéneuse longtemps admise presque généralement semble-t-elle, comme on le verra plus loin, devoir être presque révoquée en doute, ou se borner, dans quelques cas rares d'ailleurs, à produire une espèce de colique plus pénible que dangereuse, etc. ? »

Cette manière de voir ne peut être adoptée. Il est vrai qu'il y a des cas où ce sel donné à de hautes doses a déterminé des accidents graves sans causer la mort; mais il en est d'autres où la mort a été la suite de son administration. Parmi les faits qui sont arrivés à notre connaissance, nous citerons les suivants :

En mai 1839, Rébecca Adam, qui avait voulu se suicider à l'aide de l'acétate de plomb, fut portée dans un des hôpitaux de Londres; on lui injecta, au moyen de la pompe gastrique, une liqueur composée avec : roses rouges, 16 gr. ; eau, 2 pintes et demie; acide sulfurique étendu, 12 gr ; sucre, 48 gr. Cette malheureuse femme, grâce aux secours qui lui furent donnés, ne succomba pas à l'empoisonnement; il est vrai qu'ici des contre-poisons avaient été administrés. (*Journal de chimie médicale*, 1839, p. 291.)

En 1840, le docteur Bicking, de Mulhouse, fit connaître les résultats d'un traitement qu'il avait fait subir au nommé Ferdinand R...., âgé de quinze ans, atteint d'une phthisie pulmonaire. Ce traitement, qui avait pour base l'acétate de plomb, eut d'abord le plus grand succès; mais quelques mois après Ferdinand succomba. (*Journal de chimie médicale*, t. XVI, 1840, page 96.)

Nous avons des exemples du bon emploi de l'acétate de plomb contre la phthisie, et nous pouvons citer une guérison complète obtenue par le docteur Bricheteau sur une demoiselle Caroline Salmon.

En 1842, une dame Det... ayant pris 37 grammes d'acétate de plomb au lieu de 75 centigrammes de ce sel, éprouva tous les symptômes d'un empoisonnement, puis de l'aliénation; mais au bout d'un certain temps elle recouvra la santé et son rétablissement fut complet.

M. le docteur Hviding, de Weil (Danemark), a fait connaître le fait d'une jeune personne qui, au lieu de sulfate de magnésie, prit 12 grammes d'acétate de plomb, et qui fut très-malade. Ce n'est que trois jours après que M. Hivding fut appelé; il traita la malade par les purgatifs et il la ramena à la santé.

Le même docteur signale le fait d'une personne atteinte d'une ophthalmie, qui, au lieu d'employer en topique de l'eau de saturne (eau dite de *Goulard*), prenait à l'intérieur 3 cuillerées à bouche de ce liquide sans ressentir d'autres inconvénients que des douleurs légères et passagères à la région de l'estomac. (*Zeitschrift für die gesammte Medizin.*) Nous pourrions encore citer le fait observé par M. Monteze d'un jeune homme, Bor (Jean-Dominique), qui avait pris 25 grammes de sous-acétate de plomb, et qui n'a pas succombé; celui de l'empoisonnement, en Angleterre, par Hannah Leth, de ses trois enfants et d'elle-même, dans l'intention de se suicider : la mère et les enfants, qui furent soignés par M. Lawson, qui est tout à la fois chirurgien et pharmacien, furent soustraits à la mort.

Selon nous, l'acétate de plomb, si on ne le considère pas comme un poison, et ce n'est pas notre avis, est au moins un produit très-dangereux, et qui ne doit être délivré et administré qu'avec une très-grande réserve. S'il ne tue pas toujours, il est souvent la cause de maladies d'une très-grande gravité; nous citerons pour exemple : 1° l'épidémie observée au camp de Compiègne, en 1847, épidémie qui était due à ce que le vin des environs, étant trop acide, avait été adouci par de l'acétate de plomb dans la proportion, a-t-on déclaré, de 8 gr. pour 200 litres de vin (1); 2° l'épidémie observée à Paris en 1852, épidémie qui atteignait un très-grand nombre d'individus dont quelques-uns succombèrent; cette épidémie était due à la clarification du cidre par l'acétate de plomb, clarification qui avait été conseillée à un brasseur de Paris, M. H..., par le nommé D... Cette clarification s'opérait à l'aide d'une poudre composée de 125 gr. d'acétate de plomb et de 125 gr. de potasse. Le malheureux fabricant, qui avait été mal conseillé par un ignorant, fut condamné à dix-huit mois de prison, et les indemnités qu'il eut à payer à vingt-neuf personnes s'élevèrent à 24,000 fr., sans compter les frais.

D'autres brasseurs, qui avaient connu ce mode de faire et qui avaient imité le sieur H..., furent aussi condamnés à la prison et à des dommages-intérêts plus ou moins considérables.

Non-seulement le vin et le cidre ont été salis par des sels de plomb, la bière a aussi été altérée par les sels de ce métal.

Si l'on remonte à ce qui a été écrit par les auteurs qui se sont occupés d'hygiène, on voit que Mœller, Remer, Volni, Klaproth, Zeller, Citois, Bourdelin, ont traité de l'altération des liquides alimentaires par le plomb; Fourcroy fit même, en 1787, à l'Académie des sciences, une lecture *Sur la nature du vin altéré par le plomb, et sur quelques moyens nouveaux d'y reconnaître la présence de ce métal.*

Dans l'affaire du sieur H...., un fait s'est présenté qui démontre la propriété que possède le charbon d'enlever aux liquides la plupart des sels métalliques. Le cidre de H..., examiné par le chimiste D..., fut reconnu ne pas contenir de sels de plomb; mais les essais, à l'aide des réactifs, avaient été faits sur du cidre décoloré par le charbon animal (voir les *Annales d'hygiène et de médecine légale*, 1853, page 9). La présence du plomb dans les liquides ne peut pas toujours être attribuée à l'acétate de plomb ajouté à ces liquides; elle peut être due à ce qu'ils ont été mis en contact avec des vases ou des ustensiles en plomb.

(1) En supposant que la déclaration fût vraie, il n'en résulta pas moins parmi les soldats une épidémie qui nécessita une instruction judiciaire.

Les antidotes de l'acétate et des sels solubles de plomb sont : 1° les sulfates alcalins solubles, les sulfates de soude, de magnésie; 2° l'eau hydrosulfurée naturelle; 3° les eaux minérales hydrosulfurées factices.

Un travail, dû à M. le docteur Rayer et à M. Chevallier, inséré dans le *Journal de chimie médicale*, 1827, page 530, contient le traitement à suivre dans le cas d'intoxication par le plomb. Ce traitement a reçu en fabrique la sanction de l'expérience; ce qui est démontré par la lettre d'un de nos plus habiles fabricants de Lille, M. Théodore Lefebvre (voir le même journal, page 535).

SOUS-ACÉTATE DE PLOMB.

(Acétate de plomb liquide, — extrait de saturne.)

Ce sel autrefois portait aussi le nom d'*extrait de Goulard*, du nom d'un chirurgien qui exerçait à Montpellier, et qui ordonnait fréquemment cette préparation.

Le sous-acétate de plomb fut d'abord le sujet d'un travail de Scheele, qui en détermina la nature; puis de M. Thenard, qui l'examina avec le plus grand soin. Il est blanc, en prismes aiguillés très-fins; il est soluble dans l'eau; 100 parties de ce liquide, à la température de l'eau en ébullition, en dissolvent 18 parties; il ne précipite pas après son refroidissement. Employé en médecine sous forme de dissolution, il constitue *l'eau blanche, l'eau de Goulard.*

Cet acétate s'obtenait en sursaturant le vinaigre avec de la litharge en poudre fine; en concentrant la dissolution ainsi préparée, il affecte l'aspect d'un liquide sirupeux, qui est coloré en jaune brûnatre lorsque le vinaigre employé est du vinaigre ordinaire; mais qui n'affecte pas cette couleur lorsqu'on a employé de l'acide acétique incolore, du vinaigre de bois.

Aujourd'hui, on prépare ce sel en faisant digérer une solution d'acétate neutre de plomb avec de la litharge en poudre exempte d'acide carbonique, et en faisant évaporer la liqueur jusqu'à ce qu'elle marque 30 degrés à l'aréomètre de Beaumé.

Le sous-acétate de plomb est sous la forme d'un liquide dense sirupeux; sa saveur est sucrée, puis très-astringente; il verdit le sirop de violettes; exposé au contact de l'air, il se trouble, ce qui est dû à l'acide carbonique contenu dans l'air, qui réagit sur ce sel. L'eau ordinaire le rend laiteux; il est en partie décomposé par les carbonates et les sulfates contenus dans cette eau.

Les caractères qui peuvent faire reconnaître ce sel sont les suivants :

1° Une goutte ou deux projetées sur un charbon ardent laissent, après l'évaporation de l'eau, une matière blanche cristallisée, exhalant une odeur de vinaigre. Cette matière blanche, par l'action de la chaleur, laisse du protoxyde de plomb de couleur jaune orangé, et fournit des globules de plomb qui sont plus ou moins visibles, selon la quantité d'eau évaporée et de sel qui a été en contact avec le charbon.

2° Traitée par l'acide sulfurique, elle donne lieu à du sulfate de plomb, qui se précipite, et à de l'acide acétique, qui se dégage. On peut s'aider de la chaleur.

3° Les réactifs à employer sont les solutions de potasse et d'ammoniaque, les carbonates alcalins, le ferro-cyanure de potassium, qui donnent des précipités blancs; l'acide hydrosulfurique et les hydrosulfates, qui donnent lieu à des précipités noirs; l'iodure de potassium, le chromate de potasse, qui donnent lieu à des précipités jaunes; la lame de zinc bien décapée, qui précipite le plomb à l'état métallique.

L'acétate de plomb étant toxique, les recherches à faire, dans les cas de suspicion d'empoisonnement par ce sel sont les mêmes que celles que nous avons indiquées pour l'acétate neutre; les contre-poisons sont aussi les mêmes.

Acide arsénieux.

(Arsenic, — arsenic blanc, — oxyde blanc d'arsenic, — mort-aux-rats.)

Le produit qui porte ce nom a été pendant longtemps considéré comme un oxyde. Étudié par Fourcroy, ce savant, d'après ses propriétés, le rangea parmi les acides, sous le nom d'*acide arsénieux*.

L'acide arsénieux est un produit industriel obtenu lors du traitement par le feu des mines arsenicales de cobalt, de cuivre, d'argent, d'étain, enfin de fer arsenical; il nous arrive particulièrement de la Saxe, de la Bohême, de la Silésie, où il est le résultat du grillage des métaux associés à l'arsenic. Ces métaux s'oxydant, l'arsenic se convertit en acide arsénieux qui, à l'état de vapeurs, se rend dans des chambres de condensation sous forme de poudre fine. Cette poudre, désignée sous le nom de *fleurs d'arsenic*, est retirée par des ouvriers munis d'appareils destinés à les soustraire à l'empoisonnement. On le convertit ensuite en partie en masses vitreuses, ce qui rend le transport de ce toxique plus facile et moins dangereux.

Les quantités d'acide arsénieux utilisées dans l'industrie sont considérables; on expédie annuellement de Reichenstin et d'Attemberg 1,500 quintaux métriques d'acide arsénieux solide et à l'état vitreux, et 25 quintaux métriques d'acide à l'état pulvérulent. Cet acide nous arrive d'Allemagne en barils de bois blanc du poids de 50, 100 et même 200 kilogr.; il en arrive d'Angleterre en fûts de bois blancs cerclés en fer, du poids de 150 kilogr.

Le transport de ces barils a été souvent la cause d'empoisonnements accidentels. Des fûts contenant de l'acide arsénieux en poudre se sont brisés sur la voie publique. La ressemblance que cette poudre a avec la farine, le sucre en poudre, portait quelques-unes des personnes qui se trouvaient sur le point où l'accident était arrivé à goûter le toxique. Des mesures furent prises par l'administration pour conjurer ce danger.

La couleur blanche de cet acide facilitant son emploi pour le crime d'empoisonnement, divers auteurs, MM. Boys de Loury, Chevallier, Grimaud, Cormenin, proposèrent de le colorer avec diverses substances ; mais la première idée de ce moyen préventif fut donnée par plusieurs membres de l'Académie impériale de médecine, le 27 septembre 1828 ; les matières colorantes qu'ils proposaient étaient l'*indigo*, le *bleu de Prusse*, le *cinabre*, le *réalgar*. Divers écrits furent publiés sur ce sujet par MM. Boys de Loury, Chevallier, Cormenin et divers pharmaciens. Cette coloration fut le sujet d'un mémoire à l'Académie de médecine, mémoire dû à M. Grimaud, pharmacien à Poitiers.

Ce travail ayant été renvoyé à l'examen de MM. Lecanu et Chevallier, Ceux-ci firent un rapport dont les conclusions étaient les suivantes :

1° L'acide arsénieux est la substance toxique qui donne lieu au plus grand nombre d'empoisonnements. En effet, sur 212 cas d'empoisonnement en France, il a été constaté que ce poison avait été employé 132 fois, et en Angleterre 181 fois sur 462 ;

2° L'acide arsénieux donne lieu à un grand nombre d'empoisonnements accidentels ;

3° La coloration de l'acide arsénieux que l'on mélange avec des matières odorantes ou avec des matières sapides peut prévenir un grand nombre d'empoisonnements, soit accidentels, soit criminels.

Les rapporteurs considéraient la question comme étant d'une haute importance, puisque l'acide arsénieux importé en France pour le besoin des arts s'élève à 121,743 kilogr. Ils émirent l'avis que M. le ministre de l'instruction publique serait prié de désigner une commission chargée d'étudier quels sont les cas dans lesquels l'acide arsénieux introduit en France peut être coloré et rendu sapide. Les rapporteurs avaient, en outre, établi que l'arsenic employé par les criminels était le plus souvent demandé *pour empoisonner les animaux nuisibles, pour chauler les grains, enfin pour les usages de la médecine vétérinaire* ; ils ont aussi fait connaître que, sur 221 personnes empoisonnées par l'arsenic, 100 avaient succombé, tandis que 121 avaient été sauvées par suite des secours qui leur ont été administrés.

Ces travaux n'ont malheureusement pas eu la suite qu'on pouvait en attendre, car il résulte de nos recherches que, de 1855 à 1865, on a constaté en France 135 cas d'empoisonnements criminels par l'acide arsénieux portés devant les tribunaux ; il est probable qu'un grand nombre d'autres cas d'empoisonnement ont échappé à la vindicte publique.

On peut encore reconnaître l'utilité de la mesure demandée, en se rappelant les empoisonnements accidentels dus à des erreurs par suite de la confusion qu'on peut faire de la poudre d'arsenic avec la farine, le sucre, la magnésie, etc.

L'acide arsénieux qui se trouve dans le commerce se présente sous deux aspects différents : l'acide arsénieux à l'état solide, et l'acide à l'état de poudre.

L'acide arsénieux à l'état solide est en masses incolores ou d'un jaune pâle ; elles sont souvent composées de couches parallèles alternativement blanches et jaunes ; ces dernières sont plus petites et simulent des filets ; la surface des masses a du brillant et a de l'analogie avec celui qui recouvre la porcelaine. Lorsque l'acide arsénieux est récemment préparé, il est en morceaux vitreux transparents ; peu à peu sa transparence se perd à la surface, puis l'opacité se propage jusqu'au centre ; enfin, après un laps de temps non déterminé, l'acide arsénieux qui était vitreux acquiert de la blancheur, ce qui lui donne de la ressemblance avec la porcelaine ; il est alors, d'après M. Guibourt, un peu plus soluble dans l'eau (*Journal de chimie médicale*, 1825, p. 55) ; Soubeiran annonce des résultats contraires, et les différences signalées par cet auteur sont considérables. (*Traité de pharmacie*, 1857, p. 360).

Les caractères de l'acide arsénieux sont les suivants :

1° A l'état de poudre, projeté sur un charbon incandescent, il se volatilise en affectant la forme de vapeurs blanches, qui ont une odeur d'ail ; si cette vapeur est recueillie sur une lame de cuivre rouge décapée, elle se condense, et le métal acquiert une couleur blanche; si la lame est approchée du feu, on obtient une couche ou grise ou noirâtre; selon Orfila, cet effet est dû à une portion d'arsenic métallique, qui, ayant été détruite, se dépose sur la lame métallique avant d'avoir été brûlée par l'oxygène de l'air. (*Journal de chimie médicale*, 1829.)

2° L'acide arsénieux est soluble dans l'eau, ce liquide en dissout 1 partie pour 80 parties d'eau froide; l'eau à 100 degrés en dissout 1 partie pour 15 parties d'eau; la dissolution est acide, elle rougit le papier bleu de tournesol, l'alcool et l'huile le dissolvent, mais en minimes quantités.

3° La saveur de l'acide arsénieux a été le sujet d'opinions diverses; en effet, des discussions sur cette saveur se sont élevées en 1827 en Angleterre, lors d'un cas d'empoisonnement; les savants qui furent interrogés à ce sujet n'étant pas d'accord, les uns établissant que cette saveur était douceâtre, d'autres qu'elle était acide, d'autres qu'elle n'était pas sensible, une commission de cinq membres fut chargée d'élucider cette question (1). Par suite des expériences faites, il fut établi que l'acide arsénieux jouit *d'une saveur douceâtre très-faible*.

4° La solution d'acide arsénieux possède les caractères suivants :

---

(1) MM. Christison, Duncan et Turner jeune faisaient partie de cette commission.

Elle rougit le papier et la teinture de tournesol; elle est précipitée par l'eau de chaux; le précipité, qui est blanc léger, se redissout 1° par l'addition de l'acide arsénieux; 2° par l'addition d'une solution de chlorhydrate d'ammoniaque.

Elle est précipitée par l'acide sulfhydrique; le précipité, qui a une belle couleur jaune, disparaît par l'addition de quelques gouttes d'ammoniaque, la liqueur est incolore, le précipité reparaît par suite de l'exposition à l'air du liquide, ce qui est dû à la volatilisation de l'ammoniaque; cette réapparition du précipité est plus prompte lorsqu'on ajoute de l'acide chlorhydrique qui sature l'alcali.

Traitée par le sulfate de cuivre, elle donne, mais avec l'addition d'une petite quantité de potasse, de soude ou d'ammoniaque, un précipité vert d'herbe, qui est connu sous les noms de *vert de Scheele*, de *vert de Schweinfurt*.

Elle est précipitée par le sulfate de cuivre ammoniacal, le précipité a une belle couleur verte.

Introduite dans un appareil de Marsh *fonctionnant à blanc*, et ne fournissant que de l'hydrogène pur, on obtient de l'hydrogène arsénié qui, brûlé sur une capsule, fournit des taches arsenicales, qui, décomposé par la chaleur dans un tube, fournit un anneau; souvent on obtient tout à la fois des taches et un anneau.

Saturée par une quantité suffisante de potasse à l'alcool, elle forme avec l'azotate d'argent un précipité floconneux jaune-serin, qui brunit par suite de son exposition à la lumière.

Si l'on a à examiner de l'acide arsénieux solide ou le produit de l'évaporation d'une solution d'acide arsénieux, on sature par la potasse, on mêle le résidu à du charbon en poudre, on introduit le mélange dans un tube fermé à l'une de ses extrémités; on chauffe ensuite avec précaution le mélange, l'arsenic séparé de l'oxygène se réduit, et bientôt on aperçoit alors, au-dessus de la partie chauffée, une incrustation brillante d'*arsenic métallique*, qui adhère aux parois du verre et qui est miroitante. Cette incrustation peut être déplacée par la chaleur, elle peut être détachée et projetée sur du charbon incandescent, et donner des fumées blanches ayant une odeur alliacée.

Ces opérations pour la recherche de la présence de l'acide arsénieux sont, comme on le voit, très-faciles lorsqu'on agit sur une poudre, sur une solution qui ne sont pas mêlées à des matières étrangères, à des matières organiques; lorsque la solution de l'acide arsénieux est pure, ces réactifs peuvent déceler des quantités très-minimes d'acide arsénieux; en effet, d'après les expériences de Lassaigne, l'acide hydrosulfurique peut signaler la présence de cet acide dans des solutions qui n'en contiendraient que $1/_{2200}$ à $1/_{80,000}$, le sulfate ammoniacal de cuivre démontre cet acide dans des solutions dans lesquelles il n'y a que des traces de $^1/_{4000}$ à $^1/_{10,000}$.

L'expert n'est pas toujours placé dans des conditions aussi favorables, surtout lorsqu'il doit agir sur des matières diverses de l'urine, les matières des vomissements, des déjections alvines, ou sur les organes des individus qu'on suppose avoir été empoisonnés par l'acide arsénieux. On conçoit que la démonstration de la présence de l'acide arsénieux et son obtention demandent des opérations qui sont plus ou moins difficiles et qui exigent de l'expert des connaissances pratiques et une sagacité toute particulière.

Dans quelques cas, ces opérations permettent de résoudre promptement la question; en effet, si l'acide arsénieux ingéré n'a pas été dissous, on peut le retrouver dans les organes et dans les matières des vomissements.

Il nous est arrivé quelquefois, en délayant les matières des vomissements dans de l'eau distillée, de reconnaître qu'une matière blanche, plus pesante, se déposait au bas d'un vase conique (verre à expérience d'une assez grande capacité, que nous employions); cette matière blanche, séparée, lavée, examinée chimiquement, présentait tous les caractères de l'acide arsénieux.

On peut encore, en filtrant le liquide, en faisant usage d'un tissu bien propre, assez serré, le soumettre à l'action des réactifs pour reconnaître s'il contient de l'acide arsénieux en dissolution.

Nous avons quelquefois pu filtrer le liquide sur du papier joseph, même en l'additionnant d'une petite quantité d'acide acétique d'une pureté reconnue (1).

Si l'on agit sur les organes après qu'on les a divisés, on les étend sur une plaque de porcelaine, on examine si, à l'aide de la loupe, on remarque des produits pulvérulents; dans ce cas, on agit comme nous l'avons dit pour la matière des vomissements, c'est-à-dire qu'on agite, en les suspendant dans l'eau, les fragments d'organes : si l'acide arsénieux est libre, il vient tomber au fond du vase, où l'on peut le recueillir, puis le soumettre en partie à l'action du feu, en dissoudre une autre partie dans l'eau et faire intervenir l'action des réactifs, puis constater les résultats obtenus. L'expert doit toujours tenir avec soin une description de ses opérations et des résultats obtenus, afin d'être plus facilement à même de rédiger son rapport.

On a conseillé de faire bouillir les matières solides avec de l'eau distillée, mais nous avons reconnu qu'il résulte de ce mode de faire des difficultés, les réactifs ne fournissant pas, dans ce cas, des caractères tranchés, des caractères même appréciables.

Les opérations que nous venons d'indiquer n'ayant pas donné de caractères

---

(1) La constatation de la pureté de l'acide acétique est d'autant plus nécessaire qu'il a été démontré que des acides acétiques contenaient des produits arsenicaux.

démonstratifs, soit que l'acide arsénieux ne soit qu'en très-minime quantité, soit que les matières avec lesquelles il se trouve empêchent les réactions, il ne faudrait pourtant pas en conclure qu'il y a absence de poison. Nous allons indiquer quelles sont les méthodes à mettre en usage pour élucider la question et être à même de se prononcer.

Ces méthodes ont varié selon les époques. Ainsi, à celles qui consistaient à traiter les matières solides par dix ou douze fois leur poids d'eau distillée bouillante dans une capsule neuve de porcelaine, ou dans un ballon de verre, laissant sur le feu pendant quelques heures, filtrant la décoction, l'additionnant de quelques gouttes d'acide chlorhydrique, puis y faisant passer un courant d'acide hydrosulfurique, dans le but d'obtenir du sulfure d'arsenic, on a substitué le procédé employé pour la première fois par Valentin Rose, procédé qui fut modifié par Berzelius, et qui consistait à faire bouillir l'estomac et les membranes coupées avec une solution faible de potasse caustique, à saturer la liqueur avec de l'acide hydrochlorique, à filtrer et à faire passer dans la liqueur filtrée du gaz hydrogène sulfuré, afin de déterminer la précipitation de l'arsenic à l'état de sulfure.

Plus tard, d'autres méthodes ont été mises en usage, d'après les indications données par MM. Christison, Rapp, Thenard, Persoz, Tauflieb, Reinch, Jaquelain, Orfila, Danger et Flandin, etc.

Procédé de Christison. — Ce procédé consistait à faire bouillir les matières dans lesquelles on soupçonnait la présence de l'acide arsénieux, aliments, matières vomies, organes, avec de l'eau distillée alcalisée, avec de la potasse, saturant la liqueur alcaline par de l'acide acétique, filtrant et traitant le liquide filtré par le nitrate d'argent ammoniacal. La réaction étant nette et démontrant que le liquide est dépouillé des matières organiques, on le soumet à l'action de l'acide sulfurique gazeux en excès.

Lorsque les liqueurs ne sont pas dans les conditions voulues pour que l'acide sulfhydrique eût une réaction caractéristique, on faisait évaporer ces liqueurs et on traitait le résidu par le *flux noir*; enfin, si la démonstration de l'arsenic était empêchée par des produits empyreumatiques, on faisait subir au produit une nouvelle réduction à l'aide du flux et de la chaleur.

Nous laissons à nos lecteurs l'appréciation de la valeur de ce procédé.

Procédé de Tauflieb. — Pour débarrasser les liqueurs dans lesquelles on soupçonne la présence de l'arsenic, M. Tauflieb les fait chauffer avec un soluté d'oxyde de zinc, ou avec du sulfate de zinc et de la potasse; il y a formation assez prompte d'un dépôt d'oxyde de zinc et de matière organique. On filtre et on obtient un liquide dans lequel il doit rester en dissolution de l'arsénite de potasse et de l'oxyde de zinc. On soumet cette dissolution, acidulée par de l'acide chlorhydrique, à un courant de gaz hydrosulfurique déterminant la précipitation d'un sulfure de zinc, qui est dissous par l'acide chlorhydrique, et du sulfure d'arsenic, qui est insoluble. On sépare ce sulfure, on le lave, on le fait sécher, on l'introduit dans un tube à réduction de Berzélius, en le recouvrant exactement d'une ou deux feuilles d'argent; puis on chauffe la partie du tube qui contient le sulfure d'arsenic. Celui-ci, en se volatilisant, se trouvant en contact avec l'argent, se décompose; il y a formation de sulfure d'argent, et l'arsenic mis en liberté se dépose sur les parois du tube, d'où on peut l'enlever pour l'examiner et s'assurer qu'on a bien affaire à de l'arsenic.

Nous n'avons pas été à même de mettre souvent en pratique le procédé de M. Taufflieb; les essais que nous avons faits nous l'ont fait considérer comme pouvant être utile; il faut cependant faire remarquer qu'il y a nécessité de s'assurer de la pureté soit de l'oxyde de zinc, soit du sulfate qu'on emploie.

Procédé de Reinch. — M. Gaultier de Claubry a fait connaître un procédé dû à Reinch, et qui est basé sur ce que le cuivre à l'aide de la chaleur, sous l'influence de l'acide chlorhydrique, précipite l'arsenic de ses dissolutions, et sur ce que, ce dernier métal étant volatil, il peut être séparé du cuivre à l'aide de la chaleur et par sublimation.

Le mode indiqué est le suivant : on délaye les matières semi-liquides (les matières des vomissements, etc.) dans une suffisante quantité d'eau distillée additionnée d'un quinzième d'acide chlorhydrique pur. Si l'on doit opérer sur des matières compactes résistantes, il est nécessaire de les diviser : dans diverses circonstances, il faut même faire usage de la macération, puis de la décoction; dans ce dernier cas, l'ébullition doit être continuée pendant trois quarts d'heure à une heure, en remplaçant l'eau qui s'évapore, de telle sorte que les matières soient pénétrées par l'eau et amenées à un état convenable. Ces opérations exécutées, on jette les matières sur un filtre de papier joseph mouillé d'avance, pour retenir sur ce filtre les matières grasses; lorsque la filtration est terminée, on lave les matières restées sur le filtre avec de l'eau aiguisée d'acide chlorhydrique; ces divers liquides réunis sont ensuite concentrés. C'est dans ces liquides encore chauds qu'on immerge des lames de cuivre parfaitement décapées; si les liquides contiennent de l'arsenic, celui-ci se précipite sur le cuivre; les lames perdent alors de leur éclat, de leur brillant, elles se couvrent d'une couche métallique qui a de l'analogie pour la couleur avec le fer, si la quantité d'arsenic est notable. On reconnaît, lorsque les liqueurs sont portées à l'ébullition, que la couleur grise devient plus foncée, enfin que cette couche accumulée sur le cuivre se détache quelquefois en petites écailles.

Reinch dit avoir observé que, lors d'un contact prolongé, si on opère à l'air, les lames acquièrent une couleur brune noirâtre, et que le résultat est moins positif; il prescrit de ne pas prolonger l'immersion plus d'une demi-heure, ce laps de temps étant suffisant pour précipiter complétement l'arsenic.

L'opération terminée, on lave : 1° les lames dans de l'eau distillée en se servant d'un vase de verre de forme conique ; 2° on les traite par l'éther pour enlever les matières grasses, s'il s'en était déposé sur ces lames ; on les fait sécher, puis on les introduit soit dans un tube fermé à l'une de ses extrémités et qu'on effile à l'autre si on veut obtenir le métal, soit dans un tube ouvert à ses deux extrémités, lorsqu'on veut obtenir l'arsenic à l'état d'acide arsénieux.

Nous avons dit que lorsque l'arsenic était en quantité notable dans les matières examinées, la couche devenait épaisse, qu'elle s'exfoliait ; on ne doit pas négliger de recueillir ces lamelles qui auraient pu se détacher, ce qu'on fait de la manière suivante : on laisse en repos le liquide duquel on a retiré les lames de cuivre; après un temps suffisant on décante et on recueille les parcelles métalliques dans un verre à expérience, on réunit dans ce verre les eaux de lavage des lames; on lave ces lames avec de l'eau distillée; on laisse de nouveau en repos; si, au fond de ce vase, il y a un dépôt formé par des écailles détachées du cuivre, on sépare le liquide par décantation, puis, à l'aide de la pipette, on recueille le dépôt sur un très-petit filtre, on lave à l'eau, puis à l'éther, on fait sécher le filtre, puis on détache les écailles avec la barbe d'une plume et on les recueille dans un petit tube ; si on peut en prendre le poids, on le fait, on s'assure ensuite que le produit séparé est de l'arsenic en en jetant une fraction sur un charbon ardent.

Le procédé de Reinch, que nous avons expérimenté à plusieurs reprises, notamment dans une affaire d'empoisonnement, nous a paru et utile et préférable à d'autres procédés; cette opinion était celle de M. Gaultier de Christison, qui l'a appliqué avec succès dans deux cas de médecine légale.

Plusieurs chimistes, MM. Orfila, Lassaigne, Audouard de Béziers, ont nié l'efficacité de ce mode, qui avait réussi à Christison, et duquel nous avions tiré bon parti. Cependant M. Orfila, moins exclusif, pensait qu'il serait utile dans des cas d'expertise d'essayer une partie des matières à examiner par le procédé de Reinch.

On doit avoir égard, lorsqu'on emploie le procédé de Reinch, à la pureté de l'acide hydrochlorique; car on sait qu'à l'époque actuelle cet acide est souvent arsenical.

Procédé de Rapp. — Ce procédé, qui était anciennement mis en pratique, est le suivant : on prive par dessiccation les matières organiques, que l'on suppose contenir de l'arsenic, de la plus grande partie de l'eau qu'elles contiennent ; on les divise et on les projette par portions dans un creuset de porcelaine dans lequel du nitre est en fusion ignée. Il y a dans ces opérations *déflagration* et conversion de l'arsenic en arséniate de potasse; la déflagration étant complète, on laisse refroidir le creuset, on traite par l'eau distillée qui dissout le résidu salin qui est complexe; on traite la solution par de l'acide sulfurique pur jusqu'à ce qu'il n'y ait plus dégagement de gaz hyponitreux; on sature la liqueur par du carbonate de potasse; on filtre, on a alors un liquide qu'on essaye par les réactifs convenables pour y rechercher la présence de l'acide arsénique combiné à la potasse. Ces réactifs sont l'azotate d'argent, qui fournit un précipité de couleur rouge d'arséniate d'argent, l'acide hydrosulfurique; mais, dans ce cas, il faut acidifier la liqueur, on obtient alors un précipité jaune de sulfure d'arsenic; on pourrait aussi employer la solution de sulfate de cuivre.

Le procédé de Rapp a le grave inconvénient de donner lieu à la perte d'une partie de l'arsenic; en effet, nous avons constaté, en nous servant d'un entonnoir de porcelaine, qu'une partie de la vapeur produite pendant la déflagration entraînait avec elle une partie de la matière toxique.

Procédé de M. Thenard. — L'illustre chimiste s'est occupé des moyens à mettre en pratique pour déceler la présence de l'arsenic dans des matières suspectées. Voici le mode de procéder dont il faisait usage :

Les matières organiques humides étaient traitées par l'acide azotique pur, en faisant réagir cet acide sur ces matières, de manière à transformer l'acide arsénieux en acide arsénique; la transformation opérée, on fait évaporer à siccité dans une capsule de porcelaine, en prenant le résidu et le faisant déflagrer sur du nitre en fusion (procédé de Rapp); on recueille la masse saline provenant de ce traitement, en la traitant par l'eau distillée, saturant par l'acide acétique, filtrant les liquides et les traitant par l'acétate de plomb qui détermine la précipitation de l'arsenic à l'état d'arséniate de plomb insoluble. Cet arséniate, bien lavé, desséché, traité par la chaleur et le gaz hydrogène, dans le tube à réduction de Berzélius, est décomposé; on obtient alors de l'arsenic métallique.

Ce procédé, comme on le voit, exige diverses manipulations qui présentent quelques difficultés d'exécution.

Un grand nombre d'autres procédés ont été indiqués par les auteurs pour la recherche de l'arsenic. Ainsi on a fait usage du chlore, de l'eau régale (Orfila, Gaultier de Claubry, Jacquelain, Lanaux); mais ces procédés, longs, difficiles, présentant des chances pour la perte d'une partie du toxique, ils sont inférieurs à l'emploi de la carbonisation par l'acide sulfurique.

Un travail qui présenterait de l'intérêt serait l'examen comparatif de la valeur des divers procédés proposés, en prenant pour expérimenter ces procédés divers le même produit contenant une quantité connue d'arsenic et en constatant exactement les résultats qu'on obtiendrait. Un semblable travail serait un beau sujet de thèse. Nous savons que déjà des effets comparatifs ont été faits, mais nous n'avons pas trouvé qu'ils aient ce degré de précision, de certitude capable de faire cesser le doute.

Ce travail mettrait l'expert à même de faire usage du procédé le plus exact, ce qui lui est difficile, puisqu'on a proposé :

1° Le procédé par le cuivre; 2° le procédé par le chlore; 3° le procédé par l'eau régale; 4° le procédé par la déflagration à l'aide de l'azotate de potasse; 5° le procédé par déflagration par l'acide azotique, des *procédés de carbonisation par l'acide azotique*; 6° le procédé par l'acide chlorhydrique et le chlorate de potasse; 7° le procédé à l'aide de la torréfaction (Lassaigne); 8° le procédé par l'acide sulfurique de MM. Flandin et Danger; 9° le procédé par l'acide sulfurique et le chlorure de sodium (Schneider); 10° le procédé par l'incinération à l'aide de l'azotate de chaux.

Les nombreuses expertises dont nous avons été chargé nous portent à donner, d'après les résultats que nous avons obtenus, la préférence au procédé de carbonisation par l'acide sulfurique. L'opération faite avec soin nous a toujours fourni de bons résultats. Nous allons faire connaître ce mode d'opérer.

Procédé Flandin et Danger. — Ce procédé, qui a été le sujet de longues et graves discussions devant l'Académie de médecine, consiste, si on a affaire à des matières liquides, à les priver, par l'évaporation, d'une partie de leur humidité; si on a des matières solides, à les diviser à l'aide de ciseaux bien propres, à placer ces matières dans une capsule neuve de porcelaine, puis à les additionner d'un tiers de leur poids d'acide sulfurique pur et concentré, à placer la capsule sur un fourneau et à la chauffer avec ménagement en agitant constamment avec une baguette de verre, pour que la masse qui doit arriver à l'état de charbon ne puisse s'attacher au fond de la capsule.

Dans cette opération, on constate que les matières solides se liquéfient, se dissolvent dans le liquide acide, qu'elles acquièrent une couleur noire, enfin qu'elles arrivent à l'état de charbon après s'être boursouflées et avoir fourni des vapeurs aqueuses et sulfureuses.

Les matières ayant fourni un charbon sulfurique, qui n'est pas à un état de division suffisant, on le détache de la capsule, on le place dans un mortier de porcelaine et, avec un pilon, on l'amène à un état de division plus grand. Quelques praticiens prescrivent de ne pas retirer le charbon de la capsule et d'opérer dans ce vase le broiement de ce charbon; mais cette opération est difficile, elle amène souvent le bris de la capsule. Il vaut donc mieux opérer dans un mortier.

Le charbon étant divisé, on l'humecte avec de l'acide azotique pur, pour transformer l'acide sulfureux en acide sulfurique et achever la destruction de la matière organique. On chauffe pour dessécher le charbon, qui doit être ensuite traité par l'eau.

On a conseillé d'employer, au lieu d'acide azotique, de l'eau régale; nous pensons que l'acide azotique est plus convenable : on n'a pas à craindre la formation d'un chlorure et la perte d'une certaine quantité d'arsenic.

Le charbon sulfurique étant convenablement préparé, on le broie de nouveau, on le traite et on l'épuise par de l'eau distillée bouillante; on obtient des liquides que l'on concentre pour les soumettre à l'appareil de Marsh, afin de connaître si les matières traitées contiennent de l'arsenic.

Le charbon épuisé par l'eau ne doit pas être jeté, car si, outre l'arsenic, les matières traitées contenaient du cuivre, du plomb, du zinc, on pourrait incinérer ce charbon pour rechercher la présence de ces métaux.

Il peut arriver que, dans la carbonisation des matières soupçonnées contenir de l'arsenic, il y ait, par suite de la présence des chlorures dans les matières organiques, perte d'une petite quantité d'arsenic; aussi quelquefois avons-nous opéré en partie la carbonisation dans une cornue, pour recueillir les produits qui se dégageaient pendant cette carbonisation; mais nous étions forcé, pour terminer l'opération, de casser la cornue et d'achever l'opération dans une capsule. Dans divers cas, le liquide qui avait été recueilli dans un ballon contenait des quantités d'arsenic appréciables lorsqu'on faisait usage de l'appareil de Marsh.

Ce que nous disons ici nous amène à parler du procédé de Schneider, qui employait l'acide sulfurique et le chlorure de sodium. Ce procédé est basé sur la propriété que possède le chlorure d'arsenic de se volatiliser; il consiste à introduire les matières dans lesquelles on veut rechercher la présence d'un produit arsenical, qu'on mêle avec parties égales de chlorure de sodium *bien pur*, dans une cornue tubulée, à laquelle on adapte un récipient tubulé et un flacon contenant une certaine quantité d'eau; on introduit dans la cornue, à l'aide d'un appareil en S, de l'acide sulfurique concentré; on laisse réagir à la température développée par l'addition de l'acide sulfurique; on chauffe ensuite légèrement; l'acide chlorhydrique transforme l'arsenic en chlorure, et, comme il est volatil à 132 degrés, il passe à la distillation et se condense dans le ballon et dans le flacon. Schneider examinait ensuite les produits, résultats de la distillation, soit par l'acide hydrosulfurique, soit en faisant usage de l'appareil de Marsh.

Nous ne sommes pas convaincu que, par ce mode, on puisse obtenir tout l'arsenic contenu dans la matière examinée; du moins c'est ce qui ressort de plusieurs expériences que nous avons faites.

On voit que les procédés pour la recherche de l'arsenic, outre ceux dont nous avons parlé plus haut, sont assez nombreux. Ce sont les procédés de Rapp, par l'azotate de potasse; de Lassaigne, par la torréfaction; de Reinch, par le cuivre; le procédé par le chlore, qui appartient à plusieurs chimistes; le procédé par l'eau régale, de Gaultier de Claubry; le procédé de Millon, par l'acide chlorhydrique et le chlorate de potasse; le procédé de carbonisation par l'acide azotique : ce procédé modifié par l'addition d'une petite quantité d'acide sulfurique; le procédé par l'acide sulfurique, de MM. Flandin et Danger; le procédé par l'incinération, de M. Devergie. L'examen pratique que nous avons fait de ces procédés nous a porté à donner la préférence, pour la recherche de l'arsenic, au procédé de MM. Flandin et Danger; nous l'avons mis en pratique dans un grand nombre d'opérations médico-légales, et nous en avons tiré un très-bon parti; il est vrai que dans quelques cas nous y avons apporté quelques modifications.

Procédé Flandin et Danger. — Ce procédé, que nous avons déjà décrit, consiste (nous employons la description donnée par les auteurs, parce que, selon nous, c'est le meilleur moyen à mettre en pratique), si les matières sont liquides, à les faire évaporer et à traiter le résidu par le tiers de son poids d'acide *sulfurique pur* (1). MM. Flandin et Danger indiquent un moyen facile de reconnaître quelles sont les quantités de matière à carboniser, et par conséquent quelles sont celles d'acide à ajouter; ce moyen consiste à faire évaporer les liquides dans une capsule qui est tarée avant et après l'évaporation. On ajoute alors la quantité d'acide nécessaire, puis on opère la carbonisation.

Si les matières, au lieu d'être liquides, sont solides, on les coupe en petits morceaux, ajoutant le tiers de leur poids d'acide sulfurique à 66 degrés. Le traitement par l'acide sulfurique se fait en se servant d'une capsule neuve de porcelaine, la plaçant sur un fourneau muni d'une grille, conduisant l'opération à une chaleur modérée, afin d'éviter la projection du mélange (2).

Lorsque le mélange est liquéfié, on active l'opération, en agitant sans cesse, à l'aide d'une baguette de verre, afin de faciliter le dégagement des gaz qui se produisent, d'amener la carbonisation à se faire avec régularité, enfin d'empêcher la matière de s'attacher au fond de la capsule.

Quand le mélange n'exhale plus de vapeur et que le charbon est *complet* et se présente à l'état sec et *friable*, on retire la capsule du feu, on la laisse refroidir lentement. Le charbon refroidi doit être pulvérisé; la pulvérisation s'opère à l'aide d'un pilon d'agate ou de porcelaine. Quelques personnes opèrent cette pulvérisation dans un mortier de porcelaine; d'autres, plus experts, pratiquent cette pulvérisation dans la capsule même; on évite par là des transvasements, des pertes.

(1) L'expert doit toujours s'assurer de la pureté des produits qu'il emploie. Nous avons des exemples de l'emploi de l'acide sulfurique arsenical dans des expertises; heureusement les experts, avant de faire leurs rapports, examinèrent l'acide, et ils reconnurent son impureté.

(2) La grille en fil de fer que nous employions permettait de chauffer la capsule latéralement, ainsi que les bords de ce vase, de manière que la carbonisation fût bien complète.

Le charbon étant parfaitement divisé, on l'humecte avec de l'acide chloro-azotique (3 parties d'acide azotique pour 1 partie d'acide chlorhydrique), on triture pour que le tout soit homogène, puis on chauffe pour dessécher le charbon (1).

Le charbon ainsi obtenu est traité par l'eau distillée; à l'aide de la chaleur, la solution obtenue est filtrée. On pratique un deuxième et un troisième lavage; on réunit les liqueurs filtrées, qui peuvent être traitées, soit dans l'appareil de Marsh, soit par un courant d'acide sulfhydrique; mais l'emploi de l'appareil de Marsh doit avoir la préférence.

Nous avons dit que, pour obtenir une bonne carbonisation, il fallait, en moyenne, employer le tiers en poids de l'acide sulfurique; il y a des exceptions : lorsqu'on veut carboniser du sang, la matière grasse du cerveau, la quantité d'acide est de moitié. Au contraire, lorsqu'on agit sur d'autres organes, cette quantité, suivant les matières traitées, peut n'exiger qu'un quart ou un cinquième d'acide; l'expert qui a pratiqué sait d'avance les proportions qu'il doit employer.

MM. Flandin et Danger indiquent de faire une opération préparatoire sur 30 grammes de matières, afin de reconnaître si on obtient un charbon complet pouvant, étant traité par l'eau distillée, fournir, après filtration, *une solution limpide, transparente, presque incolore, ne donnant pas de mousse lorsqu'on l'introduit dans l'appareil de Marsh.* Dans le cas contraire, il faudrait faire évaporer le liquide, puis carboniser de nouveau le résidu à l'aide d'une nouvelle quantité d'acide sulfurique.

Une modification que nous avons apportée dans ce traitement des matières par l'acide sulfurique consistait à opérer le commencement de la carbonisation dans une cornue, recueillant les vapeurs qui passaient à la distillation et qui étaient recueillies dans un récipient; puis, les examinant à plusieurs reprises, nous reconnûmes dans quelques cas que les liquides provenant de cette opération contenaient du chlorure d'arsenic, ce que nous attribuâmes aux chlorures qui existent naturellement dans les matières organiques. Il se passait là ce qui a été observé et ce qui a fait la base du procédé Schneider.

La difficulté de la mise en pratique de cette modification résultait : 1° de ce qu'il était excessivement difficile de retirer de la cornue la matière charbonneuse pour l'amener à l'état complet, puis à l'état de division nécessaire; 2° de ce que quelquefois la cornue se brisait avant que la carbonisation ne fût complète. On pourrait vaincre ces difficultés en faisant usage d'une capsule de porcelaine dont les bords supérieurs seraient doubles et formeraient gouttière; celle-ci recevrait un chapiteau en porcelaine s'engageant dans

(1) Nous avons toujours employé l'acide azotique préférablement à l'eau régale, dans la crainte de donner lieu à la formation d'un chlorure d'arsenic volatil.

la gouttière, dont la fermeture serait faite par de l'eau qui y serait introduite.

Nous avons, dans quelques cas, tranché la difficulté en brisant la cornue et en finissant le charbon après avoir fait usage du mortier de porcelaine pour le broyer; les quelques fragments de verre qu'il renfermait n'influaient en rien sur le résultat de l'opération.

Un nouveau procédé pour la recherche de l'arsenic vient tout récemment d'être signalé par MM. Donny et Szuch, ils pensent que ce procédé donnera des résultats aussi précis que ceux résultant de l'emploi de l'appareil de Marsh. Ce procédé consiste à plonger dans une liqueur contenant un composé arsenical deux lames de platine communiquant avec les deux pôles d'une pile; une partie de l'arsenic contenu dans la liqueur se dépose à l'état de poudre noire sur le pôle négatif, tandis que le reste se dégage à l'état d'hydrogène arsénié.

MM. Szuch et Donny n'ont fait que prendre date; ils continuent leurs recherches; mais nous dirons qu'il est difficile de trouver mieux que l'appareil de Marsh, c'est-à-dire que l'*appareil modifié*.

De l'appareil de Marsh. — La connaissance et l'application de l'appareil de Marsh a été un immense service rendu aux toxicologistes, son emploi permettant de faire reconnaître la présence de l'arsenic dans un grand nombre de cas où, par les autres procédés employés, on n'obtenait que des réactions douteuses qui jetaient l'expert dans un très-grand embarras, lorsqu'il devait se prononcer.

Cet appareil a pour but de réduire l'acide arsénieux qui existe en solution dans un liquide par l'action simultanée du zinc, de l'eau et de l'acide sulfurique, et d'obtenir du gaz hydrogène arsénié, qui est le produit de cette réaction; ce gaz, enflammé, dépose le métal qui se fixe sur le verre, sur la porcelaine, sur lesquels on reçoit la flamme. Ces réactions ont suggéré à Marsh l'emploi d'un appareil particulier qui porte son nom.

Cette réduction de l'hydrogène arsénié et le dépôt du métal étaient connus avant que Marsh n'eût lieu de l'employer à des recherches toxicologiques (1).

La connaissance des travaux de Marsh remonte à 1836. En effet, on trouve dans le journal l'*Edimburg New philosophical Journal*, un article ayant pour titre : *Description d'un nouveau procédé pour séparer de petites quantités*

---

(1) Proust, dans ses *Recherches sur l'étain* (*Annales de chimie*), publiées en l'an VI, s'exprime ainsi : « On sait qu'il s'élève de l'hydrogène très-fétide pendant la dissolution de l'étain dans l'acide chlorhydrique, surtout lorsque l'étain contient de l'arsenic, ce dont on s'aperçoit très-bien en brûlant le gaz sous la cloche; l'arsenic se dépose sur les parois. »

d'arsenic des substances avec lesquelles il est mélangé. Cet article, traduit en allemand, fut inséré dans le journal *Annalen der Pharmacie*, volume XXIII, cahier II, page 207; puis traduit en français et inséré dans les journaux à la fin de 1837. Marsh, comme on le voit, eut l'idée de profiter de la propriété dont jouit l'hydrogène, à l'état naissant, de se combiner avec l'arsenic pour fournir de l'hydrogène arsénié, et de décomposer ensuite ce gaz par la chaleur, afin d'obtenir, selon les conditions où l'opération serait faite, de l'arsenic métallique ou de l'acide arsénieux.

Cet appareil, qui n'est plus usité, mérite cependant que la description qu'en a faite Marsh, que les précautions qu'il a indiquées, que les résultats qu'il a obtenus soient bien connus; en effet, les appareils employés actuellement ne sont que des modifications. Nous croyons donc devoir publier ici l'article tel qu'il fut rédigé par l'auteur.

« Bien que les méthodes à l'aide desquelles on peut découvrir la présence de petites quantités d'arsenic dans un aliment, dans le contenu de l'estomac et dans les mélanges avec différentes autres substances animales et végétales aient été très-perfectionnées dans ces derniers temps, cependant il manquait encore un procédé pour le séparer d'une manière prompte et commode à l'état pur, et pour pouvoir le soumettre seul à l'action des réactifs appropriés. Par ce procédé, on devait, en outre, non-seulement découvrir de l'arsenic dans son état ordinaire d'arsenic blanc ou d'acide arsénieux, et l'obtenir sous forme métallique, mais encore arriver au même résultat, lorsqu'il est tout à fait à l'état d'acide arsénieux, ou bien que les deux acides à base d'arsenic sont en combinaison avec des alcalis. Je présumai que j'atteindrais ce but en mettant de l'hydrogène, au moment de sa mise en liberté, en contact avec l'arsenic. Ce gaz devrait, en effet, désoxyder d'abord l'arsenic, puis se combiner avec lui pour former le gaz hydrogène arséniqué. Une fois que l'arsenic est réduit à l'état gazeux, il se sépare spontanément, pour ainsi dire, de la liqueur où il était dissous, et peut être recueilli dans un appareil à gaz ordinaire pour l'examen ultérieur. On simplifierait ainsi naturellement beaucoup le procédé pénible, difficile et minutieux que l'on suit actuellement pour découvrir l'arsenic dans les substances organiques.

« J'eus le plaisir de voir mes présomptions confirmées par les expériences, et je fus, par ce moyen, en état, non-seulement de séparer de petites quantités d'arsenic du gruau, des potages, du porter, du café et d'autres aliments liquides, mais encore de retirer, en continuant assez longtemps l'opération, tout l'arsenic de ces substances à l'état d'hydrogène arséniqué pur, ou tout au plus mélangé d'hydrogène en excès.

« Si on enflamme ce gaz lorsqu'il se dégage dans l'air en sortant d'un tube à petite ouverture, l'hydrogène, qui est l'élément le plus combustible, brûlera le premier et produira de la vapeur d'eau, tandis que l'arsenic se déposera à l'état métallique, ou bien à celui d'acide arsénieux, suivant que le gaz sera en partie ou en totalité en contact avec l'air. Si l'on tient, par exemple, un morceau de verre de fenêtre froid contre la flamme, il se déposera aussitôt une pellicule mince d'arsenic métallique à sa surface ; mais si on fait pénétrer la flamme dans un tube de verre ouvert aux deux extrémités, ce dernier se recouvrira à son intérieur, dans l'espace d'une demi-minute, d'une couche blanche pulvérulente d'acide arsénieux. Si, au contraire, on dirige obliquement la flamme dans le tube, de manière à effleurer le verre, elle déposera une partie de l'arsenic à l'état métallique. Si, dans ce dernier cas, on approche le tube des narines, tandis qu'il est encore chaud, on remarquera l'odeur d'ail particulière à l'arsenic. L'hydrogène arséniqué a aussi absolument la même odeur, mais on ne doit le sentir qu'avec beaucoup de précaution, parce que chaque pouce cube de ce gaz contient environ un quart de grain d'arsenic.

« L'appareil propre à ces expériences est simple, il consiste en un tube de verre ouvert aux deux extrémités, qui a environ $^3/_4$ de pouce de diamètre intérieur et est courbé en forme de siphon, la branche la plus courte a environ 5 et la plus longue 8 pouces de longueur. Un robinet, qui se termine en un tube à petite ouverture, est placé à travers un bouchon et assujetti avec lui dans l'ouverture de la plus courte branche du tube (on peut au besoin le luter avec un mastic de térébenthine). Pour tenir l'appareil dans une position verticale, on se sert d'un bloc de bois qui reçoit la partie inférieure du support, et, dans le même bloc, se trouve aussi une cavité pour la courbure du tube. Deux bandes de caoutchouc assujettissent le tube dans sa position. La substance dans laquelle on doit rechercher l'arsenic doit, si elle n'est pas à l'état liquide, comme du pain, du pâté, etc., être soumise assez longtemps à l'ébullition avec 2 ou 3 onces d'eau pure. Le mélange ainsi obtenu doit alors être mis sur un filtre pour séparer les parties solides. On peut étendre d'eau les potages épais ou les substances contenues dans l'estomac, et filtrer également. Quand aux potages peu consistants, au vin, à l'eau-de-vie, à la bière, au café, au thé et aux liquides semblables, on peut au contraire les employer sans traitement préalable.

« Lorsqu'on doit se servir de l'appareil, on fait descendre une baguette de verre, longue d'un pouce environ, dans la plus courte branche, et on y porte ensuite une feuille de zinc pur, longue d'environ 1 pouce et $^1/_2$, large de $^1/_2$ pouce, et doublement recourbée, de manière qu'elle descende dans le tube jusqu'à ce qu'elle soit arrêtée par la baguette de verre qui a été placée en premier lieu. Alors on assujettit à sa place le robinet qui est muni d'un tube à petite ouverture, et on tourne la clef de manière qu'il reste ouvert. Après que la liqueur à examiner a été préalablement mélangée de 1 et $^1/_2$ à 3 drachmes d'acide sulfurique étendu (1 partie d'acide et 7 d'eau), on verse dans la longue branche, jusqu'à ce qu'elle arrive dans la courte, à environ $^1/_4$ de pouce au-dessous du bouchon. Alors il s'élève bientôt de la surface du zinc des bulles de gaz, qui sont formées d'hydrogène pur, s'il n'y a pas d'arsenic, mais si la liqueur contient de l'arsenic en dissolution, sous quelque forme que ce soit, le gaz contiendra aussi de l'hydrogène arséniqué. On laisse se perdre la première portion de gaz, afin qu'elle entraîne avec elle le peu d'air atmosphérique resté dans l'appareil, ensuite on ferme le robinet, et le gaz se rassemble alors dans la plus courte branche, en repoussant la liqueur dans la plus longue, jusqu'à ce qu'elle soit dans la plus courte au-dessous du zinc, à ce moment toute production ultérieure de gaz cesse. On obtient aussi une portion de gaz, qui se trouve sous la pression d'une colonne de liquide de 7 à 8 pouces de haut. Ensuite on ouvre le robinet, le gaz s'échappe avec une certaine force par l'ouverture du tube qui surmonte le robinet, et si on l'enflamme à sa sortie (ce qui s'opère promptement par le secours d'un aide) et qu'on tienne horizontalement au-dessus un morceau de verre, de manière à ralentir un peu la combustion, l'arsenic se dépose à l'état métallique sur le verre; en effet, l'oxygène de l'air ne sert durant l'opération qu'à oxyder l'hydrogène. S'il n'y a pas d'arsenic, la flamme a un tout autre aspect : le verre est, à la vérité, terni dans le premier moment par l'eau qui s'y dépose; mais en quelques secondes la chaleur s'élève assez pour qu'il devienne parfaitement clair et pour que souvent même il se brise en morceaux.

« Si on veut obtenir l'arsenic à l'état d'acide arsénieux ou d'arsenic blanc, on tient un tube de $^1/_4$ de pouce ou de $^1/_2$ pouce de diamètre (suivant la grosseur de la flamme) et de 8 à 10 pouces de longueur verticalement au-dessus du courant du gaz en combustion, de telle sorte que celui-ci puisse brûler complétement, et l'arsenic qui s'y trouve en combinaison être suffisamment oxydé : le tube se recouvrira à l'intérieur d'une quantité d'acide arsénieux qui sera en rapport avec la proportion d'arsenic contenue dans la liqueur. Si on tient le tube de verre au-dessus de la flamme, sous un angle d'environ 45 degrés, on peut se convaincre d'une triple manière à la fois de la présence de l'arsenic : en effet, il se dépose de l'arsenic métallique dans la partie du tube que la flamme touche et à une légère distance de l'arsenic blanc ou de l'acide arsénieux. On peut, en outre, à chaque extrémité du tube avec lequel l'expérience est faite, observer l'odeur d'ail.

« A mesure que le gaz produit durant l'opération est consommé, le mélange acide retombe dans la branche du tube et se met de nouveau en contact avec le zinc, et l'on obtient bientôt alors une nouvelle provision de gaz : lorsqu'on essaye ce gaz par l'une des méthodes indiquées plus haut, il denote également la présence de l'arsenic et cette opération peut être répétée aussi souvent qu'il est nécessaire, jusqu'à ce qu'enfin le gaz ne soit plus formé que d'hydrogène pur.

« Si l'on traite dans cet appareil certaines liqueurs mélangées ou composées, du vin, de la bière, du café, du thé, du potage, le contenu de l'estomac, en général tout mélange mucilagineux ou albumineux, il se rassemble à la partie supérieure du tube une grande quantité de mousse qui peut empêcher le dégagement du gaz.

« Pour éviter tout à fait cet inconvénient, ou bien l'atténuer le plus possible, j'enduis l'intérieur de la courte branche de l'appareil avec de l'huile ou du suif avant d'y introduire la substance à examiner, ou bien je verse aussi quelques gouttes d'alcool ou d'huile d'olive à sa surface, avant de placer le robinet avec son ajutage. D'ailleurs, quelque abondante que soit d'abord la mousse contenue dans le tube, son intérieur sera devenu transparent au bout d'une heure ou deux : en effet, les bulles se crèvent, sans que les résultats en souffrent le moins du monde.

« S'il n'y a qu'une très-petite quantité d'arsenic, il est très-avantageux, en général, de ne pas laisser dégager trop promptement de l'hydrogène afin qu'il ait le temps de se charger de l'arsenic.

« Un petit entonnoir de verre est d'un emploi très-utile lorsqu'on a des recherches à faire sur une cuillerée à soupe ou à thé de substances. Dans ce cas, on remplit en partie le tube d'eau ordinaire, et on laisse un espace suffisant pour la substance à examiner; on suspend au bouchon un morceau de zinc à l'aide d'un fil, de manière qu'il se trouve dans l'axe du tube; puis la liqueur à examiner ayant été préalablement mélangée avec de l'acide sulfurique étendu, est versée avec précaution dans le tube par l'entonnoir, de telle sorte qu'elle entoure le zinc et se mêle le moins possible avec l'eau qui se trouve au-dessous de ce métal : enfin, on assujettit le robinet avec son ajutage dans l'orifice du tube. Le gaz se dégage alors comme auparavant, et on opère absolument de la même manière.

« Je crois décrire ici le procédé que je suis après chaque opération, pour me convaincre qu'il n'est pas resté d'arsenic à l'intérieur du tube ou au bouchon, ainsi qu'à son ajutage. Avant de me resservir de mon appareil pour une autre recherche, je lave celui-ci avec de l'eau pure, j'y mets un morceau de zinc, et je le remplis d'eau jusqu'à $^1/_2$ pouce de l'orifice de la courte branche, puis j'y verse 2 drachmes d'acide sulfurique étendu, et j'assujettis le robinet et le bouchon à leur place : il y a dans ce cas, comme auparavant, un morceau de verre, l'arsenic se déposera sur le verre lorsqu'il en sera resté. Cette opération doit être répétée jusqu'à ce que le verre reste parfaitement net après l'action du gaz.

« Si j'ai occasion d'employer 2 à 4 pintes de mélange suspect, je me sers d'un autre instrument semblable, quant à la disposition principale, à ces machines (briquets) déjà connues, dans lesquelles l'éponge de platine enflamme un courant de gaz hydrogène. Le vase extérieur dont je me sers contient, plein, 4 pintes : le robinet laisse dégager verticalement le gaz par une ouverture deux à trois fois plus large que les machines précédentes. Au bouchon du robinet est assujetti un fil pour pouvoir suspendre un morceau de zinc dans la cloche de verre.

« Avec un instrument de ce genre, un mélange qui contenait en dissolution 1 grain d'arsenic dans 28,000 grains d'eau, m'a donné plus de 100 croûtes bien évidentes, d'arsenic métallique. 3 pintes de potage très-épais, de porter, de thé, de café, etc., m'ont donné des résultats semblables ; le succès a été complet. Toutefois, il est à remarquer que je ne fais marcher l'opération que lentement, et que ce n'est qu'après plusieurs jours que le mélange a cessé de donner des indices de la présence de l'arsenic. J'ai aussi, de temps à autre, employé une bien plus grande quantité de zinc et d'acide sulfurique que dans le petit appareil à tube, parce que la quantité de substances dans ce mode opératoire était aussi bien plus considérable.

« Avec ce petit appareil, j'ai obtenu des croûtes métalliques évidentes en n'employant qu'une goutte de la solution arsenicale de Fowler, bien que cette goutte ne contienne que la cent vingtième partie d'un grain.

« Mon procédé décèle facilement la présence de l'arsenic dans l'orpiment artificiel et le réalgar, dans le vert de Scheele et dans le sulfure d'antimoine, lors même qu'on n'emploie qu'un demi-grain de l'une ou de l'autre de ces combinaisons.

« Je préfère les appareils que j'ai décrits plus haut à tous les autres. Toutefois on peut, au besoin, en employer de bien plus simples encore, une fiole à médecine, par exemple, contenant 2 onces d'eau, avec un tuyau de pipe de terre, etc.

« Enfin, je dois encore faire observer qu'assez souvent on trouve dans le commerce du zinc qui contient par lui-même de l'arsenic, et qui, par conséquent, traité par l'acide sulfurique étendu, donne du gaz hydrogène arséniqué ; aussi doit-on, avant tout, s'assurer de la pureté du zinc que l'on doit employer à ces essais. Mais cette expérience est très-facile ; on n'a, en effet, qu'à mettre dans l'appareil un petit morceau de ce métal avec un peu d'acide sulfurique étendu et à enflammer au-dessus du robinet le gaz dégagé. Lorsqu'il ne dépose ni pellicule métallique sur la plaque de verre, ni arsenic blanc dans le tube ouvert, le zinc doit être considéré comme suffisamment pur et bon à employer.

« Très-fréquemment aussi l'acide sulfurique (anglais) du commerce contient de l'arsenic, et l'on ne doit employer pour ces recherches que de l'acide rectifié, ou bien il faut s'assurer préalablement si l'hydrogène qui s'en dégage au contact du zinc pur contient de l'arsenic. Dans ces derniers temps on a, comme on sait, trouvé de l'arsenic dans du phosphore, dans de l'acide phosphorique, et dans beaucoup d'acides et de sels qui avaient été préparés avec de l'acide sulfurique (anglais).

« On pourrait aussi s'exposer à des méprises extrêmement funestes lorsque la liqueur dans laquelle on recherche l'arsenic contient des métaux étrangers. Si, par exemple, on fait dissoudre du fer pur dans de l'acide hydrochlorique, et qu'on dirige la flamme du gaz hydrogène qui se dégage sur une surface de porcelaine, celle-ci se recouvre toujours d'une forte couche noire que l'on pourrait être exposé à prendre pour de l'arsenic, bien que ce ne fût autre chose que du fer métallique. En effet, le gaz, dans son développement, entraîne avec lui des gouttelettes extrêmement fines de la dissolution, et le chlorure de fer qu'elles contiennent est réduit dans la flamme : il se dépose sur la porcelaine du fer métallique, qui, brûlant en partie au bord de la flamme, se change en oxyde ferroso-ferrique : la couche d'arsenic s'en distingue d'ailleurs facilement ; elle disparaît aussitôt lorsqu'on l'humecte avec une goutte d'acide nitrique ou d'hydrosulfate d'ammoniaque, tandis que celle de fer n'est pas attaquée par l'acide nitrique, et se colore en vert noir par l'hydrosulfate d'ammoniaque.

« Tous les métaux pesants, et parmi eux l'antimoine notamment, se comportent comme le fer lorsqu'il est mêlé aux dissolutions. »

Un travail d'une haute importance, et qui mérite d'être étudié, est dû à Vauquelin, dans un mémoire qui date de fructidor an VI (1798) et qui est additionné de notes de Fourcroy, il a pour titre : *Observations sur la dissolution du zinc dans le gaz hydrogène*; il est démontré, dit l'auteur : 1° que l'hydrogène peut dissoudre l'arsenic, le fer, le zinc; 2° que Fourcroy faisait connaître l'obtention de l'hydrogène arsénié et de l'hydrogène ferreux avant Proust; 3° que Fourcroy établissait qu'il ne faudrait pas négliger l'examen, fait avec soin, des gaz qui se dégagent pendant la dissolution des substances métalliques dans les acides sulfurique et chlorhydrique.

Nous renvoyons, pour la lecture de ce travail, au *Journal de la Société des pharmaciens de Paris*, publié en l'an VIII, page 241.

L'appareil de Marsh présentait dans son emploi de nombreux inconvénients, qui tenaient : 1° à ce qu'une seule portion du liquide était en contact avec l'hydrogène à l'état naissant; 2° à ce que la solution du zinc par l'acide sulfurique augmentait la densité de cette partie du liquide; les portions placées dans la branche la plus longue, étant moins denses, ne se mêlaient point à la masse et ne servaient point à l'analyse; 3° à ce que le jet de la flamme n'était ni égal, ni continu : fort d'abord, il faiblissait ensuite; 4° à ce que le robinet en métal s'oxydait; 5° à ce qu'il se formait de la mousse qui envahissait l'appareil.

L'appareil primitif ne pouvait servir que pour des essais sur des minimes quantités de produit; Marsh indiqua l'emploi d'un appareil pour de plus grandes quantités de matières. Cet appareil était en tout semblable au *briquet hydroplatinique*.

Un très-grand nombre d'appareils ou plutôt de modifications ont été décrits dans les journaux scientifiques. Herapath avait proposé de substituer une lame de mica à la lame de verre indiquée par Marsh. M. Mohr avait indiqué un appareil très-simple, composé d'une bouteille fermée par un bouchon armé d'un tube effilé à son extrémité (1) il; indiquait qu'un carreau de porcelaine était préférable au mica; il établissait que l'appareil de Marsh était sensible à la 500,000^e dilution; mais l'appareil de Mohr, dont nous donnons ici la figure, n'est pas facile à manœuvrer, en ce qu'il faut ouvrir l'appareil pour introduire les matières supposées arsenicales sur lesquelles on veut expérimenter. Liebig signala les taches de fer; il faisait connaître qu'on pouvait avoir une certitude complète en faisant passer l'hydrogène arsénié à travers un tube large de 1 ligne et qui était chauffé sur un point; il y avait alors formation d'un anneau qui se déposait au delà de la partie chauffée. Ce procédé est dû à Soubeiran; il a été décrit dans *un mémoire publié en* 1830. Berzélius s'est aussi occupé de l'appareil de Marsh, et il indiqua les précautions à prendre pour dessécher l'hydrogène arsénié et pour obtenir des anneaux. M. Orfila a indiqué un appareil ayant de l'analogie avec l'appareil de Morh; mais, dans l'appareil Orfila, le tube, effilé à son extrémité au lieu d'être droit, est courbe, à angle droit; plus tard, le bouchon recevait deux tubes, l'un courbe, à angle droit, effilé à la pointe; l'autre en S, pour l'introduction des liquides dans le vase où se produisait l'hydrogène. M. Lassaigne proposa de substituer aux tubes à combustion un tube plongeant dans une solution de nitrate d'argent cristallisé, complétement neutre. M. Lassaigne établissait que le gaz arsenical se décompose au contact du sel d'argent, qu'il y a *dépôt d'argent métallique*, que la liqueur décantée tient en dissolution l'acide arsénieux et l'excès de nitrate d'argent qui n'avait pas été décomposé, en précipitant l'excès de nitrate non décomposé par l'acide chlorhydrique, la liqueur filtrée servait à démontrer, à l'aide des réactifs, la présence de l'arsenic. Thomas Graham réclamait la priorité de l'emploi du nitrate d'argent pour absorber l'hydrogène arsénié, qui donnait lieu, disait-il, à de l'arséniure d'argent insoluble, et qui, calciné dans un tube ouvert, fournissait un sublimé d'acide arsénieux. La réclamation de

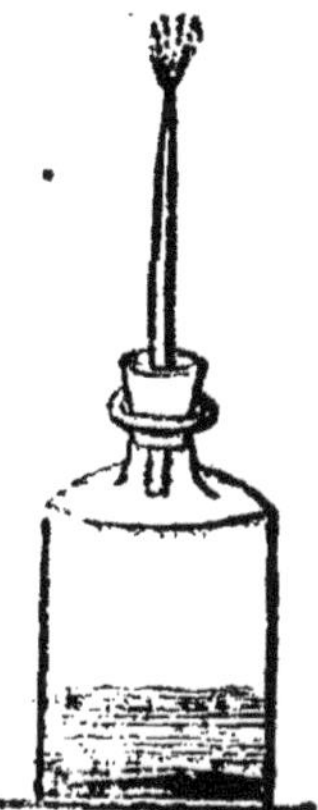

(1) Cette modification avait déjà été indiquée par Marsh.

M. Thomas Graham donna lieu à une réponse dans laquelle il fut établi que le chimiste anglais avait fait erreur, puisque l'acide arsénieux restait dans le liquide et que l'argent se précipitait; mais il résulte d'expériences que l'argent ainsi précipité peut, dans quelques cas, contenir une petite quantité d'un produit arsenical.

En examinant avec soin ce qui se passe dans ces expériences, on reconnaît que, lorsqu'on fait passer de l'hydrogène arsénié dans la solution d'argent, chaque bulle se décompose instantanément; il y a formation d'acide arsénieux soluble, d'argent réduit qui se dépose et qui, selon quelques auteurs, contient des traces d'arsenic.

Il est bon de faire observer que si les matières traitées contenaient de l'antimoine au lieu d'arsenic, l'hydrogène antimonié décomposé fournirait de l'antimoine métallique qui se déposerait en même temps que l'argent. Il y a donc nécessité, dans tous les cas, de procéder à l'examen du précipité, pour savoir s'il est formé d'antimoine d'argent ou d'argent et d'arsenic.

M. Meillet a proposé de faire passer le gaz hydrogène arsénié dans de l'acide azotique, et d'amener l'arsenic à l'état d'acide arsénique; la solution arsenicale est ensuite exposée à l'action du feu pour chasser l'excès d'acide nitrique, puis essayer ensuite le résidu par les réactifs spéciaux.

On voit qu'on peut employer soit le procédé Lassaigne, soit le procédé Meillet; tous les deux peuvent amener à reconnaître la présence de l'arsenic dans la matière examinée.

DES APPAREILS EMPLOYÉS POUR RECHERCHER LA PRÉSENCE DE L'ARSENIC.

Ces appareils, qui à tort portent le nom de l'appareil primitif inventé par Marsh, sont nombreux; ce sont les appareils de Mohr, de Liebig, de Berzélius, d'Orfila; les appareils Chevallier et Barse, les appareils Lassaigne, l'appareil Meillet, l'appareil Adorne, l'appareil de Wandenbroack, l'appareil Malapert, l'appareil de MM. Keppelin et Kampmann, l'appareil Flandin et Dauger, l'appareil de l'Académie des sciences, l'appareil de MM. Chevallier et Orfila, l'appareil de M. Morton, l'appareil de M. Figuier, l'appareil de M. Blancart, l'appareil de M. Blondlot, etc.

Il est impossible de donner dans l'ouvrage que nous publions la description de tous ces appareils, leur valeur, les avantages qu'on peut en tirer, les raisons qu'il y a d'en faire usage; nous renverrons nos lecteurs qui voudraient s'en rendre compte à un volume que nous avons publié en 1843 avec M. Barse, et qui a pour titre : *Manuel pratique de l'appareil de Marsh*, ou *Guide de l'expert toxicologiste dans la recherche de l'antimoine et de l'arsenic.*

Nous nous bornerons à citer et à décrire les appareils qui doivent être mis en usage pour obtenir des résultats qui puissent permettre, dans des cas d'empoisonnement, de présenter un rapport.

Il est nécessaire de dire que l'appareil de Marsh a été le sujet de nombreux mémoires, de nombreuses publications, et que l'Académie des sciences a reçu, de 1836 à 1846, sur cet appareil, ses modifications et son emploi, trente communications qui traitaient de l'emploi de l'appareil de Marsh, des modifications apportées à cet appareil, de l'impureté des produits employés, de la nature des taches et des moyens d'en constater la nature; ces communications étaient le résultat d'études faites par MM. Couerbe, Orfila, Persoz, Lassaigne, Dunglas, Chevallier, Signoret, Coulier, Kœppelin et Kampmann, Flandin et Danger, Cheron, Rognetta, Fordos et Gelis, Dupasquier, Durand, Blondlot, Boutigny, Leroy, etc.

Les premiers appareils qui furent mis en usage, lorsque la découverte de Marsh fut publiée, sont ceux qu'il avait indiqués : l'appareil pour expérimenter sur de petites quantités de matières et l'appareil pour agir sur de plus grandes masses, l'*appareil hydroplatinique*, appareils dont nous donnons ici les figures.

Fig. A.
Premier appareil décrit par Marsh.

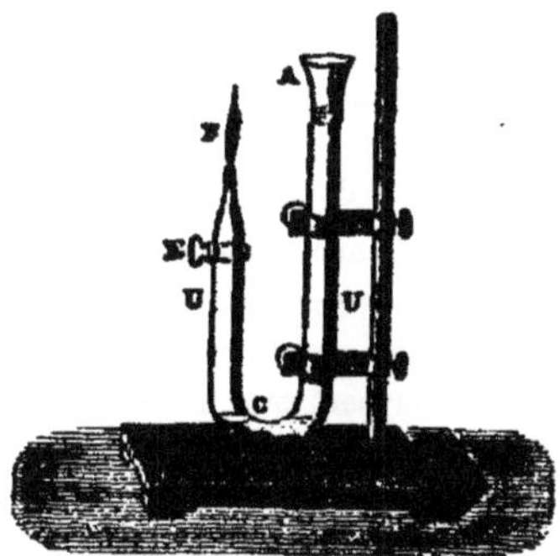

Fig. B.
Deuxième appareil décrit par Marsh.

Le premier de ces appareils, comme on le voit, consiste en un robinet AF, fixé verticalement sur un plateau de bois ; une feuille de zinc est placée dans le point C; la liqueur acide est versée par l'orifice A ; le robinet E étant ouvert, le liquide prenait son niveau UU dans les deux branches, la feuille de zinc C baignant dans le liquide acidulé ; il y avait formation d'hydrogène, qui déplaçait l'air qui se trouvait dans le tube ; l'air déplacé, on fermait le robinet. Le gaz accumulé s'échappait ensuite lorsqu'on ouvrait le tube enflammé; il fournissait des taches si le produit essayé contenait de l'arsenic ; l'hydrogène brûlé, on fermait le robinet et on recommençait l'opération lorsqu'il s'était formé de nouveau de l'hydrogène.

Le deuxième de ces appareils est un briquet hydroplatinique bien connu, et qui a été, pendant un certain temps, employé pour obtenir de la lumière.

Bientôt les chimistes qui s'occupaient de toxicologie reconnurent que l'emploi de ces appareils présentait des difficultés; ces difficultés résultaient : 1° de ce que le zinc peut contenir de l'arsenic; 2° de ce que l'acide sulfurique pouvait être arsénié; il était donc nécessaire de trouver un appareil simple qui pût servir à démontrer si un produit contenait de l'arsenic et surtout si les produits qui devaient fournir l'hydrogène (le zinc et l'acide sulfurique) contenaient eux-mêmes de ce toxique; c'est alors que nous eûmes l'idée d'apporter à l'appareil primitif des modifications; à cet effet, nous fîmes connaître, dans le *Journal de chimie médicale*, p. 377 (1839), l'appareil modifié dont nous donnons ici la figure (C).

Fig. C.

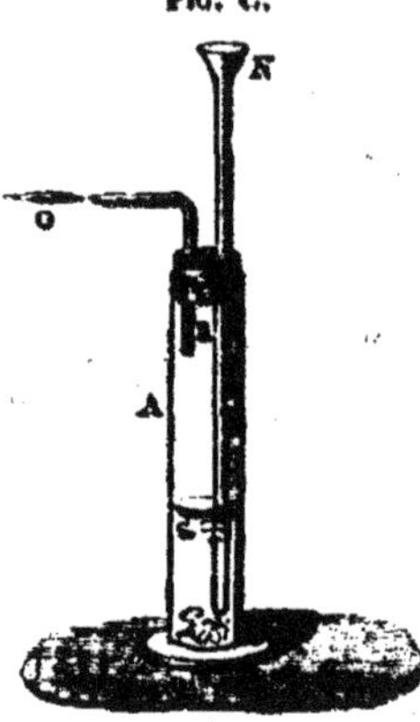

Cet appareil consiste en une éprouvette à pied à laquelle on adapte un bouchon supportant deux tubes : l'un droit, doit descendre au-dessous du liquide qui se trouve dans l'éprouvette, il est évasé à sa partie supérieure de manière à former entonnoir, ce tube est destiné à l'introduction des liquides; l'autre est courbé à angle droit, il est effilé à son extrémité, sa destination est de donner issue au gaz.

On opère, à l'aide de cet appareil, de la manière suivante :

On introduit du zinc en grenailles dans l'éprouvette; on place le bouchon supportant les tubes et que l'on a soin de graisser; on verse, à l'aide du tube-entonnoir, de l'acide sulfurique affaibli préparé dans les proportions de 1 partie d'acide sulfurique à 66 degrés et de 7 parties d'eau, puis on laisse la réaction s'opérer; le dégagement du gaz doit être continue pendant quelques minutes avant de procéder à sa combustion, pour que l'air soit chassé de l'éprouvette, et qu'il n'y ait pas formation d'un mélange qui, lorsqu'on enflammerait le gaz, pourrait donner lieu à une détonation et au bris de l'appareil (1); lorsqu'on juge qu'il ne doit pas y avoir dans l'appareil de mélange détonant, on enflamme le gaz et on reçoit la flamme en l'étouffant, pour ainsi

(1) Les explosions ont lieu, d'après M. Pelouze, lorsque le mélange de l'air et de l'hydrogène se trouve dans certaines proportions qui sont les suivantes :

Hydrogène..... 1	Air..... 1	Pas d'inflammation.		
— 1	— 2	—	—	
— 1	— 8	Détonation.		
— 1	— 9	—	(Forte).	
— 1	— 10	—	(Très-forte); maximum d'effet.	

dire, sur une plaque de porcelaine : si le zinc employé est pur, si l'acide ne contient ni arsenic, ni antimoine, la plaque de porcelaine ne présente pas de taches, ce qui aurait lieu si le zinc ou l'acide contenait de ces métaux.

A l'aide de cet appareil, qui doit *fonctionner à blanc*, c'est-à-dire en opérant la combustion de l'hydrogène fourni par l'acide sulfurique et par le zinc, on peut brûler cet hydrogène sur des soucoupes et reconnaître s'il fournit des taches, ce qui indiquerait que l'acide sulfurique n'est pas pur, ou que le zinc était du zinc arsenical ou antimonial.

L'appareil modifié permet de n'opérer que sur de petites quantités et de multiplier les opérations.

En 1839, nous apportâmes à l'appareil de Marsh une nouvelle modification. Nous donnons ici la figure de l'appareil modifié D.

Fig. D.

Cette modification consiste à monter un appareil composé d'une éprouvette, à y placer du zinc bien pur, à substituer au tube effilé un tube courbé à angle droit, à adapter à ce tube un bouchon qui sert à relier ce tube à un autre tube droit de la longueur de 20 à 30 centimètres, plus ou moins; ce dernier doit être effilé à son extrémité ou recevoir un bouchon dans lequel on fixe un petit tube; *on introduit dans le deuxième tube*, sur une longueur de plusieurs centimètres et à une distance de 3 centimètres du bouchon, de petits fragments de porcelaine qui ont été lavés à l'acide azotique, à l'eau distillée et séchés; on place sous la partie du tube contenant la porcelaine une tôle courbée ou une grille destinée à recevoir et le tube et des charbons allumés. On commence à faire fonctionner l'appareil *à blanc;* lorsqu'on a chassé tout l'air de l'éprouvette, qu'il y a dégagement d'hydrogène susceptible d'être enflammé sans craindre de détonation, et qu'il est pur, on fait brûler le gaz qui se dégage, puis on chauffe la partie du tube qui contient les fragments de porcelaine en plaçant à l'entour quelques charbons incandescents, chauffant d'abord doucement; lorsque le tube a acquis une certaine température, on l'entoure de charbons allumés afin de porter la porcelaine à une température assez élevée pour décomposer l'hydrogène arsénié, s'il s'en produit dans l'opération.

L'appareil étant ainsi disposé, on introduit dans l'éprouvette, successivement et par petites portions, le liquide à examiner et dans lequel on suppose l'existence de l'arsenic.

Si la liqueur contient de l'arsenic, on aperçoit bientôt dans le tube, en avant de la partie de ce tube qui contient la porcelaine, une espèce de brouillard, puis bientôt un anneau, anneau qui est d'autant plus apparent que la quantité d'arsenic qui se trouve dans la liqueur est plus grande.

Quand l'arsenic est en quantité notable, on voit ce métal, formant l'anneau, se séparer du tube et se présenter sous forme de lames roulées sur elles-mêmes; ces lames sont brillantes; l'opération finie, elles peuvent être recueillies et quelquefois pesées.

Nous avons étudié la formation de ces anneaux en employant des liquides contenant de 1 à 10 centigrammes d'acide arsénieux, et nous avons remarqué qu'on pourrait déterminer approximativement les quantités d'arsenic que contenait le liquide examiné. Lorsque l'opération est terminée, on enlève les charbons qui entouraient le tube et on coupe ce tube en avant de la partie contenant la porcelaine, en entourant cette partie avec de la ficelle très-fine et mouillée; le tube étant ainsi détaché, on peut alors déterminer la quantité d'arsenic en pesant les lames lorsqu'elles sont détachées du tube et, lorsqu'elles ne le sont pas, en coupant la partie du tube qui contient l'anneau adhérent au tube : pesant ce tube, enlevant l'arsenic à l'aide de l'acide azotique, lavant ce tube par de l'eau distillée, le faisant sécher, puis le pesant pour déterminer la différence de poids, en faisant usage pour cette détermination de balances très-sensibles.

Lorsqu'on doit opérer sur une plus grande quantité de liquide, on se sert de l'appareil dont nous donnons ici la figure; on substitue à l'éprouvette un vase d'une plus grande dimension; dans ce cas, la quantité d'air ou de mélange détonant à expulser étant plus grande, il faut, pour éviter les accidents, laisser marcher l'appareil pendant un certain temps avant d'enflammer le gaz qui s'en dégage. (Voir l'appareil.)

L'opération se fait, comme nous l'avons dit précédemment, en laissant d'abord fonctionner l'appareil avant d'ajouter le liquide, faisant brûler le gaz dégagé contre une soucoupe en porcelaine et constatant qu'il n'y a pas production de taches. Ce mode de faire permet de voir si le zinc et l'acide sulfurique employés sont purs.

Nous avons remarqué, à plusieurs reprises, que les liquides provenant du traitement des matières animales contenant de l'arsenic ne fournissaient pas, quoiqu'on eût pris toutes les précautions possibles pour obtenir un charbon

Fig. E.

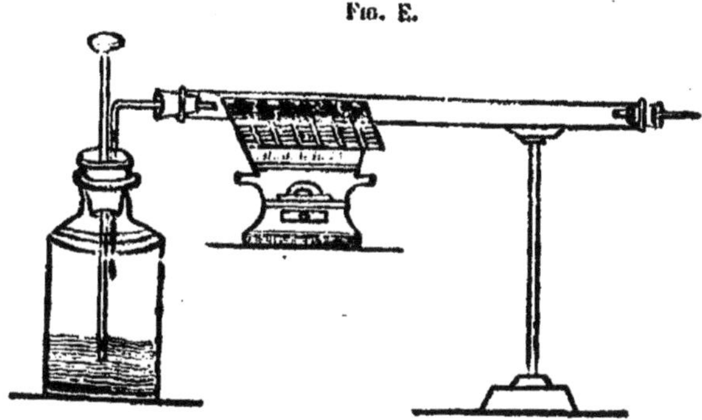

sulfurique complet, des liquides fournissant un anneau arsenical ne contenant que de l'arsenic pur, mais des anneaux présentant plusieurs zones et qui sont formés d'arsenic métallique, de sulfure d'arsenic jaune et rouge; nous remarquâmes particulièrement ce fait dans une affaire portée devant les assises du département du Bas-Rhin, tenues à Strasbourg, où nous avions été appelés, MM. Devergie, Flandin et moi; les anneaux obtenus présentaient trois zônes, de colorations différentes.

L'appareil dont nous venons de donner la description peut être employé pour reconnaître dans un liquide la présence de l'arsenic et de l'antimoine, car on sait que Thomson a démontré que l'antimoine pouvait fournir, comme l'arsenic, par sa combinaison avec l'hydrogène, du gaz hydrogène antimonié, dont on n'avait pas soupçonné l'existence, gaz qui est susceptible de se décomposer par la chaleur et de fournir des taches métalliques qui ont été confondues, *quelquefois dans des cas de médecine légale*, avec des taches arsenicales.

En effet, si on opère sur un liquide contenant, en même temps qu'un produit arsénié, un composé antimonial, le gaz hydrogène antimonié se décompose, l'antimoine se dépose sur les fragments de porcelaine; tandis qu'il n'en est pas de même de l'arsenic, qui, très-volatil, forme un anneau qui se trouve en avant de la partie du tube qui contient la porcelaine, anneau que l'on peut déplacer à volonté à l'aide de la chaleur.

L'appareil que nous faisions connaître en 1839 fut le sujet de quelques critiques; nous ne crûmes pas devoir les combattre, les critiques venant d'une personne qui n'était pas chimiste et qui jugeait ce qu'elle ne pouvait comprendre.

Il fut, dans la séance de l'Académie royale de médecine du 17 août 1841, le sujet de comparaison avec d'autres appareils qui, plus tard, avaient été présentés; nous aurions pu répondre, mais nous avons cru devoir ne pas nous vanter de ce que nous avions fait, laissant aux personnes désintéressées le droit de nous juger et de faire mieux.

Le 30 novembre 1840, MM. Kœppelin et Kampmann firent présenter par M. Chevreul un mémoire ayant pour titre : *Recherches médico-légales de l'arsenic dans les cadavres*. Ce mémoire faisait connaître un autre appareil.

Cet appareil se compose d'un flacon à deux tubulures destiné à recevoir les liquides dans lesquels on doit rechercher l'arsenic; dans l'une de ces tubulures on fixe un tube droit, large d'un centimètre au moins; on le fait arriver presque au fond du flacon qui a reçu du zinc pur, on verse de l'eau pour couvrir l'ouverture inférieure du tube; dans la seconde tubulure, on engage un tube recourbé à angle droit qui, par un bouchon, communique avec un tube plus large, contenant des fragments de chlorure de calcium; de ce tube, destiné à la dessiccation, part un autre tube à paroi épaisse d'un verre peu fusible, long de 2 décimètres, dont le diamètre ne doit pas dépasser 5 millimètres; ce tube est effilé à son extrémité.

Une feuille de cuivre large de 5 à 6 centimètres et longue de 2 centimètres environ est repliée en forme d'étrier, de manière à présenter deux lames parallèles, écartées l'une de l'autre d'à peu près 5 centimètres; vers leur extrémité inférieure, ces lames sont percées de deux trous, par lesquels on fait passer le dernier tube; cette feuille de métal est destinée à soutenir le tube et à le protéger contre la courbure qu'il ne manquerait pas de prendre dans la partie qui doit être exposée à la chaleur, à concentrer, par sa forme, la chaleur, insuffisante sans cela, d'une lampe à l'alcool, que l'on place au-dessous d'elle et entre ses deux branches; enfin à servir d'écran aux parties voisines que l'on veut chauffer et à y faciliter le dépôt d'arsenic.

Cet appareil fonctionne en suivant les procédés ordinaires.

L'Académie des sciences donna son approbation à cet appareil, tout en rappelant qu'il est l'application des procédés de Liebig et de Berzelius et sans tenir compte des efforts que nous avions faits, dès 1839, pour établir un appareil qui présentait l'avantage de pouvoir doser dans un liquide non-seulement l'arsenic, mais encore l'antimoine.

L'Académie des sciences a aussi adopté un appareil qui est le suivant : il consiste en un flacon à col droit, à large ouverture, fermé par un bouchon percé de deux trous.

Par le premier de ces trous on fait descendre jusqu'au fond du flacon un tube droit, de 1 centimètre de diamètre, dans l'autre on engage un tube de plus petit diamètre, recourbé à angle droit. Ce tube s'engage dans un autre tube plus large, de 3 décimètres environ de longueur, rempli d'amiante. Ce dernier est effilé à son extrémité; il est enveloppé d'une feuille de clinquant sur une longueur d'environ 1 décimètre.

« Le flacon est choisi de manière à pouvoir contenir toute la liqueur à essayer, et à laisser encore un vide du cinquième environ de la capacité totale. On devra se rappeler cependant qu'il est important que le volume du liquide ne soit pas trop considérable, si l'on a à traiter une liqueur qui ne renferme que des traces de matières arsenicales.

« Le tube de dégagement est terminé en biseau à l'extrémité qui plonge dans le flacon, et il porte une petite boule en un point quelconque de la branche verticale. Cette disposition n'est pas indispensable, mais elle est commode, parce qu'elle condense et fait retomber dans le flacon presque toute l'eau entraînée, qui est en quantité assez considérable quand le liquide s'est échauffé par la réaction.

« L'appareil étant ainsi disposé, on introduit dans le flacon quelques lames de zinc, une couche d'eau pour fermer l'ouverture du tube de sûreté; enfin on y verse un peu d'acide sulfurique. Le gaz hydrogène qui se dégage chasse l'air du flacon. On porte au rouge le tube dans la partie qui est enveloppée de clinquant, au moyen de charbons placés sur une grille. Un petit écran empêche le tube de s'échauffer à une distance trop grande de la partie entourée de charbons. On introduit ensuite le liquide suspect par le tube ouvert, au moyen d'un entonnoir effilé, de manière à le faire descendre le long des parois du tube, afin d'éviter que l'air ne soit entraîné dans le flacon. Si le dégagement du gaz se ralentit après l'introduction de la liqueur, on ajoute une petite quantité d'acide sulfurique, et l'on fait marcher l'opération lentement et d'une manière aussi régulière que possible.

« Si le gaz renferme de l'arsenic, celui-ci vient se déposer sous forme d'anneau, en avant de la partie chauffée du tube. On peut mettre le feu au gaz qui sort de l'appareil, et essayer de recueillir des taches sur une soucoupe de porcelaine. On en obtient, en effet, quelquefois, quand on ne chauffe pas assez, ou lorsqu'on ne chauffe pas une partie assez longue du tube, ou lorsque celui-ci est trop large.

« On peut également recourber le tube et faire plonger son extrémité dans une dissolution de nitrate d'argent, pour condenser au besoin les dernières portions d'arsenic.

« L'arsenic se trouvant déposé dans le tube, sous forme d'anneau, il est facile de l'en extraire et de constater toutes les propriétés physiques et chimiques qui caractérisent ce métal. »

L'appareil de l'Académie des sciences est complet en ce que les gaz, à l'aide du tube recourbé, passent dans le tube destiné à décomposer l'hydrogène arsénié, puis dans une solution de nitrate d'argent où le gaz arsénié qui n'avait pas été décomposé par la chaleur était décomposé, fournissant, par la méthode Lassaigne, de l'acide arsénieux.

L'emploi de ce tube recourbé était d'autant plus nécessaire que nous avions constaté qu'en opérant avec l'appareil dont nous donnons ici la figure F,

Fig. F.

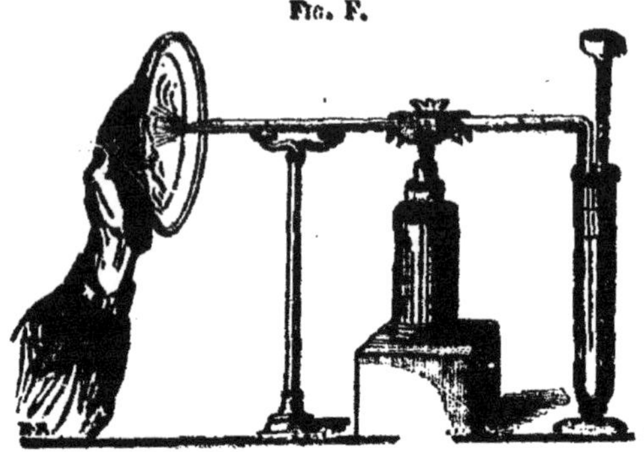

quelque soin que nous mettions à chauffer le tube, une partie du gaz hydrogène arsénié n'était pas décomposée, ce qu'on pouvait constater en recevant le gaz enflammé sur une soucoupe de porcelaine.

La perte que l'on faisait presque toujours d'une partie de l'arsenic lorsque l'on opérait à l'aide des appareils que nous avons fait connaître, nous avait porté, dès 1839, à rechercher quels seraient les moyens à mettre en usage pour obvier à cet inconvénient, nous avions pour cela, soit seul, soit avec M. Orfila, employé divers appareils que nous allons faire connaître. Dans ces appareils, nous faisions brûler le gaz hydrogène arsénié dans l'intérieur d'une cornue dont le fond avait été coupé à l'aide d'un diamant (Voir la figure ci-jointe, G); nous recueillions les vapeurs condensées pour les examiner.

Fig. G. Fig. H.

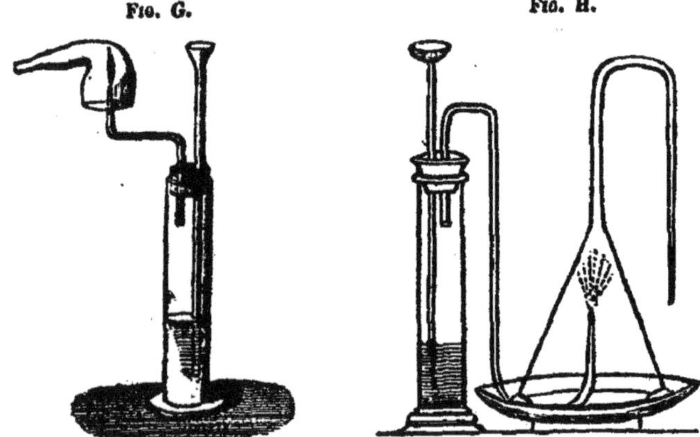

Dans un autre appareil, nous faisions arriver la vapeur sous un entonnoir placé sur un plateau en verre (Voir la figure H), nous examinions les liqueurs condensées, résultat de la décomposition du gaz hydrogène ; mais à l'aide de ces appareils, nous n'obtenions pas tout l'arsenic contenu dans les liquides, et nous avons décrit tous nos essais dans le *Journal de chimie médicale*, 1839, t. V, 2ᵉ série, p. 353 et suivantes.

Nous nous livrâmes à de nouvelles recherches et, avec M. Orfila, nous fîmes usage d'un appareil modifié qui a été décrit dans le *Manuel de l'appareil de Marsh*, p. 105.

Cet appareil se compose d'un flacon pour la production du gaz hydrogène, d'un tube dans lequel passe le gaz qui est en partie décomposé par la flamme d'une lampe à alcool. On dirige l'extrémité du tube qui sert au dégagement de l'hydrogène dans un ballon à deux tubulures, de manière que le jet enflammé se trouve au milieu de la capacité du ballon qui contient un peu d'eau.

Les raisons qui ont déterminé cette modification sont que, pendant l'opération, il est possible que le degré de chaleur diminue au point où se trouve l'amiante rougie par la flamme de la lampe à esprit de vin, et qu'alors l'hydrogène passe sans être décomposé ; dans ce cas, l'expert, confiant dans la marche de l'opération, ne maintient pas toujours la plaque de porcelaine contre le jet externe de l'excédant de gaz non décomposé, surtout si le dégagement dure pendant quelques heures, et il perd une quantité notable du métal cherché.

Si le jet de gaz, au contraire, brûle à l'intérieur d'un ballon humide, l'arsenic métallique se convertit en acide arsénieux et se dépose contre les parois du ballon en même temps que la vapeur d'eau produite par la combustion de l'hydrogène. Par ce moyen, il n'y a aucune perte possible et l'opération peut, sans fatigue et sans trop d'attention, durer plusieurs heures, comme cela est nécessaire quelquefois.

Les auteurs ont remarqué que dans cette opération les ballons sont sujets à se fendiller à cause de la distribution inégale de la chaleur ; on peut obvier à cet inconvénient : 1° en employant des ballons d'une assez grande capacité ; 2° en supprimant le ballon et en faisant plonger l'extrémité du tube, que l'on recourbe à cet effet, dans une solution de nitrate d'argent, au lieu de faire brûler le gaz dans le ballon ; 3° en remplaçant le ballon par le réfrigérant de l'appareil Danger et Flandin.

Depuis, cet appareil a encore été modifié. Ainsi, dans l'affaire B..., où les expériences furent faites par l'un de nous, et par MM. Orfila et Ollivier (d'Angers) : 1° nous avons divisé le tube en trois parties ; le tube du milieu entrait dans celui qui reçoit le gaz sortant du flacon, et dans le tube qui va se rendre dans le ballon, les points de jonction de ces tubes étaient fermés hermétiquement par des bandes de caoutchouc fixées à l'aide de fil; le tube du milieu fut pesé exactement, garni d'amiante, puis mis en opération; après l'opération, ce tube fut séparé de deux autres, débarrassé de l'amiante, séché et pesé; dans une de ces opérations, l'anneau arsenical pesait 16 centigr.; 2° nous avons placé de l'amiante dans le dernier tube et nous avons chauffé avec deux lampes en deux points différents. La première lampe chauffant parfaitement l'amiante, tout l'hydrogène arsénié fut décomposé, et l'on n'obtint ni anneau ni taches sur une plaque qui fut présentée, à diverses reprises, à la flamme de l'hydrogène (1).

Nous multiplions nos recherches et nos essais, lorsque M. Danger, qui avait la plus grande habileté dans l'art de travailler le verre, fit connaître le petit appareil que nous allons décrire. Cet appareil, dont voici la figure 1, consiste en un tube condensateur C.

FIG. 1.

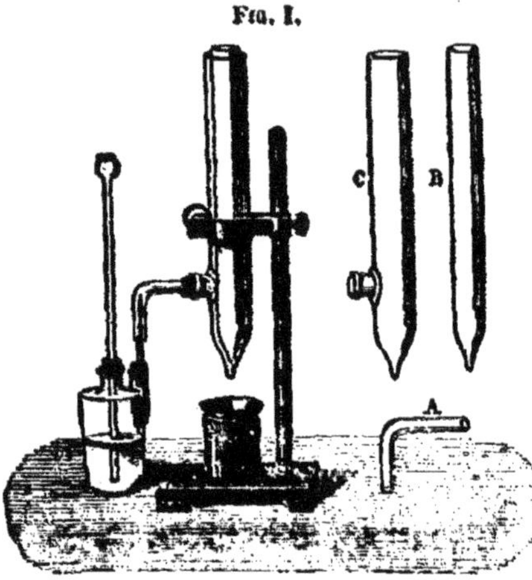

Cet appareil consiste :

1° En un *condensateur* cylindrique C, portant vers son extrémité inférieure une tubulure et se terminant par un cône dont la pointe reste ouverte ;

2° En un *tube à combustion* A, recourbé à son milieu en angle droit, et pouvant s'adapter à la tubulure du condensateur, à l'aide d'un bouchon;

3° En un réfrigérant B, dont la partie inférieure s'engage dans la partie conique du condensateur, et en ferme l'ouverture. Le tout est soutenu par un support.

Pour faire usage de l'appareil, on emplit le réfrigérant d'eau distillée et on l'introduit dans le *condensateur;* on fixe le tube à combustion et l'on engage dans son intérieur, à un tiers de l'extrémité, le jet de flamme, alors qu'il ne

(1) Nous avons reconnu, dans d'autres expériences, qu'il faut que la liqueur qui contient des sels arsenicaux en proportion notable ne soit ajoutée que successivement et en de très-minimes proportions lorsqu'on ne veut rien perdre; ainsi, une liqueur qui contenait beaucoup d'arsenic, provenant d'un cas d'empoisonnement, donnait, avec deux lampes, deux anneaux, et on pouvait encore recueillir de l'arsenic sur une plaque de porcelaine, en la présentant à l'extrémité du tube (Affaire de Mortagne).

se dégage encore que de l'hydrogène pur. Le vase dans lequel se produit l'action chimique est un flacon de verre à large ouverture dont le bouchon est percé de deux trous ; l'un de ces trous laisse passer un tube effilé au bout duquel on brûle l'hydrogène ; l'autre trou est traversé par un tube plus large qui sert à introduire les liqueurs suspectes, on verse ensuite le liquide et l'on règle l'opération de manière à avoir une flamme de 5 à 6 millimètres de longueur. « La plus grande partie de l'arsenic se dépose à l'état d'acide arsénieux dans le tube à combustion, et forme un léger nuage sur les parois du tube ; quand l'arsenic est en très-petite quantité dans les liqueurs essayées, une petite partie est entraînée et vient se condenser avec la vapeur d'eau sur les parois du réfrigérant. L'ouverture pratiquée à l'extrémité inférieure du condensateur permet de laisser écouler cette petite quantité de liquide et de la recueillir dans une capsule (1).

« Quand l'opération est achevée, on enlève le tube à combustion, on fait bouillir dans ce tube quelques gouttes d'acide nitrique ou d'eau régale que l'on verse dans la petite capsule qui a servi à recueillir l'eau condensée, et l'on évapore à sec ; le résidu desséché est mélangé avec une petite quantité de flux noir, quelques centigrammes au plus, puis introduit dans un petit tube effilé par l'ouverture. On étire ensuite cette ouverture à la lampe, on casse l'extrémité effilée, puis après avoir fait tomber le mélange vers le fond de la partie renflée, on chauffe cette partie ; l'arsenic réduit vient se condenser dans le tube effilé et y présente alors tous les caractères physiques de l'arsenic métallique. Il est clair qu'au lieu d'opérer ainsi on peut se servir de la dissolution d'acide arsénique pour obtenir la réaction du nitrate d'argent, etc., etc. »

L'exactitude et la fidélité des résultats obtenus par le procédé de MM. Flandin et Danger sont incontestables, mais ces qualités ne sont pas spéciales à leur appareil. Au contraire, si l'opérateur veut renoncer à obtenir l'arsenic métallique de prime abord (ce qui constitue le mérite principal du procédé de Marsh), il trouvera, dans le procédé de M. Lassaigne, un appareil plus simple, d'une construction plus facile.

De la détermination de la quantité d'acide arsénieux dans les matières provenant d'empoisonnement par ce toxique. — Dans des cas d'empoisonnement par l'acide arsénieux, il n'est, le plus souvent, pas nécessaire de faire cette détermination, la démonstration de l'existence du poison dans les organes de la victime qui a succombé ou dans les produits rejetés par la personne qui a présenté les symptômes de l'empoisonnement, est suffisante pour

(1) On voit que l'appareil de MM. Flandin et Danger est une excellente, une savante et nouvelle modification d'un appareil que nous avions cherché à établir dès 1830.

démontrer qu'il y a eu ingestion de la substance toxique. Malgré cela, dans un grand nombre de cas, on adresse la question suivante à l'expert : *la quantité de toxique que vous avez trouvée était-elle suffisante pour déterminer la mort?* On conçoit qu'il y a, dans divers cas, impossibilité pour l'expert de répondre à cette question. En effet, la victime a pu être en proie à des accidents divers, à des vomissements, à des évacuations, à des émissions d'urine; une partie du toxique a dû être éliminée. Cette question est aussi plus difficile, d'après ce que nous avons été à même de constater, parce que des empoisonnements avec l'acide arsénieux administré en de grandes quantités avaient été suivis de vomissements nombreux qui avaient pour ainsi dire sauvé les malades. Une autre question, posée en audience à l'expert, est celle de savoir *combien il faut d'arsenic pour déterminer l'empoisonnement?* Nous avons toujours refusé de répondre à l'audience, nous avons demandé à M. le Président des assises de nous entendre dans la chambre du conseil; on conçoit que la réponse faite publiquement eût été un enseignement dangereux.

Pour ce qui concerne la détermination de la quantité d'arsenic, qui, dans quelques cas, peut être nécessaire, nous pensons que l'on doit mettre en pratique le procédé Lassaigne, avec lequel, au lieu de recueillir des anneaux des taches, on dirige le gaz hydrogène arsénié dans de l'azotate d'argent neutre en solution; l'hydrogène arsénié se décompose, l'argent est précipité, on laisse en contact pendant deux heures en agitant de temps en temps, on filtre; la liqueur filtrée retient en dissolution l'acide arsénieux avec un excès d'azotate d'argent; on précipite cet excès par l'acide chlorhydrique, on filtre, on lave avec soin le filtre, et on détermine la quantité d'acide arsénieux contenu dans le liquide en faisant usage des réactifs usités, et notamment de l'acide sulfhydrique.

On a objecté que de l'hydrogène arsénié pouvait passer dans l'azotate d'argent sans être décomposé; nous devons dire ici que le dégagement doit être lent, et que, si l'on avait des craintes à avoir à ce sujet, on pourrait faire passer le gaz dans un flacon à deux tubulures, adaptant à la seconde tubulure un tube qui conduirait le gaz dans un deuxième flacon contenant de l'azotate d'argent (1).

Des précautions à prendre dans l'emploi de l'appareil de Marsh. — On a dit, on a répété, on a plaidé *que l'appareil de Marsh ne devait pas être employé pour la recherche de l'arsenic, en raison de la propriété qu'il avait de dénoncer la présence des plus minimes quantités du toxique; on a été même jusqu'à dire que cet appareil signalait la présence de ce toxique dans les corps qui n'en contenaient pas.*

(1) Nous avons aussi indiqué une modification qui consiste à armer cet appareil d'un tube de sûreté pour prévenir une absorption qui s'explique peu, mais que nous avons constatée.

Le temps et l'expérience ont fait justice de ces allégations ; aujourd'hui, on sait ce que l'on peut attendre de son emploi ; mais l'expert qui en fait usage doit prendre toutes les précautions nécessaires et indispensables pour que ses rapports ne soient point entachés de négligence et ne puissent être contestés.

Les précautions à prendre portent sur les substances, sur les vases employés ; nous allons donc, dans le moins de mots possible, faire connaître la manière dont l'expert doit agir.

1° Il ne doit jamais employer d'acide sulfurique sans s'être convaincu que cet acide est pur et entièrement exempt d'arsenic. L'existence de l'arsenic, très-rare, il y a une vingtaine d'années, dans ce liquide, est, par suite de la nouvelle méthode de préparation par les pyrites, assez fréquente ; l'acide est très-souvent sali par ce toxique. Cependant, la présence de l'arsenic dans l'acide sulfurique fut signalée dès 1812 par Martius d'Erlangen et par Swoiger dans de l'acide fabriqué en Angleterre (1). Ce fut plus tard le sujet de publications dues à MM. Vogel, Walkenroder, Barthel, Arthaud, Chapeau, Parisel, etc.

A l'époque actuelle, la plus grande partie de l'acide que l'on trouve dans le commerce, acide qui est préparé en faisant usage des pyrites, contient de l'acide arsénieux, et l'un de nos savants collègues, M. Filhol, a constaté que des acides, qu'il avait eu à examiner, contenaient 1 gr. 28 centigr. d'acide arsénieux pour 1 kilogr. d'acide sulfurique.

On peut constater la présence de ce toxique par l'appareil de Marsh, et, pour acquérir plus de sécurité, concentrer l'acide qu'on doit essayer pour procéder à cette expérience.

Il y a donc absolue nécessité de n'employer que de l'acide purifié et indemne d'arsenic ; il ne faut pas, si on n'a purifié soi-même cet acide, se fier à l'étiquette de la personne qui l'aurait expédié ; nous avons eu la conviction que l'acide envoyé comme pur, pour des opérations toxicologiques, ne l'était pas. Ce fait fut aussi constaté par un expert qui, agissant avec prudence, fit fonctionner à blanc un appareil qui ne servait qu'à s'assurer de la pureté de cet acide.

Les modes de purification de l'acide sulfurique ont été indiqués par MM. Orfila, Berthold, et par MM. Bussy et Buignet. (Voir le *Journal de pharmacie et de chimie*, t. XLIV, p. 177.)

2° L'expert doit constater la pureté de l'acide azotique qu'il emploie, quelques personnes ayant émis l'opinion que cet acide pouvait renfermer un produit arsenical, ce que nous avons cherché à constater ; mais nos essais ont toujours été suivis de résultats négatifs.

---

(1) Voir le *Manuel des pharmaciens*, d'Ebermayer, traduit par MM. Kapeler et Caventou, 1821, t. I, p. 42.

Quoi qu'il en soit, l'expert ne doit pas employer cet acide sans l'avoir soumis à de scrupuleuses investigations.

3° L'expert, qui devrait employer de l'acide chlorhydrique, soit pour le mêler à de l'acide azotique pour préparer de l'eau régale, soit pour rechercher l'arsenic par la méthode de Reinch, doit apporter le plus grand soin à n'employer cet acide que pur et exempt d'arsenic. On sait qu'avant 1839 nous avions indiqué la présence de ce toxique dans cet acide, que Robiquet assignait la cause de sa présence à l'emploi d'un cylindre en fonte dans sa préparation; qu'en 1841, Wis'hsteen, puis Buchner, firent connaître que l'acide chlorhydrique contenait de l'arsenic à l'état de chlorure; ils avaient constaté la présence de 1 centigramme de ce toxique pour 100 grammes d'acide chlorhydrique; dans la même année 1841, Dupasquier fit connaître : 1° que l'acide chlorhydrique, qui contient de l'arsenic, ne peut pas être purifié par la distillation ordinaire; 2° que l'arsenic passe en dissolution dans le gaz acide chlorhydrique, et qu'on le retrouve à l'état de chlorure dans le produit de la condensation; 3° que l'arsenic dans l'acide chlorhydrique est le résultat de l'emploi pour sa fabrication d'acide sulfurique arsenical.

Les quantités d'arsenic que l'on trouve maintenant dans les acides du commerce sont très-élevées. M. Filhol a trouvé dans ces acides qu'il a examinés, de 1, 2 et jusqu'à 5 grammes d'acide arsénieux dans 1 kilogramme d'acide chlorhydrique.

M. Dupasquier a conseillé de purifier l'acide hydrochlorique en l'étendant d'eau, en y faisant passer un courant d'hydrogène sulfuré, en laissant déposer le sulfate, décantant ou filtrant à travers l'amiante et distillant en faisant passer le gaz dans de l'eau distillée; il conseille cependant de préparer de l'acide pur en décomposant du chlorure de sodium pur par de l'acide sulfurique pur.

Selon nous, quel que soit le procédé qu'on emploie, il est nécessaire, avant de faire usage de cet acide dans des recherches médico-légales, de s'assurer de sa pureté.

4° L'expert, qui doit employer le zinc dans l'appareil de Marsh, doit s'assurer de sa pureté et rechercher s'il ne contient ni arsenic ni antimoine.

La présence de l'arsenic dans le zinc a été le sujet d'opinions diverses : les uns établissent que le zinc contient des quantités notables du métal toxique; d'autres, M. Jacquelin notamment, ont fait connaître que le zinc qu'on trouvait dans le commerce ne contient qu'exceptionnellement de l'arsenic. M. Jacquelin a constaté ce fait en faisant, sous la direction de M. Dumas, des expériences qui ont démontré que le zinc du commerce oxydé, silicifère ou carbonaté, ne contient pas un atome d'arsenic.

Il faut cependant reconnaître qu'il existe du zinc qui contient des quantités infinitésimales d'arsenic. En effet, l'un de nos collègues et amis, M. Schauefèle, a constaté :

1° Que le zinc de France contient par kilogramme	0 gr. 004.26	d'arsenic
2° Que le zinc de Silésie contient par kilogramme	0 gr. 000.07	—
3° Que le zinc de la V.-Montagne contient par kil.	0 gr. 000.62	—
4° Que le zinc de Corphali contient par kilogramme	0 gr. 000.38	—

Ces quantités, toutes minimes qu'elles soient, peuvent, dans une foule de cas, donner lieu à des objections dans des affaires judiciaires dans lesquelles il y a eu constatation de la présence de l'arsenic; aussi l'expert doit-il, pour la tranquillité de sa conscience, ne jamais employer de zinc pour faire fonctionner l'appareil de Marsh qu'il ne se soit, par des expériences, convaincu de sa pureté, et que ce métal ne peut apporter dans ses essais le moindre doute.

Nous dirons ici que, dans un de ces essais, nous avons trouvé de ce métal contenant de l'antimoine; c'est la seule fois que nous ayons trouvé du zinc antimonial : lors de l'essai, la couleur des taches, la manière dont elles se comportaient avec les réactifs, ne nous laissèrent aucun doute sur la nature de ce zinc, qui, en résumé, ne contenait que de très-minimes quantités de ce métal.

On a dit que le zinc très-pur était réfractaire à l'action de l'acide sulfurique ; on sait qu'en mettant dans l'éprouvette ou dans le flacon où l'hydrogène doit se produire une lame de platine, on peut avec ce zinc dit *réfractaire* obtenir de l'hydrogène.

Des faits très-curieux ont été observés sur la propriété que possède le zinc d'être réfractaire à l'action de l'acide sulfurique; MM. Barbet, Fauré et Magonty ont observé que du zinc peu attaquable était devenu complétement réfractaire après avoir été fondu une deuxième fois et coulé dans de l'eau froide; mais que, fondu une troisième fois et coulé immédiatement en lames, il était devenu propre à l'obtention du gaz hydrogène.

Feu M. Mahier, pharmacien à Château-Gontier, a vu que du zinc réfractaire devenait, lorsqu'il était laminé ou frappé au marteau, susceptible de fournir de l'hydrogène par son contact avec l'acide sulfurique, ce qui n'avait pas lieu auparavant. Ces faits étaient aussi constatés par MM. Gueranger et Touchalaume (1843).

Ces circonstances doivent être signalées aux experts pharmaciens qui, dans quelques cas, pourraient rencontrer du zinc jouissant de la propriété dont nous venons de parler, propriété que nous attribuons à une action moléculaire.

Des vases et ustensiles à employer. — On doit attacher de l'importance à la nature des vases que l'on doit employer dans les opérations de toxicologie; il faut que ces vases soient inattaquables et ne puissent rien apporter dans les produits à examiner; il faut que les porcelaines sur lesquelles on recueille les taches ne puissent induire en erreur l'opérateur. Le pharmacien, appelé à faire des expertises, doit avoir toujours à l'avance des capsules de porcelaine translucides supportant la flamme, sans que la couverte devienne opaque ni ne prenne de coloration.

Un de nos savants confrères, M. Gueranger, du Mans, a *fait* connaître les inconvénients qui résultent de la combustion d'un jet de gaz sur de la faïence; souvent il y a apparition d'une tache noire qui pourrait induire en erreur l'expert qui n'aurait pas l'habitude des opérations. Si on se servait d'une assiette ayant servi, on obtiendrait des taches noires qui proviendraient de substances *organiques qui auraient pénétré la* couverte qui peut être fendillée.

Tous les vases, avant leur emploi, doivent être lavés avec un soin extrême, en faisant usage d'eau distillée, essuyant ensuite ces vases avec un linge qui n'ait pas servi à essuyer d'autres objets, ou bien avec du papier à filtre (1).

La propreté à apporter dans les opérations a été recommandée, car on a vu que des mains sales portées sur des soucoupes donnaient lieu à la production de taches lorsqu'on faisait brûler sur des soucoupes l'hydrogène produit par l'appareil de Marsh, taches qui pouvaient induire en erreur (2).

On a, dans divers écrits, cherché à faire naître la crainte que le verre ne contînt de l'arsenic et ne donnât lieu à des erreurs; nous avons examiné un grand nombre de verres pris dans le commerce, et nous y avons recherché la présence de ce métal : tous les essais que nous avons faits ont été suivis de résultats négatifs; cependant il est des verres qui, ne contenant pas d'arsenic, peuvent fournir des taches, lorsqu'ils sont exposés à un jet d'hydrogène enflammé. (Louyet.)

Des taches qu'on obtient lorsqu'on fait fonctionner l'appareil de Marsh; leurs caractères distinctifs. — On sait que, lorsqu'on fait usage de l'appareil de Marsh pour rechercher si des liquides contiennent soit de l'arsenic, soit de l'antimoine, il y a production de taches; mais il est indispensable, ces taches étant *obtenues, d'en déterminer la nature.*

Le défaut d'expérience peut être la cause d'erreurs graves, et nous en avons eu la preuve dans une affaire qui s'est présentée aux assises de la Côte-d'Or. L'erreur ayant été reconnue, le procureur général abandonna l'accusation, et l'inculpé fut mis immédiatement en liberté.

---

(1) Toutes ces descriptions pourront paraître minutieuses, mais on ne pourrait prendre trop de précautions, puisque, du rapport d'un expert, dépend souvent la vie, l'honneur ou la liberté d'un accusé. Pour notre tranquillité, nous prenions le parti, dans des affaires de toxicologie, de n'employer que des capsules et des verres n'ayant jamais servi.

(2) Voir le *Manuel de l'appareil de Marsh*, p. 272.

Nous croyons devoir faire connaître les caractères des taches diverses, les moyens de les reconnaître et de les distinguer les unes des autres. Ces taches sont : les taches arsenicales, les taches antimoniales, les taches ferrugineuses, les taches de zinc, les taches de crasse, etc.

Taches arsenicales. — Ces taches possèdent les caractères suivants : elles sont miroitantes, leur couleur varie du gris d'acier à une couleur brune rougeâtre; elles sont volatilisées par la chaleur sans laisser de résidu; elles répandent une odeur alliacée, lorsqu'on les touche avec un charbon incandescent; elles sont solubles à froid dans l'acide azotique nouvellement rectifié; moins solubles dans l'acide azotique qui n'est pas dans cette condition; la solution azotique soumise à l'action de la chaleur, il y a conversion en acide arsénique; l'évaporation terminée, on obtient un résidu de couleur blanche; ce résidu, traité par l'eau, fournit un liquide qui jouit des propriétés que nous allons faire connaître :

1° Par le nitrate d'argent cristallisé, il donne un précipité rouge brique, d'arséniate d'argent (1);

2° Par l'hydrogène sulfuré, il donne au bout de quelques heures un précipité jaune de sulfure d'arsenic; on active l'apparition de ce précipité par l'acide sulfureux : ce sulfure, comme on le sait, est soluble dans l'ammoniaque;

3° La liqueur de Labaraque (l'*hypochlorite de soude*) dissout instantanément les taches d'arsenic, tandis qu'elle agit peu sensiblement sur les taches d'antimoine (Bischoff) : la solution d'hypochlorite, traitée par l'acide chlorhydrique, puis par de l'hydrogène sulfuré, fournit du sulfure d'arsenic;

4° La vapeur d'iode colore peu à peu les taches arsenicales en jaune citron foncé; il y a formation d'iodure d'arsenic, qui se volatilise par l'action de la chaleur en se convertissant en acide (Lassaigne).

5° Si le produit recueilli dans les expériences se trouve dans un tube et formant un anneau, on peut faire usage du chlore et de l'acide hydrosulfurique; pour cela on adapte à ce tube un bouchon qui peut obturer le flacon où se trouve le chlore; l'anneau exposé à l'action du chlore disparaît; portant ensuite le tube sur un flacon contenant de l'acide hydrosulfurique, bientôt l'arsenic à l'état de sulfure réapparaît avec sa belle couleur jaune, sulfure qui peut être enlevé du tube par l'ammoniaque en perdant sa belle couleur;

6° Si on expose des taches arsenicales aux vapeurs de phosphore, elles disparaissent, mais très-lentement; exposées à l'action de l'acide sulfhydrique, elles reparaissent avec la couleur jaune.

---

(1) Certains acides nitriques rectifiés depuis longtemps et ayant été exposés au contact de l'air et de la lumière ne fournissent pas un précipité ayant la couleur brique. Ce précipité a quelque chose de la couleur jaune.

7° Si on traite les taches arsenicales par le sulfhydrate d'ammoniaque, elles ne se dissolvent qu'avec lenteur; les taches antimoniales se dissolvent instantanément. (Leroy.)

M. Boutigny, d'Évreux, qui s'est beaucoup occupé de chimie judiciaire, a fait connaître les expériences suivantes : on circonscrit une tache en se servant d'eau acidulée avec un millième d'acide azotique; on dépose au centre une goutte du même liquide; on chauffe doucement, la tache disparaît en passant à l'état d'acides arsénieux et arsénique; on laisse refroidir et on fait arriver sur le point où était la tache du gaz hydrosulfurique. Il y a formation de sulfure d'arsenic; celui-ci est dissous dans 1 gramme d'ammoniaque pure; la solution est placée dans une petite capsule de platine chauffée au rouge. Le liquide prend la forme sphéroïdale incolore, qui, touchée par l'acide hydrosulfurique, devient jaune, puis se décolore par l'ammoniaque. Les réactions que nous venons de décrire peuvent se reproduire autant qu'on le désire; si l'on dépose dans la sphéroïde un cristal de carbonate de soude, elle s'aplatit, le produit jeté sur des charbons ardents laisse émaner une odeur d'ail.

Cette expérience, que nous avons répétée, est très-élégante; mais nous n'oserions, si nous étions expert, conclure de son emploi dans un cas d'empoisonnement.

Nous avons, dans nos nombreux essais, vu que, lorsque les taches sont nombreuses, on peut obtenir l'arsenic sous une autre forme. Pour cela, on prend du sable bien pur, bien lavé, bien séché; on s'en sert par frottement pour enlever les taches, le sable devenu arsenical est ensuite introduit dans un petit tube de verre fermé à une de ses extrémités; la partie de ce tube fermée est ensuite chauffée avec précaution; l'arsenic se sublime et se dépose en anneaux sur les parois du tube. En faisant ces opérations, nous avons quelquefois, par suite du contact de l'air, obtenu et de l'arsenic métallique et de l'acide arsénieux.

Dans les recherches toxicologiques de l'arsenic, en faisant usage de l'appareil à tube, nous avons obtenu de triples anneaux, dans lesquels on reconnaissait les caractères de l'arsenic métallique; puis des anneaux de couleur jaune et de couleur rouge formés, nous le croyons, de sulfure d'arsenic. (*Affaire Glæchler*, 1846.)

Il est des taches qui ont quelque ressemblance avec les taches arsenicales, elles méritent l'attention des toxicologistes. Ainsi, M. Louyet a reconnu que lorsqu'on chauffait à l'aide du chalumeau des fragments de verre provenant de fioles à médecine qui se trouvent dans le commerce à Bruxelles, on obtenait des taches simulant les taches arsenicales, quoique ce verre, ses recherches le lui ayant démontré, ne contînt pas d'arsenic (1).

(1) *Journal de chimie médicale*, 1841, p. 136.

M. Gueranger a fait connaître que le jet du chalumeau sur de la faïence déterminait des taches noires pouvant induire en erreur (1).

MM. Flandin et Danger ont aussi fait connaître qu'il y a formation de taches *lorsque des liquides contenant des sulfites, des phosphites et des matières animales sont introduits dans l'appareil de Marsh* (2).

Ces savants ont établi, avec raison, que, quand on se sert de l'appareil de Marsh pour la recherche de l'arsenic, il faut, pour ne pas commettre d'erreur, ne compter que sur les réactions franches et normales de l'arsenic, et qu'après avoir brûlé de l'hydrogène arsénié et agi sur les produits de sa combustion.

Des taches antimoniales. — Ces taches sont miroitantes; elles varient du gris foncé et presque noir au gris argentin; elles ne sont pas volatiles comme les taches arsenicales; si on les touche avec un charbon incandescent, elles ne fournissent pas l'odeur caractéristique alliacée de l'arsenic; traitées par l'acide azotique pur, elles donnent une solution qui, évaporée, laisse un résidu d'oxyde d'antimoine de couleur blanche, insoluble dans l'eau distillée froide, et dans cette eau dont la température a été portée à 100 degrés; l'hypochlorite de soude (la liqueur de Labaraque) ne les *dissout* pas *instantanément*, comme il le fait pour les taches arsenicales, frottées avec du grès pur. Ce grès, introduit dans un petit tube de verre chauffé, ne fournit pas, par la chaleur, un produit se volatilisant, comme le fait le grès qui a servi à détacher l'arsenic formant des taches de ce métal.

L'expert qui a de l'expérience distingue, à première vue, ces taches; on en a eu la démonstration aux assises de Dijon en 1854. Des taches avaient été présentées comme pièces à conviction de la présence de l'arsenic. L'inspection de ces taches par des experts venus de Paris (MM. Bussy, Reveil, Chevallier) leur fit voir que les taches qualifiées *arsenicales* étaient des taches dues à de l'antimoine. Une contre-expertise, faite immédiatement par les premiers experts et par ceux venus de Paris, *démontra que les taches étaient* dues à de l'antimoine. Cependant, il faut, par prudence, ne pas se fier à l'apparence, mais faire des expériences avant de se prononcer.

Taches dues au zinc. — C'est Vauquelin qui, le premier, a fait connaître que le zinc était soluble dans l'hydrogène, mais dans des conditions différentes que celles dans lesquelles on fait usage de l'appareil de Marsh (3).

Dans notre longue pratique, nous n'avons jamais, en faisant usage de l'appareil de Marsh, eu à *nous occuper des taches dues au zinc*, taches qui, d'ailleurs, ne jouiraient pas de caractères qui puissent induire l'expert en erreur.

---

(1) *Journal de chimie médicale*, 1841, p. 138.
(2) *Ibid.*, p. 246.
(3) *Journal des pharmaciens de Paris*, in-8°, 2e année, page 241.

Taches dues au fer. — C'est Fourcroy, puis Proust, qui signalèrent la dissolution du fer dans le gaz hydrogène, solution qui, selon M. Liebig, ne fournirait de taches que si le fer se trouvait à l'état de chlorure.

Nous n'avons jamais été à même de voir des taches dues au fer. Voici les caractères qu'on leur attribue : elles sont de couleur rougeâtre, peu miroitantes, non volatiles, solubles dans l'acide chlorhydrique ; la solution, privée de l'excès d'acide, donne du bleu de Prusse par le ferrocyanure de potassium, une couleur noire par la noix de galle ; solubles dans l'acide nitrique, la solution nitrique chauffée dégage des vapeurs rutilantes et laisse pour résidu de l'oxyde de fer.

Taches dues au soufre. — Ces taches, que nous avons été à même d'étudier, sont un peu miroitantes, elles ont une couleur *jaune citron*, elles brûlent avec une flamme bleue, en donnant lieu à de l'acide sulfureux ; elles sont insolubles à froid dans l'acide azotique et dans l'ammoniaque.

Ces taches proviennent, dit-on, de l'emploi ou d'un acide sulfurique purifié par l'acide hydrosulfurique, ou de la présence de l'acide sulfureux dans l'acide sulfurique, ce qui n'est pas démontré ; en résumé, ces taches ne peuvent induire l'expert en erreur.

Pseudo-taches. — *Taches dites de crasse.* — Ces taches se manifestent quelquefois pendant la combustion incomplète d'un jet de gaz provenant de matières qui, lors de leur préparation, ont été mal carbonisées ; elles sont peu miroitantes, de couleurs variables ; nous en avons vu qui avaient un reflet métallique.

Ces taches sont peu ou point volatiles, elles ne sont pas solubles dans l'acide azotique à froid, elles se dissolvent en partie dans cet acide à l'aide de la chaleur, elles laissent en résidu une matière noire, comme charbonneuse.

Ces taches ne peuvent être confondues avec les taches arsenicales.

Taches composées. — *Taches d'arsenic et d'antimoine.* — On sait que l'antimoine, comme l'arsenic, peut fournir de l'hydrogène antimonié qui brûle sur la porcelaine, laisse une tache. On sait aussi qu'on peut obtenir des taches composées des deux métaux. Ces cas sont rares, mais les annales judiciaires nous ont fait connaître que des empoisonneurs avaient eu l'idée d'éliminer l'arsenic dont ils avaient fait usage en déterminant des vomissements à l'aide de l'émétique ; on sait, en outre, qu'il est du zinc, et nous avons constaté le fait, qui contient de l'antimoine.

On évite la production de ces taches en faisant usage de l'appareil que nous avons fait connaître et qui consiste en ce que la partie du tube qui est chauffée est remplie de fragments de porcelaine ; l'hydrogène antimonié passant à travers le tube est décomposé, le métal reste sur les fragments de porcelaine ; l'arsenic provenant de la décomposition de l'hydrogène arsénié donne lieu à un anneau qui se forme dans le tube, en avant de la partie du tube contenant la porcelaine, anneau qu'on peut, à l'aide de la flamme d'une bougie, porter plus en avant si on le juge nécessaire.

Mais ces précautions n'ayant pas été prises, il s'agit de déterminer si on n'a pas affaire à des taches *arsenico-antimoniales*, on utilise alors les procédés indiqués par Bischoff, on traite par l'hypochlorite de soude qui dissout l'arsenic et qui laisse en résidu l'antimoine; si on sépare l'hypochlorite, qu'on l'additionne d'acide chlorhydrique et qu'on fasse passer dans la liqueur acide un courant d hydrogène sulfuré, on obtient du sulfure d'arsenic parfaitement soluble dans l'ammoniaque; on peut ensuite examiner le résidu.

On sait, en outre, d'après les expériences de M. Leroy et de M. Cottereau, que les taches antimoniales sont solubles lorsqu'elles sont traitées par le sulfhydrate d'ammoniaque, qui ne dissout pas les taches arsenicales; que les taches arsenicales disparaissent lorsqu'on les met en contact avec la vapeur de phosphore, tandis que les taches antimoniales résistent à l'action du phosphore en vapeur.

On peut encore reconnaître ces taches en agissant de la manière suivante : on traite les taches par l'acide azotique, on chauffe, on fait évaporer à siccité la liqueur azotique, qui fournit un résidu de couleur blanche; ce résidu est traité par l'eau distillée à l'aide de la chaleur, qui dissout l'acide arsenical et qui laisse indissous l'oxyde ou l'acide antimonial. Alors on examine par les réactifs et la solution et le produit insoluble.

Des taches dues à l'arsenic et au soufre. — Ces taches sont volatiles, miroitantes, d'une couleur jaune qui varie et qui quelquefois se rapproche du rouge-brun. Ces taches présentent les caractères suivants : elles sont en partie solubles dans l'acide azotique et dans l'hypochlorite de soude; la partie soluble fournit les réactions propres à l'arsenic; la partie insoluble les réactions du soufre.

Quelquefois ces taches sont le résultat d'une combinaison de soufre et d'arsenic, du sulfure d'arsenic; l'acide azotique est sans action immédiate sur ces taches, qui sont très-solubles dans l'ammoniaque.

Quand on a beaucoup de ces taches on peut les détacher des capsules avec du sable pur, mêler ce sable à du plomb divisé en poudre très-fine, et chauffer; le soufre se combine au plomb et l'arsenic se volatilise et se dépose sur les parois du tube.

Des taches dues à l'antimoine et au soufre. — Ces taches ont de l'analogie avec les précédentes; elles sont en partie solubles dans l'acide azotique, en partie insolubles. Nous avons obtenu par le traitement de ces taches à l'aide de la chaleur et de l'acide azotique, faisant évaporer à siccité, reprenant par de l'acide sulfurique, introduisant dans l'appareil de Marsh, des taches antimoniales fort nettes.

Des taches ont encore été désignées sous le nom de *taches d'arsenic et de crasse*, dénomination bizarre et qui ne qualifiait en rien les taches obtenues. Par suite de diverses circonstances qu'il n'était pas possible de déterminer, nous avons toujours réussi à obtenir des taches d'arsenic pur en traitant les taches dites de *crasse* et d'*arsenic* par l'acide nitrique en excès, à l'aide de la chaleur, faisant évaporer, reprenant le résidu par l'acide sulfurique pur, et faisant usage de l'appareil de Marsh.

On dira peut-être que nous nous sommes trop étendu sur la qualification et l'examen des taches qui peuvent se produire dans diverses circonstances, en faisant usage de l'appareil de Marsh; nous ferons observer que ces détails sont indispensables pour les personnes qui acceptent la mission d'expert, il faut qu'elles soient en mesure de faire les opérations nécessaires pour avoir une intime conviction, il faut encore qu'elles soient en mesure de répondre aux observations qui leur seraient faites *lorsqu'elles défendent leurs rapports* devant les tribunaux.

L'acide arsénieux est le toxique qui, avant la préparation des allumettes chimiques, était le poison le plus souvent employé par les criminels, en raison de sa couleur, de son manque de saveur marquée, de la facilité qu'il y avait de se le procurer; aussi trouve-t-on, en consultant les annales judiciaires, qu'en dix ans, de 1855 à 1865, les cas d'empoisonnements portés devant les assises se sont élevés à cent trente-cinq; il est probable qu'un grand nombre de cas d'empoisonnement ont échappé à la justice par suite de circonstances diverses. Le nombre de ces cas était plus grand autrefois; mais les empoisonneurs font usage du phosphore qu'ils ont sous la main; aussi, les cas d'empoisonnements par le phosphore déférés aux tribunaux, de 1855 à 1865, se sont élevés à cent quatre-vingts.

L'acide arsénieux était autrefois facile à se procurer pour le chaulage des blés, pour la destruction des rongeurs. On a cherché à obvier à cet inconvénient en publiant, dans le nouveau Codex (la *Pharmacie française*, p. 704 et suivantes), les formules concernant les préparations de l'arsenic combiné avec d'autres substances, dans le but de rendre les empoisonnements moins fréquents (1). Ces formules sont relatives : 1° à *la pâte arsenicale pour la destruction des animaux nuisibles*; 2° *au savon arsenical pour la conservation des dépouilles d'animaux*; 3° *à la pâte phosphorée*. Viennent ensuite les formules arrêtées par l'École vétérinaire d'Alfort, la poudre pour le bain de Tessier, la lotion et le bain de Tessier, la poudre caustique, la pommade cathérétique, la solution de Fowler.

Malgré toutes ces précautions, l'acide arsénieux est encore délivré, contrairement aux règlements, et tout récemment un produit alimentaire (du

(1) Voir l'ordonnance du 20 octobre 1846, l'arrêté ministériel du 28 mars 1848.

pain) avait été préparé avec des farines dans lesquelles l'arsenic blanc avait été mêlé par erreur. (Voir les *accidents causés à Nantes, en 1868, par de l'acide arsénieux, mêlé à un boisseau de farine vendue en détail par un boulanger; — Journal de chimie médicale*, 1868, p. 324.)

L'acide arsénieux employé dans le chaulage du blé a soulevé diverses questions : 1° sur son utilité pour détruire les rongeurs qui se nourrissent de la semence; 2° sur le danger que présente le blé récolté après avoir été chaulé par l'arsenic. Relativement à la première question, des agriculteurs instruits établissent que le chaulage à l'acide arsénieux peut être d'une grande utilité; si cela est exact, il nous semble qu'il serait facile de colorer l'acide arsénieux ou de le mêler à des substances qui empêcheraient d'en faire usage comme toxique. Relativement à la seconde, M. Legris, pharmacien à Chambon (Creuse), dont les travaux sont bien connus, n'a pu constater la présence de ce toxique dans les semences provenant de semis de grains chaulés à l'arsenic.

L'acide arsénieux déterminant, dans un grand nombre de cas, l'empoisonnement, il est important que le chimiste, le médecin, le pharmacien connaissent ses antidotes, antidotes dont quelques personnes nient l'efficacité, tandis que les faits démontrent leurs précieux avantages. L'un des savants les plus estimés, M. J. Girardin, s'exprimait, sur ce sujet, de la manière suivante : *Un bienfait de la science, c'est la découverte des contre-poisons que l'on peut se procurer partout et administrer impunément à de fortes doses.*

Les antidotes proposés contre l'empoisonnement par l'arsenic sont assez nombreux; ce sont le peroxyde de fer hydraté, la magnésie, le carbonate de fer, l'acétate de fer, le sulfure de fer, le charbon et peut-être les eaux minérales hydrosulfurées. Les plus efficaces sont le peroxyde de fer hydraté et surtout la magnésie.

Le peroxyde de fer hydraté, dont l'utilité a été reconnue par M. Bunzen, de Gottingue, a été expérimenté par MM. Deville et Delens, Spaeth (d'Eshagen), Puchelt (de Bourg), Ansroul (de Bruxelles), Roziere et Latour (de Trie), Lepage (de Gisors), Batilliat, les résultats ont été des plus favorables; plusieurs des docteurs qui l'ont mis en usage ont émis l'opinion qu'*il devait être ordonné par l'autorité, à tous les pharmaciens, d'avoir tout préparé dans leur officine l'oxyde de fer, le seul antidote alors connu de l'arsenic.*

Un antidote plus précieux encore, puisqu'on peut le rencontrer dans toutes les officines de l'empire, est la magnésie; sa prescription est due à M. Bussy, qui a fait connaître que cette préparation, qui peut se trouver dans toutes les localités, est l'antidote le plus certain à administrer contre l'empoisonnement par l'arsenic.

La propriété de la magnésie, qui était déjà le contre-poison des acides, a été constatée par des faits qui ne laissent pas de doute sur son efficacité (1).

Nous avons peut-être été long, dans ce que nous avons écrit sur l'acide arsénieux, mais l'empoisonnement par cet acide étant l'un des plus fréquents, nous avons cru qu'on nous pardonnerait d'avoir donné d'aussi nombreux détails.

Acide arsénique.

Cet acide est un violent poison, il agit sur l'économie animale d'abord comme caustique, à la manière des acides concentrés, puis comme le ferait un composé arsenical soluble; ses effets sont, dit-on, plus prompts que ceux produits par l'acide arsénieux, ce qui est dû à sa grande solubilité; nous devons dire que nous n'avons jamais été à même de nous occuper d'un empoisonnement par cet acide.

L'acide arsénique est composé de 65.28 d'arsenic ou 2 atomes, et de 34.72 d'oxygène ou 8 atomes.

C'est Macquer qui, le premier, signala la différence qui existe entre les arsénites et les arséniates; c'est Scheele qui, en 1775, découvrit la formation de l'acide arsénique en soumettant à la distillation de l'acide nitrique et une solution hydrochlorique d'acide arsénieux. Scheele est le premier qui décrivit les propriétés de cet acide, qu'il préparait aussi par le chlore. Pelletier, plus tard, reconnut qu'en décomposant le nitrate d'ammoniaque par l'acide arsénieux, chauffant assez fortement pour chasser l'ammoniaque, l'acide arsénique libre restait au fond du vase que l'on avait employé.

Les caractères de cet acide sont les suivants : mis sur un charbon ardent, l'acide arsénique se boursoufle, perd toute l'eau qu'il contient et devient opaque. Si l'on continue l'action de la chaleur, il se volatilise en répandant des vapeurs blanches, ayant l'odeur alliacée.

Mêlé avec du flux noir et chauffé fortement dans un tube de verre, il y a réduction du métal, qui se dépose sur les parois du tube.

Dissous dans l'eau, il fournit une solution incolore qui, lorsqu'elle est concentrée, est visqueuse. Cette solution rougit très-fortement le papier de tournesol, elle précipite en blanc l'eau de chaux, l'eau de baryte; ces précipités, qui sont floconneux, se redissolvent avec facilité dans un excès d'acide arsénique.

La solution d'acide arsénique, traitée par l'acide hydrosulfurique, ne fournit pas d'abord le précipité jaune caractéristique de l'arsenic, mais au bout de quelque temps le mélange jaunit et se trouble. M. Orfila a vu qu'en chauffant ce mélange, il fournissait, après un certain laps de temps, du sulfure

(1) Voir le mémoire *sur les antidotes qui ont été proposés dans les cas d'empoisonnement déterminés par l'arsenic.* (*Annales d'hygiène publique et de médecine légale*, t. XXX, 2e série, p. 124.)

d'arsenic. M. Lassaigne disait qu'en faisant bouillir une solution d'acide arsénique avec de l'acide sulfureux, jusqu'à ce que toute l'odeur d'acide sulfureux ait disparu, la solution, en partie ramenée à l'état d'acide arsénieux, fournissait par l'hydrogène sulfuré du sulfure d'arsenic. Nous pensons qu'en faisant passer simultanément de l'acide hydrosulfurique et de l'acide sulfureux dans une solution d'acide arsénique, il y aurait formation de sulfure d'arsenic.

Le nitrate d'argent, versé dans une solution d'acide arsénique, détermine un précipité pulvérulent d'une couleur rouge brique foncé (arséniate d'argent). Le deuto-sulfate de cuivre n'a aucune action *précipitante* sur cette solution.

Le sulfate de cuivre ammoniacal donne lieu à un précipité de couleur blanc bleuâtre, de deuto-arséniate de cuivre.

Une lame de zinc bien décapée, immergée dans une solution d'acide arsénique, additionnée de quelques gouttes d'acide sulfurique, détermine la précipitation au bout de quelque temps, un quart d'heure, une demi-heure, d'une poudre noire qui est de l'arsenic métallique.

Exposé au contact de l'air, l'acide arsénique attire promptement l'humidité de l'air et il passe à l'état liquide.

Nous avons recherché dans les divers ouvrages de toxicologie, et surtout dans ceux publiés par Orfila, auquel on doit de nombreuses recherches et qui a fait faire des progrès si nombreux à la science toxicologique, si l'on n'avait pas observé des cas d'empoisonnement sur l'homme à l'aide de l'acide arsénique, mais nous n'avons rien trouvé de positif sur ce sujet.

Les antidotes de l'acide arsénique sont, selon M. Orfila, l'oxyde de fer hydraté. On doit préférer la magnésie, dont on peut prendre de grandes quantités sans inconvénient, surtout en se basant sur ce que M. Orfila dit que l'arséniate de fer conserve encore une action toxique.

Acide muriatique (chlorhydrique).

Cet acide est aussi connu sous les noms d'*acide marin*, d'*esprit de sel*, d'*acide chlorhydrique*.

Le nom de *muriatique* lui vient du sel marin, du sel de la mer, à l'aide duquel on l'obtient. Bazile Valentin a, le premier, connu cet acide, qu'il appelait *esprit de sel*. Il l'obtenait en calcinant un mélange de vitriol et de sel marin; Bayle ensuite le prépara en soumettant à l'action d'une forte chaleur un mélange de limaille de fer, de sel et d'eau; Glauber fit mieux connaître cet acide, et il indiqua un mode d'obtention à l'aide du sel marin, traitant ce sel par l'acide vitriolique dans un vase distillatoire.

Scheele fit connaître la nature de cet acide en indiquant qu'il était le résultat de la combinaison du chlore avec le phlogistique, et, comme par ce mot il entendait l'hydrogène, il s'ensuit que c'est ce savant qui, le premier, émit une juste idée sur sa composition.

Cet acide, qui est toxique, a été quelquefois employé par les empoisonneurs; en dix ans, de 1855 à 1865, on trouve quatre cas de cet empoisonnement portés devant les tribunaux.

L'acide chlorhydrique, à la température et sous la pression ordinaire, est un gaz permanent, incolore, d'une odeur acide suffocante. Exposé au contact de l'air, il se présente sous forme de vapeurs épaisses. Sa densité est 1.272; l'eau l'absorbe avec avidité, puisqu'elle peut en dissoudre 480 fois son volume à la température de +15° et à 0.76 de pression; lors de cette dissolution, il y a élévation de température.

Les caractères qui peuvent faire distinguer cet acide sont les suivants :

1° Sa solution exposée à l'action de la chaleur laisse dégager des vapeurs blanches piquantes, qui deviennent bien plus sensibles quand on les met en contact avec des vapeurs ammoniacales.

2° Chauffée avec du bioxyde de manganèse, elle se décompose; il y a dissolution du métal et dégagement de chlore reconnaissable à sa couleur verdâtre et à son odeur suffocante.

3° Étendue d'eau, elle ne fournit aucun précipité lorsqu'on la sature par l'eau de baryte ou par l'eau de chaux.

4° Traitée par la solution azotique d'argent et par la solution de protoazotate de mercure, on obtient des précipités blancs abondants insolubles dans l'acide azotique; le précipité résultant de l'emploi de l'azotate d'argent est floconneux, caillebotté, devient violâtre au contact de la lumière, et se redissout complétement dans l'ammoniaque.

Si l'on a affaire à un empoisonnement par l'acide chlorhydrique, on ne trouve pas sur la peau des signes caractéristiques, comme on en trouve dans l'empoisonnement par l'acide azotique; mais il est facile de constater la présence de cet acide. En effet, supposons qu'on ait des liquides et qu'on les examine après les avoir étendus d'eau distillée; on obtient un liquide qui rougit le papier de tournesol et qui, soumis à la distillation, fournit un liquide qui est précipité plus ou moins abondamment par l'azotate d'argent, précipité soluble dans l'ammoniaque.

Si on sature une portion de la liqueur par du carbonate de soude, qu'on fasse évaporer à siccité, qu'on calcine pour détruire les matières organiques, qu'on reprenne par l'eau, qu'on fasse évaporer, on obtient en résidu du chlorure de sodium, dont la saveur est bien connue; les réactifs peuvent aider à la constatation de la nature de ce résidu.

On peut encore étendre d'eau les matières vomies, les matières trouvées dans l'estomac, et soumettre à la distillation pour examiner le liquide distillé, afin d'y rechercher l'acide chlorhydrique.

Il ne faudrait pas croire qu'il y a présence d'acide chlorhydrique dans un liquide non distillé parce qu'il y aurait précipitation de ce liquide par l'azotate d'argent; ce précipité pourrait être dû à des chlorures. Or, on sait que ces composés se trouvent dans les matières alimentaires, dans les matières organiques, liquides, qu'on peut recueillir lors de l'autopsie.

Si on avait affaire à des tissus qui auraient été en contact avec l'acide, on agirait de la même manière et par les mêmes procédés.

Une expérience qui doit être décrite est la suivante : on prend l'eau obtenue en faisant macérer les tissus qui ont été en contact avec de l'acide chlorhydrique, qui fournira un liquide; on la soumet à la distillation; l'eau chargée d'acide chlorhydrique est saturée par du sous-carbonate de soude; le résidu est introduit dans un tube fermé à l'une de ses extrémités, après avoir été mêlé à de l'oxyde de manganèse en poudre fine; on ajoute une petite quantité d'acide sulfurique et on chauffe. Bientôt on obtient un dégagement de chlore.

L'acide chlorhydrique du commerce, dans un cas d'empoisonnement, pourrait donner lieu à des erreurs, en raison de l'arsenic qu'on peut trouver dans cet acide. Ainsi on pourrait, trouvant de l'arsenic dans les expériences que l'on fait, non-seulement pour rechercher un, mais les poisons divers, attribuer l'empoisonnement à l'arsenic, tandis que la présence de cet arsenic ne serait due qu'à l'impureté de l'acide.

En effet, depuis quelques années les acides chlorhydriques du commerce contiennent des quantités très-notables d'arsenic. Ces quantités sont dues aux acides sulfuriques employés, et qui sont préparés avec les pyrites; cet arsenic se trouve dans l'acide chlorhydrique à l'état de chlorure.

M. Filhol a constaté la présence dans cet acide de l'arsenic à la quantité de 1, 2, 3, 4 et même 5 grammes d'acide arsénieux dans 1 kilogramme d'acide chlorhydrique.

L'acide chlorhydrique pouvant être la cause d'accidents par manque de soins, les premiers secours à donner consistent dans l'administration d'un lait préparé avec la *magnésie décarbonatée*, plus convenable que la magnésie carbonatée, qui donne lieu à une production de gaz carbonique qui gêne le malade; on conçoit que les secours à donner en cas de suicide, d'empoisonnement, sont les mêmes.

Acide nitrique (azotique).

Cet acide, qui a porté les noms d'*eau forte*, d'*esprit de nitre*, d'*acide de nitre*, d'*acide nitreux*, est un acide très-anciennement connu, dont l'usage est considérable dans l'industrie, aussi est-il entre les mains d'un grand nombre d'ouvriers.

Quoique cet acide soit toxique, nous ne le trouvons pas signalé comme matière d'empoisonnement dans le tableau qui comprend les faits criminels soumis aux Tribunaux, pendant les dix années qui se sont écoulées de 1855 à 1865. Nous savons pourtant qu'antérieurement à cette époque, il a été employé dans un but criminel, et qu'il a été souvent usité pour des cas de suicide, enfin qu'il a été la cause d'accidents dus à des erreurs et à des imprudences. Ce que nous avançons est démontré par ce qui a été publié par Orfila dans sa *Toxicologie;* en effet, six cas de suicide par l'acide azotique y sont rapportés.

L'histoire de l'acide azotique présente de l'intérêt. Géber est le premier, vers la fin du VIIIe siècle ou au commencement du IXe, qui prépara de l'*eau forte*, et à la même époque de l'*eau régale*. Albert le Grand, plus tard, préparait aussi cet acide qu'il désignait par les noms d'*eau prime* et d'*eau philosophique au premier degré*. Raymond Lulle, à qui on a attribué la préparation de l'acide nitrique, n'avait fait que lui donner le nom d'eau forte; Cawendish détermina ses principes constituants; Lavoisier lui donna le nom d'*acide nitrique*. Le nom d'*acide azotique* ne lui fut donné que plus tard. Cette dénomination avait été le sujet de la réflexion suivante de Fourcroy, réflexion qui se trouve dans le tome II des *Connaissances chimiques*, 1800, p. 79 : *Peut-être aurait-on dû changer le nom de cet acide* (pour le distinguer de l'acide nitreux) et l'appeler *acide azotique*.

L'acide azotique présente les caractères suivants : très-concentré et tel qu'on le trouve dans les laboratoires de chimie, il contient encore 19.84 d'eau pour 100 ; il est incolore ou légèrement coloré en jaune s'il a été exposé à l'action de la lumière, son odeur est forte, désagréable, rappelant un peu celle de l'acide hyponitrique; exposé à l'air il répand des fumées blanches acides, dues à la condensation de la vapeur d'eau qui se trouve dans l'atmosphère; sa densité, d'après Phillips, est de 1.5035; il bout à + 80 ; son point d'ébullition est retardé si on l'a additionné d'eau, et qu'il n'ait plus qu'une densité de 1.420.

Exposé à la lumière solaire, il se colore en jaune ou en rouge, en se décomposant en partie avec émission d'oxygène et formation d'acide hyponitrique.

L'acide azotique agit avec une très-grande énergie sur les tissus et les substances organiques; il les altère, les décompose en partie en colorant en jaune les matières azotées et en éprouvant lui-même une décomposition.

Cet acide, à l'état anhydre, est formé de 2 volumes d'azote et de 5 volumes d'oxygène et en poids :

de 73.85 d'oxygène................ 5 atomes
et de 26.15 d'azote................. 2 atomes.

L'acide hydraté est composé de 1 atome d'eau uni à 1 atome d'acide nitrique, ou de 85.75 d'acide azotique, ou de 14.25 d'eau.

L'acide azotique possède d'autres caractères distinctifs qui permettent de le reconnaître.

Chauffé, il se volatilise en répandant d'abondantes vapeurs très-acides, et qui incommodent l'opérateur qui s'y trouve exposé.

Mis en contact avec de la limaille de cuivre, il réagit sur le métal ; il y a dégagement abondant de deutoxyde d'azote, qui, au contact de l'air, se transforme en vapeurs rutilantes d'acide hyponitrique.

Étendu d'une petite quantité d'eau et versé sur de la limaille de fer, il fournit aussi des vapeurs rutilantes.

Projeté sur de l'argent, il le dissout, il se conduit comme il le fait avec la limaille de cuivre.

Étendu d'eau, il ne précipite pas l'azotate de baryte, ce qui arriverait s'il était concentré; en ajoutant de l'eau distillée à l'azotate de baryte qui avait donné lieu à ce précipité, la liqueur devient limpide.

Saturé par la potasse et évaporé, il fournit par une évaporation ménagée et par cristallisation un sel blanc en prismes hexaédriques striés; évaporé à siccité, on obtient un résidu ayant une saveur fraîche et piquante; ce résidu, mis en contact avec l'acide sulfurique, est décomposé en donnant naissance à des vapeurs blanches d'acide azotique qui, mêlé à de la limaille de cuivre et traité par l'acide sulfurique, donne lieu à des vapeurs rutilantes. Ce sel, projeté sur des charbons ardents, en active la combustion; il fournit un résidu alcalin.

Divers moyens ont été indiqués pour découvrir des quantités minimes d'acide azotique. Ces moyens sont dus 1° à M. Justus Liebig, 2° à M. Desbassins de Richemont. Le premier de ces moyens consiste à mêler le liquide à examiner avec la quantité nécessaire d'indigo pour le colorer en bleu distinct, à ajouter quelques gouttes d'acide sulfurique et à chauffer jusqu'à l'ébullition ; le liquide se décolore et acquiert une couleur jaune, s'il contient de l'acide azotique libre ou combiné, c'est-à-dire un azotate. M. Liebig disait qu'à l'aide de ce procédé il était possible de reconnaître un quatre centième d'acide nitrique.

M. Orfila, qui avait examiné les faits annoncés par M. Liebig, avait constaté qu'à l'aide de la solution de sulfate d'indigotine on arrivait aux mêmes résultats, mais que ce caractère n'était pas particulier à l'acide azotique, et que les acides *chlorique* et *iodique* libres ou combinés agissaient de la même manière dans les mêmes circonstances avec le sulfate d'indigotine.

Le second (le procédé de M. Desbassins de Richemont) est basé sur la coloration que prend l'acide sulfurique concentré, contenant en dissolution du protoxyde de fer ou du deutoxyde de cuivre, lorsqu'il est en présence d'une quantité quelconque de deutoxyde d'azote libre ou naissant; l'acide sulfurique chargé de protoxyde de fer prend une très-belle couleur qui varie depuis le *rose le plus tendre jusqu'au pourpre foncé*; tandis que celui qui contient du deutoxyde de cuivre devient d'une *belle couleur violette ou d'une couleur bleue violacée*, susceptible de présenter tous les degrés d'intensité, l'addition d'eau distillée donne lieu à la disparition successive de ces colorations.

L'acide azotique mis en contact avec l'acide sulfurique tenant en solution une petite quantité soit de protosulfate de fer, soit de deutosulfate de cuivre, produit immédiatement les colorations que nous venons de faire connaître.

Ce moyen, d'un excessive sensibilité, permet de signaler la présence de très-minimes quantités d'acide azotique ou d'azotates, dont on a mis le deutoxyde d'azote en liberté.

Ce mode d'opérer consiste à ajouter à quelques grammes d'acide sulfurique pur et concentré (1.840 de densité), une quantité convenable du liquide à examiner et qui peut varier d'une goutte jusqu'au quart du volume de l'acide employé, on agite le mélange et, lorsqu'il est refroidi, on y verse goutte à goutte une solution concentrée de protosulfate de fer, jusqu'à ce que la couleur rose ou pourpre apparaisse; avec de la pratique et au moyen d'essais de comparaison, on peut reconnaître dans l'eau ou dans un liquide un vingt-quatre millième d'acide azotique libre ou combiné.

Ce procédé jouit d'un cachet de certitude précieux, par la raison que les acides azotiques et le deutoxyde d'azote sont les seuls qui, parmi les acides, présentent ce caractère particulier; la réaction de l'acide nitreux est immédiate à l'aide d'une seule goutte de protosulfate de fer. Ce qui permet de le distinguer de l'acide azotique.

M. Desbassins a fait connaître que l'acide sulfurique chargé de protosulfate de fer est un réactif beaucoup plus sensible que l'acide qui tient en dissolution du deutosulfate de cuivre. Aussi accorde-t-il la préférence au premier (*Journal de chimie médicale*, t. I, 2e série, p. 505).

Recherches toxicologiques à faire. — Lorsque l'acide azotique est pur et non mélangé à des réactions organiques, on peut toujours le reconnaître aux caractères que nous avons précédemment indiqués et en faisant usage des réactions qui se produisent et qui sont caractéristiques.

Si cet acide est mélangé avec des matières alimentaires, l'opération devient plus difficile; on étend d'eau distillée ces matières et on les agite pour que l'acide puisse, s'il est libre, être dissous; au bout d'une heure de contact, on jette sur un filtre; la liqueur filtrée est mise en contact avec un papier de tournesol, pour reconnaître si elle est acide. L'acide, s'il en existe, est saturé par une quantité convenable de carbonate de potasse, le liquide filtré est évaporé à la vapeur de l'eau, est concentré et amené à siccité; le produit obtenu à cet état peut être employé à faire les expériences nécessaires, introduit dans un tube fermé à l'une de ses extrémités, après avoir été mêlé à de la limaille de cuivre, on ajoute une quantité convenable d'acide sulfurique pur et concentré, si le résidu contient de l'azotate de potasse, on obtient des vapeurs rutilantes, reconnaissables à leur odeur, à leur coloration, et qui font prendre au papier imprégné de teinture de gaïac une couleur bleue.

Ce procédé est extrêmement sensible, et M. Orfila a vu qu'en faisant évaporer 8 grammes d'eau distillée à laquelle on avait ajouté *un tiers de grain*, moins de 2 centigrammes d'acide azotique du commerce saturé par un atome de potasse, on obtenait assez d'azotate pour avoir des réactions caractéristiques avec la limaille et l'acide sulfurique; on peut au besoin s'aider de la chaleur.

Si ces réactions laissent quelques doutes, on prend les matières solides restées sur le filtre, on les traite par macération à froid avec du carbonate de potasse et de l'eau distillée; au bout de deux heures, on filtre, on fait évaporer à la vapeur d'eau et on agit comme nous venons de le faire connaître.

Si l'on a à opérer sur un tissu organique, on les suspend, à l'aide d'un fil, dans un verre à expériences, dans lequel on a mis de l'eau distillée, et on laisse en contact. Bientôt on s'aperçoit que l'eau devient acide, ce que l'on constate à l'aide du papier de tournesol; la liqueur séparée est saturée, évaporée et traitée par les moyens indiqués plus haut.

A l'aide de ces procédés, on peut démontrer la présence de l'acide azotique, usité comme toxique, même après un laps de temps assez long. Si l'acide a été employé concentré, MM. Orfila et Lesueur ont établi que si l'acide avait été étendu et considérablement affaibli par l'eau, il disparaissait et se transformait en azotate d'ammoniaque, à l'aide de l'ammoniaque résultant de la putréfaction des matières animales.

Il nous semble et *nous nous proposons de faire des expériences* pour reconnaître si la présence de l'acide nitrique, amené par la putréfaction à l'état d'azotate d'ammoniaque, ne pourrait pas être constatée. Nous ne croyons pas qu'il y ait là impossibilité; en effet, des matières en putréfaction, contenant de l'azotate d'ammoniaque, épuisées par de l'eau distillée et traitées par le carbonate de potasse, ne fourniraient-elles pas de l'ammoniaque qui se volatiliserait par la chaleur et qui pourrait être recueilli si on agissait dans une cornue, et de l'azotate de potasse dont on pourrait déterminer la présence par les moyens que nous avons indiqués.

Une question importante à décider, c'est celle de savoir, dans ce dernier cas, si on pourrait, sans être taxé de légèreté, sans prendre sur soi une trop grande responsabilité, affirmer que l'azotate d'ammoniaque, dont la présence aurait été constatée, provient de l'administration de l'acide azotique ingéré comme toxique; nous avons vu, dans de certains cas, la production de gaz deutoxyde d'azote se produire dans des matières qui subissaient la fermentation.

Nous avons dit que l'acide azotique était peu employé dans les cas d'empoisonnements, quoique cet acide fût entre les mains d'un grand nombre de personnes soit dans les laboratoires, soit dans les ateliers; cela s'explique par son odeur, sa couleur, sa saveur; mais les faits démontrent qu'il est usité dans un grand nombre de suicides; le pharmacien doit être à même de donner les premiers secours dans ce cas. Le seul antidote à administrer le plus promptement possible est la magnésie décarbonatée, amenée à l'état de lait de magnésie, qu'on peut administrer en très-grande quantité sans inconvénient. J'ai été à même, lorsque j'étais interne à la Pitié, de faire usage de cet antidote sur un jeune ouvrier bijoutier, et, quoiqu'il y eût déjà un certain laps de temps qu'il avait ingéré cet acide, la magnésie, administrée en très-grande quantité, parvint à conjurer les accidents; malade pendant longtemps, ce malheureux ne succomba pas.

Acide picrique (carboazotique).

Cet acide est connu sous les noms d'*amer de Welter*, d'*acide nitropicrique*, d'*acide nitrophénique*, d'*acide phénique trinitrique*, d'*acide phénique trinitré*, d'*acide picrique*.

Le nom d'*acide picrique* lui a été donné par le baron Thenard, du mot grec *picros*, amer, pour signaler son excessive amertume.

Cet acide fut découvert, en 1788, par Haussmann. Jusqu'ici il n'a pas été considéré comme toxique; il n'était employé, et c'est M. Guinon, de Lyon, qui, le premier, en avait eu l'idée, que dans l'art de la teinture; mais son amertume donna l'idée de le faire servir à la préparation de la bière en substitution du houblon; nous savons qu'un homme, qui avait une certaine valeur scientifique, avait fait un voyage dans le Nord pour proposer ce moyen aux brasseurs.

C'est par suite de cet emploi que nous avons pu, Lassaigne et moi, constater son action sur l'organisme; en effet, de la bière rendue amère par de l'acide carboazotique détermina sur nous des accidents qui eurent une certaine gravité.

L'acide carboazotique s'obtient en faisant réagir l'acide azotique sur la fibrine, la soie, l'indigo, la salicine, la coumarine, la cire de carnauba, les huiles légères et lourdes de houille.

L'acide carboazotique se présente sous forme cristalline, en lamelles rectangulaires, de couleur jaune, ou bien en prismes droits à six pans dont les bases sont remplacées par les sommets d'un octaèdre, à base rhombée; ces cristaux ont une saveur acide et amère; ils sont solubles dans l'eau, l'alcool, l'éther; la dissolution aqueuse, qui a une amertume presque insupportable, colore la peau et la laine en jaune.

L'acide carboazotique, soumis à l'action d'une chaleur modérée, se volatilise en partie; chauffé brusquement, il y a détonation.

L'acide carboazotique ne peut être administré comme toxique, sa saveur le ferait rejeter; c'est pour cela qu'on a pu s'en servir pour remplacer l'amertume du houblon; c'est, je le crois, le seul cas où le chimiste aurait à s'occuper de la recherche de cet acide.

Le goût seul de la bière, rendue amère par l'acide picrique, ne permettrait pas de reconnaître la présence de cet acide. M. Lassaigne, à la suite des accidents que nous avions éprouvés, a indiqué un procédé qui permet d'en reconnaître $^1/_{12000}$ et même $^1/_{18000}$ dans la bière. Ce procédé consiste à traiter cette boisson comparativement avec des bières qui ne contiennent pas de cet acide, et à constater que les bières pures sont, à peu de chose près, complétement décolorées lorsqu'on y verse un excès d'acétate de plomb tribasique ou qu'on les agite avec un excès de charbon animal en poudre, tandis que les bières mélangées d'acide picrique, soumises aux mêmes réactions, restent colorées en jaune citron par suite de la non-précipitation par le sel de plomb, et de la non-absorption de cet acide par le charbon.

On peut encore reconnaître la présence de l'acide picrique dans la bière en faisant bouillir, pendant dix minutes environ, de la laine très-blanche et privée de mordant, dans la bière suspecte, lavant ensuite cette laine; si la bière renferme de l'acide picrique, la laine se colore en *jaune canari* plus ou moins intense.

Des opinions diverses sur l'action de l'acide picrique ont été émises: quelques personnes prétendaient que cet acide n'était pas toxique. Voici quelques faits qui, selon nous, peuvent élucider la question : il résulte d'expériences faites par M. le docteur Spring, et dont les résultats ont été communiqués au conseil de salubrité de Liége, que l'acide picrique est un poison âcre, qui possède une action analogue à celle de l'anémone pulsatille, de la créosote, de la bryone et de la gratiole, qui, à la dose de 25 à 50 centigr., tue rapidement un lapin en laissant dans l'appareil digestif des traces d'inflammation.

Hoffmann a fait connaître que les fleuristes, qui emploient l'acide picrique pour colorer des fleurs artificielles, perdent l'appétit au bout de quelques jours, qu'elles sont affectées de maux de tête qui les forcent souvent de suspendre leurs travaux. L'emploi de l'acide picrique, dans la préparation de la bière, a été préconisé aussi. Sir Brooman a pris, en Angleterre, un brevet *pour une composition propre à remplacer le houblon dans la fabrication de la bière*. Sa composition, qu'il a qualifiée de *lupuleid*, s'obtient à l'aide de l'acide azotique, qu'on fait réagir à l'aide de la chaleur sur de la poix de Bourgogne afin d'obtenir un produit amer.

L'acide picrique est un réactif qui sert à caractériser les sels de potasse et forme, dans ces sels, un précipité cristallin de couleur jaune ; on pourrait se servir de ce caractère dans la recherche de l'acide picrique.

Nous avons dit que l'acide picrique, que l'acide phénique était un agent toxique ; les observations suivantes en sont la preuve :

Le 5 février, un peu avant huit heures, le docteur Machin fut appelé dans une maison de charité pour donner des soins à trois femmes qui, atteintes de la gale, avaient été lavées avec une solution d'acide phénique substituée par erreur à une solution sulfureuse. En arrivant dans la salle, dont l'atmosphère était fortement chargée de vapeurs d'acide phénique, il trouva les trois femmes plongées dans une prostration profonde. Leur respiration était agitée, et elles avaient perdu la conscience de ce qui se passait autour d'elles. L'une, Marie Pritchett, était âgée de soixante ans; la seconde, Anne Pritchett, sa fille, de vingt-trois ans, et la troisième, Marie Baker, de soixante-huit ans. L'acide phénique avait été chauffé, puis étendu sur toute la surface du corps des malades avec une éponge, et, quelques minutes après cette application, elles avaient éprouvé de la cuisson, un mal de tête, des étourdissements; elles étaient devenues insensibles. Vingt-cinq minutes environ s'étaient écoulées depuis la friction, quand le docteur Machin arriva près d'elles. Il les fit laver immédiatement avec de l'eau tiède et du savon mou, en ayant soin de faire changer l'eau dès qu'elle était chargée d'acide phénique ; puis il leur administra une petite quantité d'un mélange d'eau-de-vie, d'ammoniaque et d'éther sulfurique, et enfin il les fit descendre dans une autre chambre, dont l'air n'avait point été vicié par les vapeurs d'acide phénique.

Marie Pritchett ne recouvra point ses sens : ses pupilles étaient normales et se contractaient sous l'influence de la lumière. Elle n'éprouva point de convulsions, si ce n'est un spasme momentané du diaphragme ; mais sa respiration devint plus pénible et plus lente, et elle expira à onze heures trente minutes (1).

Anne Pritchett, après être restée insensible pendant cinq heures, reprit graduellement l'usage de ses sens, et essaya de vomir. Un émétique lui fut a. ministré; mais, quoiqu'elle fit des efforts considérables, elle ne réussit rejeter qu'une partie des matières contenues dans son estomac. A chacune d ses expirations on percevait une forte odeur d'acide phénique. Après avo avalé une infusion concentrée de café, la malade parut beaucoup mieux; c pendant elle continua à se plaindre de douleurs qui avaient leur siége dans tête et la gorge, et sa respiration resta rapide et irrégulière, quoiqu'elle

(1) *The British medical Journal*, mars 1868.

perdu son caractère spasmodique. On essaya du lait froid additionné d'une petite quantité d'eau-de-vie, puis, une convulsion épileptiforme étant survenue, on appliqua des sangsues aux tempes. Pour combattre le mal de gorge, on prescrivit une mixture alcaline additionnée de chlorate de potasse, et plus tard une solution de chlore ; mais, sur ces entrefaites, il se déclara des symptômes de congestion du coté des poumons, et la malade s'affaiblit graduellement, en conservant sa connaissance jusqu'à la fin. Elle mourut le 7 février, vers dix heures du soir, environ quarante heures après l'application de l'acide phénique. On a dit que cette jeune fille était épileptique ; pourtant elle n'avait pas éprouvé d'attaque depuis son entrée dans la maison de charité, c'est-à-dire depuis sept mois environ.

Marie Baker, qui a survécu, a déclaré qu'elle avait été frictionnée la première, et qu'elle s'était tenue loin du feu pendant la friction, tandis que ses deux compagnes s'en étaient rapprochées. Immédiatement après, elle éprouva un serrement de tête et des étourdissements comme si elle était ivre, puis elle perdit connaissance, et ne revint à elle qu'au bout de quatre heures environ, quand elle eut été transportée dans une autre salle. Elle se plaignit alors d'une violente cuisson à la surface de la peau, qui était rude, sèche et ridée, mais elle ne présentait aucune vésication, comme, du reste, chez les deux autres malades. Il n'y eut pas de vomissements; le pouls se maintint à 80, faible, mais régulier. La desquamation eut lieu par petites écailles, et le 26 février Marie Baker semblait revenue à la santé, pouvait se lever et prendre de l'exercice.

L'autopsie des deux malades qui avaient succombé ne fut point permise ; par l'examen extérieur des cadavres on put seulement constater à la surface de la peau de petites taches semblables à des taches de boue. L'acide phénique employé aux frictions était celui de Calvert ; on en avait usé 6 onces environ ; il avait un aspect noir et huileux, et on suppose qu'il était impur.

Voici une deuxième observation analogue à la première :

M. Berrow Berger, fabricant de couleurs, en Angleterre, souffrant d'un violent mal de dents, employa l'acide carbolique pour calmer ses douleurs.

Il fixa un tube de caoutchouc à une grosse bonbonne qui en était remplie, se plaça sur une chaise et mit le tube dans sa bouche pour faire tomber une goutte du liquide sur sa dent. Un régulateur devait déterminer la quantité ; malheureusement il ne fonctionna pas bien, et l'infortuné malade, se trouvant seul, fut tout à coup anesthésié, renversé, suffoqué. Le poison volatil continuant à se deverser dans sa bouche, éteignit bientôt les fonctions du cœur, et il était mort lorsque sa famille, inquiète, vint pour lui porter secours.

L'acide carbolique est néanmoins un calmant très-efficace que la victime avait l'habitude d'employer, et qu'il recommandait chaque jour à ses amis.

Les vapeurs d'acide phénique sont pour quelques personnes des sujets de graves inconvénients. On sait que les essences en expansion ont été la cause de nombreux accidents, et même de cas d'asphyxie.

Acide phosphorique.

Cet acide est le plus oxygéné des acides que le phosphore forme avec l'hydrogène; il n'existe point à l'état natif dans la nature; il est le produit de l'art, composé d'oxygène, 56.04 ou 5 atomes, et de phosphore, 43.96 ou 2 atomes. Sa formule est Ph^2,O^5 ou Ph^5. Dans la nature, on le trouve, mais combiné aux oxydes métalliques, et formant des sels, des phosphates.

On sait qu'on obtient cet acide 1° en faisant brûler du phosphore sous une cloche : l'oxygène de l'air est absorbé, il y a formation d'acide phosphorique, se présentant sous forme de flocons neigeux qui attirent l'humidité et qui se résolvent en liquide; 2° en traitant le phosphore divisé par de l'acide azotique agissant dans une cornue, en prenant la précaution de ne pas opérer à la fois sur une trop grande quantité de phosphore, chassant l'excès d'acide azotique par la chaleur.

L'acide phosphorique libre et pur se présente sous forme de flocons incolores qui sont tellement avides d'eau, qu'ils se résolvent en liquide au contact de l'air, et cela dans un très-court espace de temps.

Si l'on projette ces flocons dans de l'eau, ils s'y dissolvent en faisant entendre un bruit particulier : et en produisant une élévation de température la solution est très-acide; évaporée, elle fournit un liquide sirupeux qui, à une chaleur rouge, se fond et se présente sous l'aspect d'un verre transparent lorsqu'il est refroidi. Sous cet état, il contient encore de l'eau dans des proportions qui varient de 9 à 20 pour 100, selon la température à laquelle il a été soumis.

Cet acide hydraté attire encore l'humidité de l'air, mais avec lenteur; si on fait agir l'eau sur lui, il se redissout peu à peu. Sous l'influence de la chaleur, l'acide phosphorique acquiert des propriétés qu'il n'avait pas auparavant. En effet, sa solution récemment préparée donne lieu, mêlée avec l'albumine et avec l'azotate d'argent, à des précipités blancs; si la solution est préparée depuis quelque temps, elle ne précipite plus l'albumine et elle donne un précipité jaune. Ce changement d'état se produit après la calcination de certains phosphates solubles, ce dont on doit tenir compte pour les réactions qu'on obtient dans divers cas.

Les caractères distinctifs de l'acide phosphorique sont les suivants : cet acide est fixe; projeté sur du charbon en ignition, il ne donne lieu à aucune émanation odorante; il se ramollit et se fond à une chaleur élevée.

Sa solution aqueuse, traitée par l'eau de chaux, par de l'eau de baryte ajoutée en excès pour saturer l'acide, fournit des précipités blancs floconneux qui se redissolvent sans effervescence dans un excès d'acide phosphorique ou dans les acides azotique et chlorhydrique. La solution est précipitée par l'ammoniaque.

L'acide phosphorique saturé par la potasse, la soude, l'ammoniaque, fournit des dissolutions qui, traitées par le nitrate d'argent, se comportent différemment, comme nous l'avons déjà dit, selon que l'acide a été ou non récemment amené à l'état de dissolution récemment préparée. Dans ce cas, la dissolution récente fournit un précipité blanc; dans le cas contraire, le précipité est jaune.

La solution d'acide phosphorique saturée par un alcali (la soude, la potasse) précipite les solutions de protonitrate de mercure et d'acétate de plomb. Les précipités obtenus sont de couleur blanche; ils sont floconneux et solubles dans un excès d'acide azotique.

Le précipité obtenu avec la solution mercurielle (le phosphate de mercure), chauffé dans une coupelle de platine, se décompose avec une espèce d'effervescence, et laisse pour résidu l'acide phosphorique, qui affecte la forme vitreuse. Le précipité de phosphate de plomb, calciné au chalumeau sur un charbon creusé à cet effet, se fond et se convertit en un globule blanc d'apparence nacrée, qui, par le refroidissement, devient solide en affectant la forme polyédrique. Si on continue l'action de la chaleur à l'aide du chalumeau, il y a décomposition de l'acide phosphorique en contact avec le charbon. Il y a alors production de phosphore, qui brûle en donnant à la flamme une coloration jaune facile à constater.

C'est à l'aide de ces réactions que l'on peut constater la présence de l'acide libre ou combiné. Cependant, si la quantité de cet acide était minime, il faudrait avoir recours au procédé que MM. Thenard et Vauquelin ont fait connaître en 1825. Ce procédé est basé sur la décomposition, à la température rouge, des phosphates, soit par le potassium, soit par le sodium, et par leur conversion en phosphures, phosphures qui fournissent par leur traitement à l'aide de l'eau acidulée du gaz hydrogène phosphoré (1), reconnaissable à son odeur alliacée et à la propriété qu'il a de s'enflammer au contact de l'air, de brûler en fournissant des vapeurs blanches qui ont la forme annulaire.

Pour mettre en pratique le procédé de MM. Thenard et Vauquelin, on prend un tube de verre de 4 millimètres de diamètre, de 5 centimètres de longueur. On introduit dans ce tube, qui est fermé à son extrémité inférieure, 1 centigramme de potassium ou de sodium; on ajoute le produit présumé être ou contenir un phosphate. Celui-ci, étant calciné et bien divisé, tassé

(1) On sait que ce gaz fut découvert par Boyle, et que ce fut Gengembre qui en spécifia la nature.

à l'aide d'un tube de verre (une baguette), on expose le tube de verre à l'action du feu, en le saisissant et le tenant à l'aide d'une pince. On chauffe jusqu'à l'incandescence. La réaction s'opère. Lorsque le tube a été convenablement chauffé, on le laisse refroidir. Quand il est refroidi, on y verse du mercure, et on agite pour dissoudre le potassium ou le sodium qui serait en excès et qui s'est sublimé. Ceci fait, si l'on retire avec une petite baguette un peu de la matière fondue, elle exhale une odeur alliacée d'hydrogène protophosphoré.

La sensibilité de ce procédé est telle qu'il est facile de se prononcer en opérant sur moins de 1 centigramme de phosphate de chaux (1).

L'acide phosphorique concentré, d'après Orfila, est un toxique; mais si l'acide est affaibli, il ne détermine aucun accident. On sait, d'ailleurs, que cet acide a été employé comme médicament, et qu'on l'a prescrit, sans doute étendu d'eau, à la dose de 3 à 6 grammes par jour contre les hémorrhagies et la carie; qu'il a été administré sous les noms de *gouttes phosphoriques*, de *limonade*, de *potion*, de *sirop*, de *teinture*, etc. Nous ne sachions pas que l'acide phosphorique ait été une cause d'empoisonnement pour l'homme; nous avons cru cependant devoir traiter de cet acide, en raison de ce que, dans les empoisonnements par le phosphore, qui sont très-fréquents, les allumettes chimiques fournissant le toxique au criminel, quelquefois on ne retrouve plus le phosphore, de sorte qu'on a dû rechercher un composé de ce corps. On conçoit que l'idée la plus simple était de porter ses vues, soit sur l'acide phosphorique, soit sur les phosphates, ce qu'on n'a pas manqué de faire; mais la question est devenue des plus difficiles et des plus graves, et on peut se poser les questions suivantes :

1° Quelle est la combinaison de phosphore qui peut causer la mort de l'individu qui a été empoisonné par le phosphore, et dans les organes duquel on ne retrouve pas ce corps, l'acide phosphorique faible n'étant pas toxique? (Orfila.)

2° Quelles sont les quantités, soit d'acide phosphorique, soit de phosphate, existant naturellement dans les organes de l'homme sain? Quelles quantités d'acide phosphorique et de phosphate devra-t-on constater dans les organes de l'homme qui aura été empoisonné par le phosphore, et chez lequel on ne retrouve plus ce toxique?

Ces questions sont graves, car de leur solution dépend, soit l'acquittement, soit la condamnation de l'homme inculpé d'empoisonnement par ce toxique.

Relativement à la première question, nous avons, pour sa solution, tenté diverses expériences; mais elles ne nous ont pas donné de résultats qui puissent être concluants. Il y a là certainement formation d'une combinaison

(1) *Journal de chimie médicale*, t. I, p. 17.

phosphorée toxique; mais quelle est cette combinaison? Nous pensons que la solution de cette grave question doit de nouveau être mise à l'étude.

La seconde offre aussi d'immenses difficultés. Fourcroy et Vauquelin ont signalé la présence du phosphore dans la matière cérébrale; mais, d'après M. E. Frémy, ce métalloïde serait dans cette matière à l'état d'acide combiné à la soude, l'acide oléo-phosphorique. Couerbe attribuait à la quantité plus ou moins grande de phosphore contenue dans le cerveau l'intelligence plus ou moins grande que devait avoir l'homme. Lassaigne combattait cette opinion; il signalait dans les nerfs optiques la présence d'une substance blanche analogue à celle constatée dans le cerveau. Fourcroy faisait connaître la présence de phosphate de chaux dans les tendons. Bibra faisait connaître, d'après Heilkunde (*Archive für Physiologie*), les quantités de phosphates alcalins et terreux contenus dans les cendres résultant de la carbonisation et de l'incinération des organes de l'homme et des animaux (1).

Braconnot a fait connaître qu'il avait trouvé dans le foie une huile phosphorée, soluble dans l'alcool, analogue à celle trouvée dans le cerveau; il en porte la quotité à 3.89 pour 100. On se demande quelle est cette combinaison, puisque l'on a constaté que les solutions de phosphore dans les matières grasses sont toxiques?

La question de l'empoisonnement jugée par la détermination des proportions de phosphates trouvées dans les organes d'un homme soupçonné avoir été empoisonné par le phosphore, qu'on ne retrouve plus en nature, me paraît faire peser une grave responsabilité sur l'expert, par la raison qu'il résulte des travaux d'un grand nombre de chimistes et de leurs analyses, qu'il existe des quantités variables de phosphates alcalins et terreux, soit dans les liquides, soit dans les sécrétions diverses du corps de l'homme.

En ce moment, les membres de la Société de médecine légale s'occupent de cette question. Espérons que cette étude fera cesser les doutes qui ont inquiété les chimistes chargés de décider, et qu'elle fera cesser de graves incertitudes.

Dans les cas d'empoisonnement par l'acide phosphorique, les premiers secours à donner au malade consisteraient dans l'administration d'un lait de magnésie, dans les cas où le phosphore ingéré, et qu'on ne retrouve plus, aurait été converti en acide phosphorique, considéré comme étant alors le toxique, on conçoit que ce lait de magnésie serait un antidote.

Selon nous, cette question exigerait encore des études pratiques, pour qu'il n'y ait plus de doute.

---

(1) On trouve dans le *Dictionnaire des analyses chimiques* de Violette et Archambault, t. I, p. 227, un tableau général des quantités de phosphates indiquées par Bibra, d'après Heilkunde.

Acide sulfurique.

Cet acide a porté des noms divers. On l'a appelé *esprit de soufre*, *esprit de soufre par la cloche*, *esprit de vitriol*, *huile de soufre*, puis *huile de vitriol*, *acide vitriolique*, enfin *acide sulfurique*.

Découvert dans le moyen âge, il se trouve quelquefois, mais rarement, à l'état libre dans la nature. Baldassari l'a reconnu le premier, en 1776, dans des grottes d'une montagne volcanique des environs de Sienne; Pictet en a reconnu l'existence près d'Aix en Savoie; de Humboldt l'a trouvé dans les eaux du Rio-Vinagro, rivière de la Nouvelle-Grenade; M. Leschenaud l'a rencontré au fond d'un volcan, à Java. Là, il est assez concentré et assez abondant pour rendre mortelles les eaux d'une rivière dans laquelle il se décharge quelquefois.

L'acide sulfurique, autrefois, ne se fabriquait qu'en de minimes quantités. Son prix était très-élevé. Aujourd'hui que la France est devenue une nation qui sait ce que peut produire l'industrie, l'acide sulfurique est préparé en quantités considérables, et son prix est peu élevé. C'est, à l'époque actuelle, un produit indispensable dans la plupart des industries, la préparation des acides azotique, chlorhydrique, lactique, de la soude, de l'alun, du chlore, du phosphore, des eaux minérales artificielles, du sucre, de la fécule, des bougies stéariques. Cet acide sert encore à l'affinage de l'argent, au décapage des métaux, à dissoudre l'indigo, à l'épuration des huiles pour l'éclairage.

Par suite de tous ces emplois, l'acide sulfurique se trouve dans les mains d'un grand nombre de personnes; c'est ce qui explique les empoisonnements dus à cet acide, empoisonnements qui sont assez nombreux. En effet, il occupe le quatrième rang parmi les substances toxiques et les cas signalés par les poursuites judiciaires que nous ont fait connaître les tribunaux de 1855 à 1865; ils avaient eu à se prononcer sur vingt-deux cas d'empoisonnement déterminés par l'acide sulfurique. D'un autre côté, cet acide est assez souvent employé dans les cas de suicide et il est encore souvent cause de mort par erreur, imprudence et négligence.

L'acide sulfurique est le résultat de la combinaison la plus élevée du soufre avec l'oxygène; il est formé d'oxygène, 59.86, 3 atomes, et de soufre, 40.14, 1 atome. Sa formule est SO^3 ou S^3.

L'acide sulfurique se présente avec les caractères suivants : il est liquide, incolore, s'il est pur; coloré, s'il n'a pas été conservé à l'abri de l'air. Alors sa couleur varie; il peut être coloré en jaune; quelquefois la teinte est plus foncée; d'autres fois l'acide est brun et même brun foncé. Sa consistance est, pour l'acide commercial, oléagineuse. C'est cette consistance qui lui a fait donner le nom d'*huile de vitriol*. Sa densité est à + 15° centigrades ou 1.852.

Il n'entre en ébullition qu'à 362° centigrades, et il peut être distillé à cette température sans subir d'altération.

L'acide sulfurique exposé au contact de l'air attire puissamment l'eau contenue dans l'atmosphère, et perd de plus en plus de sa densité. En outre, il est dans ce cas susceptible de se colorer. Versé lentement dans l'eau, il tombe au fond de ce liquide et s'y combine. Si on agite, le mélange se fait avec un grand développement de chaleur.

Cet acide possède une très-grande causticité; il désorganise et noircit très-promptement les matières organiques avec lesquelles il est mis en contact, et l'empoisonnement par cet acide est la source de douleurs atroces.

Les caractères et les réactions qui peuvent faire distinguer l'acide sulfurique des autres acides sont les suivants :

Projeté sur un charbon ardent ou chauffé dans un vase de platine ou de porcelaine, il se réduit en vapeurs blanches, pesantes, très-acides, qui sont suffocantes, excitent la toux. S'il est pur et qu'on ait opéré dans une capsule qu'il ne puisse attaquer, il ne laisse pas de résidu.

Versé doucement dans de l'eau distillée, il ne se mêle que par l'agitation; il y a alors dissolution avec élévation de température. Si on le mêle à de l'eau contenant des matières organiques, il y a coloration.

Lorsqu'il est étendu d'eau distillée, si on y verse soit une solution de baryte, de strontiane ou des sels de ces deux bases, on obtient des précipités blancs insolubles dans l'eau et dans les acides chlorhydrique et azotique. Ces précipités, recueillis sur des filtres, séchés et calcinés à la chaleur rouge dans un creuset fermé, avec du charbon et une petite quantité d'un corps gras, se décomposent et fournissent des sulfures de baryum ou de strontium, solubles dans l'eau, qui, traités par les acides acétique, chlorhydrique, azotique, fournissent par évaporation des sels acétates, chlorhydrates et azotates de baryte et de strontiane.

Additionné d'eau de chaux, l'acide sulfurique ne fournit pas de précipité, l'eau de chaux ajoutée contenant une quantité d'eau suffisante pour dissoudre le sulfate de chaux qui se serait formé.

L'acide sulfurique étendu d'eau donne, avec l'acétate de plomb, un précipité de sulfate de plomb insoluble, si ce n'est dans l'acide chlorhydrique concentré et bouillant. Ce sulfate prend une couleur noire par l'hydrogène sulfuré, une couleur jaune quand on le touche avec de l'iodure de potassium et de l'acide acétique.

L'acide sulfurique étendu d'eau étant employé pour faire des tracés, des écritures sur du papier blanc, laisse, si on expose ces tracés à l'action de la chaleur, apercevoir en noir ces tracés, l'acide s'étant concentré et ayant réduit à l'état de charbon le ligneux qui constitue le papier.

L'acide sulfurique concentré, versé sur de la limaille de cuivre et chauffé, se décompose en partie, et on obtient de l'acide sulfureux reconnaissable à son odeur.

L'acide sulfurique vendu dans le commerce n'est pas pur; il peut contenir du sulfate de cuivre, du sulfate de plomb, de l'acide azotique, de l'arsenic. Cet état d'impureté peut, dans quelques cas, embarrasser les experts; la présence surtout de l'arsenic, qui a été constatée, par M. Filhol, être dans 1 kilogramme d'acide de 1 gramme 28 centigrammes, peut induire en erreur. Il y a donc nécessité, pour le chimiste qui s'occupe de toxicologie, de faire des essais sur le liquide employé, si on en a recueilli après l'empoisonnement, ou si l'on peut savoir où le criminel a pu se procurer cet acide.

Les recherches médico-légales à faire pour reconnaître si un empoisonnement est dû à l'acide sulfurique sont les suivantes :

Il faut procéder à l'examen des tissus avec lesquels l'acide a été en contact. On sait que, par suite de l'action de cet acide, les lèvres, le pourtour de la bouche présentent des eschares qui sont d'une couleur presque noire. Quelquefois on aperçoit des traces linéaires formées par cet acide de chaque côté des commissures des lèvres; d'autres fois, le trajet de l'acide se constate à l'extérieur et jusque sur le cou; mais ces indications du passage de l'acide ne se présentent que rarement. Les altérations produites par l'acide se font particulièrement remarquer dans la cavité buccale, sur la langue, l'arrière-gorge, l'œsophage, qui est quelquefois altéré dans toute sa longueur. Ces altérations sont plus ou moins étendues, plus ou moins profondes; elles se présentent avec une couleur qui varie, mais le plus souvent elles sont d'un brun noirâtre, recouvertes d'un enduit particulier qui n'a rien de comparable à une pseudo-membrane. Mais, il est bon de le dire, dans les divers cas que nous avons eus à examiner, ces altérations présentaient des caractères différents (1).

Le pharmacien-chimiste qui s'occupe de toxicologie doit surtout s'attacher à rechercher la nature de l'acide qui a déterminé, soit la mort, soit des accidents graves.

S'il doit opérer sur des matières de vomissements, il doit les traiter par de l'eau distillée froide, soit en les plaçant dans un linge formant un nouet, soit en les mettant en contact avec l'eau, agitant avec une baguette de verre de

(1) Lorsque nous nous occupions de toxicologie, nous avons toujours été assisté d'un médecin. Ce n'est que dans des cas exceptionnels que nous avons fait des autopsies et décrit les altérations que nous constations. Il est nécessaire de recourir, pour l'étude des faits observés, aux publications faites par Orfila, Olivier (d'Angers), Bayard, et à celles dues à MM. Devergie, Tardieu, etc., encore trouvera-t-on des différences dans les caractères que présentent les altérations dues à l'acide sulfurique.

manière à mettre toutes les parties en contact avec l'eau. Le liquide provenant de ce traitement est soumis à la filtration sur un papier à filtre blanc, que, pour plus de précautions, on a soin de laver à l'eau distillée aiguisée d'acide chlorhydrique, puis à l'eau distillée jusqu'à ce qu'il n'y ait plus de traces d'acidité (1).

Le liquide filtré peut servir aux expériences que nous allons faire connaître. Ce liquide est divisé en plusieurs parties, qui sont chacune le sujet d'opérations pouvant éclairer le manipulateur.

La première partie est traitée par un sel barytique, qui, en présence de l'acide sulfurique, détermine un précipité blanc pesant, se rassemblant au fond du vase, et qui, comme nous l'avons dit plus haut, est insoluble dans les acides, mais qui peut être converti en sulfure de baryum à l'aide du charbon et d'une température élevée.

Quelques auteurs ont critiqué l'emploi des sels barytiques pour déceler la présence de l'acide sulfurique dans les cas d'empoisonnements; ils établissent que les sulfates solubles qui se trouvent dans les matières organiques donnent aussi, avec les sels barytiques, des précipités de sulfate de baryte; mais on sait que, lorsqu'on a obtenu une liqueur acide dans laquelle on veut déterminer s'il y a de l'acide sulfurique et des sulfates, on concentre le liquide à une douce chaleur; on le laisse refroidir, puis on le traite par l'alcool concentré, qui dissout l'acide sulfurique, mais qui ne dissout pas les sulfates (2) qu'on peut obtenir en traitant le résidu par l'eau distillée. De plus, nous ne connaissons pas de sulfates alcalins qui puissent déterminer sur les tissus les graves altérations dues à l'acide sulfurique, altérations que l'on a dû constater avant de procéder aux expériences chimiques.

Une deuxième partie du liquide, placée dans une petite capsule de porcelaine, est soumise à l'action de la chaleur. Si le liquide contient de l'acide sulfurique libre, la liqueur, pendant et sur la fin de l'opération, se colore et prend une couleur noire; les matières contenues dans le liquide se carbonisent, et, sur la fin de l'opération, des vapeurs lourdes, pesantes, suffocantes, s'échappent du vase et signalent l'existence de l'acide sulfurique dans le liquide examiné.

La troisième partie est concentrée et introduite dans un tube de verre fermé à l'une de ses extrémités. On ajoute de la limaille de cuivre rouge, et on chauffe. Une partie de l'acide sulfurique est décomposée; il y a formation de sulfate de cuivre et dégagement d'acide sulfureux, dont l'odeur est connue de tous sous le nom d'*odeur d'allumettes*.

---

(1) Nous recommandons ce lavage, parce qu'il nous a été démontré que des papiers à filtre contenaient des matières toxiques, du cuivre, du plomb, etc.

(2) Orfila avait proposé, au lieu d'alcool, l'emploi de l'éther sulfurique; mais ce mode ne donne pas de bons résultats.

MM. Tardieu et Roussin, dans l'ouvrage qu'ils ont publié sous le titre d'*Étude médico-légale et clinique sur l'empoisonnement*, ont proposé le moyen suivant :

On commence par préparer une solution limpide de sulfate acide de quinine qu'on précipite par de l'ammoniaque en léger excès; le précipité d'hydrate de quinine est lavé jusqu'à ce que les eaux de lavage ne précipitent plus par le chlorure de baryum, et qu'une portion du dépôt, dissous dans un excès d'acide chlorhydrique, ne produise aucun trouble dans une solution de ce sel de baryte.

D'un autre côté, on met à digérer pendant plusieurs heures avec de l'eau distillée les organes, ainsi que les vomissements acides; les liqueurs filtrées sont introduites dans une capsule de porcelaine, additionnées d'un petit excès d'hydrate de quinine, jusqu'à neutralité complète, et soumises à l'évaporation ménagée du bain-marie.

L'extrait semi-liquide qui en résulte est traité à plusieurs reprises par de l'alcool absolu, qui dissout le sulfate de quinine formé aux dépens de l'acide libre, et laisse indissous tous les autres sulfates.

Les solutions alcooliques filtrées sont évaporées de nouveau, et l'extrait qu'on obtient est redissous dans un peu d'eau distillée bouillante et filtré immédiatement. Si la proportion d'acide sulfurique est un peu notable, le sulfate de quinine cristallisera par refroidissement. Si la quantité est trop faible pour que le sulfate de quinine formé puisse cristalliser, il sera cependant facile de constater la présence de l'acide sulfurique à l'aide du chlorure de baryum, qui donnera naissance, dans ce cas, à un précipité blanc, complétement insoluble dans l'eau et dans les acides azotique et chlorhydrique.

Une solution de nitrate acide de plomb précipitera en blanc la liqueur contenant le sulfate de quinine et donnera naissance à un précipité de sulfate de plomb.

N'ayant pas mis ce procédé en pratique, nous n'en discuterons pas la valeur.

Si on doit agir sur les organes altérés, les opérations sont les mêmes, c'est-à-dire qu'on met ces organes en contact avec de l'eau distillée, en les suspendant, pour que l'eau qui a dissous l'acide soit renouvelée par de l'eau qui en dissoudra à son tour. On peut continuer jusqu'à ce que l'eau distillée qui sert à l'épuisement ne rougisse plus le papier de tournesol, et ne précipite plus par une solution barytique.

Il faut toujours agir avec l'eau à la température ordinaire de l'atmosphère.

Il faut dire ici que, par l'eau, on n'enlève pas tout l'acide sulfurique qui peut se trouver dans ces organes. En effet, nous en avons calciné avec de la baryte dans un creuset neuf de porcelaine. Après l'incinération, les cendres contenaient une quantité notable de sulfate de baryte.

L'acide sulfurique, comme nous l'avons constaté, est assez souvent impur et contient de l'acide azotique, des sels de cuivre, de l'arsenic (1). On conçoit que l'analyse des organes dans les cas d'empoisonnement peut faire connaître la présence de ce toxique. En effet, dans l'analyse que l'on ferait des produits carbonisés traités par l'eau, on sait que l'emploi de l'appareil de Marsh signalerait la présence de l'arsenic, que l'incinération du charbon donnerait des cendres dans lesquelles on reconnaîtrait la présence du cuivre, que la saturation de la liqueur acide par la potasse et l'évaporation fourniraient un résidu dans lequel on pourrait, par la scintillation et le traitement par l'acide sulfurique pur du résidu mêlé à de la limaille de cuivre, déterminer l'émission de vapeurs rutilantes. Le chimiste qui, dans ses opérations, rencontrerait de ces acides souillés par des matières étrangères, devrait en tenir compte et rechercher les causes des résultats qu'il aurait obtenus.

L'acide sulfurique qui a déterminé des cas d'empoisonnement peut être :

1° De l'acide sulfurique tenant en dissolution de l'indigo (du bleu en liqueur) : en même temps qu'il y a corrosion des organes, il y a coloration ; nous avons été à même de constater le fait sur les organes d'une femme qui avait, dans le but de se suicider, acheté de ce bleu chez un épicier de la rue du Temple ;

2° De l'acide sulfurique étendu d'eau et additionné de tripoli (de l'eau de cuivre).

Avec ce dernier, on le conçoit, les altérations sont moins marquées ; il n'y a pas de coloration.

La vente de l'acide sulfurique sans précautions est souvent le sujet d'empoisonnements par inadvertance, par imprudence. Ce que nous avançons se représente chaque année. Ainsi on a vu l'empoisonnement d'un enfant par l'acide sulfurique qui se trouvait dans une bouteille portant l'étiquette *sirop pectoral* (2). On pourrait citer d'autres exemples. D'ailleurs, les empoisonnements par imprudence sont très-communs.

L'acide sulfurique peut quelquefois être le sujet de recherches pour savoir si des tissus divers ont été brûlés par des acides. Ainsi on sait que souvent les tribunaux sont saisis d'affaires criminelles dans lesquelles ils ont à se prononcer sur des jets d'acides, soit sur les vêtements, soit sur la figure de personnes qui sont pour les inculpés des sujets de haine.

La recherche de l'acide qui a taché ces vêtements se fait par les mêmes

(1) A l'époque actuelle, l'acide sulfurique qui est préparé avec les pyrites (le sulfure de fer), dont on utilise le soufre, est plus ou moins arsenical, ce qui n'existait pas lorsqu'on fabriquait l'acide avec le soufre tiré de la Sicile et des solfatares.

(2) *Journal de chimie médicale*, 1866, p. 86.

procédés que ceux que nous avons indiqués. Cependant, pour éviter toute cause d'erreur, des opérations comparatives doivent être faites sur les parties des vêtements qui ont été atteintes par l'acide sulfurique et sur celles qui n'ont point été atteintes.

L'acide sulfurique est vendu presque sans précautions; de là résulte un assez grand danger.

Les premiers secours à porter dans ces cas d'empoisonnement consiste à administrer un lait préparé avec l'eau et la magnésie décarbonatée. On fait ensuite appeler un médecin.

Acide acétique.

L'acide acétique se trouve dans le commerce sous les noms d'*acide acétique*, de *vinaigre de bois*, d'*acide acétique cristallisé*, de *vinaigre radical*, d'*acide acétique pyroligneux*. Ce dernier est sali par une matière goudronneuse qui lui donne une odeur et une saveur désagréables. C'est à lui qu'est due l'acidité des divers produits qui constituent les vinaigres divers : vinaigres de vin, d'alcool, de cidre, de sucre, de mélasse, de baquetures, distillé.

L'acide acétique a été rangé par Orfila au nombre des poisons irritants, énergiques, capables de déterminer promptement la mort. Des expériences pour appuyer cette opinion ont été faites sur des chiens; mais nous ne connaissons qu'un seul exemple où l'action toxique de l'acide acétique ait été observée, en mai 1831, sur une fille nommée Agathe Chantpie. Aussi divers toxicologues ne considèrent pas l'acide acétique comme toxique. Quoi qu'il en soit, nous ferons connaître ce qui a été obtenu et constaté, dans ce cas unique, par MM. Lemis, Murat, Orfila et Barruel (Jean-Pierre); mais nous pensons qu'il est convenable, avant tout, de dire un mot sur l'historique de l'acide acétique. Cet acide se rencontre dans la nature, le plus souvent à l'état de combinaison avec la potasse dans la séve des végétaux. Mais celui qui est usité est le résultat de la fermentation du sucre converti en alcool et qui subit l'acétification. Un exemple à citer, c'est l'altération des vins par leur exposition à l'air. A une température un peu élevée, ces liquides s'acidifient et prennent le nom de *vinaigre*. Ces vinaigres doivent leur acidité à l'acide acétique qui s'est formé dans ces circonstances; mais ces vinaigres sont des mélanges, et l'acide n'est pas à l'état de pureté. Le vinaigre obtenu du vin soumis à la distillation est connu sous le nom de *vinaigre distillé*; mais cet acide est faible et contient une très-grande quantité d'eau.

Pour obtenir le vinaigré concentré, on a soumis à la distillation, dans une cornue, le deuto-acétate de cuivre, qui, par l'action de la chaleur, fournit : 1° de l'eau, de l'acide carbonique et du cuivre métallique; 2° de l'acide concentré qui passe à la distillation et qui est recueilli dans un récipient; mais cet acide concentré n'est pas à l'état de pureté; il a entraîné dans sa volatilisation une certaine quantité d'acétate de cuivre, qui s'est sublimée pendant l'opération et qui colore l'acide en vert. Il contient, en outre, un produit particulier qui a été désigné par les noms d'*acide pyro-acétique*, d'*acétone*. Pour le purifier, on le soumet à une distillation opérée à l'aide d'une douce chaleur, séparant la première portion du produit distillé, qui contient de l'acétone, et conservant les autres. Comme on le prévoit, l'acétate de cuivre, qui salissait cet acide et le colorait, reste dans la panse de la cornue. Le produit obtenu est le vinaigre dit *radical*. M. Melsens a fait connaître un procédé pour obtenir le vinaigre pur. Il est fondé sur la propriété que possède le biacétate de potasse cristallisé de se fondre à + 148 degrés, d'entrer en ébullition à 200 degrés, et, de cette température jusqu'à celle de 300 degrés, de fournir par distillation de l'acide acétique pur et cristallisable, en repassant à l'état d'acétate neutre, qui reste fondu.

L'acide cristallisable s'obtient aussi en soumettant à la distillation, dans un vase distillatoire approprié, un excès d'acide acétique peu étendu sur de l'acétate de potasse neutre et desséché. Une partie de l'acide se fixe sur la potasse et abandonne l'eau qu'il contenait pour former du biacétate, tandis que l'autre, devenue plus aqueuse, passe à la distillation et doit être recueillie à part. En continuant de chauffer, l'acide qui distille s'*enrichit* de nouveau, et on obtient de l'acide cristallisable, si l'on prend la précaution de ne pas passer la température de + 300 degrés. Si cette température était dépassée, l'acide acétique commencerait à se décomposer en fournissant de l'acétone et un produit qui serait entaché d'empyreume.

Plusieurs autres procédés sont employés pour obtenir l'acide pur; ils sont basés sur la décomposition des acétates secs par l'acide sulfurique.

Une découverte d'un haut intérêt est celle de l'obtention du vinaigre et sa séparation des produits liquides obtenus de la distillation du bois, et qui sont formés d'eau, de goudron et d'acide acétique (1), vinaigre qui, d'abord mal préparé, avait une odeur désagréable qui lui avait fait donner le nom d'*acide pyroligneux*; mais qui, bien purifié, porte le nom de *vinaigre de bois*.

La découverte de l'acide acétique dans les produits de la distillation du bois doit être attribuée à Boyle, qui vivait dans le XVIIe siècle. Le premier, il

---

(1) Les produits de la distillation du bois sont à peu près dans les rapports suivants :

Charbon	de 28 à 30
Eau acide	de 28 à 30
Goudron	de 7 à 10
Acide carbonique, hydrogène carboné et eau non condensée	de 30 à 37

fit connaître que le bois fournit, par la distillation, un liquide, du vinaigre et de l'alcool, qu'il désignait sous les noms d'*esprit anonyme*, d'*esprit de bois inflammable*, d'*esprit adiaphorétique*. Par une nouvelle distillation, il séparait l'esprit de bois; mais, ayant remarqué que cet esprit contenait de l'acide, il fit usage de la chaux et de la distillation pour séparer l'acide. Quant à l'acide acétique, dont il reconnaissait la présence, il le désignait par le nom d'*acetum radicatum* (1).

La découverte de Boyle reçut plus tard du développement. L'ingénieur Lebon s'occupa, en 1785, de la distillation du bois en vase clos, pour obtenir du charbon, des gaz combustibles et du goudron pour la marine; il voulut faire employer les gaz pour l'éclairage; mais ces gaz, peu éclairants et odorants, n'eurent pas de succès. Alors Lebon alla établir à Versailles une fabrique d'acide pyroligneux. Nous ne savons quelle fut l'issue de sa fabrication; mais son procédé, perfectionné par les frères Mollerat dans le département de la Côte-d'Or, puis par MM. Wurtz et Lhomond, fournit des quantités d'acide considérables, qui souvent est substitué ou vendu, soit seul, soit mêlé au vinaigre de vin. Amené à un état convenable, il peut remplacer le vinaigre de vin. (Vauquelin.)

L'acide acétique pur est solide au-dessous de + 16 degrés; à + 16 degrés, il est liquide, incolore, limpide. Sa densité est de 1.063. Il marque 11 degrés au pèse-acide de Baumé. Son odeur est vive et pénétrante, sa saveur est fortement acide; il brûle la langue de la même manière que le feraient les acides minéraux; son odeur est vive, pénétrante; il rougit fortement la teinture de tournesol; il entre en ébullition à + 120 degrés; il passe à la distillation sans altération. S'il bout dans un vase ouvert et qu'on approche de sa vapeur une allumette en ignition, elle s'enflamme et brûle avec une flamme bleue, en fournissant de l'eau et de l'acide carbonique, ce qui s'explique, puisqu'il est formé, à l'état anhydre dans les acétates desséchés, d'oxygène, 46.64; d'hydrogène, 5.82; et de carbone, 47.54.

Pour l'acide acétique le plus concentré, il contient 85.11 d'acide anhydre pour 100, et 14.80 d'eau. L'acide acétique se combine avec l'alcool; de là résulte l'éther acétique de nos pharmacies. Mais revenons aux phénomènes que l'acide acétique peut produire sur l'économie, et recherchons s'il ne pourrait pas contenir des substances toxiques capables de lui donner des propriétés actives qu'il n'aurait pas sans cela.

L'acide concentré, le vinaigre radical, est quelquefois employé pour stimuler la membrane pituitaire dans les cas de syncope et d'asphyxie. M. Vauquelin s'en est servi avec succès, en 1825, sur trois ouvriers vidangeurs asphyxiés

(1) *The producibleness of chemical principles*, t. III, p. 356; Hoefer, *Histoire de la chimie*, 1843, t. II, p. 106.

par le plomb des fosses d'aisances; mais il faut l'approcher avec précaution des narines. Mis en contact avec les tissus délicats, les membranes muqueuses, il les irrite, les enflamme et peut déterminer la vésication. Aussi, pour prévenir ces accidents, fait-on usage du produit dit *sel de vinaigre*, dit *sel d'Angleterre*, qui n'est autre chose que du sulfate de potasse imprégné de vinaigre très-concentré.

L'action vésicante du vinaigre a été signalée primitivement en Italie : 1° par Bonvoisin, qui le recommandait contre les aphthes, les chancres, la gangrène; 2° par Humphry Davy, qui le proposait comme substitutif des cantharides. En effet, lorsqu'il est appliqué sur la peau, il en détermine la rubéfaction avec manifestation d'une vive sensation d'ardeur, de chaleur, et même de brûlure. Ces phénomènes se calment; mais, après quelques jours, l'épiderme tombe en desquammation, laissant sur la peau une marque blanche.

Introduit dans les voies digestives, cet acide pourrait déterminer un empoisonnement des plus graves; mais je n'en connais qu'un seul exemple, celui de la fille Agathe Chantpie.

Le vinaigre étendu est employé sans inconvénient comme condiment; mais une opinion vulgaire et trop répandue, c'est qu'il peut déterminer l'amaigrissement. Cette opinion a été la cause de maladies sérieuses observées sur des sujets qui avaient voulu en faire usage. Pelletan a vu chez un enfant l'abus du vinaigre produire l'amincissement des membranes de l'estomac. Dessault a rapporté le fait d'une demoiselle qui réussit à se faire maigrir et qui devint phthisique. MM. Mérat et Delens disent qu'ils ont observé, chez de jeunes demoiselles qui employaient le vinaigre, des irritations gastriques qui ont failli devenir mortelles, et chez d'autres des irritations déterminant la mort.

L'acide acétique, en raison de son impureté, pourrait agir comme toxique. Or, nous avons vu des vinaigres qui avaient été rehaussés par l'acide sulfurique, d'autres par l'acide chlorhydrique; enfin des vinaigres qui contenaient d'une manière notable des produits arsenicaux.

On reconnaît avec la plus grande facilité l'acide acétique, le vinaigre additionné d'acide sulfurique. En effet, le vinaigre traité par les solutions de sels barytiques donne à peine un trouble, lorsque le vinaigre a été préparé avec du vin non plâtré. S'il a été préparé avec des vins plâtrés, qui sont préparés dans divers départements, on obtient un précipité; mais ce précipité est très-minime, comparé avec celui que fournit le vinaigre additionné d'un centième ou même d'un millième d'acide sulfurique (1).

On sait qu'on peut séparer du vinaigre les sulfates avant de les essayer, en faisant concentrer à une douce chaleur le vinaigre, le laissant refroidir lors-

(1) En 1833, cent seize barriques de vinaigre furent saisies à Nantes. Ce vinaigre, reconnu comme étant allongé d'acide sulfurique, fut repandu, par suite d'un jugement sur la voie publique.

qu'il est arrivé à une consistance convenable, traitant par l'alcoo à froid, étendant d'eau et faisant l'essai par les sels de baryte (1).

On reconnait par la distillation la présence de l'acide chlorhydrique. Le liquide qui passe à la distillation précipite l'azotate d'argent en fournissant du chlorure d'argent insoluble dans l'acide azotique, soluble dans l'ammoniaque.

On constate la présence du cuivre en traitant le vinaigre, soit par l'acide sulfhydrique, soit par le prussiate de potasse, soit encore par une lame de cuivre.

Le fait le plus grave est la constatation dans des vinaigres de l'existence de l'acide arsénieux, existence qui, lorsque j'en parlai la première fois, en 1846, dans une réunion scientifique, fit dire à un de mes collègues *que je ne réunis qu'arsenic* (2). Voici comment je fus mis sur la voie de ce vinaigre arsénié : Chargé, comme professeur de l'École supérieure de pharmacie, de faire des visites dans les magasins de droguerie et d'épicerie, j'eus à examiner du vinaigre vendu par un sieur C..., qui avait été le sujet d'observations de la part de mes collègues chargés des mêmes fonctions, des visites spéciales furent faites chez les marchands; mais les vinaigres qui s'y trouvaient ne donnèrent lieu à aucune constatation. Plus tard, feu Deschamps (d'Avallon) me fit connaître qu'il avait trouvé de l'arsenic dans du vinaigre dit *vinaigre de bois*, arsenic qui provenait de l'acide sulfurique arsenical employé pour décomposer l'acétate de soude (3).

La communication que nous avait faite notre confrère me porta à faire des recherches : 1° sur le vinaigre qui m'avait été remis par le sieur C...; 2° sur divers vinaigres achetés dans le commerce. Par suite de ces expériences, j'acquis la conviction : 1° que le vinaigre qui m'avait été remis par le sieur C..., vinaigre qui avait servi à donner de la force à des vinaigres livrés en grande

(1) Dans un ouvrage de toxicologie, nous trouvons qu'il nous est fait un reproche d'avoir employé les sels de baryte pour rechercher dans un vin qui contenait 17 grammes 62 centigrammes d'acide sulfurique pour 70 grammes de vin.

Ce vin avait réagi sur un plat en fer-blanc étamé, et le lavage de ce plat fit reconnaître que l'eau du lavage contenait du sulfate de fer, du sulfate de plomb et du sulfate d'étain. Nous pensons qu'il fallait bien avoir envie de nous chercher querelle, car il est démontré que des sulfates dissous dans le vin ne pouvaient avoir une acidité capable de dissoudre le fer, le plomb et l'étain.

(2) Nous avions peut être mérité cette petite sortie par les travaux que nous avions publiés sur la présence de l'arsenic dans les sucreries coloriées, dans les papiers coloriés en vert et dans les eaux minérales.

(3) On sait que l'acétate de soude est décomposé par l'acide sulfurique; qu'il y a formation de sulfate de soude qui se sépare par décantation. On obtient l'acide acétique liquide.

Ce moyen est détestable; il faudrait agir par distillation, car le vinaigre ainsi obtenu peut contenir de l'acétate de soude, du sulfate de soude, de l'arsenic.

quantité dans le commerce, contenait de l'arsenic en quantité notable; 2° que, sur quatre échantillons de vinaigre de bois livré au commerce et pris chez des marchands en gros, l'un de ces vinaigres contenait des traces d'arsenic. Des informations furent prises pour savoir où M. C... s'était procuré le vinaigre arsenical, et le négociant qui avait vendu l'acide contenant des traces d'arsenic fut averti de la présence de ce toxique; il fut invité, et il accéda avec empressement à notre invitation, à prendre des mesures pour que ce vinaigre arsénié ne pût être livré au commerce avant d'avoir été purifié.

L'existence de l'arsenic dans des échantillons de vinaigre de bois ayant été démontrée, des recherches et des expériences furent faites par les ordres de l'administration. Voici en quelques mots quel fut le résultat de ces expériences :

1° Un échantillon de vinaigre de bois destiné à être employé dans les usages alimentaires, après avoir été étendu de cinq à six fois son poids d'eau, fut examiné, et on reconnut qu'il contenait : 1° 4 grammes 80 centigrammes d'acétate de soude pour 100; 2° 4 centigrammes d'arsenic, l'arsenic étant ramené à l'état métallique. Les opérations avaient été faites en agissant de la manière suivante : 100 grammes du vinaigre suspecté étaient évaporés dans une capsule neuve de porcelaine, le résidu fut repris par l'eau distillée, la solution fut successivement introduite dans un appareil de Marsh monté d'après les instructions de l'Institut, mais auquel on avait joint, comme complément, l'appareil Flandin et Danger, pour ne pas perdre la moindre quantité d'arsenic. Cet appareil, avant l'introduction de la liqueur aqueuse provenant du traitement par l'eau du résidu obtenu de cette opération, *avait fonctionné à blanc*, et on avait acquis la conviction que le zinc et l'acide sulfurique employés étaient purs et ne renfermaient pas la moindre trace d'arsenic.

A peine le liquide provenant du traitement du résidu fut-il introduit dans l'appareil, qu'un anneau arsenical se fit apercevoir; cet anneau s'accrut successivement.

L'opération terminée, le tube, qui avait été pesé primitivement, fut pesé de nouveau : son poids s'était augmenté de 4 centigrammes (1).

Une autre opération fut faite sur du vinaigre coloré imitant *le vinaigre de vin rouge*; il donna, par les mêmes procédés, 4.70 pour 100 d'acétate de soude et 4 centigrammes 1/2 d'arsenic métallique.

Des expériences que nous venons de faire connaître, il résultait évidemment : 1° que les vinaigres de bois que nous avions examinés contenaient de l'arsenic dans la proportion de 40 à 45 centigrammes pour 1,000 grammes de ce vinaigre; 2° mais que, ces vinaigres n'étant mis en usage comme con-

(1) Ces 4 centigrammes d'arsenic représentaient, l'acide arsénieux étant composé de 75.81 d'arsenic et de 24.19 d'oxygène, près de 5 centigrammes d'acide arsénieux, d'*oxyde blanc d'arsenic*.

diment qu'après avoir été étendus d'eau, cette quantité de principe toxique devenait beaucoup moins considérable en raison de ce que ce vinaigre était allongé de cinq à six fois son poids d'eau; 3° que c'est sans doute à cette dilution, et aussi à ce que le vinaigre n'est employé qu'en de minimes quantités dans les préparations alimentaires, qu'on a dû de ne pas s'être trouvé malade après avoir fait usage de ces vinaigres (1).

Comme on le voit, la recherche de l'arsenic dans les vinaigres de bois se fait par évaporation et par le traitement du résidu par l'appareil de Marsh.

Un seul cas d'empoisonnement par l'acide acétique ayant été publié, nous pensons qu'il est nécessaire de faire connaître : 1° les altérations observées sur le cadavre de la fille Agathe Champie; 2° les opérations faites par MM. Barruel et Orfila dans cette affaire.

Agathe Champie, âgée de dix-neuf ans, mourut le 8 mai dernier, à quatre heures et demie du matin, dans une des rues du Petit-Gentilly, près Paris. Des recherches anatomiques et chimiques établirent que la mort avait été déterminée par l'acide acétique. Les renseignements recueillis par le juge d'instruction apprirent que, le 7 mai, à onze heures du soir, on entendit une jeune personne, qui, sur la voie publique, se plaignait, et qui paraissait ivre; cependant elle partit après avoir demandé quelle route elle devait suivre. Le 8, à trois heures et demie, elle fut trouvée couchée et souffrante contre le mur d'un marchand de vin du Petit-Gentilly. A quatre heures, on lui fit prendre du vin et du lait sucrés chauds; elle eut de fortes convulsions et se plaignit de l'estomac; les accidents devinrent tellement graves qu'elle succomba peu de temps après.

L'ouverture du cadavre fut faite par M. le docteur Lenis et par M. MURAT, chirurgien en chef de l'hospice de Bicêtre, qui dressèrent le rapport suivant :

« Nous, soussignés, docteurs en médecine et en chirurgie, certifions avoir trouvé sur le cadavre de la fille Agathe Champie les lésions suivantes :

« *Apparence extérieure.* — Embonpoint médiocre, pas de raideur cadavérique; teinte verdâtre très-légère de la peau aux aines et sur la ligne blanche de l'abdomen; léger météorisme du ventre; le cou, les épaules, la partie supérieure du tronc et les membres offrent une teinte violette due à l'infiltration du sang dans le tissu de la peau.

« *Appareil digestif.* — La partie moyenne de la face, le pourtour de la bouche et des ailes du nez est couvert d'un liquide écumeux, en partie desséché, légèrement brunâtre, qui n'a point altéré le tissu de la peau. Un liquide semblable s'écoule de la bouche; il exhale une légère odeur d'alcool : la quantité s'élève à 2 ou 3 onces.

(1) Nous avons vu des personnes qui avaient employé de ces vinaigres étendus d'eau; elles nous ont déclaré n'avoir éprouvé aucun accident.

« Les mâchoires sont très-fortement serrées l'une contre l'autre; les dents sont blanches et ne sont point altérées.

« La membrane muqueuse de la face interne des joues et du palais est à l'état normal; celle de la langue, surtout vers le milieu de la face supérieure, est coriace, revenue sur elle-même, brunâtre, ses glandes sont très-apparentes. L'œsophage offre les mêmes caractères, mais à un degré encore plus élevé; il est d'un brun noirâtre; il n'est tapissé, non plus que la membrane muqueuse buccale, par aucune fausse membrane.

« L'estomac, considéré à l'extérieur, est distendu, saillant, et paraît rempli par un liquide. Il offre une couleur violette qui, vers le pylore, dégénère en une teinte presque noire. Cette coloration qui se retrouve dans toute l'étendue de la surface intérieure, est nuancée de plaques plus ou moins foncées. Les vaisseaux de l'estomac se dessinent sur ce fond, sous forme d'arborescences d'une couleur plus intense.

« L'estomac, examiné à l'intérieur, contient dans sa cavité un liquide d'un brun noirâtre et d'une odeur légèrement fétide, qui fait effervescence sur la dalle (1) : la quantité est de 8 onces à peu près. Les parois de ce viscère sont en outre tapissées par une matière brune extrêmement adhérente, assez semblable à de la suie humide, dont la couche est d'autant plus épaisse, d'autant plus tenace, d'autant plus continue, qu'on approche davantage du pylore.

« La membrane muqueuse de l'estomac n'offre de destruction nulle part. Près du *cardia*, sa teinte est d'un blanc légèrement grisâtre, et en certains endroits roussâtre. A mesure qu'on descend vers le pylore, cette couleur passe au brun et même au noir. Dans le petit cul-de-sac, toutes les tuniques de l'estomac participent à cette coloration, qui est celle de la gangrène; cependant toutes ces membranes, y compris même la muqueuse, sont partout très-résistantes. On voit au-dessous de cette dernière tunique, et près du pylore, ramper les vaisseaux de la membrane celluleuse remplis d'un sang noir et coagulé. Les glandes muqueuses du petit cul-de-sac sont très-nombreuses, très-saillantes, et offrent une dureté insolite.

« L'estomac et le liquide qu'il conservait sont placés et scellés chacun dans un vase séparé, pour être soumis à un examen chimique. Le reste du tube digestif, qui ne présente aucune lésion appréciable, n'est pas ouvert; il est placé, avec les matières qu'il renferme, dans un vase clos.

« Le cœur et les poumons ne présentent rien que de naturel.

« Nous n'avons pas cru nécessaire d'ouvrir la tête pour examiner le cerveau.

« *Appareil génital.* — L'utérus a à peu près le volume du poing du sujet;

(1) Ce caractère semble démontrer que l'acide qui a donné lieu à des accidents était très-concentré.

il s'élève à peine au niveau du pubis; il contient un fœtus qui paraît avoir deux mois et demi de conception. Le développement de cet organe, l'aspect des membranes fœtales, les proportions de l'embryon, tout se rapporte à l'âge que nous venons d'assigner.

« Les renseignements recueillis sur la femme qui fait le sujet de ce rapport et le caractère des lésions trouvées dans son estomac, nous *portent à penser que la mort a été le résultat d'un empoisonnement*. Nous laissons à l'analyse chimique le soin de déterminer la nature de la substance vénéneuse.

« *Signé :* Lenis et Murat.

« Bicêtre, le 9 mai 1831. »

Requis par le juge d'instruction pour déterminer la cause de la mort de la fille Agathe Chantpie, nous dressâmes le rapport suivant :

« Nous, soussignés, Orfila, doyen de la Faculté de médecine de Paris, et Jean-Pierre Barruel, chef des travaux chimiques de la même Faculté,

« En vertu du réquisitoire de M. le procureur du roi, tendant à ce que l'estomac de la fille Chantpie, les liquides que cet organe contenait, la poudre trouvée auprès d'elle, ainsi que les taches qui ont été remarquées sur son tablier, soient soumis à une analyse chimique, et de la commission rogatoire de M. Antoine-Mathieu Casenave, juge d'instruction près le tribunal de première instance du département de la Seine, en date du 13 mai 1831, qui nous commet à l'effet de soumettre à l'analyse chimique :

« 1° L'estomac d'Agathe Chantpie;

« 2° Le liquide qui était contenu dans cet organe;

« 3° Le reste du tube digestif et la matière y contenue;

« 4° Le paquet de poudre brune trouvé près d'Agathe Chantpie;

« 5° Les taches qui ont été remarquées sur son tablier;

« Et dire s'il résulte, tant des symptômes et des altérations observés sur le cadavre et les organes, que de l'analyse de l'estomac, des liquides qui en ont été extraits, que du tube digestif et des matières qu'il contenait, qu'Agathe Chantpie soit morte empoisonnée.

« En cas d'affirmative, déterminer :

« 1° La nature des substances qui auraient causé l'empoisonnement, ou si, dans le cas contraire, les symptômes et les lésions observés doivent être rapportés à une maladie, et alors dire la nature de cette maladie;

« 2° Si la poudre brune contient une substance vénéneuse, et déterminer la nature de cette substance;

« 3° Si les taches remarquées sur le tablier ont été produites par une substance vénéneuse, et par quelle substance;

« 4° Dire enfin si la petite bouteille trouvée dans le jardin du sieur Marion, près du lieu où a été vue la nommée Agathe Chantpie, et contenant encore quelques gouttes d'un liquide qui paraît mélangé avec de la poudre semblable à celle trouvée près du corps d'Agathe Chantpie, présente quelque chose d'analogue à cette poudre, et déterminer la nature du liquide qui y est mélangé;

« Déclarons qu'ayant accepté la mission qui nous était confiée, nous nous sommes transportés au laboratoire de chimie de la Faculté de médecine le 14 du même mois, suivant l'invitation qui nous en avait été faite par M. Cazenave, par lettre du 13, où, ayant été bientôt rejoints par M. le juge d'instruction et son greffier, nous avons immédiatement, et comme experts, prêté entre ses mains le serment exigé par la loi, et de suite on nous a remis les divers objets sur lesquels nous avions à diriger nos recherches et le rapport des docteurs qui ont fait l'autopsie d'Agathe Chantpie.

« Comme le travail dont nous étions chargés devait, par sa nature, exiger beaucoup de temps et de circonspection, nous avons prié M. le juge d'instruction de nous confier toutes les pièces y relatives, promettant de lui faire notre rapport par écrit dès qu'il serait terminé; ce à quoi il a obtempéré. Nous avons commencé par prendre connaissance du rapport de MM. les docteurs, espérant y trouver des renseignements qui nous mettraient sur la voie la plus courte pour arriver à la solution du problème qui nous était proposé.

« Il est résulté pour nous de cette lecture qu'il est entièrement probable que la fille Chantpie est morte empoisonnée, et, d'après la remarque de MM. les docteurs, que le liquide brun noirâtre contenu dans l'estomac fait effervescence sur la dalle, nous avons présumé que l'empoisonnement avait été produit par un acide. La couleur violacée noire du liquide, que nous pouvions observer à travers le vase qui le contenait, nous fit d'abord présumer que cet acide c'était l'acide sulfurique (huile de vitriol); mais, par une nouvelle lecture du rapport, nous nous vîmes forcé d'abandonner cette opinion; car, si l'empoisonnement eût été produit par l'acide sulfurique, il eût été impossible d'expliquer ce fait remarquable consigné dans le rapport, que le pourtour de la bouche et des ailes du nez sont couverts d'un liquide écumeux brunâtre en partie desséché. En effet, si la mort d'Agathe Chantpie eût été occasionnée par l'injection de l'acide sulfurique, celui-ci attirant fortement l'humidité de l'air, et les objets qui en sont imprégnés restant toujours humides, quel que soit le degré de siccité de l'air, l'écume remarquée autour de la bouche n'aurait point été en partie desséchée.

« Cependant la propriété signalée par les médecins de produire effervescence sur la dalle ne nous permettait pas de douter que le liquide extrait de l'estomac ne contînt un acide puissant et en quantité notable. Nous nous déterminâmes dès lors à examiner la nature de ce liquide; nous ouvrîmes le flacon qui le renfermait et le versâmes sur un filtre pour en séparer une matière floconneuse brune qui y flottait. La quantité de ce liquide pouvait peser environ 8 à 10 onces; il avait une odeur aigre et alcoolique tout à la fois et en même temps désagréable.

« Une petite portion de liquide filtré fut versée dans un verre; il avait une couleur rougeâtre. Traité par du carbonate de chaux en poudre fine, nous *fûmes surpris de ne point observer l'effervescence que nous attendions, d'après le dire des docteurs*, bien qu'un papier de tournesol bleu qui y fut placé passât au rouge; mais cette couleur rouge était si pâle qu'elle désignait plutôt la présence d'un acide végétal que celle d'un acide minéral. Nous cherchâmes dès lors et pendant que la filtration s'exécutait, ce qui eut lieu très-lentement, si l'examen de l'estomac ne pouvait nous guider plus sûrement dans nos moyens d'investigation. A cet effet, nous ouvrîmes le pot qui contenait les viscères d'Agathe Chample, et nous en retirâmes d'abord la langue, tenant encore à une partie du pharynx et à l'œsophage, puis l'estomac. Voici ce que nous observâmes :

« La langue présentait une couleur violacée, surtout à la base; ses muscles étaient fortement contractés, ce qui lui donnait une épaisseur remarquable aux dépens de sa longueur; sa membrane muqueuse n'offrait aucune érosion, et ses glandes étaient très-gonflées.

« Le pharynx avait la couleur de la langue, l'œsophage avait été fendu d'un bout à l'autre; sa membrane muqueuse était enduite d'une mucosité épaisse qui fut enlevée à l'aide d'une éponge propre et humectée, et mise à part; sa couleur était alors beaucoup plus foncée que celle de la langue. Nous observâmes alors un réseau vasculaire très-délié, injecté de sang vermeil, qui présentait un contraste remarquable avec la couleur bleuâtre de la muqueuse. Aucun boursouflement, aucune altération ne furent remarqués sur cette membrane.

« La muqueuse, surtout vers le côté interne, était pénétrée d'un liquide bleu noirâtre qui semblait épanché dans le tissu cellulaire; la séreuse recouvrait quelques phlyctènes formées par un fluide brunâtre transparent.

« L'estomac avait été ouvert de l'orifice pylorique à l'ouverture cardiaque, en suivant sa grande courbure. Développé sur un large plateau de verre, et la surface interne nettoyée avec une éponge humide, nous remarquâmes que la muqueuse n'offrait pas partout la même nuance ni le même degré d'altération. Au grand cul-de-sac, on voyait des bandes alternatives de couleur noirâtre, longues de 1 pouce, formant des saillies de 1/2 pouce au moins, et d'autres, de même largeur, qui étaient presque dans l'état sain, ce qui peut être attribué à la contraction violente de l'estomac depuis l'injection de la substance vénéneuse jusqu'à la mort.

« Le désordre augmentait en se rapprochant du pylore, près duquel nous remarquâmes trois ou quatre indurations ovoïdes de 1/3 de pouce de diamètre; en pressant l'estomac entre les doigts, on sentait qu'elles étaient assez consistantes, même à l'extérieur. Nous les ouvrîmes, et nous y trouvâmes une matière violette concrétée ayant l'aspect du sang coagulé.

« Nous répétons ici que, sans l'observation de la dessiccation à l'air de l'écume qui était autour de la bouche de la fille Chantpie, la matière noirâtre qui tapissait la surface interne de son estomac nous aurait d'abord fortifié dans l'opinion que la mort de cette fille aurait été causée par l'empoisonnement à l'aide de l'acide sulfurique; mais nous fûmes encore plus fortement convaincus du contraire, quand nous eûmes lavé la muqueuse à l'aide de l'eau distillée; nous reconnûmes alors que cette membrane ne présentait aucune corrosion, et nous fûmes frappés de l'analogie d'aspect qu'elle présentait avec le tissu pathologique désigné sous le nom de mélanose. La musculeuse était semblable à celle de l'œsophage, et sous la séreuse on voyait des phlyctènes comme celles dont nous avons déjà parlé, mais qui avaient plus d'étendue.

« Cet examen nous a bien convaincus que les désordres que nous venons de décrire dans l'examen des viscères de la fille Chantpie, qui était bien portante la veille de sa mort, étaient, sans aucun doute, les conséquences d'un poison violent, mais ne nous a rien fait connaître sur la nature de la substance vénéneuse, et dès lors nous nous sommes décidés à avoir recours aux recherches chimiques.

« La liqueur brune extraite de l'estomac de la fille Chantpie a été versée, comme nous l'avons dit, sur un filtre, à travers lequel elle a passé très-lentement, et, afin d'obtenir le plus de matière vénéneuse réunie, nous avons versé sur le même filtre le lavage de l'œsophage et de l'estomac : celui-ci avait été fait à l'eau distillée.

« La matière restée sur le filtre avait une couleur brune et une consistance pultacée; à peine faisait-elle virer au rouge le papier de tournesol. Elle fut mise à part.

« La liqueur filtrée a une couleur rougeâtre; elle fait virer au rose le papier de tournesol et ne produit point d'effervescence quand on la met en contact avec du carbonate de chaux finement pulvérisé; elle a une consistance un peu visqueuse.

« Elle répand, ainsi que nous l'avons dit plus haut, une odeur désagréable tout à la fois acide et alcoolique; mais l'odeur acide prédomine.

« Le nitrate d'argent, versé dans cette liqueur, y décèle des traces d'acide chlorhydrique ou d'un chlorure.

« Le chlorure de baryum y démontre l'existence d'une certaine quantité d'acide sulfurique ou de sulfate soluble.

« L'acide hydrosulfurique n'y démontre l'existence d'aucune trace de sels métalliques vénéneux.

« Ces données une fois obtenues, voici la marche que nous avons jugé convenable de suivre :

« Nous avons introduit dans une cornue de verre toute la liqueur qui nous restait ; nous avons placé celle-ci, jusqu'à la naissance de son col, dans une chaudière pleine de dissolution concentrée de chlorure de calcium ; nous avons adapté au col de la cornue un ballon tubulé à long col, enveloppé d'un bain refroidissant, et nous avons garni la tubulure d'un tube qui plongeait dans un petit flacon contenant une faible quantité d'eau distillée, puis nous avons porté la dissolution du chlorure de calcium jusqu'à l'ébullition. La liqueur contenue dans la cornue a passé à la distillation ; le produit distillé était parfaitement limpide, et il ne s'est dégagé ni condensé aucun gaz dans l'eau du flacon, dans lequel plongeait le tube conducteur.

« Pendant l'évaporation de la liqueur, il ne s'est formé aucune coagulation ; au contraire, elle est devenue de plus en plus transparente, jusqu'au point où elle a été concentrée en consistance d'un sirop clair. Alors on a démonté l'appareil ; l'eau contenue dans le petit flacon ne contenant rien a été jetée, et la cornue mise à part ; nous nous sommes occupés du produit de la distillation.

« Ce produit est clair, incolore ; il fait virer au rouge le papier de tournesol ; il ne donne aucun précipité lorsqu'on le met en contact, soit avec le nitrate d'argent, soit avec la solution de chlorure de baryum additionnée d'eau régale. Ces expériences dénotent qu'il ne contient aucune trace d'acide sulfurique ou d'acide sulfureux, ni d'acide chlorhydrique ; mais qu'il renferme probablement un acide végétal très-volatil.

« Pour caractériser l'acide que nous avions obtenu par cette distillation, il fallait nécessairement le concentrer sous un petit volume et le débarrasser de la matière qui lui communiquait une odeur désagréable ; nous avons saturé le produit de la distillation avec du bicarbonate de potasse pur : nous avons fait évaporer la liqueur à siccité dans une capsule de platine ; le résidu, desséché à une douce chaleur, avait une couleur légèrement fauve, n'avoit plus d'odeur désagréable et attirait puissamment l'humidité de l'air, circonstance qui nous fit de suite supposer que l'acide obtenu n'était que de l'acide acétique. Alors nous remîmes la capsule sur le feu et nous chauffâmes un peu plus fort. Le résidu salin prit une couleur brune et se fondit ; dès lors, nous fûmes presque convaincus que le sel que nous avions formé n'était que de l'acétate de potasse. Il ne s'agissait plus que d'en retirer l'acide acétique, et c'est ce que nous fîmes. En dissolvant la matière saline fondue dans la capsule de platine avec une très-petite quantité d'eau, filtrant la liqueur que nous introduisîmes dans une très-petite cornue, avec la moitié de son poids d'acide sulfurique, étendu de moitié son poids d'eau, adaptant au col de la cornue un petit matras tubulé qui plongeait dans un bain refroidissant, et chauffant la cornue, nous avons obtenu environ 3 gros d'acide acétique assez concentré et parfaitement pur.

« Il ne nous restait plus qu'à étudier si la matière solide restée dans la cornue, après avoir été épuisée par l'alcool, ne contenait pas une combinaison d'acide sulfurique et de matière animale, et, bien que la couleur de ce résidu nous fit présumer que cette combinaison n'existait pas, nous ne l'en avons pas moins recherchée.

« Pour cela, nous avons adapté au col de la cornue un tube recourbé que nous avons fait plonger dans un flacon contenant un peu d'eau pure; nous avons placé la cornue dans un fourneau à réverbère, et nous avons chauffé jusqu'au rouge. La matière animale s'est décomposée en fournissant tous les produits pyrogénés que donnent ces matières en semblables circonstances; et si une combinaison d'acide sulfurique et de matière animale y eût existé, nous aurions eu en outre du sulfite hydrique et du sulfite d'ammoniaque dans nos produits. Or, ceux-ci traités à l'aide de la chaleur par l'eau régale, la dissolution n'a ensuite donné aucun précipité par la solution de chlorure de baryum.

« Cet examen terminé, nous avons procédé à l'analyse de la matière contenue dans le reste du tube digestif d'Agathe Chantpie; et, comme nous avons en tout point suivi la même marche que pour le liquide extrait de l'estomac, nous nous bornerons à dire que nous en avons extrait 2 gros d'acide acétique à peu près au même degré de concentration que celui obtenu du liquide retiré de l'estomac.

« Quant aux autres questions de savoir :

« 1° Si la poudre brune trouvée près d'Agathe Chantpie contient ou non une substance vénéneuse, nous répondrons que l'analyse exacte que nous en avons faite nous a fait connaître, sans le moindre doute, que cette poudre noire n'est qu'un mélange grossier de sable silico-calcaire et de noir animal ou de poudre de charbon d'os.

« 2° Que les taches observées sur le tablier d'Agathe Chantpie ne sont point acides, bien qu'elles nous semblent être le résultat de l'action destructive de la couleur par un acide, tel que le jus d'une orange ou celui d'un citron; mais que ces taches sont très-anciennes et que le tablier a été lavé depuis qu'elles ont été produites.

« 3° Enfin la petite bouteille trouvée dans le jardin du sieur Marion, près du lieu où a été vue Agathe Chantpie, ne renferme que trois à quatre gouttes d'un liquide clair dans lequel flottent quelques flocons noirs ayant l'aspect de flocons charbonneux, et ne contient rien d'analogue à ce qui a été extrait de l'estomac d'Agathe Chantpie. A peine la liqueur rougit-elle le papier de tournesol. Cependant nous y avons démontré l'existence du phosphate acide et du sulfate de chaux, et du véritable charbon; tout nous porte à croire que cette bouteille avait contenu du cirage de souliers, et qu'elle a été abandonnée ou perdue après avoir été grossièrement rincée.

« Des considérations ci-dessus détaillées, il nous semble parfaitement démontré qu'Agathe Chantpie est morte empoisonnée, et de l'analyse que nous avons faite des matières extraites de ses organes digestifs, nous sommes forcés de conclure que la matière vénéneuse qui a occasionné la mort n'est que de l'acide acétique. Quoique cet acide n'ait pas été rangé parmi les poisons jusqu'à ce jour, il n'en est pas moins vénéneux, et l'un de nous vient de s'assurer par des expériences directes qu'il détermine la mort en développant dans le canal digestif des lésions analogues à celles que l'on a observées chez la fille Chantpie.

CONCLUSION.

« Les faits qui précèdent nous permettent de conclure :

« 1° Que l'acide acétique concentré est un poison irritant, énergique, susceptible d'occasionner une mort prompte chez l'homme et chez les chiens, lorsqu'il est introduit dans l'estomac;

« 2° Qu'il détermine une exsudation sanguine, puis le ramollissement et l'inflammation des membranes du canal digestif, et quelquefois même leur perforation;

« 3° Que, dans la plupart des cas, il produit une coloration noire, sinon générale, du moins partielle, de la membrane muqueuse de l'estomac et des intestins. Cette coloration, que l'on serait tenté de confondre au premier abord avec celle que développe l'acide sulfurique, est le résultat de l'action chimique exercée par l'acide acétique sur le sang; en effet, par son mélange avec cet acide concentré, le sang, refroidi et placé dans une capsule, ne tarde pas à acquérir cette même teinte;

« 4° Que le vinaigre *ordinaire*, à la dose de 4 à 5 onces, détermine les mêmes accidents et la mort des chiens de moyenne taille dans l'espace de douze à quinze heures, à moins qu'il n'ait été vomi peu de temps après son ingestion. Il agit probablement de même chez l'homme à une dose un peu plus forte; et si l'on cite des individus qui ont pu avaler un verre de vinaigre sans périr, cela dépend sans doute de ce que chez ces personnes l'estomac étant rempli d'aliments, le vomissement n'a pas tardé à survenir; peut-être aussi le vinaigre *ordinaire* était-il étendu d'eau et pris en quantité insuffisante. »

Il sera toujours aisé de reconnaître l'acide acétique, *s'il est pur*, à son état liquide, à la température ordinaire de l'atmosphère, à son odeur qui est caractéristique, à la propriété qu'il a de rougir le papier de tournesol et de se volatiliser, et à ce qu'il forme avec la potasse un sel excessivement déliquescent. Si l'acide acétique *était mêlé avec des liquides colorés odorants*, qui masqueraient la plupart des propriétés dont nous parlons, on aurait recours au procédé suivi dans le rapport qui précède.

L'existence de l'arsenic dans l'acide acétique vendu dans le commerce doit attirer l'attention de l'expert. Si un cas de suspicion pour l'acide acétique se présentait, il faudrait s'assurer que les accidents observés sont dus au vinaigre seulement, mais non au vinaigre contenant de l'acide sulfurique, de l'acide chlorhydrique et surtout de l'arsenic.

Le vinaigre de bois allongé d'eau, additionné de divers sels, étant employé en grande quantité dans les usages alimentaires en substitution du vinaigre de vin et de ces vinaigres, nous nous en sommes assuré, contenant encore des produits arsenicaux, il serait nécessaire que l'administration prescrivît *qu'il ne pourra être préparé de vinaigre alimentaire avec le vinaigre de bois*, que si celui-ci a été obtenu par la distillation opérée après le traitement de l'acétate de soude par l'acide sulfurique.

Les antidotes de l'acide acétique sont le lait allongé d'eau, et la magnésie décarbonatée, qu'on peut, sans inconvénient, administrer en de très-grandes quantités.

Acide oxalique.

Cet acide, qui a porté les noms d'*acide oxalin*, d'*acide du sucre*, d'*acide sacharré*, d'*acide de l'oseille*, d'*acide oxy-sacharrique*, d'*acide rheumique* (de Henderson), on avait aussi proposé de l'appeler *acide carboneux* (1), est un acide qui existe dans un assez grand nombre de végétaux, mais à l'état de sels, d'oxalates. On a constaté sa présence à l'état d'*oxalate acide de potasse*, dans les oxalis, dans les rhubarbes et dans divers autres végétaux, mais presque toujours à l'état d'oxalates dans les rhubarbes. On le trouve à l'état d'oxalate acidule de potasse dans les feuilles, les tiges, et à l'état d'oxalate de chaux dans les racines.

L'acide oxalique a été quelquefois employé en substitution des acides citrique et tartrique pour préparer des poudres destinées à faire des limonades rafraîchissantes. On l'a fait entrer dans des pastilles; mais ces substitutions ne sont pas sans danger.

L'acide oxalique a été la cause d'un grand nombre d'empoisonnements et de suicides, rares en France, mais fréquents en Angleterre; un certain nombre de ces empoisonnements sont dus à l'imprudence et à l'insouciance de ceux qui délivrent de l'acide oxalique et qui ignorant ses propriétés toxiques, n'en connaissant pas le danger. Aussi, en France, des précautions sont-elles prises, et les personnes qui tiennent des magasins de drogueries et d'épiceries sont invitées à placer le produit qu'elles vendent le plus souvent sous le nom d'*acide du sucre* dans des lieux séparés de ceux où se trouvent des marchan-

(1) Le nom d'*acide rheumique* lui avait été donné par Henderson, lorsqu'il en trouva avec Vogel dans la rhubarbe, acide que Lassaigne démontra être l'acide oxalique.

dises qui, par leur apparence, leur couleur, pourraient être la cause d'erreurs. On exige aussi que les flacons contenant l'acide oxalique soient étiquetés.

En Angleterre, les cas et les tentatives de suicides ont souvent été reconnus avoir été déterminés par l'acide oxalique.

L'histoire de l'acide oxalique présente de l'intérêt. Longtemps, cet acide, comme le disait Fourcroy *est resté caché dans le sel d'oseille*, lorsqu'en 1784 Scheele fit connaître que cet acide, confondu jusque-là avec l'acide du tartre, était le même acide que Bergmann avait obtenu en 1776 en traitant du sucre par l'acide nitrique.

Cet acide tire son nom de l'oseille, qui contient l'oxalate acide de potasse, sel qui attira l'attention des chimistes par ses caractères et surtout par son acidité.

Un fait singulier, c'est que l'acide oxalique a été trouvé par Deyeux, à l'état d'acide, dans les poils du pois chiche, et non combiné aux alcalis.

L'acide oxalique pur se présente sous des formes qui varient selon le procédé employé pour l'obtenir et le faire cristalliser. Cristallisé dans des conditions convenables, c'est-à-dire en y mettant le temps nécessaire, il se présente sous forme de prismes quadrangulaires transparents. Sa saveur acide est très-intense.

L'acide oxalique qu'on rencontre dans le commerce est quelquefois cristallisé en aiguilles; d'autres fois, il est en gros cristaux; d'autres fois encore, il est sali par une certaine quantité d'acide nitrique, résultat d'une mauvaise préparation. Ces différences, on le conçoit bien, dépendent des soins apportés à la purification et à la cristallisation de l'acide.

L'acide oxalique a une saveur acide et piquante très-prononcée; il rougit fortement et le papier et la teinture de tournesol. Chauffé dans une cornue, il se fond dans son eau de cristallisation. Si on continue l'action de la chaleur, il se divise en deux parties, l'une se sublime sans altération, l'autre se décompose.

L'acide oxalique est très-soluble dans l'eau; 8 parties d'eau froide dissolvent 1 partie d'acide oxalique. La dissolution se fait en faisant entendre un *petit bruit ou cri*, qu'on attribue à un dégagement de gaz qui était emprisonné dans ces cristaux. L'acide oxalique est très-soluble dans l'eau à 100 degrés et dans l'alcool.

Cet acide est très-employé dans les arts; il se trouve entre les mains d'un grand nombre d'ouvriers. On en fait usage dans les fabriques de toiles peintes; il sert comme rongeur pour détruire le mordant sur les parties de l'étoffe qui doivent conserver leur blancheur. On l'emploie pour nettoyer et donner du brillant aux ustensiles de cuivre (1), pour enlever sur le linge le

(1) Les eaux de cuivre obtenues avec l'acide oxalique sont celles obtenues d'après les formules suivantes :

taches de rouille; mais souvent, pour aider à cet enlèvement, il faut en même temps qu'on se sert de l'acide oxalique faire intervenir un fragment d'étain métallique.

La propriété dont jouit l'acide oxalique d'enlever les taches d'encre a été exploitée par un industriel, qui, sous le nom d'*encrivore*, vendait une solution d'acide oxalique aussi utile aux faussaires qu'aux écrivains, qui s'en servaient pour enlever les taches d'encre sur leurs copies.

Les réactifs qui sont employés pour faire reconnaître l'acide oxalique sont :

1° L'eau de baryte et l'eau de chaux, qui donnent avec cet acide des oxalates insolubles dans un excès d'acide oxalique. Ces oxalates jouissent de propriétés spéciales qui peuvent les faire reconnaître.

2° Les sels de potasse solubles, et particulièrement le chlorure de potassium, dans lesquels il détermine un précipité d'oxalate acidule de potasse (*crème de tartre*).

3° La solution d'or. Si l'on verse dans une solution de chlorure d'or chaude une dissolution d'acide oxalique ayant la température de 90 degrés, il y a réduction du métal, qui se précipite sous forme d'une poudre de couleur brune. Quelquefois le métal se laisse apercevoir à la surface du liquide sous forme d'une pellicule jaune brillante.

Plusieurs procédés ont été proposés pour doser l'acide oxalique. Le premier de ces procédés consiste à précipiter la solution d'acide oxalique par l'acétate de chaux. Après s'être assuré que la liqueur à analyser ne contient ni acide acétique libre, ni sels métalliques, le précipité est recueilli sur un filtre, lavé et séché avec soin, puis calciné, de manière à obtenir du carbonate de chaux. Ce sel, résultat de la calcination, multiplié par 0.72, indique le poids de l'acide oxalique anhydre qui était contenu dans la solution soumise à l'analyse.

On se sert aussi du chlorure d'or et de sodium pour la détermination de la quantité d'acide oxalique. Pour cela, on ajoute une dissolution du chlorure double à la liqueur à titrer; on maintient ce mélange pendant un certain laps de temps à la température de 90 degrés, en évitant l'action directe de la lumière; l'or est réduit, recueilli, chauffé convenablement; il est pesé; le poids de l'or obtenu, multiplié par 0.5492, donne le poids de l'acide oxalique.

Nous avons dit que l'acide oxalique à faible dose peut être utilisé comme

---

1°	Eau	1 litre.
	Acide oxalique	31 grammes.
2°	Eau	1 litre.
	Acide oxalique	8 grammes.
	Acide sulfurique	8 —
	Terre pourrie	64 —

médicament. En effet, on trouve dans les dispensaires les formules pour la préparation des *pastilles contre la soif*, de la *limonade oxalique*.

A la dose de 10 à 16 grammes, l'acide oxalique est toxique. Son action peut être annihilée par la magnésie, par le carbonate de magnésie et par les substances alcalines; mais la magnésie mérite la préférence; elle peut être donnée à de hautes doses, et cela sans inconvénient.

Dans l'empoisonnement par l'acide oxalique, on a observé, lors de l'autopsie, que la membrane muqueuse qui tapisse la bouche, la langue, l'œsophage, est d'une couleur blanche; les matières contenues dans l'estomac ne fournissent pas des caractères spéciaux; ils varient de couleur, de consistance, selon qu'ils ont été fournis par des aliments divers. Il en est de même des organes, selon la quantité du toxique ingéré.

La recherche de l'acide oxalique ayant agi comme toxique doit être pratiquée en suivant le procédé que nous allons faire connaître.

On prend la partie des organes qui présente un caractère d'acidité marquée, ce que l'on peut reconnaître à l'aide du papier de tournesol; on les divise en petits fragments que l'on réunit par un fil et que l'on suspend dans de l'eau distillée. Bientôt on s'aperçoit que la liqueur est devenue acide; on enlève alors les tissus; on fait évaporer le liquide acide en faisant usage de la vapeur d'eau lorsque le liquide est amené à l'état de consistance sirupeuse; on le traite par de l'alcool absolu, qui dissout l'acide oxalique et qui laisse à l'état de coagulum des matières organiques qui avaient été enlevées par l'eau. On filtre, on fait évaporer, on reprend par l'eau distillée, on filtre et on examine par les réactifs la nature du produit.

Si on veut examiner les matières alimentaires pour y rechercher l'acide oxalique, on les délaie avec une quantité suffisante d'eau distillée; on jette sur un filtre; le liquide filtré est évaporé au bain-marie; le produit de l'évaporation est divisé en deux parties : l'une est traitée par l'alcool absolu, continuant l'opération comme nous l'avons indiqué plus haut, pour obtenir une solution dans laquelle on recherche la présence de l'acide oxalique (1).

La seconde partie est traitée de nouveau par l'eau et par le charbon animal pur entièrement privé des sels calcaires. A l'aide de l'ébullition, la liqueur décolorée, traitée par l'acétate de plomb, fournit un précipité qui, bien lavé et traité par l'acide sulfhydrique en excès, laisse un liquide qui, filtré et évaporé, contient l'acide oxalique, qu'on peut reconnaître à ses propriétés.

MM. Tardieu et Roussin indiquent le mode de faire que nous allons faire connaître.

(1) En opérant de la sorte, nous avons pu, dans un cas d'empoisonnement par cet acide, obtenir l'acide cristallisé. Il est bon de dire que nous opérions sur des matières vomies.

Le canal digestif est coupé en très-petits morceaux que l'on réunit aux matières qu'il renferme et aux produits des vomissements. Cette bouillie est introduite dans une large capsule de porcelaine et soumise au bain-marie d'eau bouillante à une évaporation ménagée. Lorsque la matière est à peu près sèche, on la traite par l'alcool pur à 85 degrés, jusqu'à complet épuisement de tout principe soluble. Les liqueurs alcooliques réunies sont évaporées à siccité au bain-marie, puis traitées par l'eau distillée chaude, qui redissout aisément l'acide oxalique et le sépare d'un grand nombre de produits insolubles dans l'eau. La solution aqueuse filtrée est précipitée par un léger excès d'acétate de chaux, jusqu'à cessation de tout dépôt. Le précipité qui se produit est lavé à l'eau et à l'alcool, puis desséché. Il doit offrir les deux caractères suivants :

1° Introduit dans un petit tube fermé par un bout et chauffé soit à sec, soit mélangé avec un excès d'acide sulfurique concentré, ce précipité se décompose rapidement en dégageant un gaz, l'oxyde de carbone, qui s'enflamme et brûle avec une flamme bleue ;

2° Broyé dans un mortier avec de l'alcool à 85 degrés et quelques gouttes d'acide sulfurique, il se décompose en acide oxalique, qui devient libre, et en chaux, qui se combine avec l'acide sulfurique.

Le liquide jeté sur un filtre de papier Berzélius laisse écouler une solution d'acide oxalique, tandis que tout le sulfate reste sur le filtre à l'état insoluble. La liqueur limpide est portée à l'ébullition pour chasser l'excès d'alcool, étendu de plusieurs fois son volume d'eau distillée, saturée par l'ammoniaque, puis finalement soumise à l'essai suivant, qui est tout spécial aux oxalates : une portion du liquide est mélangée avec une solution saturée et limpide de sulfate de chaux. S'il existe dans la liqueur une quantité quelconque d'acide oxalique, on obtiendra un précipité blanc d'oxalate de chaux complétement insoluble dans l'eau même acidulée par l'acide acétique, mais soluble dans quelques gouttes d'acide chlorhydrique ou d'acide azotique.

Il serait facile de saturer par l'hydrate de quinine la bouillie acide des organes et des vomissements. La masse desséchée au bain-marie et épuisée par l'alcool pur à 85 degrés, fournirait un liquide alcoolique renfermant tout l'acide oxalique à l'état d'oxalate de quinine. Evaporée à siccité, traitée par un léger excès d'ammoniaque, puis redissoute dans l'eau, cette solution, transformée ainsi en oxalate d'ammoniaque, fournirait la réaction caractéristique des oxalates avec les sels solubles de chaux.

Si la personne empoisonnée par l'acide oxalique avait été soumise à un traitement par les antidotes, qui sont le carbonate de chaux et de magnésie, la magnésie calcinée, l'acide oxalique aurait perdu son état de liberté ; il y aurait eu formation d'oxalate de chaux ou de magnésie. On pourrait déterminer la présence de l'acide oxalique dans les oxalates formés en faisant usage des procédés qui peuvent faire reconnaître la composition de ces sels et même en séparer l'acide.

Acide prussique.

Cet acide, qui est aussi connu sous les noms d'*acide hydrocyanique*, d'*acide cyanhydrique*, est un toxique des plus violents.

La découverte de cet acide est due à Scheele, elle date de 1782. Elle fut précédée de circonstances qu'il est bon de faire connaître, car le produit qui fut la cause de cette découverte, le bleu de Prusse, fut obtenu par hasard, et la recherche de sa constitution fut le sujet de nombreux travaux qui ont occupé des chimistes d'un haut mérite.

Le bleu de Prusse, le cyanure de fer, qui amena la découverte de l'acide cyanhydrique, fut obtenu pour la première fois par Diesbach; il fut, comme matière colorante, signalé *dans les Mélanges publiés à Berlin en 1710;* mais la découverte de cet intéressant produit ne fut rendue publique par Stahl que vingt ans après.

L'histoire du bleu de Prusse, qui se lie à celle de l'acide prussique, peut être rapportée en quelques mots : le bleu de Prusse découvert, sa préparation n'était pas connue; ce n'est qu'en 1724 que le docteur Woodward indiqua un procédé pour l'obtenir, procédé qui à cette époque avait de la valeur, mais qui n'en a plus à l'époque actuelle.

L'obtention de ce cyanure appela l'attention des chimistes, et Brown, Macquer, Deyeux, Beaumé, Parmentier, Bergman, Erxleben, Delius et Scopoli, Fontana, Landriani, Morveau, Lavoisier, Sage, firent connaître les expériences qu'ils avaient faites et les conséquences qu'ils en tiraient; mais ces conséquences n'élucidaient pas la question. Parmi les opinions émises, quelques-unes s'approchaient de la vérité : Morveau annonça que le bleu de Prusse contenait un acide; Sage établit que cet acide était l'acide phosphorique; Bergman, qu'il existait dans ce produit un acide inconnu; Scheele, à son tour, ayant étudié la question, parvint à l'élucider, il fit la découverte de l'acide prussique, et publia un procédé pour l'obtenir, il fut ensuite étudié par Berthollet en 1785, par Proust en 1806, enfin par Gay-Lussac, qui fit connaître un mode facile pour obtenir cet acide à l'état de pureté.

La découverte de l'acide prussique faite, divers procédés furent indiqués pour son obtention. Après le procédé de Scheele viennent les procédés de Gay-Lussac, celui de Robiquet qui n'est que celui de Gay-Lussac modifié, celui de Vauquelin qui consiste dans la décomposition de la solution de cyanure de mercure par l'acide hydrosulfurique, qui précipite le mercure et met à nu l'acide cyanhydrique, employant :

Cyanure de mercure....................	1 partie.
Eau distillée..........................	8 —
Acide sulfhydrique	Q. S.

mais, comme il y a un excès d'acide hydrosulfurique, on enlève cet acide à l'aide du carbonate de plomb, puis, par la filtration. Un procédé dû à Geo-Pessina consiste à décomposer la solution de l'hydrocyanate ferrure de potasse par l'acide sulfurique étendu d'eau, en s'aidant de la chaleur, employant :

Hydrocyanate.........................	16 parties.
Acide sulfurique à 65 degrés.........	9 —
Eau	12 — (1)

D'autres procédés ont été publiés en Allemagne par Trautwein, et la modification suivante est due à M. Calllot, qui employait le procédé Vauquelin ; il prenait eau, 4 parties au lieu de 8 ; faisait passer un courant d'hydrogène sulfuré, filtrait, enlevait l'excès d'acide hydrosulfurique, et mêlait aux 4 parties de liquide obtenu 4 parties d'alcool à 40 degrés pour remplacer les 4 parties d'eau qu'on n'avait pas introduites dans l'opération.

L'acide cyanhydrique, malgré son action énergique, est employé dans l'usage médical ; celui qui doit être employé est celui qui est préparé selon la méthode du Codex.

PROCÉDÉ DE GAY-LUSSAC.

Il consiste à introduire dans un ballon en verre parties égales de cyanure de mercure et d'acide chlorhydrique fumant, 400 parties de chaque, par exemple ; le ballon doit communiquer par un tube courbé à angle droit avec un tube horizontal qui est plus large et qui contient dans sa partie la plus rapprochée du ballon de petits fragments de marbre et dans la partie la plus éloignée des fragments de chlorure de calcium : le marbre a pour destination de retenir et d'absorber les vapeurs d'acide chlorhydrique, le chlorure de calcium de dessécher l'acide cyanhydrique ; les vapeurs qui ont traversé le tube horizontal se rendent dans un autre tube courbé en U, qui est placé dans un vase contenant un mélange réfrigérant au moyen d'une tubulure inférieure dont ce tube est pourvu, et dans laquelle est fixé un bouchon traversé par un tube droit ; l'acide liquéfié coule dans un petit flacon qui sert de récipient.

PROCÉDÉ DU CODEX.

Acide prussique médicinal (acidum cyanhydricum aqua solutum.)

Cyanure de mercure....................	100 grammes.
Chlorhydrate d'ammoniaque.............	45 —
Acide chlorhydrique à 1,17	90 —

Réduisez chacun des deux sels en poudre fine et faites-en un mélange in-

(1) Lorsque nous nous occupions de la préparation des produits chimiques, nous utilisions ce procédé pour la préparation du cyanure de mercure.

time que vous introduisez dans une petite cornue de verre tubulée. Adaptez au col de cette cornue un tube de $0^m,50$ environ de longueur sur $0^m,015$ de diamètre. Remplissez le premier tiers de ce tube avec des fragments de marbre bien blanc, et les deux autres tiers avec des fragments de chlorure de calcium desséché et fondu. A ce premier tube disposé horizontalement sur un support, ajoutez-en un deuxième d'un plus petit diamètre, courbé à angle droit et plongeant par sa branche verticale dans un petit matras à long col destiné à servir de récipient. Ce matras *doit être entouré d'un* mélange *de sel marin* et de glace pilée. L'appareil étant ainsi disposé et les bouchons hermétiquement joints, versez *par la* tubulure de la cornue l'acide chlorhydrique, et bouchez parfaitement. Chauffez ensuite graduellement et avec précaution pour que la réaction soit lente et successive. L'acide cyanhydrique ne tarde pas à se dégager en abondance et à se condenser dans le tube horizontal. On promène à distance un charbon ardent dans toute la longueur de ce tube, afin d'en *chasser* cet acide et de le forcer à se rendre dans le récipient. Lorsque, le liquide de la cornue étant toujours en ébullition, on ne verra plus la moindre trace de vapeur se condenser à la partie postérieure du tube horizontal, on arrêtera l'opération. Pour éviter l'*absorption* qui ne manquerait pas de se produire, si l'extrémité du tube abducteur plongeait dans le liquide distillé, on a soin que l'extrémité de ce tube arrive aussi bas que possible dans le col du récipient, sans pénétrer dans sa partie renflée, qui doit avoir une capacité d'au moins 50 centimètres cubes.

Le poids de l'acide cyanhydrique recueilli dans le matras est de 20 gr. 5 environ, ce qui représente 95 centièmes de la quantité théorique. On prend alors un flacon de verre noir bouché à l'émeri, de 200 *centièmes environ*; on en fait la tare exactement, et l'on y verse l'acide avec précaution, en ayant soin de boucher immédiatement le flacon *pour ne* pas se trouver exposé à la vapeur cyanhydrique pendant la pesée. On connaît ainsi le poids de l'acide anhydre que l'*opération a fourni*. On y ajoute un poids d'eau neuf fois plus considérable, et l'on agite parfaitement. C'est ce mélange qui constitue l'acide cyanhydrique au dixième, ou l'*acide prussique médicinal.*

L'acide cyanhydrique est excessivement délétère; il est très-volatil et très-altérable. On doit le conserver dans des flacons bouchés à l'émeri et le placer à l'abri de la lumière. Malgré ces précautions, il s'altère assez promptement, il est donc indispensable d'en vérifier le titre de temps en temps, et de le renouveler dès qu'il n'a plus le degré de force exigé (1).

Les propriétés de l'acide hydrocyanique sont les suivantes : il est liquide,

(1) M. Schultz, pharmacien à Saint-Goar, a indiqué la distillation de l'acide hydrocyanique sur du sulfate de zinc calciné, comme un moyen d'obtenir de l'acide susceptible d'une longue conservation. Il a, dit-il, conservé de cet acide sans altéra-

incolore, sa densité à 18 degrés est égale à 0.697; il est soluble en toute proportion dans l'eau, l'alcool et l'éther; sa solution dans l'eau, qu'on ne doit goûter qu'avec précaution, est amère; son odeur rappelle l'odeur de l'eau distillée obtenue avec les amandes amères, mais cette odeur est moins agréable, moins suave; la constatation de cette odeur ne doit être faite qu'avec une excessive prudence, car elle est fort pénétrante, elle étourdit et pourrait être asphyxiante (1).

L'acide hydrocyanique entre en ébullition à 26°.5; sa densité de vapeur est 0.9456; à la température de — 15° sous zéro, il se solidifie; si l'on verse quelques gouttes de cet acide sur du papier, une partie du liquide se volatilise avec rapidité en absorbant une partie du calorique du liquide restant. Ce dernier cristallise.

Soumis à l'action de la pile, l'acide hydrocyanique est décomposé; le cyanogène se rend au pôle positif, et l'hydrogène au pôle négatif. L'acide hydrocyanique est inflammable, il brûle comme le ferait l'alcool; sa flamme est jaune avec reflets bleuâtres.

On a vu qu'on pouvait obtenir l'acide hydrocyanique en décomposant le cyanure de mercure par l'acide chlorhydrique; mais il faut, pour le succès de l'opération, n'employer que les quantités nécessaires; si on employait de l'acide chlorhydrique en un grand excès, on n'obtiendrait que peu d'acide hydrocyanique, mais de l'acide formique et du chlorure double de mercure et d'ammonium.

Le résultat est le même lorsque l'on traite de l'acide hydrocyanique par l'acide chlorhydrique, il y a élévation de température, et, au bout de quelques heures, on trouve dans le liquide des cristaux de chlorhydrate d'ammoniaque. On voit que l'acide cyanhydrique, en présence de l'eau que contient l'acide chlorhydrique, se dédouble en ammoniaque et en acide formique.

L'acide sulfurique décompose l'acide hydrocyanique, il y a formation de sulfate d'ammoniaque et d'acide formique; celui-ci se décompose en oxyde

---

tion pendant plus de trois ans. (*Journal de chimie médicale*, 1828, t. IV, p. 268.)

On cite le fait suivant comme démonstration de la nécessité de s'assurer de la valeur de l'acide prussique médicinal. Un médecin, dans une des principales villes de l'Italie, prescrivit de l'acide prussique à un de ses malades, et, voyant que les effets de ce médicament étaient satisfaisants, il le continua et en augmenta la dose. Un jour, le pharmacien, ayant épuisé sa provision de cet acide, s'en procura d'autre. L'effet de ce nouvel acide, donné à la même dose, fut si subit, qu'on ne put empêcher le terrible accident qui suivit l'ingestion du remède. Le malade mourut avec des symptômes qui annonçaient évidemment qu'il était empoisonné par l'acid prussique. (*Bulletin des sciences médicales de Férussac*, t. III, p. 160.)

(1) Dans un cas d'incommodité par respiration de l'acide hydrocyanique, on peut faire cesser les accidents en aspirant les vapeurs qui émanent d'un flacon contenant du chlorure de chaux.

de carbone et en eau, sous l'influence d'un excès d'acide sulfurique concentré.

L'acide hydrocyanique abandonné à lui-même dans un flacon, soit qu'il soit ouvert ou fermé, éprouve une décomposition spontanée, il se colore en jaune, puis en noir ; il se change en une matière solide noire qui contient du paracyanogène et dont la nature est imparfaitement connue. Ce changement d'état ne s'observe pas sur tous les acides ; nous en avons vu qui se sont parfaitement conservés, d'autres qui s'altéraient plus ou moins vite ; cette manière de se conduire de l'acide hydrocyanique démontre qu'il y a nécessité, lorsque cet acide est employé comme médicament, d'être sûr de son état de conservation.

L'acide hydrocyanique existe tout formé dans divers végétaux. Ainsi, on a constaté sa présence dans les feuilles et les fleurs du pêcher, dans les eaux distillées d'amandes amères, dans celles du *laurus cerasus*, dans les fleurs du *prunus spinosa*, dans les feuilles du *salix pentandra*, dans celles de l'abricotier, du cerisier, dans la racine du manioc. Selon Hoeffer (*Histoire des préparations d'acide prussique*), il était employé par les prêtres de l'Égypte pour faire mourir les initiés qui avaient trahi les secrets de l'art sacré.

Hoeffer pense que ce poison était obtenu par la distillation des feuilles du pêcher. Ses observations, qui sont consignées dans l'*Histoire de la chimie*, t. Ier, p. 226 et 227, peuvent être consultées.

C'est à la présence de l'acide hydrocyanique en petites quantités que sont dus l'arome et la saveur de divers liquides, le *kirsch*, l'*eau de noyaux*, le *ratafia de cerises*, *de pêches*, dit *persico*, le *marasquin de Zara*.

On se sert aussi de l'acide hydrocyanique naturel contenu dans les feuilles du laurier-amande pour aromatiser du lait, des crèmes ; mais l'emploi de ces moyens d'aromatiser les aliments nécessite beaucoup de prudence, car on a eu des exemples d'accidents dus à des préparations alimentaires aromatisées avec les feuilles du laurier-cerise.

La découverte de l'acide hydrocyanique dans les plantes est due à la remarque qui fut faite de la ressemblance de l'odeur qui émanait des fleurs du pêcher et d'autres parties des végétaux. En 1802, Bohn ayant observé de l'analogie entre la saveur de l'eau distillée d'amandes amères et celle de l'acide prussique, et ayant constaté qu'en mêlant cette eau avec une solution de potasse elle acquérait la propriété, en se plaçant dans les conditions convenables, de précipiter les sels de fer, ces résultats furent confirmés par Schrœder, qui obtint par les mêmes moyens du bleu de Prusse des eaux distillées préparées avec le *laurus cerasus* et avec les fleurs du pêcher.

La découverte de l'acide prussique dans les plantes fut vérifiée par Gehlen, par Bucholz, par Vauquelin (*Annales de chimie*, t. XLV, p. 226).

Les réactions qui peuvent faire reconnaître la présence de l'acide prussique sont les suivantes :

1° L'eau qui contient de cet acide caractérisé par son odeur, traitée par l'eau de chaux et par l'eau de baryte, ne fournit pas de précipité ;

2° Les solutions des sels de deutoxyde de fer et de deutoxyde de cuivre n'y produisent seules aucun effet ; mais, si l'on a préalablement saturé la solution par quelques gouttes de potasse ou d'ammoniaque, il se manifeste un précipité qui est d'un vert sale avec les sels de deutoxyde de fer et devient d'un beau bleu foncé par l'addition de l'acide hydrochlorique (c'est le bleu de Prusse) ; avec la solution de deutosulfate de cuivre, le précipité qu'on obtient est bleu pâle, et il devient d'un blanc laiteux lorsqu'on ajoute quelques gouttes d'acide chlorhydrique.

Lassaigne, qui a étudié les réactions qui pouvaient faire reconnaître la présence de cet acide, et qui a fait de nombreuses expériences, a établi qu'à l'aide des sels de fer on pouvait démontrer la présence d'un dix millième d'acide hydrocyanique dissous dans l'eau, et celle d'un vingt millième à l'aide des sels de deutoxyde de cuivre.

3° La solution de nitrate d'argent produit un précipité blanc floconneux de cyanure d'argent tout à fait insoluble dans l'eau et dans l'acide azotique faible et à froid, mais qui est soluble dans l'acide azotique concentré et bouillant ; la solution obtenue est décomposée par l'acide chlorhydrique, et on obtient du chlorure d'argent. Le cyanure d'argent est soluble dans l'ammoniaque à la température ordinaire.

Ce précipité, comme on le voit, a de l'analogie avec le chlorure d'argent, mais il s'en distingue en ce qu'exposé à la lumière il ne brunit pas, et parce que la solution de protonitrate de mercure le décompose en donnant lieu à un liquide d'une couleur grise tirant sur le noir.

4° La solution de protonitrate de plomb n'apporte aucun changement dans la solution aqueuse de cet acide.

5° La solution du protonitrate de mercure versée dans la solution d'acide hydrocyanique produit un précipité noirâtre de mercure métallique provenant de la décomposition du protoxyde, dont une partie reste unie au cyanogène en constituant un cyanure soluble.

6° Les solutions de bichlorure de mercure et d'azotate de bioxyde de mercure mêlées à la solution d'acide hydrocyanique dans l'eau ne donnent pas lieu à des précipités. On a remarqué que l'odeur de l'acide cyanhydrique libre disparaît lorsqu'on fait cette opération (1).

(1) M. Liebig a indiqué l'emploi du sulfocyanure d'ammonium comme réactif de l'acide hydrocyanique. Deux gouttes d'acide cyanique suffisamment étendu d'eau pour ne plus réagir distinctement sur les sels de fer, en formant du bleu de Prusse, mêlées avec une goutte de sulfure d'ammonium et chauffées dans un verre de montre jusqu'à ce que le mélange soit devenu incolore, forment un liquide contenant du sulfocyanure d'ammonium, qui colore fortement les sels ferriques en rouge

De l'action de l'acide cyanhydrique sur l'économie animale.

De toutes les substances vénéneuses fournies par les trois règnes, l'acide prussique est celle qui est la plus terrible, celle dont les effets sont les plus prompts. Lorsqu'on débouche sans précaution un flacon rempli de cet acide, on ressent le plus souvent un mal de tête plus ou moins violent, et quelquefois un resserrement à la poitrine lorsqu'on respire trop longtemps ou trop fortement soit de l'air qui contient de l'acide prussique, soit l'air qui s'élève du flacon. On est suffoqué subitement; on éprouve des étourdissements, une défaillance avec difficulté et quelquefois impossibilité de se mouvoir; des envies de vomir surviennent. Ces effets ne se dissipent que par l'exposition au grand air, ou par la respiration ménagée du chlore.

Une goutte de cet acide portée dans la gueule d'un chien vigoureux le tue: une même quantité appliquée sur l'œil de l'animal, ou injectée dans la veine du cou, détermine instantanément sa mort, comme s'il était frappé par la foudre; un oiseau, approché de l'ouverture d'un flacon plein de cet acide, est frappé de mort par la minime quantité d'acide qui se dégage.

L'action de l'acide cyanhydrique sur les hommes est semblable à celle constatée sur les animaux. On en a cité plusieurs exemples. On a même dit que Scheele mourut subitement en faisant de nouvelles recherches sur cet acide.

On sait encore : 1° que Scharinger, chimiste viennois, succomba dans l'espace de deux heures, pour en avoir, par accident, laissé tomber sur son bras qui était nu ; 2° que la domestique d'un chimiste allemand, ayant bu un petit verre d'eau-de-vie saturée d'acide cyanhydrique, qu'elle croyait être du kirsch, en raison de l'analogie d'odeur, succomba au bout de deux minutes avec tous les symptômes d'une apoplexie foudroyante; 3° que Ramus fut empoisonné par un de ses amis qui lui fit boire de l'eau-de-vie additionnée d'acide prussique; 4° qu'en 1848, un marchand de Londres, le nommé Deffel, en ayant répandu par maladresse sur la manche de son habit et en ayant reçu quelques gouttes sur le visage, expira au bout de quelques instants; 5° que, dans le courant de 1828, sept épileptiques, en traitement à l'hôpital de Bicêtre, près Paris, succombèrent dans l'espace d'une demi-heure à trois quarts d'heure, pour avoir pris chacun environ 20 gouttes d'acide hydrocyanique faible mêlé à du sirop.

L'acide cyanhydrique qui est contenu dans des végétaux et obtenu par eux est aussi un toxique; on connaît des cas d'empoisonnement déterminés par l'eau distillée de laurier-cerise, par les noyaux dont les amandes sont amères.

---

de sang, et donne avec les sels cuivriques en présence de l'acide sulfureux un précipité blanc très-perceptible de sulfocyanure de cuivre.

L'acide hydrocyanique extrait des végétaux a été signalé comme étant délétère pour les plantes.

L'action toxique de cet acide expliquerait ce que l'on lit dans l'histoire sur l'action foudroyante de poisons préparés par Locuste, par Toffana.

L'acide hydrocyanique, malgré son effrayante activité, a trouvé sa place dans nos officines; il a été employé, mais avec une prudente sagesse, contre diverses maladies; mais il n'est donné qu'en de très-minimes quantités et sur ordonnance de médecin.

Cet acide étant susceptible de s'altérer, il doit être de la part du pharmacien un sujet continuel d'observation; car si un acide altéré, délivré sur l'ordonnance, ne remplissait pas le but du médecin, que celui-ci crût utile d'en élever la dose, et que par un hasard fatal l'acide étant épuisé on en prît d'autre récemment préparé, il y aurait à craindre que l'administration de ce dernier ne fût la cause d'accidents d'une haute gravité.

L'acide cyanhydrique, comme nous l'avons vu, peut être préparé par divers procédés, les procédés de Scheele, de Gay-Lussac, de Vauquelin, de Robiquet, etc.; mais l'acide cyanhydrique qui doit être employé, en France, dans l'usage médical, est l'acide préparé selon la méthode du Codex. Nous disons en France, car dans divers pays l'acide cyanhydrique peut contenir des proportions plus ou moins considérables d'acide cyanhydrique et d'eau (1).

L'acide hydrocyanique étant un des poisons qui ont été employés, il est nécessaire d'indiquer les opérations à mettre en pratique pour rechercher et reconnaître la présence de cet acide dans les cas de suspicion d'empoisonnement. Mais, avant tout, nous devons faire remarquer que, dans les cas d'empoison-

---

(1) M. Taylor a donné ce tableau à l'aide duquel il fait connaître les dosages comparables des diverses préparations d'acide cyanhydrique, c'est-à-dire la proportion pour 100 d'acide anhydre qu'elles renferment. Ce tableau est le suivant :

	Pour 100.
	—
Acide de la pharmacopée de Londres et des États-Unis........	2
— — prussienne.........................	1
— — de Dublin.........................	1.6 à 2.82
— — d'Édimbourg.........................	3.2
— — de Bavière.........................	4
— de Vauquelin.........................	33
— de Scheele.........................	4 à 5
— d'Ittner.........................	10
— de Robiquet.........................	56
— de Schröder.........................	1.5
— de Duflos.........................	9
— de Pfaff.........................	10
— de Köller.........................	25
— médicinal du Codex français.........................	10

nement par l'acide hydrocyanique, il est utile d'opérer le plus promptement possible. Voici ce que disait Lassaigne sur ce sujet :

La promptitude avec laquelle l'acide hydrocyanique, même à petite dose, anéantit la vie, sans produire de lésions sur les organes avec lesquels il a été mis en contact, rend les recherches chimiques très-importantes dans l'empoisonnement par cet acide.

Les différents travaux entrepris sur ce sujet prouvent : 1° la possibilité, au bout de dix-huit, quarante-huit heures, et même un temps plus long encore, de constater par les procédés indiqués plus bas la présence de ce terrible poison ; 2° que c'est toujours dans les viscères où cette substance vénéneuse a été primitivement ingérée, qu'on peut en découvrir la présence ; 3° qu'enfin dans les *organes encéphaliques*, la *moelle épinière* et le *cœur*, on ne peut en reconnaître les plus petites quantités, bien qu'ils présentent parfois une odeur fugace, qui peut en faire soupçonner l'existence (Mémoire lu à l'Institut en 1824).

D'après de nouvelles recherches expérimentales, entreprises en 1826 par MM. Lassaigne et Leuret, recherches ayant pour but *de découvrir s'il était possible* de constater la présence de l'acide hydrocyanique chez les animaux empoisonnés et exhumés après un certain laps de temps, on a reconnu : 1° que, lors de l'empoisonnement des animaux par de petites quantités d'acide hydrocyanique, il n'est pas possible de le démontrer par les moyens chimiques *après trois jours d'exposition à l'air après la mort ;* 2° que la disparition de ce poison dans les viscères des animaux exhumés est due à sa décomposition, qui se trouve favorisée dans cette circonstance par celle des matières animales avec lesquelles il se trouve en contact ; 3° qu'il importe pour constater cet empoisonnement d'agir le plus promptement possible sur les liquides et organes dans lesquels on soupçonne la présence de cet acide (1).

Les moyens à mettre en pratique consistent à soumettre à une distillation ménagée les liquides et matières qui sont l'objet de l'expérimentation, en ayant la précaution de bien condenser les vapeurs qui se produisent avec de l'eau froide ou de la glace. Les tissus de l'estomac et des intestins, après avoir

(1) Dans une affaire judiciaire très-grave plaidée à la Cour d'assises de Paris en 1833, l'affaire Ramus, nous avons, de concert avec M. Boys de Loury, démontré qu'il était possible de reconnaître dans le liquide extrait de l'estomac la présence de cet acide sept jours après son ingestion. (*Journal de chimie médicale*, t. IX, p. 391.) Toutefois, il est rationnel d'opérer le plus promptement possible. Il ne faudrait cependant pas croire que l'empoisonnement par l'acide prussique ne puisse être constaté après un laps de temps dépassant sept jours ; M. Brame (de Tours) a constaté la présence de cet acide dans le cerveau d'un jeune homme qui s'était suicidé, trois semaines (vingt et un jours) après l'inhumation. M. Brame a pu doser la quantité d'acide retrouvée. (*Journal de chimie médicale*, 1855, t. XXXIII, p. 73.)

été divisés et coupés sous une couche d'eau distillée, doivent être soumis à la même opération avec ce liquide. Lorsque l'expérience est faite sur des organes qui ont éprouvé un commencement de décomposition putride, il est essentiel d'ajouter à l'eau avec laquelle on les distille une petite quantité d'acide sulfurique pour dégager l'acide hydrocyanique de sa combinaison avec l'ammoniaque qui s'est formée. Le produit de la distillation doit ensuite être examiné par les réactifs que nous avons rapportés plus haut.

Il nous reste à faire connaître les procédés indiqués et recommandés par les auteurs.

Le premier de ces procédés, décrit par Lassaigne, consiste à soumettre à une distillation ménagée les liquides dans lesquels on recherche l'acide hydrocyanique, en ayant la précaution de bien condenser les vapeurs qui s'en dégagent, à peser ensuite le produit distillé, et à en examiner une portion par les réactifs que nous avons indiqués.

Quant à la proportion exacte d'acide hydrocyanique, on ne peut la connaître qu'en précipitant une portion pesée du liquide distillé par une solution de nitrate d'argent, recueillant le cyanure d'argent, le lavant et le séchant à +100°; le poids de ce composé permet aisément de calculer celui de l'acide hydrocyanique qui lui correspond, car le cyanure d'argent est formé de 329.9 cyanogène (2 atomes) et 1351.6 argent (1 atome).

Donc, en établissant une simple proportion, on saura de suite combien il entre de cyanogène et d'argent dans le cyanure que l'on aura obtenu. On connaît, d'une autre part, la composition de l'acide hydrocyanique, de manière qu'à l'aide d'une nouvelle proportion on pourra déterminer combien le cyanogène, qui fait partie du cyanure d'argent obtenu, représente d'acide hydrocyanique pur anhydre.

C'est à l'aide de ce procédé, plus ou moins modifié, qu'il est possible d'évaluer la quantité d'acide hydrocyanique contenue dans les sirops employés en médecine.

Les sirops simples de gomme, de sucre et de guimauve, ne précipitant point par le nitrate d'argent, il est préférable, comme l'a observé M. Orfila dans son Mémoire inséré dans le tome V du *Journal de chimie médicale*, année 1829, de verser le nitrate d'argent dans le sirop hydrocyanique, étendu de 2 à 3 fois son volume d'eau distillée, et de ne point recourir à la distillation, qui occasionne toujours une petite perte d'acide hydrocyanique.

Lorsque l'acide hydrocyanique, dans un liquide, est mêlé à des *chlorures*, *carbonates* et *phosphates*, il faut encore employer le nitrate d'argent, qui produira dans cette circonstance un précipité mixte de *cyanure*, de *chlorure*, de *carbonate* et de *phosphate* d'argent. En traitant ce précipité par l'acide nitrique faible, le carbonate et le phosphate d'argent seront dissous; le cyanure et le chlorure d'argent restant seront séparés l'un de l'autre par l'acide nitrique pur concentré et bouillant; au bout d'une demi-heure, tout le cyanure aura été décomposé et transformé en nitrate d'argent.

Pour apprécier alors la quantité de cyanure d'argent, il faut, d'après M. Orfila, verser dans le nitrate obtenu assez d'acide hydrocyanique pour faire passer tout le métal à l'état de cyanure, que l'on pèsera après l'avoir lavé et desséché.

On arriverait au même résultat en précipitant la dissolution nitrique par un chlorure, et déduisant du poids du chlorure d'argent formé la proportion équivalente de cyanure qu'il représente; car 1794.2 de chlorure d'argent équivalent à 1681.5 de cyanure de ce métal.

Il importe dans ces sortes d'expériences, qui ont pour but la détermination du poids de l'acide hydrocyanique renfermé dans un liquide ou un sirop, de s'assurer par la distillation que cet acide est libre et non combiné à une base alcaline, car le nitrate d'argent précipiterait également un cyanure étant ajouté au liquide non distillé.

Le mode de faire suivant a été publié par MM. Pelouze et Fremy dans leur *Traité de chimie générale analytique*, etc.

Lorsque dans un cas d'empoisonnement par l'acide cyanhydrique libre ou combiné, il est nécessaire de rechercher cet acide mêlé à une grande quantité de matières organiques et de le doser, il y a nécessité de l'isoler. Dans ce cas, on ajoute de l'alcool, et on procède à la distillation opérée avec soin et avec précaution. L'acide cyanhydrique passe; il est recueilli dans un récipient continuellement refroidi; on fait usage d'un ballon fermé par un tube courbé à angle droit, dont l'extrémité la plus longue se rend dans un récipient convenable.

Si la substance à analyser avait une réaction alcaline, il faut, avant de procéder à la distillation, la neutraliser avec de l'acide phosphorique, ou avec de l'acide tartrique; les acides chlorhydrique et sulfurique, même étendus d'eau, ne doivent pas être employés, car ils décomposeraient en partie l'acide hydrocyanique.

La distillation, disent les auteurs, doit être opérée en deux temps; les vapeurs qui se dégagent du ballon dans lequel ont été placées les matières suspectes se rendent par le tube recourbé dans le ballon entouré d'un mélange réfrigérant, qui est muni d'un tube effilé à sa partie supérieure. Ce tube est fixé dans le bouchon à côté du tube courbé à angle droit, et dont l'extrémité plonge dans le ballon. En faisant avec précaution usage de l'organe de l'odorat, pour percevoir l'odeur de cet acide, il est encore dit que l'on peut chercher à enflammer les vapeurs produites, mais on sait que ces vapeurs pourraient être dues à l'alcool employé.

Dans le second temps, le liquide, résultat de la distillation, sera reçu dans l'eau distillée; celle-ci est soumise à l'action des réactifs. Nous avons, dans des expériences que nous avons été à même de faire, distillé en une seule fois, recueillant dans de l'eau distillée les produits volatilisés.

MM. O. Henry fils et E. Humbert conseillent de précipiter le liquide distillé par l'azotate d'argent et de recueillir ensuite le précipité sur un petit filtre; puis de l'introduire dans un tube de 15 à 20 centimètres, avec de l'iode pur en quantité moindre que le poids supposé du cyanure d'argent. Il ne reste plus qu'à chauffer légèrement le tube sur une lampe à alcool pour voir se déposer sur les parties froides de belles aiguilles d'iodure de cyanogène. On peut remplacer l'iode par le brome. Lorsqu'on a eu soin de dessécher les matières et les tubes dont on veut faire usage, on obtient des aiguilles très-apparentes d'iodure ou de bromure de cyanogène avec moins de 1/2 milligramme de cyanure d'argent. Ces cristaux peuvent se conserver indéfiniment, ce qui donne l'avantage à ce procédé d'avoir la persistance des pièces de conviction.

Les réactions suivantes mettent hors de doute l'existence primitive du cyanogène.

On prend les cristaux aiguillés, après les avoir fait dissoudre dans une petite quantité d'eau distillée, on ajoute de l'hydrate d'oxyde de fer et de la potasse pure; on évapore à siccité; puis on traite le résidu par l'alcool, qui dissout l'iodure alcalin, reconnaissable à ses caractères. La partie insoluble dans l'alcool, reprise à chaud par l'eau et filtrée, donne du cyano-ferrure de potassium, qui précipite en bleu les sels de fer au maximum, et en brun-marron les sels de cuivre; on agira avec le bromure comme avec l'iodure, la seule différence est qu'il se produira un bromure au lieu d'un iodure alcalin.

La réaction suivante peut servir à contrôler la précédente : on porte les petites aiguilles dans un verre de montre où se trouve 1 goutte de sulfhydrate d'ammoniaque; aussitôt une vive réaction se manifeste. On évapore à une douce chaleur, et on touche le résidu avec 1 goutte de perchlorure de fer; immédiatement apparaît la coloration rouge, preuve de l'existence d'un sulfocyanure. Une aiguille microscopique donne lieu à une coloration.

L'acide cyanhydrique est dosé habituellement à l'état de cyanure d'argent. La liqueur à analyser est mélangée à un excès d'azotate d'argent et acidulée par de l'acide azotique, puis chauffée; le précipité, recueilli sur un filtre taré, est pesé après avoir été desséché dans une étuve chauffée à 104 degrés. Le poids du cyanure d'argent, multiplié par 0.2015, fait connaître la quantité d'acide cyanhydrique.

Le titrage de l'acide cyanhydrique peut être opéré à l'aide d'une dissolution alcoolique d'iode. A cet effet, on prépare une solution titrée d'iode : 15 centigrammes pour 30 grammes d'alcool; on introduit cette solution dans une burette graduée; on la verse dans la liqueur à examiner jusqu'à ce qu'on obtienne une teinte jaunâtre persistante, même après l'agitation de la liqueur; on examine ensuite la quantité de solution normale qu'il a fallu employer pour avoir l'indication de la force en acide hydrocyanique que contient le liquide soumis à l'examen.

Par l'emploi de ce procédé, on n'obtient pas seulement la valeur comparée des diverses dissolutions d'acide cyanhydrique, mais aussi la proportion en centièmes de l'acide cyanhydrique qu'elles renferment, car chaque équivalent de cyanogène absorbe exactement un équivalent d'iode. (James Robertson.)

On a établi que si, dans un liquide quelconque, une eau distillée renfermant une petite quantité d'acide cyanhydrique (exemple : les eaux distillées d'amandes amères, de laurier-cerise), on ajoute 1 excès d'ammoniaque, 1 partie de l'alcali sature l'acide libre pour former du cyanhydrate d'ammoniaque, tandis que l'autre reste libre.

Si l'on verse alors dans ce mélange une dissolution de sulfate de cuivre, il se produit successivement deux actions différentes : la première se distingue par la formation de cyanure double de cuivre et d'ammonium, et a pour effet sensible de décolorer la liqueur; la seconde est caractérisée par la formation du sulfate de cuivre ammoniacal, qui augmente au contraire la couleur de cette dissolution en y produisant le bleu céleste. Ces deux réactions donnent donc une démarcation très-nette, et comme celle qui se rapporte à l'ammoniaque libre ne pourra devenir manifeste que quand l'autre se sera complétement épuisée, on comprend que l'apparition du bleu céleste et sa permanence par l'agitation constituent une excellente méthode volumétrique pour doser l'acide cyanhydrique.

On choisit un petit ballon de verre à fond plat que l'on place sur une feuille de papier blanc, afin de rendre plus sensibles les changements de couleur : on y introduit 100 centimètres cubes du liquide à expérimenter, et on y ajoute un grand excès d'ammoniaque, 10 centimètres cubes, par exemple. On prépare, d'un autre côté, une dissolution normale de sulfate de cuivre, en faisant dissoudre 23 gr. 09 de ce sel cristallisé dans une quantité d'eau distillée suffisante pour obtenir 1,000 centimètres cubes ou 1 litre de dissolution. On en remplit une burette graduée dont chaque division correspond à 1 dixième de centimètre cube, et on la verse graduellement dans le liquide précédent, tant qu'elle s'y décolore, ou du moins tant que le bleu céleste qui se forme au contact de l'ammoniaque disparaît par l'agitation. Dès qu'il ne disparaît plus, ce qui est le signe que tout l'acide cyanhydrique est transformé en sel double, on cesse de verser la liqueur normale et on observe le nombre des divisions employées. Il est évident que ce nombre est en rapport direct avec la quantité d'acide cyanhydrique qui existait dans l'eau distillée mise en expérience.

La composition de la liqueur normale est calculée de telle sorte que chaque division de la burette correspond très-exactement à 1 milligramme d'acide cyanhydrique, d'où résulte que s'il a fallu 76 divisions pour l'apparition permanente du bleu céleste dans 100 centimètres d'eau de laurier-cerise, c'est que ces 100 centimètres d'eau contenaient 76 milligrammes d'acide cyanhydrique libre.

Par ce procédé, il a été reconnu que l'eau de laurier-cerise, préparée d'après le Codex, contenait pour 100 gr., 0.092 d'acide cyanhydrique, et qu'une quantité pareille d'eau d'amandes amères renfermait 0.032 du même acide.

M. Alfred Taylor a fait connaître, en 1846, un procédé à l'aide duquel on peut reconnaître la présence de l'acide prussique sans faire usage de la distillation; il consiste à mettre une partie du liquide organique suspect dans un verre de montre sur lequel on renverse un autre verre de montre mouillé avec du nitrate d'argent. Si la liqueur contient de l'acide prussique, il se formera du cyanure d'argent sur les portions du verre qui ont été mouillées par le nitrate. Le même effet aurait lieu si la liqueur était mise dans un flacon à large ouverture, et le verre de montre contenant le nitrate d'argent tenu audessus du *goulot* à la distance de 14 à 16 millimètres du niveau du liquide; il faut de dix à quinze minutes pour la formation du cyanure à la température de 60 degrés; le dépôt formé est insoluble dans l'acide nitrique et possède toutes les propriétés du cyanure d'argent.

Nous avons mis en pratique ce procédé pour reconnaître dans différentes fleurs les émanations d'acide hydrocyanique. Nous avons toujours obtenu des résultats satisfaisants de son emploi.

Nous croyions avoir été complet dans les renseignements donnés à nos lecteurs sur les recherches à faire pour démontrer la présence de l'acide hydrocyanique dans un liquide quel qu'il soit, et la possibilité de le doser, lorsqu'il est arrivé à notre connaissance une lettre adressée à l'Académie impériale de médecine par M. Scouteten, lettre qui fait connaître des expériences dues à Schœnbein. Dans cette lettre il fait connaître un réactif *qui serait doué d'une surprenante sensibilité pour constater la présence de l'acide cyanhydrique, lors même qu'il est arrivé à la plus extrême division atomique.*

M. Scouteten, ne tenant pas compte des travaux de Lassaigne et de Leuret, d'Ossian Henry, d'Humbert, etc., établit que nous ne possédons que deux réactifs qui, dans de certaines limites, peuvent indiquer la présence de l'acide cyanhydrique, et que ces deux réactifs sont insuffisants pour déceler des atomes et révéler la certitude d'un crime.

Nous avons fait pendant plus de trente ans de la chimie appliquée à la toxicologie; nous ne savons si l'indication d'*atomes d'un poison qui se produit dans diverses plantes* pourrait permettre au chimiste de se prononcer d'une manière positive et de déclarer qu'il y a eu empoisonnement, et aux juges de requérir soit la peine de mort, soit la peine des travaux forcés contre un inculpé, des atomes d'une substance toxique étant les seules preuves (1).

Mais laissons parler M. Scoutetten :

« Aujourd'hui, nous pouvons, à l'aide du nouveau moyen, démontrer la « présence de *millionièmes* d'une goutte d'acide cyanhydrique étendue dans « l'eau ou vaporisée dans l'atmosphère, phénomène qui, outre son mérite « spécial, donne une nouvelle preuve de l'extrême divisibilité de la matière.

« Convaincu qu'il y a grand intérêt pour le monde savant, ainsi que pour « le public, à connaître la nouvelle découverte du professeur Schœnbein, je « n'hésite pas à exprimer le vœu de voir répéter publiquement, dans la salle « des séances de l'Académie ou dans la salle voisine, les expériences que je « viens de faire à Metz, en présence et avec le concours de MM. Gobin et « Pont, pharmaciens-chimistes fort distingués.

« Pour faciliter la répétition immédiate de ces expériences, je vous envoie « du papier réactif tout préparé, et je vous donne les indications nécessaires « au succès des opérations.

Préparation du papier réactif.

« 1° Faire dissoudre 3 gr. de résine de gayac dans 100 gr. d'alcool rectifié ;

« 2° Tremper dans cette dissolution quantité suffisante de papier à filtrer, « pour tout absorber ; ce papier doit rester blanc ;

« 3° Faire une dissolution de sulfate de cuivre à 1 $^{s}/_{1000}$ (1 décigr. de ce « sel pour 50 gr. d'eau distillée) ;

« 4° Lorsqu'on veut expérimenter, on coupe de petites bandelettes de ce « papier, on les humecte avec la dissolution de sulfate de cuivre, on les met « en contact avec les atomes d'acide cyanhydrique dissous dans l'eau ou ré- « pandus dans l'atmosphère, et le papier devient bleu presque immédiatement.

Mode opératoire.

« Faire tomber 1 goutte d'acide cyanhydrique dans 100 gouttes d'eau, les-

(1) Il y a d'autant plus de gravité dans cette assertion, que nous trouvons dans les annales de la science un fait de génération spontanée de l'acide cyanhydrique dans un médicament. Le fait signalé par M. Plumber dans l'*American Journal* est le suivant : Un jeune docteur atteint de dyspepsie faisait usage depuis longtemps d'une mixture composée de teinture de jusquiame et de sous-carbonate de potasse. Le traitement ayant été suspendu quelques jours, la mixture resta exposée à l'action de l'air et subit un commencement de fermentation ; le malade, en ayant repris l'usage, éprouva tout à coup des symptômes alarmants ; il perdit connaissance pendant plus d'une demi-heure, puis resta étourdi et privé de ses facultés pendant un temps assez long. L'auteur de cette observation, M. Plumber (de Richmond), ayant été appelé, soupçonna un cas d'empoisonnement. Ayant examiné la mixture, il fut tout frappé de l'odeur d'amandes amères qui s'en dégageait, et s'assura par l'analyse qu'elle contenait de l'acide prussique en proportion plus que suffisante pour expliquer les accidents graves qu'avait éprouvés le malade. M. Plumber attribue la présence de cet acide à la réaction de l'alcali sur la matière organique en fermentation. (*Journal de chimie médicale*, 1858, t. XXX.)

« quelles équivalent à 5 gr. ; si on n'a pas sous la main de l'acide cyanhy- « drique pur, on peut se servir d'acide cyanhydrique médicinal, qui, d'après « le nouveau Codex, est au dixième ; conséquemment, 10 gouttes de cet « acide affaibli dilué dans 90 gouttes d'eau distillée établissent une dissolu- « tion d'acide cyanhydrique au centième.

Expériences.

« Exp. Ire. — On prend une seule goutte de ce mélange au centième, on « la laisse tomber dans un bocal vide, de 20 litres de capacité, on y introduit « le papier, qu'on tient suspendu vers le milieu au moyen d'une petite fi- « celle ; on ferme ce bocal avec un bouchon ou un corps quelconque, et le « papier réactif devient bleu rapidement.

« Quel est le rapport de quantité entre cette goutte d'acide diluée au cen- « tième et l'air ou le liquide contenu dans un bocal d'une capacité de 20 litres ? « Le calcul nous indique que 20 litres équivalent à 20,000 centimètres cubes ; « or, une goutte du mélange valant $^1/_{20}$ de centimètre cube, le rapport à « 20 litres est vingt fois 20,000 centimètres ou 400,000.

« Mais la goutte considérée ne contenant que $^1/_{100}$ de son volume d'acide « cyanhydrique, le rapport du volume de l'acide cyanhydrique à 20 litres « d'eau ou d'air est donc égal à 400,000 × 100, c'est-à-dire à un quarante « millionième.

« La divisibilité de la matière peut être poussée encore bien plus loin ; « l'expérience démontre, en effet, qu'on peut opérer avec succès sur 40 et « même 60 litres d'air ou de liquide ; la goutte d'acide est alors poussée à « une division triple, c'est-à-dire au cent vingt millionième.

« Ces expériences, faites dans l'air, s'accomplissent très-promptement ; re- « produites dans l'eau, elles s'opèrent un peu plus lentement, surtout lorsque « la quantité de liquide dépasse 20 litres.

« Exp. II. — Les bandelettes de papier réactif peuvent encore servir à « déceler la qualité des eaux médicinales ou des sirops qui doivent contenir « dans leur composition une faible dose d'acide cyanhydrique : il suffit, pour « cette opération, de mouiller la bandelette avec la dissolution de sulfate de « cuivre, de la déposer sur le col d'un flacon dont on a enlevé le bouchon, « et qui contient de l'eau de laurier-cerise, d'amandes amères, du sirop « amygdalin, et même du sirop d'orgeat, qui, dans sa préparation, contient « toujours une ou deux amandes amères ; la réaction s'opère promptement, « excepté pour le sirop d'orgeat, dont l'effet est plus lent. Si ce procédé ré- « vèle les bonnes préparations, il décèle aussi les mauvaises, ce que j'ai eu « plusieurs fois occasion de constater.

« Exp. III. — Nous avons pris un morceau de viande fraiche, du poids de « 600 gr., qui a été divisé en deux parties égales ; l'une d'elles a été arrosée,

« sur l'une de ses faces, de 20 gouttes de la solution d'acide cyanhydrique « au centième, puis, mise à l'air libre dans une cour pendant vingt-quatre « heures ; ce temps écoulé, le morceau de viande a été placé dans un bocal « de 25 litres de capacité ; le papier réactif, soutenu en l'air à l'aide d'une « petite ficelle, a commencé à se colorer après deux minutes écoulées ; quel- « ques instants plus tard, la réaction était complète.

« L'autre morceau servant de terme de comparaison a été examiné dans « un autre bocal avec le papier réactif, il ne s'est pas coloré.

« Nous avons fait toutes ces expériences avec le plus grand soin, les vases « qu'on devait employer avaient été lavés préalablement avec de l'eau forte- « ment acidulée avec l'acide sulfurique, afin de détruire toutes les impuretés ; « le papier réactif, exposé aux vapeurs de divers acides, tels que acides sulfu- « rique, azotique, hydrochlorique, n'a jamais été influencé. La coloration du « papier réactif opérée par l'acide cyanhydrique, soit dans l'air, soit dans « l'eau, se maintient assez longtemps, mais elle faiblit à mesure que le papier « sèche ; quelques jours plus tard, le papier passe au gris-verdâtre, mais il « reprend une légère teinte bleue lorsqu'on le mouille. »

Le procédé signalé par M. Scoutetten pouvant être appliqué dans des cas de médecine légale, porta divers chimistes à examiner le parti qu'on pouvait en tirer et si l'on devait être certain des applications qu'on pourrait en faire. Voici le résultat de ces observations et des expériences qui ont été faites :

M. Lebaigue, qui a fait quelques essais sur la valeur du procédé proposé par Schœnbein, a constaté que d'autres substances que l'acide hydrocyanique, l'acide chlorhydrique, l'acide sulfurique donnent des réactions analogues à celles produites par l'acide cyanhydrique. M. Gobley a vu qu'en présence de l'ammoniaque le papier réactif de l'acide cyanhydrique avait pris une teinte bleu verdâtre, un peu différente, il est vrai, de l'acide toxique; il établit que la réaction indiquée par Schœnbein est exacte et extrêmement sensible, mais qu'elle peut être confondue avec des réactions qui s'en rapprochent assez pour faire naître l'indécision et, dans un cas de médecine légale, inspirer des doutes.

M. Poggiale, dont l'opinion a une grande valeur, a vérifié avec M. Coulier les faits établis par Schœnbein ; ces savants ont reconnu qu'ils étaient exacts, mais il a été reconnu que l'ammoniaque développe sur le papier réactif une couleur différente de celle que produit l'acide cyanhydrique, mais qui peut induire en erreur.

Les idées émises par MM. Lebaigue, Gobley, Poggiale, Coulier, ont été le sujet d'observations de M. Roussin, qui est d'une opinion contraire. Ce chimiste est d'avis que ce réactif est d'une remarquable sensibilité, d'une grande précision et d'une valeur réelle en médecine légale ; qu'il est vrai que l'ammoniaque peut donner au papier une coloration bleue due à la présence du sulfate de cuivre sur le papier, mais que cette teinte est incomparablement plus faible que la couleur bleue intense produite par l'acide cyanhydrique; que, lorsqu'on recherche l'acide cyanhydrique par ce moyen, il faut avant tout saturer l'ammoniaque par un acide, pour éloigner toute cause d'erreur; que ceci est d'autant plus essentiel que la présence d'une trace d'acide est nécessaire à la conservation de l'acide cyanhydrique. Si donc, dans le liquide suspect, on a soin d'ajouter un peu d'acide (1), et que l'on procède à la distillation, on retrouvera aisément l'acide cyanhydrique dans le produit distillé, en suspendant dans un flacon au-dessus du liquide le papier soumis à une atmosphère cyanhydrique deviendra d'un très-beau bleu, ce qui n'arrive pas avec les autres acides. M. Roussin dit que ce procédé a déjà été employé en Allemagne par M. Buchner.

On pourra peut-être nous reprocher de nous être trop longuement étendu sur le procédé que M. Scoutetten a fait connaître à l'Académie impériale de médecine, mais nous avons dû le faire en raison des opinions diverses d'hommes éclairés. On se demande, si ces savants ne sont pas d'accord sur l'application de ce procédé et sur le parti qu'on peut tirer des résultats obtenus, pour déclarer ou non si il existe des traces d'acide hydrocyanique dans un produit examiné, ce qu'il arrivera lorsque des expériences avec ce réactif seront faites par des personnes n'ayant pas *l'habitude pratique* des opérations de *chimie appliquée* à la toxicologie?

Cette partie de notre travail était imprimée lorsque nous apprîmes qu'un de nos confrères, M. Lebaigue, qui avait été sans doute frappé, comme je l'avais été, des dangers qui doivent résulter d'une réaction qui peut être déterminée par d'autres agents chimiques que par l'acide hydrocyanique, a constaté à l'aide de nombreuses expériences :

1° Que les vapeurs et la solution d'un assez grand nombre de corps produisaient la réaction que M. Schœnbein établissait comme caractéristique de minimes quantités d'acide cyanhydrique. Il signale comme produisant le même effet les vapeurs des acides nitrique, hyponitrique, hypochloreux; celles qui se dégagent du chlorure de chaux, de l'iode, du brome, de l'ammoniaque, de l'ozone; les solutions d'acide sulfurique étendu (qui pourraient peut-être contenir des traces d'acide azotique); celles d'acide chromique, de chromate de potasse, d'azotate et de chlorate de potasse (*l'action est lente*), de permanganate de potasse.

2° Que si l'immersion du papier réactif dans la solution de sulfate de cuivre était absolument nécessaire pour obtenir la coloration bleue de papier avec l'acide cyanhydrique, cette réaction se fera par les corps énumérés ci-dessus, et sans doute par d'autres appartenant à la classe des oxydants.

(1) La nature de l'acide, selon nous, n'est pas indifférente; il eût été nécessaire d'expérimenter et de spécifier.

M. Lebaigue conclut avec raison de ses expériences que l'importance du réactif de Schœnbein ne doit pas être exagérée, puisque, outre l'acide cyanhydrique, un assez grand nombre de corps donnent lieu à des réactions semblables, qu'il ne faut donc pas se hâter de conclure à la présence du toxique par la coloration bleue du papier. Il dit *qu'il faut s'assurer auparavant qu'aucun des corps qu'il a expérimentés et mentionnés comme donnant lieu au phénomène, et encore d'autres jouissant de propriétés semblables, n'existent pas dans le produit examiné*, etc. C'est indiquer par toutes ces exigences que le procédé Schœnbein est un procédé qu'il était bon de signaler, mais qu'il serait dangereux de mettre en pratique.

Des symptômes de l'empoisonnement par l'acide cyanhydrique.

Ces symptômes, selon nous, n'ont pas encore été bien déterminés ; ils sont variables, à moins que la quantité d'acide ne soit considérable, alors l'effet est foudroyant ; mais il est difficile de bien connaître ce qui se passe, la rapidité de la mort ne permet pas au médecin d'observer les symptômes dans les différents cas. Dans des essais que nous avons faits sur les animaux, nous avons été à même de reconnaître qu'il y en avait qui résistaient davantage les uns que les autres à ce toxique foudroyant. Pour la plupart, à notre avis, il y a encore des expériences à faire.

Des lésions anatomiques.

On sait que la plupart des substances toxiques laissent des traces anatomiques de leur passage dans les organes ; il n'en est pas de même pour les animaux ; du moins, les observations que nous avons faites ne nous ont rien signalé de particulier. On a dit que la rigidité du cadavre, que la marche de la putréfaction pouvaient être un indice ; mais les opinions émises par Orfila, par Taylor, par Casper se contredisant, il y a donc là encore une question à étudier, pour vérifier ce qui a été dit à cet égard. On peut, à ce sujet, consulter les observations d'Orfila dans le tome V, p. 399, du *Journal de chimie médicale* (1).

Une question d'une haute gravité est la suivante : *De l'acide prussique obtenu dans des expériences toxicologiques faites sur un cadavre peut-il provenir d'une autre source que d'un empoisonnement ?*

Cette question, résolue négativement par quelques auteurs, a cependant été admise affirmativement par d'autres, Ollivier d'Angers, Bayard, etc. ; mais rien jusqu'ici n'a-t-il démontré qu'on pouvait expérimentalement déterminer la production de l'acide hydrocyanique dans l'économie animale? Nous allons faire connaître ce qui peut venir à l'appui de l'opinion émise par MM. Ollivier d'Angers, et Bayard.

(1) A l'autopsie, l'odeur d'*amandes amères* est un signe des plus importants.

A l'appui de l'opinion de ces habiles médecins, on doit rappeler : 1° les faits signalés par le docteur Witting, qui a fait connaître les expériences qu'il avait entreprises sur les altérations qu'éprouvent les fromages et sur le développement de l'acide cyanhydrique qui se produit quelquefois.

Il a établi : 1° que si le fromage est bien égoutté, convenablement salé et séché à une température modérée, il n'acquiert jamais de propriété vénéneuse ; 2° que sa fermentation et son altération sont en raison directe de son humidité, surtout quand le fromage est enfermé ; 3° qu'exposé à l'action de l'eau et du soleil, il dégage une odeur ammoniacale. En cet état, traité par l'alcool, la liqueur obtenue par la distillation donne des traces d'acide hydrocyanique ; cet acide paraît être uni à l'ammoniaque dans le fromage altéré ; 4° qu'à une époque plus avancée de la fermentation, on ne trouve aucun indice de ce même acide.

Julia Fontenelle a émis l'opinion que c'est probablement à la présence de l'acide hydrocyanique que quelques fromages doivent leurs propriétés délétères.

2° Dans la séance de l'Académie de médecine du 23 mars 1824, M. Itard fit une lecture dans laquelle il faisait connaître le développement spontané de l'acide cyanhydrique dans des évacuations alvines ; il citait deux observations démontrant ce fait. Le sujet de la première observation avait une inflammation intestinale ; l'autre avait présenté des symptômes d'hépatite. Chez ces deux individus les évacuations alvines offraient une odeur très-prononcée d'amandes amères. M. Itard regardait ces faits comme importants sous le rapport de la médecine légale ; il en concluait que la seule existence de l'odeur de l'acide prussique dans les évacuations ne doit pas faire croire qu'il y a eu empoisonnement par cet acide.

M. Delens, dans cette même séance, faisait connaître, à cette occasion, plusieurs faits desquels il résultait que l'acide prussique a été trouvé combiné avec le fer dans les sueurs, les urines et les crachats de divers malades (1).

L'assertion que nous combattons par la raison qu'elle pouvait être la cause d'erreurs judiciaires irréparables, a été traitée par Orfila, qui s'était posé la question suivante : *Suffit-il de constater la présence de l'acide cyanhydrique dans les matières vomies, dans le canal digestif, ou dans le foie d'un individu que l'on soupçonne avoir été empoisonné par cet acide, pour affirmer que l'empoisonnement a réellement eu lieu?*

Voici ce qu'écrivait le savant toxicologiste en réponse à cette question (2) :

« Non, certes. Je puiserai les preuves de cette assertion dans trois ordres de

---

(1) On trouve dans le *Système des connaissances chimiques* de Fourcroy, t. IX, p. 95, le passage suivant : « La putréfaction, en détruisant la composition animale, donne quelquefois naissance à de l'acide prussique, qui, trouvant facilement de l'oxyde de fer, s'y combine et le colore en bleu. »

(2) *Traité de toxicologie*. 1852, t. II, p. 404.

faits : 1° il se développe quelquefois chez l'homme sain ou malade de l'acide cyanhydrique ; 2° il n'est pas démontré qu'il ne s'en produise pas à une certaine époque de la putréfaction ; 3° l'acide cyanhydrique peut avoir été introduit dans le canal digestif après la mort.

« A. *L'acide cyanhydrique se développe quelquefois chez l'homme sain ou malade.* — Sans attacher de l'importance à ce qui a été dit sur certaines urines bleues, dans lesquelles il y aurait eu du *bleu de Prusse*, ce qui est loin d'être démontré pour moi, je dirai que, dans certaines circonstances, la sueur d'individus bien portants, surtout celle des aisselles et des parties génitales, exhale l'odeur de l'acide cyanhydrique. Brugnatelli a analysé de l'urine d'hydropiques dans laquelle cet acide existait. Dans un cas d'hydropisie ascite, Collard-Dorly dit avoir trouvé de l'acide cyanhydrique dans le sérum gluant qui avait été extrait par la ponction. Ne savons-nous pas que Tiedmann et Gmelin ont retiré du *sulfocyanure de potassium* de la salive de deux individus, dont l'un ne fumait pas, et que Tréviranus avait déjà entrevu ce sel ? (*Journal de chimie médicale*, année 1839.)

« J'ajouterai qu'il est conforme à la raison de ne pas nier la possibilité de la formation spontanée d'acide cyanhydrique dans quelques cas pathologiques. Nous savons pertinemment que, sous l'influence de certains agents, tels que le calorique, l'acide azotique, les alcalis, etc., le carbone, l'azote et l'hydrogène des matières organiques se combinent dans les proportions voulues pour donner naissance à cet acide, et quelquefois seulement à du cyanogène, et nous n'admettrions pas que, dans des circonstances maladives données et encore inconnues, le carbone, l'azote et l'hydrogène, pussent se combiner de manière à constituer l'acide cyanhydrique !

« Y aurait-il là quelque chose de plus étonnant que ce que nous voyons journellement, lorsque l'urine est chargée de sucre de raisin, comme dans le diabète, ou bien quand elle renferme de la *cyanurine*, ou bien encore quand il y a production de calculs urinaires d'oxyde cystique ou d'oxyde xanthique, matières de nouvelle formation, qui n'existaient certes pas dans nos tissus ni dans nos fluides à l'état normal ?

« B. *Il n'est pas démontré qu'il ne se produise pas d'acide cyanhydrique à une certaine époque de la putréfaction.* — Nous sommes loin de connaître les divers produits de la putréfaction dans l'air, dans la terre, dans l'eau, dans le fumier et dans les fosses d'aisances ; nous savons encore moins à quelles époques de la putréfaction ces produits se développent ; nous ignorons complétement quelles sont les modifications qu'ils peuvent éprouver sous le rapport de leur nature et du moment où ils se manifestent, suivant le genre et la durée de la maladie qui a déterminé la mort, l'âge, la constitution des individus, etc. Mais nous savons que, dans tous les cas de putréfaction, les éléments constitutifs des cadavres se dissocient pour se combiner autrement et former des composés nouveaux ; tantôt c'est de l'eau, du gaz acide carbonique, de l'acide acétique, de l'ammoniaque, des carbures d'hydrogène, etc., qui se dégagent en entraînant une portion de matière à demi pourrie, qui les rend si fétides ; tantôt c'est de l'ammoniaque, des acides gras, de l'acide lactique, des matières jaunes azotées, des savons, qui se forment.

« Qui oserait affirmer que, dans des circonstances données, la putréfaction n'engendre pas, à une époque plus ou moins rapprochée de celle de la mort, de l'acide cyanhydrique, tout comme elle a engendré de l'ammoniaque, de l'acide acétique, etc. ?

« Qui affirmerait encore, en présence des faits relatés plus haut, qu'il ne se développe pas, pendant la putréfaction, des matières susceptibles de se comporter avec l'azotate d'argent, les sulfates de fer et de cuivre, d'une manière analogue à celle de l'acide cyanhydrique ?

« Il est dès lors nécessaire de se tenir en garde, et, lorsqu'on est appelé à se prononcer sur l'existence de l'acide cyanhydrique dans des matières organiques déjà pourries, de mettre une certaine réserve dans les conclusions du rapport. Non pas que je prétende qu'à raison de la possibilité que j'admets, il faille toujours rester dans le doute, et ne jamais conclure qu'il y a eu empoisonnement par l'acide cyanhydrique ; une pareille thèse ne serait pas soutenable : quand, par exemple, *un individu aurait éprouvé les accidents que détermine constamment l'acide cyanhydrique, que les altérations cadavériques seraient analogues à celles que l'on observe dans l'empoisonnement par cet acide*, et que l'on découvrirait dans les matières contenues dans les organes digestifs ou dans ces organes eux-mêmes distillés avec de l'eau à une douce chaleur, assez d'acide cyanhydrique pour le bien caractériser, parce que tout en ignorant au juste ce qui se passe dans les diverses phases de la putréfaction, il est avéré, au moins pour les premières périodes de la décomposition putride, que les organes digestifs distillés avec de l'eau ne donnent pas des liquides offrant les caractères *tranchés* de l'acide cyanhydrique ; je dis seulement qu'il faut user d'une grande circonspection, surtout lorsque l'acide cyanhydrique n'a pas été *caractérisé*, et que plusieurs des réactions obtenues avec les liquides suspects peuvent être confondues avec celles que fournissent les liquides préparés de la même manière et seulement avec des matières organiques pourries.

« C. *Il ne serait pas impossible que l'acide cyanhydrique eût été introduit dans le canal digestif après la mort.* »

M. Virey citait un cas où des vaches qui avaient mangé du merisier à grappes, *prunus padus*, ont exhalé une très-forte odeur d'amandes amères ; on a prouvé, par des expériences exactes, l'existence de l'acide prussique dans les liquides excrétés par ces animaux.

En 1837, M. Drauty, associé à la Société de chimie médicale, lui faisait connaître qu'il avait trouvé de l'acide hydrocyanique et du cyanure de potassium dans de l'urine rendue par un lapin. (*Journal de chimie médicale*, 1837, p. 527.)

Marc, dans la même séance, faisait connaître qu'en Allemagne on a observé un empoisonnement par des saucissons dans lesquels une grande quantité d'acide prussique s'était promptement développée.

On voit que cette question, pour être résolue, soit affirmativement, soit négativement, doit nécessairement être encore étudiée.

Il sera d'abord nécessaire de remonter à ce qui a été dit par Fourcroy, dans son *Traité des connaissances chimiques*, t. IX, lorsqu'il fait connaître ce qui se passe dans le traitement des matières animales par l'acide azotique, et l'obtention de l'acide prussique par le traitement à l'aide de l'acide azotique du sérum du sang (1).

DES ANTIDOTES DE L'ACIDE HYDROCYANIQUE.

Orfila, qui, s'il n'a pas créé la science toxicologique, lui a fait faire d'immenses progrès et en a fait une science nouvelle, ne s'est pas seulement occupé de la recherche des poisons, mais encore des moyens d'en combattre les effets.

Selon lui, on ne connaît point d'antidote de l'acide hydrocyanique, c'est-à-dire que jusqu'à ce jour on n'a encore découvert aucune substance pouvant être administrée sans inconvénient et à forte dose qui puisse neutraliser le poison et annuler ses funestes suites. Cependant, si on lit la partie de son ouvrage de toxicologie publiée en 1852, on voit qu'il a examiné le parti qu'on peut tirer de l'ammoniaque, de l'infusion concentrée de café, de l'essence de térébenthine, de la saignée, des affusions d'eau froide, du chlore.

Emploi de l'ammoniaque. — Orfila, à propos de ce liquide, établit que si l'ingestion de l'ammoniaque dans l'économie, tout en déterminant des accidents graves, n'a aucune action favorable, l'inspiration d'une eau légèrement ammoniacale peut être utile. Il fait connaître à cet égard les expériences qu'il a faites sur les animaux, et il se prononce de la manière suivante sur cet emploi :

« L'inspiration d'une eau légèrement ammoniacale peut guérir l'empoisonnement par l'acide hydrocyanique, en stimulant le système nerveux profondément affaissé ; toutefois, l'usage de ce médicament ne serait suivi d'aucun succès, s'il était employé trop tard, ou si la dose ingérée était trop forte pour déterminer la mort dans un très-court espace de temps ; il est inutile (ou plutôt il est utile) de dire qu'on pourrait aggraver l'état de l'individu empoisonné, si, au lieu de faire inspirer de l'eau légèrement ammo-

(1) Voir, page 81, un chapitre ayant pour titre : *De la propriété de former l'acide prussique et quelques autres acides comme caractères des composés animaux.*

« niacale, on avait recours à l'ammoniaque liquide caustique, qui détermine-« rait une inflammation des voies aériennes (1). »

Emploi de l'infusion concentrée de café. — Des essais faits par cette médication, Orfila a conclu que cette infusion n'est ni l'antidote de l'acide cyanhydrique, ni un médicament propre à combattre l'empoisonnement par cet acide.

Emploi de l'essence de térébenthine. — Les résultats obtenus en expérimentant avec cette essence sont tels qu'on ne peut la considérer comme un antidote de l'acide cyanhydrique.

Emploi de la saignée. — Le docteur Hume avait beaucoup préconisé la saignée dans les cas d'empoisonnements par l'acide cyanhydrique. M. Orfila, qui a examiné l'emploi de ce moyen, ne nie pas qu'elle puisse avoir quelque avantage, mais il n'a jamais obtenu dans ses essais le rétablissement complet des sujets sur lesquels il avait opéré. Cependant, il ne doutait pas que les émissions sanguines obtenues en temps opportun ne puissent être utiles, puisqu'elles peuvent diminuer la congestion cérébrale et en même temps donner lieu à l'expulsion d'une partie du toxique qui aurait été absorbé et porté dans le torrent de la circulation.

Emploi des affusions d'eau froide. — On sait que le docteur Herbst a publié un mémoire sur les avantages qu'on peut tirer de l'emploi des affusions d'eau froide contre l'empoisonnement par l'acide hydrocyanique. M. Orfila, qui a étudié ce moyen, a émis l'avis que les affusions d'eau froide sont un excellent moyen pour combattre les accidents déterminés par l'acide cyanhydrique.

Emploi du chlore. — L'emploi du chlore remonte à 1829. M. Dauvergne, élève en médecine à l'hôpital Saint-Louis, faisait connaître à M. Gay-Lussac que M. Siméon, élève en pharmacie, s'étant préservé par le chlore de l'action des vapeurs s'échappant d'un appareil avec lequel il préparait de l'acide cyanhydrique, avait fait les essais suivants (2) :

Après avoir empoisonné un chat par l'acide hydrocyanique, il tenta de le rappeler à la vie au moyen du chlore.

Voici comment il a procédé :

Ayant chargé l'extrémité d'un tube de verre d'environ deux gouttes d'acide, il les versa aussitôt dans la caroncule lacrymale; des contractions et des tiraillements se manifestèrent, et furent suivis de convulsions absolument tétaniques; une salivation abondante baignait la gueule de l'animal et était transformée en une écume épaisse et blanchâtre par le souffle très-fort qui l'agitait. Néanmoins ces simples phénomènes ne m'arrêtèrent pas plus longtemps

(1) Nous nous demandons si l'acétate d'ammoniaque ne serait pas un antidote de l'acide prussique.

(2) On peut se préserver de l'action de ces vapeurs en respirant sur un vase contenant du chlorure de chaux.

moi-même, je portai ma main sur le flanc gauche du chat pour examiner les désordres que cet acide procurait, soit dans la circulation, soit dans la respiration. Outre que les pulsations du cœur étaient précipitées, elles étaient irrégulières, fréquentes, et occupaient une grande circonférence, de telle manière que chaque secousse que donnait une pulsation semblait être un dernier effort des facultés vitales. La respiration n'offrait pas moins de phénomènes remarquables ; les parois thoraciques s'élevaient de plus de 10 lignes que dans l'expiration naturelle, l'inspiration était gênée et pénible, tandis que l'expiration était fréquente, prompte, etc.

Ce récit doit prouver que rien n'aurait pu rappeler l'animal à la vie ; cependant, M. Siméon ayant répandu dans sa gueule une grande quantité de chlore, la salivation cessa, la respiration devint plus facile, la circulation moins précipitée, et le chat alors dressa la tête, qu'il ne pouvait avant soutenir, sortit la langue et flairait le chlore comme s'il eût pris plaisir à respirer un air plus salutaire. C'est ainsi que diminuèrent successivement les symptômes que nous avons énumérés ; néanmoins cet animal ne pouvait encore se tenir sur les jambes ; mais M. Siméon l'ayant exposé au grand air, il resta affaissé pendant quelques minutes, rendit une grande quantité de matières fécales, finit enfin par se dresser et par faire plusieurs pas chancelants. Une heure s'était écoulée depuis l'empoisonnement ; deux heures après, on reconnaissait à peine des traces d'une affection morbifique, qui diminuèrent au point que le lendemain le chat ne se ressentait de rien, marchait comme à l'ordinaire et mangeait comme dans l'état de santé.

Ce n'est point à cette seule expérience que s'est borné M. Siméon ; il l'a tentée sur divers animaux, et toujours il a observé les mêmes phénomènes et obtenu le même résultat.

Les affusions d'eau froide dans le cas d'empoisonnement par l'acide cyanhydrique ont été expérimentées en Angleterre. A Sunderland, où il y avait une réunion de chimistes anglais, M. le docteur Robinson fit, en présence de ses collègues, les expériences suivantes :

Il prit deux lapins vivants et leur versa sur la langue quatre gouttes d'*acide hydrocyanique*. Ces animaux tombèrent aussitôt et ne se relevèrent plus alors. Le médecin fit usage de son contre-poison, il versa verticalement sur l'occiput et l'épine dorsale des lapins de l'eau froide dans laquelle se trouvait un mélange de nitrate de potasse et de sel marin. L'effet fut magique : il s'ensuivit une résurrection subite ; après quelques minutes, les lapins gambadaient en pleine santé. M. Louyet a répété cette expérience : il prit deux lapins de moyenne taille, jeunes et robustes ; il introduisit dans la gueule d'un de ces lapins deux gouttes d'un mélange de 1 partie d'acide cyanhydrique par nouvellement préparé et de 4 parties d'alcool : l'animal tombe comme frappé de la foudre et ne s'est plus relevé. Cette expérience faite sur le second lapin donna le même résultat. Mais, aussitôt après l'introduction de l'acide, M. Louyet ayant versé sur la tête et le dos de ces animaux une solution de sel marin refroidie à 15 degrés au-dessous de zéro, les lapins se ranimèrent et se remirent entièrement.

Il en résulte que l'eau très-froide est un moyen de rétablir la sensibilité et la contractilité musculaire, en produisant l'effet inverse de celui de l'acide cyanhydrique, qui les anéantit entièrement. Aussi ce moyen si simple doit-il être conseillé dans le cas d'empoisonnement par ce dangereux acide.

M. Christison, dont le savoir est bien connu, a fait usage avec succès contre l'empoisonnement par l'acide prussique, et de la sonde œsophagienne et des douches d'eau froide sur la tête.

Voici l'observation due à ce savant :

Un homme de soixante ans, dont la tête était dérangée par des excès et des pertes d'argent, voulut se suicider en avalant de l'acide cyanhydrique. *La chose faite*, il en avertit sa femme, et immédiatement il tomba sans connaissance sur un sofa sans pousser un cri et sans éprouver aucune convulsion, mais avec respiration lente et gênée. Il était nuit, et il se passa près d'une demi-heure avant qu'on pût avoir du secours. Lorsque M. Christison arriva, deux confrères commençaient à pomper avec la sonde les liquides qui pouvaient se trouver encore dans l'estomac. A la respiration convulsive avait succédé bientôt une respiration régulière avec inspiration soufflante et expiration plaintive. L'immobilité avait été complète dès l'abord et les membres étaient dans un relâchement complet; les yeux étaient largement ouverts, les pupilles un peu contractées, la face et la tête rouges et congestionnées, le pouls à 100 pulsations, faible et régulier; la perte de connaissance était si complète que l'introduction de la sonde avait pu avoir lieu sans que le malade parût s'en apercevoir; on retira ainsi environ 6 onces d'un liquide aqueux presque transparent et incolore, n'exhalant presque aucune odeur spéciale, au moins pour les assistants, car M. Christison crut y sentir une légère odeur d'amandes amères. L'estomac fut évacué ainsi à plusieurs reprises; on approcha à diverses fois un flacon d'ammoniaque sous les narines, sans que la connaissance parût revenir. Dans ces circonstances, M. Christison songea au moyen de Herbst; il fit soutenir la tête du malade en dehors du sofa, au-dessous d'un baquet, et, saisissant un pot d'eau à large ouverture, il versa sur la tête de l'eau froide en abondance, d'une hauteur de 1 pied environ, et cela pendant deux minutes. A mesure que l'eau tombait sur la tête, la respiration devenait plus profonde, plus large et moins bruyante; la tête et la face perdaient leur turgescence, et l'on vit les yeux se tourner de côté, dans la direction d'une personne qui adressait au malade une question à voix haute. Immédiatement, et sans aucun traitement, le malade revint à lui, quoique d'une manière lente; une heure et demie après le moment où il avait donné l'alarme, il pouvait répondre oui ou non aux questions qu'on lui adressait, et se tourner sur le côté sans aucun aide. Cependant, si on l'abandonnait à lui-même, il retombait dans l'assoupissement avec plaintes et tendance au frissonnement. Au bout de trois heures, la sensibilité était revenue, quoiqu'il y eût toujours de l'assoupissement. Le malade dormit profondément; le lendemain, il avait toute sa connaissance et son intelligence naturelle. M. Christison analysa le liquide retiré de l'estomac et y reconnut la présence d'une quantité notable d'acide cyanhydrique; il apprit ensuite du malade qu'il avait acheté chez un droguiste 4 grammes environ de cet acide que l'on sut être au trentième, de sorte que l'empoisonnement avait eu lieu par une dose de 7 à 10 centigrammes d'acide anhydre.

Nous appellerons l'attention sur la modification que M. Christison a fait subir au procédé de Herbst; il a remplacé les affusions froides proprement dites par une simple douche sur la tête de deux minutes de durée, et ce moyen a suffi pour tirer le malade de l'état comateux dans lequel il était resté, malgré les aspirations d'ammoniaque et l'introduction de la sonde stomacale. Nul doute cependant que la pompe stomacale n'ait été pour quelque chose dans la guérison, en débarrassant l'estomac d'une partie du poison qui n'avait pas encore été absorbée. C'est donc un moyen qui ne devra jamais être négligé dans les cas de ce genre.

Nos lecteurs trouveront peut-être que nous nous sommes trop étendu sur ce qui a trait à l'acide prussique; mais, comme cet acide est le plus dangereux des toxiques, que depuis quelque temps les empoisonnements par cet acide ont été plus nombreux, qu'il sont fréquents en Angleterre, nous avons cru devoir être aussi complet que possible. Qu'une seule question nous soit permise. Comment les empoisonneurs, les gens qui veulent se suicider peuvent-ils se procurer ce toxique, qui ne doit être vendu qu'avec les plus grandes précautions possibles, et que le pharmacien ne peut délivrer sans une ordonnance de médecin?

Alcool. (Voir l'article LIQUEURS ALCOOLIQUES.)

De l'alun. (SULFATE D'ALUMINE ET DE POTASSE.)

L'alun, qui a été désigné successivement par les noms de *vitriol d'argile*, de *vitriol d'alumine*, d'*alumine vitriolée*, de *sulfate aluminico-potassique* (Berzélius), est un sel triple formé d'acide sulfurique, d'alumine et de potasse. Ce sel est connu dès le XVIIe siècle. André Cesalpin a fait connaître, dans un ouvrage intitulé : *De metallicis*, lib. I, cap. XXI, le procédé à l'aide duquel on pratiquait à Tolfa, près de Rome, la fabrication du l'alun, dit *alun de Rome*. Bernard de Palissy connaissait aussi ce sel et le premier il a parlé de l'alunage pour fixer les couleurs. Marggraf, dès 1751, fit connaître sa composition qui avait été le sujet de diverses observations qui s'éloignaient de la vérité; plus tard, Bergman, Monnet, Descroizilles, Chaptal, se sont livrés à des études sur ce sel.

L'alun est composé de :

1° Potasse	8.24
2° Alumine	10.82
3° Acide sulfurique	33.72
4° Eau	47.22

L'alun est-il un poison? Cette question a été le sujet d'opinions différentes. Si on se rapporte aux observations d'un maître (Orfila), on voit que ce sel administré à des chiens à des doses assez fortes, 28 grammes, ces animaux ont éprouvé des vomissements, mais que le rétablissement était prompt.

Des expériences faites par lui-même, il tire la conclusion suivante : Les chiens, même les plus faibles et les plus petits, peuvent supporter de très-fortes doses d'alun et d'*alun calciné*, 60 grammes, sans éprouver d'autres accidents que des vomissements et des selles ; qu'en effet ils sont parfaitement rétablis, une ou deux heures après l'ingestion de l'alun, s'ils ont des évacuations abondantes. On conçoit qu'une substance qui agit de la sorte ne peut être dangereuse dans le plus grand nombre des cas.

Selon Orfila, l'homme adulte peut prendre dans une journée 4, 6, 8 et 10 grammes d'alun calciné dissous dans l'eau; Boerhave en faisait prendre 4 grammes à la fois contre les fièvres intermittentes; Dumeril l'ordonnait à la dose de 4 grammes; Marc faisait prendre 8 grammes d'alun dans les vingt-quatre heures, les faisant dissoudre dans 500 grammes de petit-lait; Double le donnait à la dose de 4 grammes dans 125 grammes de petit-lait; Kaperler le donnait contre la colique des peintres et dans la maladie épidémique connue sous le nom de *raphania*, à la dose de 24 grammes en vingt-quatre heures. Ce savant a établi que, d'après ce qu'il a observé sur le chien, un homme adulte bien portant, qui prendrait 30, 40 ou 50 grammes d'alun calciné dissous dans l'eau, éprouverait des vomissements et des selles, et qu'il n'en serait pas plus incommodé que les animaux sur lesquels il a expérimenté ou constaté. Il est certain, dit toujours cet auteur, qu'en vertu de sa grande stature et de sa plus grande force, il faudrait, pour déterminer chez lui des accidents aussi intenses que chez les chiens, une dose plus forte d'alun.

Orfila a aussi établi qu'il s'agissait de l'action de l'alun sur l'homme sain, mais il établit que si l'estomac du sujet, au lieu d'être sain, était affecté d'une phlegmasie chronique, l'alun agirait avec plus d'énergie, sans pourtant déterminer une dilatation du ventricule gauche du cœur, comme l'avait établi M. le docteur F. D... dans une affaire médico-légale.

Orfila admettait encore qu'une forte dose d'alun pouvait occasionner la mort de l'homme, si ce sel n'était pas expulsé par des vomissements ou par des selles. Aussi a-t-il indiqué comme traitement des accidents déterminés par ce sel l'eau tiède et la titillation de la luette ; puis, si le cas était grave, de combattre la phlegmasie par des saignées générales ou locales, les tisanes adoucissantes, la diète.

Nous ne connaissons qu'un seul cas de médecine légale dans lequel l'alun ait été la cause d'une action judiciaire. Un pharmacien avait délivré, au lieu de gomme arabique en poudre, de l'alun calciné. Ce médicament fut administré à une dame qui déjà avait été très-malade, qui était incommodée par un *embarras sanguin, avec prédisposition inflammatoire provenant de la diminution du flux menstruel*. 16 grammes d'alun calciné avaient été dissous dans 1 litre d'eau ; une tasse de cette boisson fut présentée à la malade, qui n'en prit que deux ou trois cuillerées, puis elle repoussa cette boisson, accusant des douleurs très-vives dans la bouche, le pharynx et l'estomac ; elle s'écria qu'elle était empoisonnée et qu'elle avait la bouche brûlée.

Le rapport du médecin dit « qu'elle se plaignait de nausées, de chaleur vive, de douleurs déchirantes dans toutes les parties qui avaient été en contact avec l'alun ; le pouls était devenu fréquent, la figure animée ; *les muscles avaient été agités de petits mouvements convulsifs* ; les envies de vomir avaient pris de l'accroissement ; la soif était devenue inextinguible. Mme B... commença à vomir un quart d'heure après avoir pris cette boisson ; la malade n'eut pas un moment de relâche ; les vomissements continuèrent toute la journée ; ils se ralentirent le soir, et ils furent moins fréquents pendant la nuit ; mais la malade éprouva de l'insomnie, ainsi que des douleurs aiguës. Le lendemain, il y avait de la fièvre ; les vomissements étaient moins fréquents, mais les angoisses continuaient. La nuit fut encore très-agitée. Le jour suivant, 24, il n'y avait plus de fièvre ; la région épigastrique était devenue très-douloureuse à la pression et était fortement tendue. Douze sangsues ayant été appliquées, la malade alla mieux le 26. » *Lors même que Mme B.... eût joui d'une santé parfaite*, dit le docteur E. D.... dans une de ses dépositions, *l'usage d'une pareille boisson était de nature à l'incommoder fortement.*

Orfila, appelé pour donner son opinion dans cette affaire, s'exprima ainsi : « L'alun *calciné* est un sel irritant qui peut cependant être pris à assez forte dose sans occasionner la moindre incommodité ; une quantité quintuple à celle qui a été avalée par Mme B... est journellement administrée à des malades sans qu'ils éprouvent même des envies de vomir. Toutefois, il ne conteste pas que Mme B... ait éprouvé de la part de l'alun des accidents fâcheux ; depuis longtemps, elle paraissait atteinte d'une *affection de l'estomac*, et nous savons qu'avec de pareilles dispositions, telle substance ne sera pas supportée, qui le serait à merveille si le sujet n'était pas malade. Ainsi que l'avait fait le docteur Marc, il réduisit à sa juste valeur l'étrange assertion du docteur F..., à savoir que l'alun, à la dose de quelques centigrammes, aurait pu occasionner *un anévrisme au cœur*. L'amende infligée par le tribunal de police correctionnelle au pharmacien, fut réduite de moitié. » (Voir le t. Ier des *Annales d'hygiène*, année 1829.)

L'alun a été pendant un certain temps employé dans les vins pour leur donner une couleur plus vive; les marchands qui l'employaient prétendaient qu'ils se conservaient mieux.

Cette falsification a été signalée dans divers ouvrages, notamment dans le *Traité de la police judiciaire*, par Remer (de l'université de Kœnigsberg), qui établit que cette falsification est dangereuse, et que l'usage continuel de ce vin peut déterminer des obstructions opiniâtres ou hémorroïdes, troubler les digestions. Orfila pensait que l'alun mêlé aux vins pouvait, dans certaines circonstances, occasionner des accidents.

La recherche de l'alun dans les vins a souvent été suivie d'erreurs de certains experts qui, lorsque du vin contenait du phosphate de chaux, confondaient ce sel avec l'alumine. Deux fois nous avons été à même de constater cette erreur, qu'il est facile d'éviter, parce qu'on sait que l'alumine qui serait séparée par précipitation du sulfate est soluble dans la potasse, tandis que le phosphate de chaux ne l'est pas.

Nous allons maintenant décrire les caractères à l'aide desquels on peut reconnaître les solutions d'alun. Le sulfate d'alumine et de potasse cristallise en octaèdres réguliers. Dans le commerce, on le trouve plus souvent en masse cristallisé confusément; sa saveur est douceâtre et astringente. Exposé au contact de l'air, il s'effleurit légèrement à la surface; exposé à l'action de la chaleur, il se fond, bouillonne, se tuméfie en perdant son eau de cristallisation; il est soluble dans l'eau froide, qui en dissout 1/18 de son poids; plus soluble dans l'eau à 100 degrés, qui en dissout le tiers de son poids. Le résidu de l'action de la chaleur est l'alun calciné.

La solution d'alun fournit avec les réactifs les caractères suivants :

1° On obtient avec l'azotate de baryte un précipité blanc (sulfate de baryte) insoluble dans les acides chlorhydrique et azotique;

2° Avec l'ammoniaque, un précipité floconneux insoluble dans un excès du réactif;

3° Avec la potasse, un précipité floconneux soluble dans un excès du réactif;

4° Avec l'hydrogène sulfuré, pas de changement;

5° Avec le ferrocyanure de potassium, si l'alun est pur, absence de précipité; s'il contient du fer, il y a coloration en bleu et précipitation.

L'alun pouvant être à base d'alumine et d'ammoniaque.

Ce sel présente avec les réactifs indiqués plus haut les mêmes réactions.

On peut s'assurer qu'on a affaire à un alun à base d'alumine et de potasse ou à un alun à base d'ammoniaque, en triturant ces sels ou en mettant dans les solutions de la chaux, l'alun à base de potasse ne détermine aucune émanation, l'alun à base d'ammoniaque fournit des vapeurs caractéristiques ammoniacales.

Ammoniaque.

Cet alcali a porté les noms d'*alcali volatil*, d'*esprit volatil de sel ammoniac*, d'*alcali volatil fluor*, d'*alcali volatil caustique*. On lui a aussi donné les dénominations d'*azoture d'hydrogène*, d'*hydrogène azoté*.

Son nom d'ammoniaque lui vient du sel ammoniac qui servait à le préparer, sel qui venait de l'Ammonie, contrée de la Lybie, dans laquelle on le préparait depuis un temps immémorial, en soumettant à la distillation la suie qui provient de la combustion de la fiente des chameaux et d'autres ruminants se nourrissant de plantes salées.

L'ammoniaque a été le sujet d'expériences nombreuses faites dans le but de rechercher et de déterminer sa nature. Priestley l'examina à l'état gazeux, en décomposant le gaz par l'électricité, sans arriver à démontrer sa composition; Scheele et Bergmann, de 1775 jusqu'à 1788, se livrèrent à des expériences qui leur firent entrevoir sa composition; mais ce n'est qu'en 1785 que Berthollet la fit connaître d'une manière exacte, expliquant sa formation et sa décomposition.

L'ammoniaque existe dans la nature; on a constaté sa présence : 1° à l'état de sel ammoniac, l'ammoniaque muriatée, dans le voisinage des volcans, dans les crevasses des cratères; on le trouve aussi en Perse, en Tartarie, dans le pays des Kalmoucks (Abel Rémusat); 2° à l'état d'ammoniaque sulfatée, sous forme de stalactites recouvertes d'une poudre blanche, dans les Lagoni de Sienne, en Toscane. L'ammoniaque est aussi répandue dans l'air; elle est le produit des formations végétales et animales sous l'influence de l'humidité et de la chaleur.

L'ammoniaque est toxique de sa nature; mais c'est un poison peu dangereux. En effet, il serait difficile de faire prendre à l'homme un liquide dont l'odeur est telle qu'elle lui inspirerait non-seulement de la crainte, mais encore une impossibilité pour la lui faire ingérer (1). Les empoisonnements qu'on a constatés sont donc des empoisonnements par imprudence ou volontaires, lorsque l'homme veut se suicider. Les cas qui sont arrivés à notre connaissance sont

(1) Nous trouvons l'indication d'un cas d'empoisonnement criminel accompli par un enfant de six ans, le nommé Louis-Frédéric H..., qui aurait empoisonné sa petite sœur le jour même de son baptême, en lui introduisant dans la bouche plusieurs cuillerées d'ammoniaque. Cette affaire n'eut pas de suite, le criminel ayant succombé en prison d'une maladie de poitrine.

peu nombreux (1). M. Orfila signale : 1° ce qui a été dit par Holler Huxam et par Martinet, qui rapportent des cas dans lesquels l'ammoniaque liquide aurait occasionné la mort dans l'espace de quelques minutes, après avoir altéré profondément (dit l'auteur Thiole) les lèvres, la langue, le palais, etc., et avoir déterminé des hémorrhagies des intestins, du nez et la fièvre hectique; 2° l'observation d'un médecin qui, ayant depuis plusieurs années des attaques d'épilepsie, fut dans une de ces attaques soigné par le portier de sa maison; ce dernier prit un flacon d'ammoniaque, pensant que c'était le médicament qu'on donnait au malade lorsqu'il avait des crises : 4 grammes d'ammoniaque furent, dit-on, employés soit pour mouiller à l'aide d'un mouchoir les lèvres, les narines; 4 autres grammes furent avalés, le portier prenant ce liquide pour de la liqueur d'Hofmann, que la plupart du temps on administre aux épileptiques.

Ce docteur fut soigné par Chrétien et par Nysten; il prit de lui-même, lorsque l'accès fut passé, de l'opium (1 grain), une potion kermétisée. Sur l'avis du médecin, on lui appliqua des sangsues, on ordonna une émulsion. Le malade éprouvait une soif très-vive; mais la déglutition était difficile, et ce n'est qu'avec la plus grande difficulté que l'on faisait parvenir du liquide dans l'estomac; des médications de toute nature n'eurent aucun succès; le malade, après avoir rendu des mucosités en quantité considérable (avait eu d'abord un dévoiement chronique qui se supprima) et après avoir rendu une urine de couleur rouge, succomba. A l'autopsie, on constata que les membranes du cerveau étaient saines et présentaient seulement quelques adhérences entre l'arachnoïde et les granulations cérébrales dites *glandes de Pacchioni*, que l'on trouve dans l'intérieur du sinus longitudinal supérieur. La pulpe cérébrale était injectée, comme on l'observe dans la plupart des sujets sanguins. Il n'y avait que quelques gouttes de sérosité dans les ventricules latéraux. La *corne d'Ammon* du côté gauche était beaucoup plus consistante que celle du côté droit, et que les autres parties du cerveau qui répondent aux ventricules; c'est surtout à la partie de la corne d'Ammon qui aboutit à la cavité digitale que sa consistance était remarquable. La protubérance annulaire était aussi plus consistante que dans l'état ordinaire. La base

(1) Les recherches que nous avons faites nous ont fait connaître que dans divers ouvrages il a été question de l'empoisonnement par l'ammoniaque. Ces ouvrages sont les suivants : *Hospital reports St Thomas Hospital* (Elliot); *Ausführliche Arzneimittellehre* (*Dictionnaire*, Boud, p. 310); *Répertoire* de Buchner (Wichmer, t. XXXVII, p. 373); *Toxicologie* (Pluch, p. 226); *Essai sur les fièvres* (Huxam, p. 308); *Réflexions sur quelques préparations chimiques à l'usage de la médecine* (Majault, Paris, 1779); *Revue médicale*, t. XVII, p. 305; *Journal médico-chirurgical d'Édimbourg*, t. XV, p. 652; Sédillot, séance de la Faculté de Paris, 20 juin 1815; *A treatise of poisons*. Christisson, Martinet et Haller se sont occupés de l'ammoniaque sous le rapport toxicologique.

du cerveau et le cervelet paraissaient parfaitement sains. La membrane muqueuse des fosses nasales était partout d'un rouge intense et recouverte d'une couche albumineuse membraniforme qui bouchait les narines. La langue ne présentait d'autre altération que la petite eschare dont il a été fait mention; les papilles muqueuses de sa base étaient très-développées; le voile du palais, ses piliers et toute la membrane muqueuse de l'arrière-bouche, étaient d'un rouge intense; la luette, comme racornie, était couverte d'une couche muqueuse. La face antérieure de l'épiglotte était saine; mais la face postérieure et l'entrée de la glotte étaient très-rouges, et recouvertes d'une fausse membrane. Toute la tunique muqueuse de la trachée-artère et des bronches était d'un rouge vif, et tapissée par endroits d'une couche membraniforme; on en voyait des portions jusque dans les ramifications bronchiques. Les poumons étaient crépitants en avant; mais leurs parties postérieures étaient gorgées de sang, ce qui pouvait être survenu après la mort. Le péricarde contenait peu de sérosité; le cœur, assez volumineux, n'offrait rien d'extraordinaire.

La membrane muqueuse œsophagienne présentait quelques stries d'un rouge vif; on en voyait de semblables dans celle de l'estomac suivant la direction des fibres musculaires; le duodénum était sain. Il existait une petite invagination vers le milieu du jéjunum. La membrane muqueuse de cet intestin et celle de l'iléum présentaient diverses plaques rouges; les gros intestins étaient sains. La vessie urinaire était très-rétractée; on remarquait vers le trigone vésical quelques traces de phlogose. Tous les autres viscères étaient à l'état normal.

Suivant Nysten, le malade a succombé à une inflammation très-aiguë de la membrane muqueuse du larynx et des bronches, causée par l'ammoniaque, et que l'on peut comparer à un *croup* aigu. C'est par la violence de l'inflammation, et non par la suffocation ou l'asphyxie, que le malade a péri.

L'ammoniaque, comme nous l'avons dit, est particulièrement ingérée dans des cas accidentels ou dans des cas de suicide. Ainsi, on cite 1° le cas d'un tailleur qui, conduit à la misère par l'ivrognerie, but de l'ammoniaque qu'il employait pour dégraisser les habits, et qui mourut à l'Hôtel-Dieu; 2° celui d'un étranger à la ville de Riom, qui se présenta chez un pharmacien de cette ville, afin d'avoir de l'alcali volatil pour enlever les taches de ses vêtements; il avala ce toxique dans la pharmacie même, et tomba presque comme foudroyé. Porté à l'hôpital, il succomba après avoir souffert des douleurs atroces.

M. le docteur Thomas, de Resigny (Meuse), a fait connaître tout récemment un cas d'empoisonnement par imprudence ayant donné lieu à la mort d'un manouvrier, âgé de soixante ans, qui, buveur émérite, avait demandé *la goutte* sans succès à un cabaretier. Après le refus qu'il avait éprouvé, comme il était libre dans la maison, il pénétra dans la cuisine, déboucha une bouteille et, sans examiner le liquide, avala environ 45 à 50 grammes d'ammoniaque, dont une partie avait été employée pour combattre la météorisation d'une vache. Les douleurs qu'il éprouva avant de succomber furent atroces.

Un fait qui, selon nous, présente de l'intérêt, est celui dont fut victime un élève en pharmacie de l'officine de M. P..., pharmacien à Batignolles. Ce fait peut faire connaître l'action de la vapeur d'ammoniaque sur l'organisme.

Voici ce fait : Une tourie d'ammoniaque ayant été livrée très-tard à M. P..., qui était absent de chez lui pour le service de la garde nationale, l'élève Pietri ne put seul la descendre à la cave; on la rangea dans un coin de l'officine; elle y resta sans qu'on s'aperçût d'aucune émanation. L'élève Pietri étant allé se coucher, qu'arriva-t-il? On n'en sait rien; mais la tourie se brisa, et la vapeur d'ammoniaque se répandit et arriva dans le lieu où était couché l'élève; celui-ci fut réveillé par un sentiment de constriction à la gorge et par une grande difficulté de respirer. A moitié réveillé, ne sachant tout d'abord à quoi attribuer ce qu'il éprouvait, il se précipita dans la pharmacie pour se gargariser avec de l'eau; mais il n'eut pas plutôt pénétré dans l'officine, qu'il se sentit suffoqué, et il eût infailliblement succombé, si une domestique, couchée près de là, attirée par des cris plaintifs, ne fût promptement accourue, et si on n'eût pas appelé à son secours le docteur Souchard.

Voici le rapport que fit ce médecin sur les suites de ce malheur : A notre arrivée sur le lieu de l'accident, l'élève Pietri était encore dans le corridor qui conduisait à la pharmacie; il était soutenu par quelques personnes. Notre premier soin fut de le faire transporter au grand air, dans une cour voisine, à l'abri de toute odeur ammoniacale. Sa posture et ses gestes témoignaient de la plus vive anxiété; la face, dont les traits étaient violemment décomposés, était le siége de plaques rouges, d'autant plus vives qu'elles se rapprochaient davantage des ouvertures naturelles; la muqueuse des narines et des lèvres était détruite; de la bouche et du nez s'écoulait une grande quantité d'écume sanguinolente, qui avait déjà sali la chemise; la langue, d'un rouge vif, semblait dépouillée de son épithélium; sur quelques points, elle était couverte d'une couche muqueuse blanche, que l'on aurait pu prendre pour des portions de fausses membranes; toute la cavité buccale présentait à peu près le même caractère. Le malade, dont nous ne pouvions obtenir que des sons d'une voix faible et mal articulée, n'accusait d'abord qu'une douleur cuisante à la gorge; mais cette douleur ne tarda pas à s'étendre à toute la poitrine; il y avait une gêne extrême de la respiration, une menace continuelle de suffocation; l'auscultation ne nous fit entendre qu'un râle tumultueux. La soif était excessivement vive, mais la déglutition presque impossible; les efforts que faisait le malade, pour avaler la boisson qui lui était présentée, provoquaient une toux pénible qui amenait, à intervalles assez rares, une expectoration de matières muqueuses. La peau était chaude, mais non pas très-sèche; le pouls faible, irrégulier et fréquent; point de mouvements convulsifs; les yeux étaient rouges et étincelants; le front, dont tous les vaisseaux étaient gorgés de sang, était brûlant au toucher. Nous n'hésitons pas un seul instant à pratiquer une large saignée, et nous eûmes la satisfaction de voir, sous l'influence de cette émission sanguine, disparaître le sang qui accompagnait l'expectoration, ce qui ne contribua pas peu à rassurer le malade.

Immédiatement après, M. Pietri ayant été transporté dans un lit que l'on venait de préparer dans un lieu convenable, nous eûmes recours à l'eau vinaigrée. Son ingestion, quoique pénible et fort douloureuse, ne tarda pas à nous en démontrer les heureux effets; car, à peine deux heures s'étaient écoulées au milieu d'angoisses difficiles à décrire, que l'auscultation nous fournit des signes plus satisfaisants. Ainsi, au lieu de ce bruit tumultueux, qu'il nous serait difficile de caractériser et que nous avions d'abord observé, nous pûmes reconnaître quelques points du côté gauche où la respiration, quoique encore pénible et *stertoreuse*, s'apercevait pourtant; tandis que du côté droit elle conservait tous les caractères connus. Le malade, néanmoins, paraissait en moins souffrir : son attention ne se portait que sur la gorge, et, en effet, la déglutition devint bientôt impossible. Grâce à une forte application de sangsues *loco dolente*, nous parvînmes de nouveau à combattre ce symptôme; les révulsifs, les frictions, les gargarismes astringents, les lavements purgatifs, les bains, complétèrent le traitement que nous crûmes devoir employer en cette circonstance.

Au bout de quarante-huit heures, nous pûmes déclarer que M. Pietri était sauvé. Pendant quelques jours encore, il nous présenta tous les caractères d'une bronchite aiguë avec expectoration abondante; il fut sujet à une aphonie complète pendant cinq ou six jours; mais cette aphonie cessa; il fut bientôt rétabli. (*Journal de chimie médicale*, 1840, p. 499.)

Percy (*Bulletin de la Faculté*, 1815) a fait connaître un fait analogue : le fils d'un pharmacien succomba par suite de la rupture d'un flacon rempli d'ammoniaque.

Les caractères de l'ammoniaque ne peuvent être confondus avec les caractères des autres toxiques. C'est un liquide incolore, d'une odeur particulière *sui generis*, d'une saveur urineuse lorsqu'il est étendu d'eau, caustique lorsqu'il est concentré; comme les alcalis, il verdit le sirop de violettes, ramène au bleu le papier de tournesol rougi; il fournit des vapeurs blanches avec l'acide azotique; ces vapeurs sont plus intenses avec l'acide chlorhydrique; traité par le chlorure de platine, il fournit un précipité jaune adhérent au verre.

L'antidote de l'ammoniaque est l'acide acétique, le vinaigre étendu d'eau; mais malheureusement son action étant d'une très-grande promptitude, elle désorganise les tissus avec une telle rapidité, que souvent les secours apportés sont inefficaces.

On a conseillé l'emploi de l'ammoniaque à petites doses (4, 6 et 8 gouttes) contre l'ivresse et ses suites; mais ce mode de traitement, qui a réussi dans un grand nombre de cas, a dans d'autres déterminé des surexcitations, qui font qu'on doit préférer le traitement indiqué par Masuyer, de Strasbourg, et qui consiste à administrer au sujet une préparation faite avec : eau sucrée, 100 gr.; acétate d'ammoniaque, de 12 à 15 décigr.

Nous avons vu d'heureux résultats de l'usage de cette préparation.

M. Prus a fait connaître le fait suivant : Un homme de soixante ans fut apporté, à neuf heures du matin, à l'infirmerie de Bicêtre *ivre mort*. Il prescrivit 4 gr. d'acétate d'ammoniaque dans un verre d'eau; avant que dix heures eussent sonné, le malade était revenu à son état habituel.

Nous le répétons ici, l'alcali volatil n'est pas un poison dangereux ; mais il peut être la cause d'accidents graves. Syster dit avoir vu un épileptique qui avait été secouru maladroitement dans un de ses accès, périr deux jours après avec tous les symptômes du croup. On reconnut, lors de l'autopsie, qu'il y avait eu formation de fausses membranes.

Fourcroy, dans l'*Encyclopédie méthodique*, a rapporté des accidents graves résultant de l'usage inconsidéré de l'ammoniaque mise en usage dans des cas de syncope.

Antimoine.

L'antimoine métallique n'étant pas toxique, nous renvoyons nos lecteurs à l'article *Préparations antimoniales*.

Arséniates.

Les arséniates sont un genre de sels résultant de la combinaison de l'acide arsénique avec les oxydes métalliques.

Une partie de ces sels se trouvent dans la nature; ce sont les arséniates de chaux, de cuivre, de fer, de cobalt, de nickel; d'autres sont des produits obtenus en combinant l'acide arsénique avec la potasse, la soude, l'ammoniaque. Ces derniers sont solubles dans l'eau. Certains de ces sels sont blancs; ceux de cuivre, de cobalt sont colorés.

Les arséniates présentent les caractères suivants :

1° Projetés sur des charbons ardents, ces sels se décomposent en exhalant l'odeur alliacée arsenicale; la décomposition qui se fait peu à peu est plus prompte, quand, à l'aide du chalumeau, on les traite au feu de réduction.

2° Si on les réduit en poudre et qu'on les mêle avec une petite quantité de charbon et d'acide borique, et qu'on les chauffe dans un tube fermé à l'une de ses extrémités, il y a décomposition, et l'on obtient dans le tube, au-dessus de la partie chauffée, un anneau métallique arsenical.

3° Amenés à l'état de dissolution et introduits dans un appareil de Marsh, dans lequel on a placé du zinc et de l'acide sulfurique étendu d'eau, et qu'on fait fonctionner à blanc, il y a décomposition, et on obtient de l'hydrogène arsénié, qui peut fournir des taches ou des anneaux distincts, selon qu'on reçoit le gaz en combustion sur des capsules ou dans des tubes chauffés pour décomposer l'hydrogène arsenié.

Les arséniates de potasse, de soude et d'ammoniaque donnent des précipités blancs floconneux dans les solutions de chaux et de baryte; un précipité bleu de ciel avec la solution de deutosulfate de cuivre; un précipité rouge brique avec le nitrate d'argent.

L'hydrogène sulfuré ne se comporte pas de la même manière avec les arséniates et avec les arsénites. Ajouté dans une solution d'arsénite avec un excès, il donne lieu à un précipité d'un beau jaune d'or soluble dans la potasse et dans l'ammoniaque; ajouté dans une solution d'arséniate, il ne la décompose qu'à la suite d'une action prolongée; le précipité qui se produit au bout d'un certain temps a une couleur jaune clair.

ARSÉNIATE DE POTASSE.

Ce sel, qui porte les noms de *biarséniate potassique*, d'*arséniate acide*, de *sel neutre arsenical de Macquer*, est employé dans quelques opérations industrielles; aussi est-il préparé par des fabricants de produits chimiques.

Ce sel cristallise en prismes à quatre pans, terminés par des pyramides tétraèdres. Il a, dit-on, une saveur prononcée, ensuite âcre et styptique; il est très-soluble dans l'eau, plus à chaud qu'à froid. A une température élevée, il se transforme en arséniate neutre, en décomposant la moitié de l'acide arsénique en acide arsénieux et en oxygène.

L'arséniate de potasse est formé pour 100 parties :

D'acide arsénique...............	70.95	1 atome
De protoxyde de potassium......	29.05	1 atome

Ses caractères distinctifs sont ceux que nous avons indiqués; il présente de plus, lorsqu'il est concentré, la propriété :

1° De précipiter la solution de bichlorure de platine en jaune orangé, ce qui distingue cet arséniate de l'arséniate de soude;

2° De fournir, avec la solution d'acide tartrique, un précipité blanc de crème de tartre.

Ce qui distinguerait l'arséniate d'ammoniaque de l'arséniate de chaux, c'est que ce dernier, traité par la chaux, donnerait naissance à des vapeurs ammoniacales.

Les auteurs qui ont écrit sur l'arsenic et sur les arséniates font connaître peu de cas d'empoisonnement par ce sel; l'un d'eux dit que M. Bouley jeune a administré de l'arséniate de potasse à sept chevaux qui auraient succombé. Nous pensons qu'il y a là erreur, car, *de visu*, nous savons qu'un fabricant de produits chimiques ayant livré à un charretier, sans l'avertir, 100 kilogrammes d'arséniate de potasse, divisés en quatre parties dans des sacs de papier, un de ces sacs s'étant percé, une partie de l'arséniate tomba dans le tonneau à avoine; les chevaux qui mangèrent de cette avoine succombèrent plus ou moins promptement (1).

L'auteur, en attribuant à M. Bouley l'empoisonnement de ces animaux, dit que ce savant a reconnu à l'autopsie des traces d'une vive inflammation dans l'estomac, les intestins et la vessie, et des ecchymoses dans le ventricule gauche du cœur. Les matières contenues dans le canal digestif d'un de ces chevaux, mort dans la nuit qui suivit l'empoisonnement, ne présentèrent *aucune trace d'arséniate*; ce qui tenait, suivant ce savant, à une abondante diarrhée dont le cheval avait été affecté. Sur un autre cheval, l'on trouva une déchirure du diaphragme près de ses attaches au sternum.

L'empoisonnement par imprudence de cinq personnes nous fut communiqué par M. Bialé (2).

M. D..., tanneur, préparait chez lui *de la soi-disant eau de Seltz*, en mettant dans une bouteille de l'acide tartrique et du bicarbonate de soude. Il avait acheté chez un droguiste divers produits chimiques dont il se servait pour les opérations faites dans son établissement. Parmi ces produits se trouvait 1 kilogramme d'arséniate de potasse, 1 kilogramme de bicarbonate de soude et de l'acide tartrique.

Dans la soirée du 17 juin, la température étant très-élevée, M. D... voulut préparer de l'eau de Seltz; mais, mettant la main sur le flacon à l'arséniate, au lieu de celui qui contenait le bicarbonate, il prit un fragment de ce sel qu'il tritura; puis il introduisit la poudre dans quatre à cinq bouteilles (environ le contenu d'un dé à coudre dans chaque bouteille); il ajouta ensuite de l'acide tartrique et de l'eau. Un caractère qui le frappa, c'est que le mélange ne présenta pas l'effervescence qu'il avait l'habitude de remarquer. Pensant que cette particularité était due à ce que l'eau n'était pas assez chargée, néanmoins il en versa dans plusieurs verres, dans lesquels on avait mis du sirop d'orgeat et qui étaient destinés à sa famille, à son contre-maître et à la femme de cet ouvrier. M. et Mme D..., leur fille âgée de quinze ans et la femme du contre-maître, qui venaient de dîner ou du moins qui avaient mangé dans la journée, n'en burent chacun qu'un tiers ou un demi-verre; mais le

(1) Ce fait démontre qu'il est toujours nécessaire de ne transporter les substances toxiques que dans des caisses ou dans des barils bien conditionnés et bien fermés.

(2) Voir le *Journal de chimie médicale*, 1843, p. 147.

contre-maître, qui était encore à jeun, but son verre en entier et d'un seul trait.

Peu d'instants après avoir pris cette fatale boisson, chacun de ces individus fut pris de vomissements plus ou moins violents, accompagnés de malaise et même de douleurs à la région épigastrique. Toutefois l'administration d'eau sucrée et de quelques tasses d'une infusion antispasmodique suffirent pour conjurer tous les accidents chez quatre d'entre eux; mais il n'en fut pas de même du contre-maître. C'est alors qu'on fit appeler M. Bialé, qui donna les soins à cet homme qui fut pris d'accidents de la plus intense gravité. Il éprouvait de violentes douleurs dans le ventre, de fréquentes éructations nidoreuses, de nombreux vomissements de liquides colorés en vert, de la bile, la face était grippée, le corps était baigné de sueurs. Dans les intervalles des vomissements, le corps se refroidissait, le pouls devenait petit et fréquent, la figure prenait une teinte violacée.

Un traitement calmant et antispasmodique fut administré, et ce n'est que trois mois après qu'il put, tout en éprouvant encore des symptômes de maladie, reprendre ses occupations.

Un cas de tentative criminelle d'empoisonnement par l'arséniate de potasse est le suivant :

Le 30 septembre 1844, le sieur L..., fabricant d'émaux, reçut un paquet enveloppé de papier jaune et ficelé. Ce paquet, qui portait son adresse, contenait deux bouteilles de *vin de Grenache*. Les bouteilles furent mises de côté.

Le 1er janvier, les époux L... réunirent leur famille à dîner. Les convives étaient au nombre de seize, et, dans ce nombre, il y avait des enfants. Mme L... servit au dessert du vin de Grenache qu'elle avait dans sa cave, préférant donner ce vin dont elle connaissait la qualité.

Après le départ des convives, le sieur L... apercevant les deux bouteilles, reprocha à sa femme de ne pas les avoir employées au dîner; il voulut s'assurer de la qualité de ce vin. Le goudron qui recouvrait l'une des bouteilles paraissait avoir été chauffé, puis pressé avec le pouce, comme si cette bouteille avait été ouverte et ensuite rebouchée. Ce fut celle-là qui fut ouverte par M. L.... Il mit dans sa bouche un quart de verre du liquide, en avala une gorgée et rejeta immédiatement le surplus, trouvant à ce vin une saveur amère qui lui fit éprouver de la répugnance. Mme L... goûta aussi de ce vin, mais n'en but qu'une très-petite quantité.

Pendant la nuit le sieur L... fut pris de coliques et de vomissements suivis d'une prostration générale accompagnée de somnolence.

Mme L..., bien plus tard, sur les onze heures du matin, éprouva les mêmes symptômes. Le médecin de la maison, qu'on envoya chercher et auquel on présenta la bouteille, fut frappé du peu de vin qui manquait dans ce vase. Il ne vit dans les accidents qu'éprouvaient les époux L... qu'une indigestion due au repas de la veille. Il ordonna au mari un bain de pied sinapisé, de l'eau sucrée acidulée avec du citron, et à la dame L..., une potion antispasmodique.

Le docteur emporta une petite quantité de vin; il n'en fit pas l'analyse, n'ayant pas à sa disposition les réactifs nécessaires. Il approuva toutefois l'idée qu'avait le sieur L... de faire sur un chien l'épreuve du liquide que contenait la bouteille.

Sur les quatre heures du soir, le sieur L... se trouvant un peu soulagé, se rendit en voiture chez son beau-père pour savoir si personne de la famille n'était indisposé. Le beau-père, ayant rassuré L... sur la santé de la famille; mais ayant remarqué l'altération profonde des traits de L..., il résolut de faire une expérience sur un chien. Un de ses ouvriers lui ayant procuré un chien de petite taille, on fit avaler à cet animal un peu de vin de la bouteille contenant le liquide suspecté. Au bout de dix minutes, ce chien ne pouvait plus faire de mouvements, et, quatre heures après, il expirait, à la suite de convulsions et de vomissements.

Les époux L... furent effrayés de ce résultat; ils se décidèrent à faire leur déclaration au commissaire de police du quartier, lui déposant les deux bouteilles, le papier d'enveloppe, la ficelle et l'adresse que portait le paquet. Le commissaire de police fit examiner le jour même une portion du vin pris dans la bouteille, vin qui avait déterminé les accidents, par M. Bourières, qui constata dans ce vin un composé arsenical.

Des soupçons s'étant élevés contre un sieur G..., il fut arrêté.

Nous fûmes alors chargé par un de MM. les juges d'instruction :

1° De l'examen des vins contenus dans les deux bouteilles envoyées le 31 décembre;

2° De l'examen du vin fourni à un nommé G..., inculpé;

3° De l'examen de vins saisis dans la cave d'un sieur G...;

4° De l'examen de vins saisis dans la cave du sieur L...

Nous nous fîmes assister par un dégustateur habile, M. Despaquit, et il fut constaté que tous ces vins étaient différents des vins que le sieur L... avait reçus le 31 décembre. Ces derniers vins étaient des vins de Grenache.

Par suite de l'analyse que nous fîmes de ces vins, nous constatâmes :

1° Que la bouteille de vin qui n'avait pas été débouchée n'était mélangée d'aucune substance toxique;

2° Que la bouteille qui avait été débouchée, et dont le vin avait été dégusté par le sieur L... et sa femme, renfermait une grande quantité d'arséniate de potasse (8 grammes par litre).

Une visite avait été ordonnée par M. le juge d'instruction dans le laboratoire du sieur G... Cette visite, faite par un pharmacien, n'avait eu aucun résultat.

Nous fûmes chargé de faire une seconde visite dans ce laboratoire, assisté du commissaire de police Martinet. Cette visite amena la découverte :

1° D'une solution d'arséniate de potasse;

2° D'un flacon contenant plusieurs kilogrammes d'arséniate de potasse.

C..., traduit aux assises de la Seine, fut acquitté (1).

D'autres produits contenant des arséniates pourraient donner lieu à l'empoisonnement; ce sont : le *vert de Vienne* dit *Kirchberger* ou de *métis* (arséniate de cuivre), le *vert Paul Véronèse* (arséniate de cuivre), préparé par un procédé non connu.

Nous avons indiqué les antidotes de l'acide arsénieux, et particulièrement l'oxyde de fer hydraté. M. Lassaigne, en 1834, publia que ses expériences lui avaient fait connaître qu'on ne pouvait tirer parti de cet oxyde hydraté pour combattre les empoisonnements par les arséniates et par les arsénites.

De l'arsenic.

S'il est un métalloïde qui ait attiré l'attention des chimistes et des toxicologistes, c'est assurément l'arsenic. Mais, avant tout, *il faut dire ici que, sous cette dénomination, on confond l'arsenic avec les produits qui participent de ce métalloïde. Ainsi, on dit qu'un individu est empoisonné par l'arsenic lorsque cet empoisonnement a été déterminé par l'acide arsénieux, par l'acide arsénique, par les sulfures, par les arséniates, par les arsénites, enfin par tous les produits arsenicaux.*

L'arsenic est connu de temps immémorial. Pline, Vitruve, Dioscoride en ont traité. Les Grecs et les Romains se servaient des sulfures d'arsenic et de l'acide arsénieux comme dépilatoires.

Au moyen âge, l'arsenic était bien connu. On dit qu'on s'en procurait avec facilité. Nul doute que cette substance toxique n'ait été l'agent principal d'un très-grand nombre de crimes. Cette application criminelle de l'arsenic s'est perpétuée, et elle n'a diminué, à l'époque actuelle, que par l'usage que les criminels ont fait du phosphore, qu'ils peuvent se procurer avec la plus grande facilité et sans contrôle.

L'arsenic a d'abord été considéré comme composé d'une matière subtile et d'une nature de soufre. Albert le Grand, au XIIe siècle, indiqua une méthode pour l'obtenir; Paracelse, au XVIe siècle, paraît l'avoir confondu avec l'acide arsénieux; Schrœder, en 1649, fit connaître un procédé pour le retirer de l'orpiment (sulfure d'arsenic) à l'aide du charbon et de la chaux; Brandt, en 1743, le signala comme étant un métal particulier. Il fut successivement

(1) *Journal de chimie médicale*, 1845, p. 524.

étudié par Macquer en 1746, Monnet en 1773, Scheele en 1775, Bergmann en 1777. Plus tard un très-grand nombre de chimistes, notamment Proust, Bachols, Berzélius, en ont fait le sujet de leurs recherches. L'histoire de ce métalloïde toxique, si elle n'est pas complète à l'époque actuelle, est bien près de l'être.

L'arsenic est très-répandu dans la nature, il se trouve uni à un grand nombre de minerais, soit à l'état natif, soit combiné à l'oxygène, au soufre, ou bien encore à d'autres métaux et formant des alliages. Sous ces divers états, il est très-abondant dans les dépôts métalliques de la Saxe, de la Bohême, de la Hongrie, du Hartz, de la Souabe. On le trouve à l'état natif en France, en gros mamelons, à Sainte-Marie-aux-Mines.

L'arsenic, dont la nature ne fut pas d'abord bien connue et qui ne fut considéré comme un métal que par Brandt, fut plus tard placé dans la quatrième section comprenant ceux qui peuvent absorber le gaz oxygène à la température la plus élevée, mais qui ne décomposent l'eau ni à chaud, ni à froid. Aujourd'hui, l'arsenic est classé dans les métalloïdes.

Les principaux minerais d'arsenic sont : *l'arsenic natif concrétionné*, *l'arsenic natif spéculaire*, *l'arsenic natif bacillaire*, *l'arsenic écailleux*, *l'arsenic amorphe*, *l'arsenic testacé*, *l'arsenic sulfuré jaune* (*l'orpin*), *l'arsenic sulfuré rouge* (*le réalgar*).

L'arsenic se trouve encore dans les minerais de cobalt, le *cobalt arsenical* et le *cobalt gris*, dans le mispickel (*minerai d'arsenic et de fer*).

Serullas, en 1820 et 1821, fit connaître et démontra que diverses préparations d'antimoine : 1° l'antimoine du commerce; 2° le sulfate d'antimoine; 3° le verre d'antimoine; 4° le sous-sulfate d'antimoine; 5° le kermès; 6° le soufre doré d'antimoine; 7° le foie d'antimoine; 8° l'antimoine diaphorétique; 9° l'oxyde sublimé, contenaient de l'arsenic; mais que ce métal ne se trouvait pas dans l'émétique ni dans le beurre d'antimoine. Aussi établissait-il que l'antimoine tiré de l'émétique ou du beurre d'antimoine devrait seul être employé pour la préparation des médicaments antimoniaux.

Les minerais d'antimoine, de bismuth, d'étain, de zinc contiennent aussi de petites quantités d'arsenic. Ces quantités sont, il est vrai, minimes dans le fer, dans la fonte (1).

On a aussi constaté la présence des dérivés de l'arsenic :

---

(1) Margraff avait établi que l'étain de Morlaix contenait un quatre-vingt-dixième de son poids d'arsenic (1 sur 89); mais Bayen, de son côté, faisait connaître que l'étain le plus impur n'en contenait jamais plus d'un sept centième (1 sur 700). Schauefèle a fait connaître : 1° que le zinc de France contient par kilogramme 0 gr. 004,26 d'arsenic; 2° que le kilogramme de zinc de Silésie en contient 0 gr. 000,97; 3° que le kilogramme de zinc de la Vieille-Montagne en contient 0 gr. 000,62; 4° que le kilogramme de zinc de Corphali en contient 0 gr. 000,38.

1° Dans l'acide phosphorique, dans les acides sulfurique, acétique, hydrochlorique, azotique, dans l'alun, dans les sulfates de soude, de fer, de cuivre, dans l'oxyde de fer, dans les acides sulfurique, chlorhydrique, acétique (1), dans les eaux minérales (2);

2° Dans des matières fabriquées, dans les bougies, dans des papiers et des tissus colorés en vert, dans des mélanges qui ont servi à faire des perles colorées qui composent des bracelets, dans le bleu d'azur. Il a été, par ignorance, employé pour laver les fromages et les préserver des vers, pour colorer des matières sucrées (bonbons), pour colorer des pains à cacheter.

L'on sait qu'il a été dit que l'arsenic existait dans les os, dans le corps de l'homme, et qu'on avait désigné ce toxique par le nom d'*arsenic normal*. Cette opinion, avancée par plusieurs confrères, fut pendant quelque temps le sujet de graves controverses; il fut ensuite démontré par M. Audouard, chimiste à Béziers, puis par l'expérience, que l'arsenic normal n'existait pas (3). Un médecin étranger, M. Schafhæutl, expliquait la présence de ce soi-disant arsenic normal dans l'économie, par le chaulage des semences, par l'enfouissement annuel d'une grande quantité de préparations arsenicales (4).

L'arsenic métallique présente les caractères que nous allons décrire. Il est d'un gris noirâtre, quelquefois irisé à la surface; il est d'un gris éclatant dans ses cassures récentes; sa densité, d'après Bergmann, était 5.763; à l'époque actuelle, elle est considérée comme étant de 5.17 à 5.18. Il se pulvérise aisément par la percussion. Exposé à l'action de la chaleur, il se sublime avant de se fondre; lorsqu'il est sublimé lentement sans ou avec le contact de l'air, il fournit de l'arsenic métallique ou de l'acide arsénieux cristallisé régulièrement; il n'a ni odeur, ni saveur perceptible. Projeté sur un charbon incandescent, il répand des vapeurs blanches qui ont une odeur alliacée.

L'arsenic brisé récemment et qui a une cassure brillante, exposé au contact

(1) L'arsenic et ses dérivés existant dans ces acides, il est facile de s'expliquer pourquoi on le trouve dans les sels préparés avec les acides arséniés.

(2) Robert Boyle, dans une publication du XVIIe siècle, qui a pour titre : *Memoirs for a natural history of mineral waters*, t. III, p. 495 et 520, établissait que l'arsenic peut se trouver dans les eaux minérales, ce qui, disait-il, n'a rien d'étonnant, car ce corps existe abondamment dans l'intérieur de la terre, d'où jaillissent ces eaux; mais qu'il est difficile d'en reconnaître la présence. Ce dire de Boyle fut confirmé par M. Tripier dans des eaux de l'Algérie dites les *bains maudits*, puis par M. Gobley et par moi dans plus de quatre-vingts des eaux minérales médicamenteuses.

(3) Voir le *Journal de chimie médicale*, 1841, p. 420 et suivantes.

(4) La démonstration de la non-existence de l'arsenic dans les os, dans les muscles, annoncée par M. Couerbe, puis par MM. Devergie et Orfila, a été le sujet de nombreuses discussions. Des expériences faites de nouveau par M. Orfila lui démontrèrent qu'il avait propagé une erreur. (Voir le *Traité de toxicologie* publié par M. Orfila en 1854, pages 544 et suivantes.)

de l'air, se ternit et devient d'un noir grisâtre. Ce changement est attribué à un commencement d'oxydation. Si on veut lui conserver le brillant métallique, on l'enferme dans des flacons remplis d'eau distillée qui a subi l'ébullition.

L'odeur alliacée caractéristique de l'arsenic suffirait pour faire reconnaître ce toxique. On peut cependant, pour ajouter à cette preuve, convertir par l'acide azotique le métal en acide arsénique, qui, avec le nitrate d'argent, donne de l'arséniate d'argent ayant une couleur rouge brique.

Si l'on prend une petite quantité de l'acide arsénique résultat du traitement par l'acide azotique par de l'eau distillée à 100 degrés, qu'on ajoute à cette dissolution de l'acide sulfureux et une petite quantité d'acide hydrochlorique, on obtiendra par un courant d'acide hydro-sulfurique passant dans ce liquide un beau précipité de couleur jaune soufre formé de sulfure d'arsenic, qui est soluble dans l'ammoniaque en fournissant une liqueur incolore.

L'arsenic a été le sujet d'une foule de questions d'un haut intérêt. La première, à mes yeux, est *celle de savoir si l'arsenic métallique est susceptible d'agir comme toxique*. Longtemps cette question a été résolue d'une manière négative. On se basait, pour répondre de cette manière, sur ce qui avait été publié. Ainsi, d'après Bayen, on avait donné à des chiens jusqu'à 4 grammes d'arsenic récemment préparé sans que leur santé ait été le moindrement altérée. Renault avait administré à ces animaux 8 grammes de mispickel, alliage d'arsenic et de fer; ils n'avaient eu ni nausées, ni vomissements, ni dérangement dans leur santé.

Ce qui nous porte à chercher à établir le contraire, c'est le résultat obtenu dans une affaire d'empoisonnement où nous dûmes opérer avec MM. Barruel et Orfila. Dans les expériences qui furent faites dans cette affaire, nous constatâmes que la matière extraite du cadavre de J. H..., soupçonné d'avoir succombé à un empoisonnement, était composée d'arsenic, d'oxyde de fer, de sable quartzeux et de mica; l'arsenic formait la moitié du poids de ce mélange, qui se présentait sous forme d'écailles ayant l'éclat métallique. Quelques-unes de ces écailles avaient la couleur grise de l'acier, tandis que d'autres étaient irisées. Une portion de cette matière administrée à un chien détermina les symptômes de l'empoisonnement par l'arsenic. (*Journal de chimie médicale*, 1839, p. 3.)

Batilliat a, dans le même journal, en 1840, page 33 (1), signalé un cas d'empoisonnement par l'arsenic métallique, arsenic qui fut trouvé dans une bouteille dans laquelle on avait mis du vin qui détermina des symptômes d'empoisonnement sur M. S... père et sur son fils; mais, dans ce cas, on peut

---

(1) La collection du *Journal de chimie médicale* doit être consultée par les toxicologistes, car elle contient, sur les cas d'empoisonnement, des faits qu'on ne peut trouver non-seulement dans aucun autre journal, mais encore dans les ouvrages de toxicologie publiés jusqu'à présent.

admettre que le vin avait pu agir sur l'arsenic et donner naissance à un composé arsenical.

Une autre question est celle de savoir si différents produits, par exemple le *sulfure d'antimoine*, qui dans quelques cas détermine des accidents analogues à ceux dus à l'arsenic, peuvent être attribués à l'arsenic. De nombreuses recherches que nous avons faites nous ont démontré, et cette année (1868) nous avons eu de nouveau la preuve, que du sulfure d'antimoine contenait de l'acide arsénieux, soluble dans l'eau à la température ordinaire. Relativement aux accidents observés et qui ont été causés par la *poudre aux mouches* : 1° à Rouen, sur cinq personnes qui avaient bu du vin qui avait séjourné sur cette poudre; 2° dans une autre localité, sur quatre personnes qui succombèrent après avoir mangé des poires sèches que l'on avait fait bouillir avec 24 grammes de mort aux mouches, il faut croire que ces accidents et que ces décès sont dus à l'acide arsénieux.

Cette assertion nous paraît fondée, car deux échantillons de poudre aux mouches traités par l'eau froide nous ont donné des solutions qui, avec l'appareil de Marsh, nous ont fourni des taches arsenicales; il est vrai que dans une autre expérience nous n'avons pas obtenu de taches.

Une autre question a été soulevée, c'est celle de savoir si l'arsenic ou ses dérivés existent dans le sol. Cette question doit être résolue affirmativement, car nous en avons trouvé dans des terrains qui n'avaient pas reçu d'engrais; nous en avons trouvé dans les terrains des environs de Paris; enfin nous l'avons trouvé dans un très-grand nombre d'eaux minérales des divers départements (plus de quatre-vingts) (1).

L'arsenic doit se trouver en plus grande quantité dans les terrains qui avoisinent les grandes villes, là où il existe un grand nombre de fabriques : cela s'explique.

L'arsenic et ses dérivés sont d'un usage beaucoup plus répandu qu'on ne le croit communément. La consommation annuelle de l'arsenic sous diverses formes est extrêmement considérable. Il est facile de l'évaluer avec assez de précision, attendu que tout ce que l'on consomme depuis l'abandon de quelques mines qui sont en France, nous arrive de l'étranger. Il résulte d'un relevé statistique fait sur dix années consécutives que la consommation annuelle est de 285,974 kilogrammes de composés arsenicaux, qui se confondent annuellement dans les détritus de la surface de la France.

En divisant cette masse énorme de substance vénéneuse dans les 54,008,560 kilomètres carrés qui forment la superficie de la France, on voit que chaque kilomètre en recevrait par an, si la répartition se faisait également, 53 grammes.

(1) Voir la notice historique sur la découverte de l'arsenic dans les eaux. (*Bulletin de l'Académie impériale de médecine*, t. XX, p. 554.)

Mais cela n'est pas, car il y a des localités où les produits arsenicaux ne sont pas ou sont peu employés.

Il y a, au contraire, des localités où l'emploi de l'arsenic dans les usines est très-considérable. On sait que depuis qu'on a employé des produits arsenicaux dans la préparation de la fuchsine (de 1862 à 1865), des faits graves dus à ces produits ont été signalés en Suisse, en Alsace, dans le département du Rhône, etc. En effet, des puits, des nappes d'eau, ont été empoisonnés par les eaux sortant de ces usines; des maladies graves ont atteint les habitants. Nous ne pouvons nous étendre sur ce sujet; nous renverrons nos lecteurs à un article spécial qui se trouve à la page 12 du tome XXV de la deuxième série des *Annales d'hygiène*.

Une autre question a été soulevée : elle a trait à la présence ou à l'absence de l'arsenic dans les terrains des cimetières, et sur ce qui pourrait en résulter dans un cas de suspicion d'empoisonnement par l'arsenic, si le cadavre était en contact avec le terrain de ces cimetières. Les expériences que nous avons faites avec Lassaigne ont démontré que la très-petite proportion d'arsenic qui se rencontre parfois dans certains terrains ne peut se transmettre à la matière qui y est enfouie; que cette matière y subit les diverses phases de la décomposition putride sans s'assimiler ce principe, et que l'opinion contraire est dénuée de fondement et erronée.

Ce résultat de nos expériences nous valut, de la part de M. Orfila, une lettre dans laquelle il établissait avec raison qu'il avait le premier fait connaître ce résultat. Il l'appuyait par de nouveaux faits, et réclamait la priorité de la constatation de ces faits. Nous insérâmes la lettre de M. Orfila (1), cela était de toute justice, dans le *Journal de chimie médicale*.

Une question qui a de l'intérêt est celle qui est relative à l'immersion dans l'eau pendant un certain laps de temps du cadavre d'une personne qui aurait été empoisonnée par l'arsenic, et à la recherche du poison dans le cadavre.

On a mis dans la Seine des cadavres de chiens empoisonnés par l'acide arsénieux, par l'acide arsénique, par l'émétique, par un mélange d'acide arsénieux et d'émétique. On avait eu le soin d'ouvrir le thorax et l'abdomen de ces animaux. Après vingt et un jours de séjour dans l'eau courante, on a procédé à l'examen de ces cadavres; on a procédé à la recherche du poison. Le résultat de la carbonisation des organes par l'acide sulfurique, le résultat du traitement du charbon sulfurique a été le même pour la découverte de l'arsenic que celui qu'on avait obtenu d'animaux non immergés et qui avaient été empoisonnés par les toxiques indiqués plus haut.

Voulant pousser plus loin les expériences, on a divisé et broyé dans un mortier les foies de quatre chiens empoisonnés par les acides arsénieux, arsé-

---

(1) Voir le *Journal de chimie médicale*, 1849, p. 328 et suivantes.

nique, par l'émétique, par l'acide arsénieux et l'émétique. On a traité ces organes successivement par l'eau froide et par l'eau bouillante, en les soumettant à des compressions fortes et réitérées. L'eau de lavage filtrée entraînait chaque fois de petites quantités d'arsenic ou de sel antimonial; mais en prenant le résidu, le soumettant à la carbonisation, on obtenait des proportions remarquablement plus fortes, des toxiques qui avaient servi à l'empoisonnement.

Une question que nous avons cru devoir résoudre, de concert avec le docteur Barthez, alors médecin en chef de l'hôpital du Gros-Caillou, c'était de savoir si nous retrouverions dans les urines des malades soumis au traitement des eaux de Vichy des traces de l'arsenic qui existe dans ces eaux.

Les expériences faites sur ces urines, expériences que nous avons fait contrôler par notre collègue Lassaigne, qui opérait sur un résidu pesant 88 gr. 5 centigr., n'ont pas permis d'obtenir la moindre trace du toxique arsenical. Nous n'avons pas été plus heureux en opérant : 1° sur le sang d'un malade qui avait pris sept bains et cent quatre-vingt-six verres d'eau : ce sang pesait 135 grammes; 2° sur une autre quantité de sang qui pesait 128 grammes.

Il ne faudrait pas induire de ce fait que l'arsenic ne passe pas dans les urines. On a constaté ce passage, et nous l'avons constaté nous-même, en opérant sur les urines d'un malade, le nommé Guerlaiger, traité par Martin Solon, et qui avait été soumis à l'administration de 1, de 2, et plus tard de 5 centigrammes de toxique.

Un des élèves de l'École de pharmacie, qui travaillait dans notre laboratoire, Guesnay, obtint, en opérant sur 1 litre d'urine d'un autre malade de Martin Solon, un anneau arsenical très-marqué.

Nous avons aussi reconnu que les matières fécales du malade Guerlaiger donnaient, par la carbonisation, par l'acide sulfurique et par l'appareil de Marsh, un anneau arsenical (1).

De ces essais, il résulte pour nous :

1° Que nous n'avons pu constater la présence de l'arsenic dans les urines et dans le sang de personnes qui avaient fait un assez long usage des eaux de Vichy en boisson et en bains;

2° Que nous avons reconnu que, lors de l'administration de l'acide arsénieux en dissolution, une partie de cet acide est expulsée par les urines, tandis qu'il s'en trouve une plus notable dans les matières fécales.

Il nous semble que ce dernier fait doit être le sujet de nouvelles expériences.

Relativement aux antidotes de l'arsenic, nous renverrons à ce que nous avons dit précédemment en traitant de l'acide arsénieux.

---

(1) Voir le *Journal de chimie médicale*, 1849, p. 286.

Antimoine, stibium, régule d'antimoine.

L'antimoine est un métal qui a été le sujet de nombreux travaux ; alchimistes, chimistes, médecins, tous l'ont pris pour sujet de leurs essais, de leurs recherches, de leurs espérances.

Basile Valentin, vers la fin du XVe siècle, donna les premières notions sur l'antimoine (1), et successivement un grand nombre de savants s'occupèrent de recherches sur ce métal; parmi ces savants on doit citer Lémeri, Meuder, Mauget, Geoffroy, Bergman, Scheele, Macquer, Rouelle, Serullas.

L'antimoine métallique pur est un métal d'un blanc d'argent; il a un très-grand éclat, une texture rayonnée lamelleuse; sa densité varie de 6.702 à 6.860; il est très-cassant, et peut facilement être amené à l'état de poudre. Si on l'expose à l'action de la chaleur, il se fond à une température voisine de la température rouge évaluée à 425 degrés; chauffé au contact de l'air, il brûle en répandant une fumée blanche inodore, qui se condense sur les corps froids sous forme d'aiguilles; ces aiguilles sont un *protoxyde d'antimoine.*

Traité à chaud par l'acide azotique, il est facilement attaqué et transformé en une poudre blanche insoluble, l'*acide antimonieux.*

Traité par un mélange d'acide azotique et chlorhydrique, à l'aide de la chaleur, il se dissout promptement en fournissant un chlorure; cette solution présente les caractères suivants :

1° Additionnée d'eau, il y a formation d'un précipité blanc de forme floconneuse; ces flocons sont solubles dans la potasse en excès;

2° Traitée par l'acide hydrosulfurique, ou par une solution d'un hydrosulfate, il y a formation d'un précipité jaune orangé;

3° Mise en contact avec une lame de fer ou de zinc, il y a réduction de l'antimoine, qui se présente sous la forme d'une poudre noire; celle-ci, par l'action de la chaleur, reprend le brillant métallique. L'antimoine que l'on trouve dans le commerce est rarement pur; il contient assez souvent du fer, du cuivre, du plomb, de l'arsenic. On peut constater la présence du plomb en traitant le métal par l'acide azotique à chaud; les azotates de cuivre et de plomb étant solubles dans l'eau, l'acide antimonieux ne l'étant pas, on recherche dans la solution la présence du plomb par les sulfates alcalins, celle du cuivre par les réactifs qui décèlent ce métal, le fer, l'hydrogène sulfuré, le ferrocyanure de potassium.

L'antimoine est curieux à étudier sous le rapport de ses propriétés. Signalé par divers auteurs comme un *violent poison*, il est considéré par d'autres

(1) Il publia un ouvrage ayant pour titre : *Currus triumphalis antimonii*, ouvrage qui fut commenté par Kerkringius dans le XVIIe siècle.

comme ne jouissant que de propriétés éméto-cathartiques. Orfila, ce savant qui a tant fait pour la toxicologie, et qui semble être oublié par ses contemporains et par ceux même qu'il a obligés, attribuait ses effets à l'arsenic qu'il contient, et peut-être à son oxydation et à sa transformation en un sel soluble dans le canal digestif. Ceci expliquerait le dégoûtant emploi qu'on faisait, comme purgatif : 1° de petites balles d'antimoine qui, désignées sous le nom de *pilules* perpétuelles, servaient aux familles ; 2° de verres ou gobelets en alliage d'étain et d'antimoine, dans lesquels le vin qu'on y laissait séjourner acquérait la propriété émétique ou purgative. A l'appui de cette explication, on sait que les Chinois font avec le sulfure rouge d'arsenic natif des vases dans lesquels ils laissent séjourner des acides végétaux employés comme cathartiques.

Sérullas, qui a fait de nombreux travaux sur l'antimoine et ses dérivés, a fait voir : 1° que dans l'antimoine du commerce il y a de l'arsenic ; 2° que les sulfures d'antimoine en contiennent ; 3° qu'il en existe dans le verre d'antimoine, dans le kermès, le soufre doré ; 4° qu'il n'en existe pas dans le beurre d'antimoine ni dans l'émétique ; 5° que l'antimoine pur, destiné aux préparations médicamenteuses, devrait être extrait soit de l'une ou de l'autre de ces deux préparations.

La présence de l'arsenic dans l'antimoine n'a pas empêché et n'empêche pas qu'on ne se soit servi de cet alliage en diverses proportions pour fabriquer des vases et instruments qui se trouvent en contact avec des préparations alimentaires, avec des boissons, et nous ne sachions pas qu'il y ait eu même de légers accidents déterminés par ces aliments.

Notre collègue, M. Girardin, a établi que *la poterie d'étain des ouvriers de Paris* contient 9 pour 100 d'antimoine ; que *le métal argentin de Paris* en contient 14 ; que *le métal du prince Robert pour couverts* en contient 15 ; que *le Pewter des Anglais pour vases à boire* en contient 7.16 ; que *le minofor pour ustensiles et couverts* en contient 17 ; que *le métal de la reine pour théières anglaises* en contient 6.88. Il est probable que l'arsenic que ces alliages contiennent n'est pas dangereux, parce que ce métal, allié à l'étain, est pour ainsi dire enveloppé par ce dernier, et qu'il ne peut être attaqué par les substances avec lesquelles il se trouve en contact.

Nous ne connaissons pas de bons et faciles procédés pour la séparation de l'antimoine et de l'arsenic, qui puissent permettre de déterminer la proportion de cet alliage ; cependant, on en aurait grand besoin. On sait bien qu'à l'aide de l'appareil de Marsh on peut obtenir des taches antimoniales, comme on obtient des taches arsenicales, et tout à la fois des taches d'antimoine et d'arsenic ; et nous avons eu, dans quelques cas, l'occasion de faire usage de l'appareil de Marsh modifié pour obtenir la séparation des deux métaux. Nous croyons être les premiers qui ayons indiqué, pour cette séparation, l'emploi de tubes contenant des fragments de porcelaine, pour condenser l'antimoine sur un point du tube, tandis que l'anneau arsenical se dépose plus loin et en avant de la porcelaine (1). Mais ce mode de faire, qui peut fournir des indices, ne nous semble pas présenter toutes les garanties qu'on peut exiger à ce sujet.

Bischoff a indiqué l'emploi de la liqueur de Labarraque pour séparer dans les taches l'antimoine de l'arsenic : l'arsenic se dissolvant, l'antimoine restant insoluble; M. Esseuvein, dans le *Répertoire de Buchner*, Z. R., t. XXVIII, page 91, établit l'exactitude de cette méthode.

M. Meisser, dans le *Journal für pr. chem.*, t. XXV, page 243, a proposé deux réactions; la première est la suivante :

Quand on a réduit le métal en brûlant le gaz, on place à une petite distance de la tache métallique une parcelle d'iode, qu'on chauffe de manière que la vapeur soit mise en rapport avec le métal et que l'iode soit absorbé; l'arsenic passe à la couleur jaune brillant, le produit est cristallisé, l'antimoine devient rouge et mat. Si les deux métaux sont mélangés, l'eau dissout la combinaison iodo-arsenicale et laisse insoluble la combinaison antimoniale.

La seconde consiste à faire passer le *gaz arsenico-antimonial* à travers un tube de Liebig à plusieurs boules dans lesquelles on place soit une dissolution de potasse caustique, soit de l'ammoniaque qui a été mêlé à de l'alcool; l'hydrogène antimonié est absorbé et communique à la liqueur une couleur foncée, tandis que l'hydrogène arsénié la traverse sans être altéré : la réaction est plus lente lorsqu'on emploie de l'ammoniaque; mais l'antimoine se précipite peu à peu de l'une et de l'autre de ces solutions, et la liqueur devient incolore.

M. Werckenroder oxyde le métal réduit dans le tube de verre même en y faisant passer un courant d'air atmosphérique, chauffant convenablement; l'acide arsénieux qui se forme est plus volatil que l'oxyde antimonique, et cristallise constamment en octaèdres microscopiques très-distincts; l'oxyde antimonique produit des cristaux prismatiques confus. On peut chasser entièrement l'acide arsénieux du tube; tandis que l'oxyde antimonique se suroxyde et donne lieu à une combinaison blanche et fixe $\ddot{S}.\ddot{B}$, qui s'attache au verre, et qu'on peut réduire ensuite en la chauffant dans un courant d'hydrogène; les parties du tube où se trouvait l'oxyde blanc deviennent noires.

Frésénius sépare les deux métaux dans le tube où ils ont été réduits, en agissant de la manière suivante : il fait passer un courant d'hydrogène sulfuré dans le tube, et chauffe légèrement la partie miroitante; les deux métaux se sulfurent; le sulfide arsénieux se sublime et forme, à une petite distance, un

(1) *Journal de chimie médicale*, juillet 1839.

dépôt jaune; le sulfate antimonique, au contraire, reste où il est, et devient noir.

Cela fait, il fait passer dans le tube du gaz acide chlorhydrique, et chauffe légèrement; le sulfure antimonique se convertit en chlorure, avec dégagement d'hydrogène sulfuré, et est entraîné par le gaz. On peut le recueillir dans l'eau pour le soumettre à un nouvel examen. Le sulfure d'arsenic reste sans subir aucun changement, et quand l'antimoine est entièrement chassé, on peut le dissoudre dans de l'ammoniaque caustique pour l'examiner séparément.

Nous ne connaissons ni nous n'avons trouvé dans aucun ouvrage des faits établissant que l'antimoine est un poison; il n'en est pas de même de plusieurs préparations médicamenteuses d'antimoine, dont nous parlerons à leur lieu et place; tels sont les chlorures, les oxydes, les sulfures, le tartrate de potasse et d'antimoine.

Argent.

L'argent métallique n'étant pas toxique, nous traiterons à l'article SELS les composés qui participent de sa combinaison avec les acides.

Arsénites.

Les arsénites sont les sels qui résultent de la combinaison de l'acide arsénieux avec les bases salifiables, avec les oxydes métalliques. Autrefois ces combinaisons salines étaient désignées par la dénomination de *foies d'arsenic* (FOURCROY).

Les arsénites neutres sont insolubles dans l'eau; mais il faut en excepter les arséniates d'ammoniaque, de potasse, de soude : les arséniates neutres peuvent devenir solubles en passant de l'état de sels neutres à l'état de sels acides.

Les arsénites se comportent comme les arséniates lorsqu'on les projette sur des charbons en ignition; ils sont décomposés, ils donnent lieu à une forte odeur alliacée arsenicale; calcinés dans un tube de verre après avoir été additionnés de charbon, il y a décomposition et on obtient à la partie supérieure du tube, soit de l'arsenic métallique, soit de l'acide arsénieux, s'il y a eu contact de l'air.

A l'état de solution, si on ajoute un acide à un arsénite concentré, il y a formation d'un précipité blanc d'acide arsénieux, précipité qui est dû au peu de solubilité de cet acide; si on ajoute une quantité suffisante d'eau, ce précipité disparaît, l'acide se dissolvant dans l'eau ajoutée.

Si on verse, dans une solution d'arsénite, de l'azotate d'argent, on obtient un précipité de couleur jaune clair; ce précipité, traité par l'acide azotique à l'aide de la chaleur, se dissout ; si on chasse l'excès d'acide par la chaleur et qu'on traite par l'eau, on obtient de l'arséniate d'argent dont la couleur rouge brique est caractéristique.

Si on ajoute à une solution d'arsénite soluble du deutosulfate de cuivre, on obtient un beau précipité vert qui est connu sous le nom de *vert de Schèele*.

Si on traite une solution d'arsénite additionnée d'un léger excès d'acide par l'hydrogène sulfuré, on obtient un précipité d'un beau jaune : le sulfure d'arsenic.

Une solution d'hydrosulfate donne lieu à la même réaction.

Le précipité de sulfure d'arsenic ainsi obtenu est soluble dans la potasse, dans l'ammoniaque, la solution qui n'est pas colorée est précipitée lorsqu'on sature l'alcali qui a servi à la solution par un acide.

Introduite dans un appareil de Marsh fonctionnant à blanc, on obtient, soit des taches, soit un anneau, selon qu'on emploie un *appareil à bec* ou un *appareil à tube*.

Nous avons dit que trois arsénites étaient solubles, ceux d'ammoniaque, de potasse, de soude : l'un de ces arsénites est employé dans l'usage médical, c'est l'arsénite de potasse connu sous le nom de *liqueur de Fowler* qui s'obtient en traitant 5 grammes d'acide arsénieux par 500 grammes d'eau distillée additionnée de 5 grammes de carbonate de potasse, faisant bouillir jusqu'à dissolution complète de l'acide arsénieux, laissant refroidir, ajoutant 15 grammes d'alcool de mélisse composé, puis la quantité d'eau nécessaire pour remplacer celle qui a été évaporée, de manière à obtenir 500 grammes de liquide, qui contient un centième de son poids d'acide arsénieux.

L'arsénite de soude peut-être différencié de l'arsénite de potasse et de l'arsénite d'ammoniaque, potasse, soude, en ce que traité : 1° par la chaux, par un excès d'alcali, il n'y a pas dégagement d'ammoniaque ; 2° par un acide pour précipiter l'acide arsénieux, filtrant et évaporant la solution, celle-ci, si l'on a agi sur de l'arsénite de potasse, donnera lieu par l'acide tartrique à de la crème de tartre, par le bichlorure de platine à du chloroplatinate de potasse.

ARSÉNITE DE CUIVRE.

L'arsénite de cuivre est une des couleurs les plus répandues dans l'industrie; on s'en sert pour les papiers peints, les papiers pour couvrir les boîtes, pour colorer certaines étoffes, pour les peintures à la colle, à l'huile, pour la préparation des couleurs en pains, des pains à cacheter, des jouets d'enfants; des fabricants s'en sont même servis pour colorer des matières sucrées, des dragées, des pastillages; c'est un produit des plus dangereux, et, en raison de ce danger, il a dû attirer l'attention de l'administration, *qui, quoiqu'on l'en blâme, doit veiller à la santé de tous* (1).

La nuance de l'arsénite de cuivre du vert arsenical varie assez souvent de teinte, ce qui, selon nous, tient à la nature et à la plus grande pureté des produits employés, aux proportions, à la nature des eaux, au mode de faire mis en pratique.

Le procédé de préparation indiqué par les auteurs est le suivant : on fait dissoudre, à l'aide de l'ébullition, 3 parties d'acide arsénieux dans 14 parties d'eau qui a été additionnée de 3 parties de potasse perlasse; la dissolution préparée, on la verse dans une solution à 100 degrés, qui a été préparée avec sulfate de cuivre, 3 parties dans 40 parties d'eau; on ajoute par portion et en agitant continuellement, laissant ensuite reposer, séparant le liquide clair, lavant le précipité avec de l'eau chaude, laissant reposer, décantant de nouveau, lavant une deuxième et une troisième fois, jetant sur une toile, laissant égoutter et faisant sécher à une douce chaleur.

Cet arsénite est un toxique; il est facile à distinguer des verts qui ne contiennent pas d'arsenic; en effet, projeté sur des charbons ardents, il se décompose en fournissant des vapeurs blanches arsenicales, *à odeur alliacée*, en laissant par résidu de l'oxyde de cuivre; traité par l'ammoniaque, il se dissout en fournissant une liqueur d'une belle couleur bleue ; si l'on sature cette liqueur pour l'acide chlorhydrique, il y a production d'un précipité blanc d'acide arsénieux ; si on le chauffe dans un tube après l'avoir mêlé avec du charbon, on le décompose et on peut obtenir et de l'arsenic et de l'acide arsénieux.

Introduit dans l'appareil de Marsh fonctionnant à blanc, il y a production d'hydrogène arsénié et de taches ou d'un anneau, selon l'appareil employé.

L'arsénite de cuivre, mêlé d'acétate de ce métal, constitue ce qu'on appelle le *vert de Schweinfurth*, qui possède aussi des propriétés toxiques, et qui est employé comme le vert de Scheele *à la coloration de divers tissus, étoffes, papiers, jouets d'enfants*, etc.

Ce toxique, traité par les moyens que nous avons indiqués plus haut pour la constatation de l'acide arsénieux, fournit les caractères qui peuvent mettre à même le chimiste de se prononcer sur la constitution de cet arsénite.

D'autres préparations de couleur verte participent de l'arsenic et du cuivre,

---

(1) M. le préfet de police, en octobre et en novembre 1855, publia deux circulaires sur les dangers des papiers coloriés pour envelopper les aliments; on blâma, au nom de la liberté, cette publication, qui, disait-on, rendait le commerce plus difficile. Si la mesure n'avait pas été prise par l'administration, on eût alors dit *qu'elle ne prenait aucune mesure pour garantir la santé publique contre les dangers causés par l'ignorance et par l'insouciance.*

ce sont : 1° le *vert de Vienne*, qui porte les noms de *vert de Kirchberger*, de *Mittis*;

2° Le vert dit *vert Paul Véronèse*, dont le mode de préparation n'est pas connu ;

3° Les *cendres vertes*, qui résultent d'un mélange d'arséniate et de sulfate de cuivre ;

4° Le *vert anglais*, qui est un mélange de vert de Scheele, de sulfate de baryte et de sulfate de chaux ;

5° Le *vert minéral*, résultant d'un mélange de vert de Scheele, de céruse, d'oxyde de cuivre, bleu de montagne et d'acétate de plomb (Girardin).

On conçoit qu'un vert étant donné, il serait facile de reconnaître l'arsénite de cuivre, la présence d'un sulfate soluble (sulfates de cuivre et de chaux), du sulfate de baryte, et enfin d'un sel plombique, l'acétate de plomb.

Les verts arsenicaux, et plus particulièrement le vert de Schweinfurth, ont été des causes de maladies observées chez les ouvriers qui travaillent à sa préparation; chez les ouvrières qui travaillent des étoffes coloriées avec ces verts, les fleuristes qui s'en servent pour imiter les feuilles, la verdure; et chez des personnes qui portaient des fleurs, des bracelets colorés par les verts arsenicaux.

On a eu à constater des cas d'empoisonnement déterminés par des papiers qui avaient servi à envelopper des substances alimentaires, du chocolat, du tapioca; par des bonbons coloriés par le vert de Scheele (1).

Les empoisonnements par le papier vert arsenical, servant à envelopper des substances alimentaires, ont été, à notre connaissance, peu nombreux. Dans l'un de ces cas, un enfant a été très-malade; on avait craint qu'il ne succombât. Cet enfant avait sucé une tablette de chocolat qu'on avait entourée en partie du papier arsenical enveloppant le chocolat, et il avait sucé en même temps la matière colorante.

Les empoisonnements par les couleurs en pains carrés, que l'on met entre les mains des enfants, sont plus nombreux; ils ont été constatés à Saint-Denis par les docteurs Jozeau, Beaurepaire et Leroy-Desbarres ; à Esslingen, par le docteur Spaeth ; à Berlin, par le docteur Lewinstein; à Édimbourg, par le docteur Stewart-Trail ; en Angleterre, par le professeur Alfred Taylor.

(1) On pourrait croire qu'il y a ici exagération; mais les faits sont bien positifs. Ils ont été constatés à Paris, en 1827, par J.-P. Barruel et par M. Tripier; en 1829, par Gaultier de Claubry et par le commissaire de police du quartier de la Sorbonne, qui opéra la saisie; en 1830, par M. Desfosses (de Besançon); en 1838, à Épinal (Vosges); en 1841, par M. Audouard (de Béziers) : un officier de santé, le régent d'un collége et un enfant succombèrent par suite de l'ingestion de ces bonbons; en 1842, par M. Thierfelder, à Meissen (Saxe); en 1844, par M. Dupasquier, à Lyon. En 1847, en Belgique, le même fait fut constaté; un enfant succomba.

Les empoisonnements par les pains à cacheter ont été constatés à Arras, en Angleterre; on a trouvé à Paris, chez un épicier, rue Damiette, des pains à cacheter coloriés par le vert de Schweinfurth; on en a saisi chez des marchands à Poitiers (Malapert); il a, dans tous ces cas, été impossible de remonter à l'origine.

Les empoisonnements par les jouets d'enfants ont été constatés à plusieurs reprises, et, malgré les avis donnés par l'administration, on trouve encore : 1° des jouets dits *mirlitons*, dont on ne peut faire usage sans risquer de s'ingérer de l'arsénite de cuivre; 2° des petites voitures peintes en vert arsenical, *à la colle*, qui sont des *jouets dangereux*.

On a été à même de constater la présence de l'arsénite de cuivre : 1° dans un gâteau dit *pièce montée* (Stanislas Martin); 2° dans la graisse servant à décorer *une hure de sanglier*, servie à un déjeuner chez M. L..., avocat; 3° dans des pruneaux vendus à une dame X..., on s'assura que l'arsénite de cuivre était dû à ce que ces pruneaux avaient été en contact avec une étiquette en carton recouverte de papier arsenical, dans du tapioca.

En 1848, en Angleterre, M. Hetley, chirurgien de l'infirmerie de Sainte-Mary-le-Bone, fut appelé pour donner des soins à onze personnes qui avaient mangé des gâteaux contenant du vert arsenical.

Le rédacteur du journal qui a signalé ce cas faisait connaître que des pâtissiers, à Londres, se servaient de produits toxiques, malgré les avis donnés par la presse et par les journaux de médecine.

Nous avons dit que des ouvriers, en préparant divers objets colorés par le vert arsenical, étaient atteints d'accidents plus ou moins graves; nous avons vu des ouvriers préparant le papier vert, des ouvrières préparant les fleurs artificielles, des couturières travaillant des gazes coloriées par le vert arsenical, atteints d'éruptions, de vésicules, de pustules, quelquefois suivies d'ulcérations très-douloureuses, de gonflements érythémateux, mais ces phénomènes, locaux seulement, ne sont pas aussi dangereux qu'on a cherché à le faire croire (1).

Gmelin et Louyet ont prétendu que l'habitation dans des appartements tapissés en papier vert arsenical pouvait, sous l'influence de l'humidité, être la cause d'accidents graves, par suite d'émanations arsenicales. Ces faits sont sujets à controverse, et ils exigeraient des expériences pour établir si tout ce qui a été dit à ce sujet est vrai.

L'arsénite de cuivre a été l'objet d'expériences qui ont démontré qu'à des

---

(1) En effet, dans deux cas de décès, on a, contrairement à notre opinion et à un rapport du docteur Béhier, attribué ces décès à un empoisonnement par le vert arsenical. Nous croyons avoir émis une idée vraie, cette idée étant le résultat d'une étude sévère des faits, qui démontraient que la mort n'était pas due au vert arsenical.

doses très-peu élevées c'est un violent poison (Meurer). Les antidotes de ce poison sont : l'hydrate de peroxyde de fer, la magnésie.

Nous aurions encore beaucoup à dire sur ce toxique, que l'on trouve partout sous toutes les formes; mais nous renvoyons à ce qui a été publié dans les *Annales d'hygiène et de médecine légale*, t. XXXVIII, p. 90, et t. X, 2e série, p. 341; enfin dans le t. II, 2e série, et dans les publications faites par M. Blanchet, *Journal de médecine de* M. Beau, t. III, p. 112, et par M. Follin, *Archives générales de médecine*, décembre 1857.

Barite, baryte, oxyde de baryum, oxyde barytique.

La baryte n'est pas un des toxiques usités; cependant, on connaît quelques cas d'empoisonnement qui lui ont été attribués.

La baryte, à laquelle avaient été donnés les noms de *terre pesante*, de *terre spathique*, de *barote* et de *barite*, par Bergman et par Kirwan, fut longtemps considérée comme une matière terreuse. Fourcroy la plaçait parmi les alcalis; mais, depuis les travaux de Davy, elle est rangée parmi les oxydes métalliques. La baryte a été, pendant longtemps, confondue avec la terre calcaire, même par Margraff. Monnet, en expérimentant sur le spath pesant, dont on l'extrait, avait déjà constaté des caractères qui devaient la différencier d'avec les terres calcaires. On doit attribuer sa découverte, c'est-à-dire les expériences qui démontrèrent cette différence, à Gahn et à Scheele (1774), les travaux de ces savants furent confirmés et développés par Hope, en Écosse ; par Fourcroy, Pelletier et Vauquelin, en France.

La baryte ne se trouve jamais à l'état de pureté dans la nature, mais combinée aux acides, et formant des sels : le carbonate, que Withering désigna par le nom de *witherite;* le sulfate, désigné par le nom de *spath pesant*.

La baryte s'obtient soit en traitant le carbonate par l'acide azotique décomposant l'azotate obtenu par la chaleur, soit en convertissant le sulfate de baryte en sulfure de barium par le charbon à l'aide de la chaleur, traitant la solution de sulfure par l'eau, puis par l'acide azotique ; faisant évaporer pour obtenir l'azotate, qui est ensuite amené par la chaleur (par calcination) à l'état d'oxyde de barium.

La baryte obtenue de la décomposition de l'azotate est anhydre, poreuse, d'un blanc grisâtre; sa saveur est âcre et très-caustique; elle est infusible au feu de foyer ordinaire, mais elle se fond par la chaleur développée par la combustion d'un mélange d'hydrogène et d'oxygène; elle verdit le sirop de violettes, ramène au bleu le papier de tournesol rougi; exposée au contact de l'air, elle en attire l'humidité; elle se délite et absorbe de l'acide carbonique. Si on la traite par une petite quantité d'eau, elle s'échauffe, fait entendre un certain bruit, se réduit en une poudre fine et blanche qui, par une nouvelle quantité d'eau, durcit.

L'eau distillée à 15 degrés en dissout 5 pour 100; à 100 degrés, elle en dissout 10. La solution obtenue par l'eau à cette température laisse déposer, en se refroidissant, des cristaux lamelleux d'hydrate de baryte.

La solution de baryte, connue dans les laboratoires sous le nom d'*eau de baryte*, est un réactif souvent employé; elle possède les caractères distinctifs suivants :

1° Elle a une saveur âcre et caustique; elle fait passer au bleu le papier de tournesol; elle verdit le sirop de violettes;

2° Additionnée soit d'acide sulfurique, soit d'un sulfate, il y a formation d'un précipité blanc pulvérulent très-pesant (sulfate de baryte), qui se dépose promptement, précipité qui est tout à fait insoluble dans l'eau et dans les acides;

3° Traitée par une solution d'acide chromique ou de chromate de potasse, il y a formation d'un précipité de chromate de baryte insoluble;

4° Saturée par l'acide chlorhydrique et évaporée à siccité, le résidu, traité par l'alcool affaibli, donne naissance à un liquide qui brûle avec une flamme de couleur jaune.

On pourrait, si on n'apportait pas le soin convenable, confondre la solution aqueuse de strontiane avec la solution aqueuse de baryte; mais des caractères différentiels, qui sont les suivants, peuvent permettre de ne pas commettre d'erreur :

1° La solution de strontiane donne, avec l'acide sulfurique, un précipité qui est floconneux; si la solution est très-étendue d'eau, il n'y a pas formation de précipité;

2° La solution de strontiane n'est pas précipitée par l'acide chromique pur, ni par le chromate de potasse;

3° Saturée par l'acide chlorhydrique, évaporée à siccité, puis reprise par lcool faible, l'alcool provenant de cette opération, au lieu de brûler avec ne flamme jaune, brûle avec une flamme rouge.

De la recherche du poison.

Les expériences à faire dans les cas d'empoisonnement par la baryte présentent des difficultés pour le toxicologiste. En effet, on sait que les liquides de l'économie, la salive, etc., contiennent des sels et des substances qui peuvent réagir sur la baryte et donner lieu à des composés nouveaux; il faut donc tenir compte de ces modifications.

Quoi qu'il en soit, voici le mode d'opérer : on recueille les liquides de l'estomac; on lave avec de l'eau distillée les parois de cet organe; on met le tout dans un vase transparent, pour reconnaître s'il y a formation d'un dépôt, qui pourrait être soit un carbonate, soit un sulfate, soit un composé participant de la baryte et d'une matière organique; les deux premiers se précipitent sous forme pulvérente; le dernier donne lieu à un précipité floconneux.

S'il y a dépôt, on le recueille, on le lave, puis on l'examine. Si on a affaire à un carbonate de baryte, on le traite par une quantité convenable d'acide chlorhydrique, qui le dissout avec effervescence; le produit du traitement, qui a été privé de l'acide en excès par une évaporation convenable, est repris par l'eau, si on a affaire à du chlorure de barium, il est facile de le reconnaître par les réactifs usités, l'acide sulfurique, les sulfates, le traitement par l'alcool, la combustion de ce dernier.

Si le précipité est insoluble, on peut avoir affaire à un sulfate; il faut alors, pour s'en assurer, le mêler à une petite quantité de poudre fine de charbon végétal, en ajoutant un peu d'huile, pour en faire un mélange homogène; puis calciner le tout dans un petit creuset. Si on a affaire à du sulfate de baryte, ce sel se transforme en sulfure de barium, qui est soluble dans l'eau; ce sulfure, filtré et traité par l'acide chlorhydrique, puis évaporé, fournit du chlorure de barium, qu'il est facile de reconnaître.

Il est bien entendu que les liquides desquels on a séparé les précipités, lorsqu'il en existe, sont examinés pour reconnaître s'ils contiennent de la baryte en solution; les opérations à mettre en pratique sont les mêmes que celles indiquées pour reconnaître l'eau de baryte.

Si l'on a obtenu, en même temps, un précipité pulvérulent et un précipité floconneux, on sépare ce dernier par décantation; on fait évaporer le liquide; on calcine le résidu, on le carbonise et on l'incinère; puis on recherche sous les cendres s'il existe ou non de la baryte.

Pour compléter l'opération et pouvoir se prononcer avec certitude sur la présence ou l'absence du toxique, on prend les parois de l'estomac; on les soumet à la dessiccation, à la carbonisation, puis à l'incinération; on recherche ensuite dans les cendres s'il y existe soit de la baryte, du carbonate, du sulfate ou du sulfure.

On peut opérer de la même manière sur les autres organes du sujet empoisonné par ce toxique.

Dans diverses expériences que nous avons faites comme recherches, nous traitions par l'acide sulfurique; nous faisions évaporer, puis carboniser à vase clos; nous recherchions ensuite si le résultat de cette opération fournissait du sulfure de barium.

Les symptômes de l'empoisonnement par la baryte n'ont été constatés que sur les animaux. Voici ce qui a été dit à cet égard. L'ingestion de ce poison détermine des nausées, des vomissements avec de violents efforts, vertige, insensibilité, état d'affaissement, puis mouvements convulsifs partiels ou généraux. Ces convulsions cessent momentanément, puis reparaissent avec une plus grande intensité; les battements du cœur sont extrêmement fréquents;

la respiration est momentanément suspendue; les pupilles sont dilatées; l'animal tombe dans un état d'immobilité et d'insensibilité; puis il succombe. Quelquefois des paralysies se manifestent. On a constamment trouvé des traces d'une inflammation intense de la partie avec laquelle le poison a été en contact (Orfila).

A la dose de 2 à 4 grammes, la baryte a paru devoir être un toxique.

Nous ne connaissons qu'un seul cas d'empoisonnement sur l'homme par la baryte; il a été observé en Angleterre; mais nous n'avons pu obtenir certains détails que nous avions demandés. Voici ce fait. Le nommé Thomas Hicks, employé depuis trente ans dans la maison de MM. Wolcmann, souffrait beaucoup d'un rhumatisme. La maîtresse d'hôtel, désirant le soulager, alla chercher de la fleur de soufre chez un pharmacien-chimiste nommé Hiltz, et elle la fit prendre au malade. Peu après l'ingestion, Hicks devint plus malade; on constata qu'il subissait les effets d'un poison irritant (la baryte). Toutes les médications ordonnées furent inutiles, et Hicks succomba.

M. Hiltz, accusé de ce malheur, déclara qu'il n'avait point de baryte chez lui; le jury, néanmoins, rendit un verdict d'après lequel il attribuait la mort de Hicks à la substitution de la baryte pure ou préparée pour les flammes vertes d'artifices à la fleur de soufre, qui avait été demandée, et il fit entendre à cet inculpé les blâmes les plus sévères pour son peu de soin.

Il est probable que ce n'est pas de la fleur de soufre qui avait été demandée, mais du *soufre précipité*.

Les antidotes à administrer dans les cas d'empoisonnement par la baryte sont la limonade sulfurique, les sulfates alcalins (les sulfates de soude, de magnésie).

Carbonate de baryte, carbonate barytique; witherhite.

Le carbonate de baryte est ou naturel, ou obtenu par la précipitation des sels solubles de baryte par un carbonate alcalin, recueillant le précipité, le lavant exactement et le faisant sécher. Le carbonate natif se trouve dans la nature, cristallisé, affectant des formes diverses de pyramides dodécaèdres, octaèdres et hexaèdres; mais, selon Berzelius, la forme primitive paraît être le prisme hexaèdre. Ce carbonate naturel a été le sujet de nombreux travaux dus à Kirwan, à Klaproth, à Hoppe, à Pelletier, à Fourcroy, à Vauquelin; il a dû fixer l'attention des toxicologistes, parce que c'est un poison qui, n'ayant pas de saveur sensible, pourrait être ingéré sans que la victime s'en aperçoive.

Le carbonate de baryte est très-peu soluble dans l'eau; l'eau froide n'en dissout que 1 gramme pour 4,300 grammes et 3,200 grammes lorsque l'eau est à 100 degrés; il est entièrement insoluble dans une liqueur chargée de sels. Malgré cette faible solubilité, il est démontré que ce sel est toxique, et qu'on l'a employé avec succès pour détruire les animaux rongeurs.

Nous n'avons trouvé qu'un seul fait d'empoisonnement dans l'espèce humaine. Ce fait a été consigné, en 1834, dans le numéro d'octobre de la *Medico-chirurgical Review* :

Une jeune femme, supposée être sous l'influence d'une affection morale, était restée vingt-quatre heures sans manger, lorsqu'elle but une pleine tasse d'eau dans laquelle elle avait mis une assez grande quantité de carbonate de baryte; elle ne trouva au mélange aucun goût particulier. Ayant fait connaître, peu de temps après, ce qu'elle venait de faire, on la fit vomir. Deux heures après, elle éprouva, pour la première fois, une obscurité de la vision, suivie de diplopie, de tintements d'oreille, de céphalalgie, de battements dans les tempes; la malade se sentait comme gonflée par du gaz, éprouvait de la pesanteur à la région épigastrique, et des palpitations. Quand elle fut couchée, elle accusa d'abord de la pesanteur dans les jambes et dans les genoux, des crampes dans les mollets; elle vomit à deux reprises un mélange d'eau et de carbonate de baryte. Ce dernier se déposait au fond du liquide.

La peau devint tiède et chaude; le visage s'injecta; le pouls donna 80 pulsations, devint plein et dur; on prescrit le sulfate de magnésie à doses répétées. Pendant la nuit, il y eut cinq selles; la malade fut privée de sommeil par la persistance des symptômes cérébraux indiqués plus haut; le lendemain, la peau était couverte d'une légère sueur; la malade éprouvait des douleurs au pharynx; la langue est humide, recouverte d'un enduit blanchâtre.

Les deux jours suivants, les crampes devinrent plus intenses et occupèrent tous les membres, qui étaient douloureux au toucher, et faisaient éprouver une sensation de pesanteur. Ces symptômes diminuèrent avec lenteur et persistèrent longtemps : la céphalalgie, la douleur du côté gauche et de l'épigastre, des palpitations violentes et d'une longue durée, furent les symptômes qui cédèrent en dernier.

Les caractères distinctifs du carbonate de baryte sont les suivants :

1° Chauffé au chalumeau sur une lame de platine, ce sel se fond et se convertit par la fusion en un verre limpide, qui, en refroidissant, présente l'aspect d'un émail de couleur blanche. Si on le chauffe sur un charbon, il finit par présenter une vive effervescence avec projection, et se décompose en laissant de la baryte caustique.

2° Traité par les acides nitrique et hydrochlorique étendus d'eau, il y a dissolution avec effervescence; la dissolution étendue d'eau précipite par l'acide sulfurique et les sulfates solubles; le précipité est du sulfate de baryte.

Les antidotes du carbonate de baryte sont les dissolutions des sulfates alcalins.

Chlorure de baryum, chlorure barytique (BERZELIUS), **hydrochlorate de baryte, muriate de baryte, sel marin à base de terre pesante, sel marin pesant, baryte muriatée ou salée.**

Le chlorure de baryum, qui a porté tous ces noms, s'obtient soit en traitant le sulfate de baryte, réduit en une poudre très-fine par le charbon, à l'aide de la chaleur, dans un creuset; obtenant ainsi du sulfure de baryum qui, soluble dans l'eau, est traité par l'acide chlorhydrique donnant lieu à du chlorure de baryum, qui doit être purifié par la calcination, le traitement par l'eau et la cristallisation.

Soit en suivant le procédé de Buckholz, en faisant fondre du sulfate barytique naturel, réduit en poudre fine par la lévigation, avec la moitié de son poids de chlorure de calcium calciné d'avance; la masse fondue est pulvérisée et traitée par l'eau bouillante; on *filtre rapidement la liqueur;* le sulfate de chaux reste indissous; le chlorure barytique passe avec le liquide. Si on laissait les deux sels ensemble, il y aurait décomposition du chlorure.

Soit encore en traitant le carbonate par l'acide chlorhydrique, filtrant, faisant évaporer et cristalliser.

Le chlorure de baryum fournit des lames ou des prismes à quatre pans très-larges et peu épais; sa saveur est âcre et piquante; exposé au contact de l'air, il ne subit pas d'altération; soumis à l'action de la chaleur, il décrépite, perd son eau de cristallisation et se fond ensuite.

Traité par l'acide sulfurique hydraté, il se décompose à froid, avec effervescence, en donnant lieu à des vapeurs blanches d'acide chlorhydrique.

Traité par l'alcool affaibli, il fournit une solution alcoolique qui brûle avec une flamme qui a une teinte jaunâtre.

La dissolution de ce sel dans l'eau est précipitée :

1° En blanc par l'azotate d'argent; le précipité, insoluble dans l'acide azotique, est soluble dans l'ammoniaque (*indication d'un chlorure*);

2° En blanc par les carbonates et par l'acide sulfurique, par les sulfates; le précipité obtenu par les carbonates est soluble lorsqu'on le traite par un excès d'acide azotique; le précipité obtenu avec l'acide sulfurique et les sulfates est insoluble;

3° Le chromate de potasse donne lieu à un précipité jaune citron.

L'eau à + 15 degrés en dissout 34.86 pour 100; l'eau à 105 degrés, point de l'ébullition de la solution saturée, en contient 78 pour 100.

La solution de chlorure de baryum est un des réactifs les plus employés pour reconnaître dans un liquide la présence soit de l'acide sulfurique, soit des sulfates.

Le chlorure de baryum doit être considéré, donné à de certaines doses, comme un toxique; les expériences de M. Brodie, celles dues à Orfila, ont démontré que c'est un poison énergique; qu'injecté dans les veines, introduit dans l'estomac, appliqué sur la peau, il détermine d'abord une irritation locale, puis la coagulation du sang et des convulsions mortelles. D'après M. Brodie, il agit aussi sur le cœur, qu'il rend insensible au stimulant du sang; cet auteur dit que quelques *grains* peuvent suffire pour produire cet effet sur les chiens. Il faut le dire, les expériences n'ont été faites que sur les animaux. Un seul exemple de son action sur l'homme a été publié; cet homme avait pris *une once* (30 gr.) de ce sel; il y eut sentiment de brûlure, vomissements, convulsions, céphalalgie, surdité, et mort au bout d'une heure.

Le chlorure de baryum est cependant employé comme médicament. Crawfort est le premier praticien qui l'ait expérimenté. Cet exemple fut peu suivi, et pendant longtemps ce médicament fut peu usité, quoi qu'on l'ait considéré comme utile contre les engorgements glanduleux, le carreau, le rachitis, les obstructions du foie, les affections muqueuses des poumons et de l'estomac, les exanthèmes chroniques, la phthisie, la syphilis, les ulcères, l'ophthalmie de nature scrofuleuse, les vers intestinaux; on le donnait dissous dans un liquide mucilagineux à la dose d'un huitième et d'un quart de grain d'abord, élevant successivement la dose graduellement jusqu'à celle de 2 à 3 grains par jour (de 1 décigr. à 15 centigr.). Les auteurs indiquaient que son usage devait être surveillé, ce sel étant susceptible de donner lieu à des angoisses, des vomissements, des selles, des vertiges et à d'autres accidents.

Pirondi, de Marseille, a donné jusqu'à 2 gros (7 gr. 81) de ce sel par jour contre les affections scrofuleuses. M. Lisfranc l'a employé contre les tumeurs blanches à la dose de 6, 12 et 18 grains par jour. Payen le donnait à la dose de 2 à 3 grains en vingt-quatre heures dans un véhicule de 24 onces.

On a conseillé contre les accidents déterminés par ce sel le blanc d'œuf battu dans l'eau (Lisfranc), le vin sucré (Pirondi). *Les véritables antidotes de ce sel sont les sulfates de soude de magnésie à doses purgatives.*

Nous avons indiqué, en traitant de la baryte, à la page 170, les procédés à mettre en usage pour rechercher la présence de la baryte; ils sont applicables à la recherche du chlorure de baryum; seulement, la première opération à recommander, c'est de rechercher dans les liquides aqueux trouvés dans l'estomac ou qui sont le résultat du lavage de cet organe, et dans ceux des autres organes, si ces liquides filtrés sont précipités par les sulfates ou par l'acide sulfurique, et quelle est la nature du précipité.

Cette recherche peut être mise en pratique sur les liquides filtrés sans avoir subi l'action de la chaleur, et sur les liquides qui auraient subi l'ébullition.

Cobalt.

Le cobalt, qui a été aussi nommé *cobolt*, est un métal peu connu des anciens comme tel, mais à cause de ses propriétés de donner au verre des colorations bleues, mentionnées par Paracelse. Il fut signalé comme un métal nouveau par Brandt en 1747.

Le cobolt, *la mine de cobalt*, *la poudre aux mouches*, qu'il ne faut pas confondre avec le cobalt métallique, est de l'arsenic natif, poison excessivement violent. Aucun auteur ne signale le cobalt comme toxique, mais il n'en serait pas de même de ses sels : le protoxyde pur aurait été essayé contre les rhumatismes, et on a établi qu'à la dose de 5 décigrammes à 1 gramme, il était susceptible de déterminer des vomisssements. Gmelin a constaté que les sels de cobalt, même appliqués sur le tissu cellulaire, agissent à la manière des poisons irritants.

C'est à l'aide du cobalt qu'on obtient le *smalt*, *le bleu d'azur ou de smalt*, *dit bleu de Saxe*, *bleu d'émail*, *bleu d'empois*, *verre de cobalt*, dont on se sert pour donner une teinte azurée au linge, aux différents tissus, à la pâte du papier, pour préparer un empois de couleur bleue. Ce bleu contient quelquefois de l'arsenic, ainsi que l'a constaté M. Octave Briffault, et la présence de ce toxique dans ce produit explique les irritations suivies d'éruptions causées par du linge qui avait été empesé avec de l'empois coloré par le bleu de cobalt.

Le cobalt est solide, dur, cassant, un peu ductile à chaud ; son grain est serré, sa couleur est le blanc, mais son brillant s'éloigne de celui de l'argent et de l'étain, il a de l'analogie avec celui du plomb ; sa densité est de 87 (Lampadius), il de 8.584 (Tassaert) ; le cobalt est magnétique, mais moins que le fer ; il est fusible à environ 130° du pyromètre de Wegwood ; par une température élevée, il se combine avec l'oxygène et forme des oxydes.

Le cobalt est susceptible de se combiner aux acides, et de donner naissance à des sels ; ces sels, à l'état hydraté, ont une couleur rose ou rouge ; à l'état anhydre, leur couleur est bleue ou couleur lilas ; leur saveur est âcre et styptique, mais cette saveur n'a aucun caractère particulier.

Avec les réactifs, ils se comportent de la manière suivante :

Le prussiate de potasse détermine dans leur solution un précipité vert sale ou grisâtre ; les hydrosulfates y déterminent un précipité noir ; le bicarbonate de potasse un précipité rose pâle.

L'acide hydrosulfurique ne détermine aucun changement dans la liqueur.

Il en est de même de l'infusion de noix de galle.

Les sels de cobalt, additionnés d'un mélange d'acide tartrique, de ferricyanure de potassium et d'ammoniaque en excès, se colorent en rouge.

M. Tyre, qui adopte ce réactif, a reconnu que l'acide tartrique n'était pas indispensable; qu'il peut être remplacé par les acides oxalique, chlorhydrique, sulfurique et chromique.

Fondus au chalumeau avec du borax, on obtient une perle d'un bleu foncé.

Toutes nos recherches ne nous ont pas fait connaître de cas d'empoisonnement qui ait été dû à l'oxyde de cobalt ou à ses sels.

Du calcium de la chaux.

DE L'OXYDE DE CALCIUM, DE L'OXYDE CALCIQUE, DE LA CHAUX.

Le calcium est un métal qui existe dans la chaux, considérée pendant longtemps comme une matière terreuse, mais signalée par Davy comme un oxyde métallique, opinion qui fut confirmée par les expériences de Séebeck.

Le calcium ne se rencontre pas dans la nature à l'état natif, mais on trouve son oxyde combiné à l'acide carbonique, à l'acide sulfurique, à l'acide phosphorique.

L'oxyde de calcium, qui a été rangé au nombre des substances toxiques, est connu du vulgaire sous les dénominations de *chaux vive*, de *chaux éteinte*, de *lait de chaux*.

Les empoisonnements connus dus à la chaux ne sont pas nombreux; Orfila n'en signale qu'un, c'est celui d'un petit garçon qui jouait dans une cour où des maçons étaient occupés à travailler; il goûta à de la chaux éteinte, et, lui ayant trouvé une saveur douceâtre, il en avala une certaine quantité.

L'enfant ne succomba pas; les parents s'étant aperçus de suite de cette ingurgitation, retirèrent aussitôt ce qu'ils purent de cette matière de la bouche, puis des fosses nasales, tout en faisant appeler un médecin, le docteur Lion. Ce médecin détermina le vomissement à l'aide de l'ipécacuanha; il expulsa par ce mode de faire des matières grises ressemblant à du mortier.

Le petit malade fut ensuite traité en lui faisant prendre une émulsion artificielle préparée avec de l'huile d'amandes douces.

Les symptômes observés furent les suivants : la nuit fut agitée, l'enfant eut de la fièvre, but beaucoup, il se développa des phlyctènes sur la membrane muqueuse buccale, les lèvres prirent une couleur blanche crétacée; l'abdomen devint brûlant et douloureux au toucher, les garde-robes étaient sanguinolentes.

L'émulsion fut continuée; on fit appliquer quelques sangsues sur l'abdomen, puis des cataplasmes émollients; la bouche fut lotionnée de temps en temps avec de l'huile.

Sous l'influence de ce traitement les douleurs cédèrent; au bout de huit jours le malade était rétabli.

Nous avons été à même d'observer un accident déterminé par de la chaux délitée qu'une personne avait prise pour de la farine; les accidents furent pour ainsi dire sans gravité, ils furent combattus par de l'eau vinaigrée et n'eurent pas de suite.

La chaux a été quelquefois mêlée aux farines. En 1847, nous eûmes à examiner, de concert avec Lassaigne, des farines qui avaient été saisies et qui contenaient de 2 à 3 pour 100 de chaux ; ces farines, converties en pain, avaient donné lieu à quelques indispositions.

La chaux a été employée pour empoisonner les animaux ; nous avons fait connaître, dans le *Journal de chimie médicale* pour 1842, page 105, une observation sur ce genre d'empoisonnement, due à notre confrère M. Marchand, pharmacien de l'hospice civil de Fécamp. Voici le fait : Un cultivateur, M. Théophile Dutot, de Mainqueville, inquiet de voir des animaux de son troupeau devenir malades, et quelques-uns succomber, remit à M. Marchand une poudre blanche recueillie sur l'herbe et qu'il supposait être la cause déterminante de la maladie de ses moutons et de la mort de quelques-uns d'eux ; les analyses faites par M. Marchand lui démontrèrent que cette poudre était de l'oxyde de calcium, et qu'elle ne contenait aucune autre substance toxique.

Obtention et caractères de l'oxyde de calcium. — La chaux s'obtient ordinairement de la calcination de plusieurs variétés de carbonate de chaux qui sont abondantes dans diverses localités et qui sont connues sous le nom de *pierres à chaux*. Ainsi obtenue, elle est blanche, inodore ; sa saveur est âcre, alcaline, sa densité varie selon la pierre qui l'a fournie ; elle est infusible au feu ordinaire des fourneaux ; exposée au contact de l'air, elle se délite peu à peu, ce qui est dû à ce qu'elle attire une partie de l'eau contenue dans l'atmosphère; elle se convertit ainsi en hydrate qui, bientôt, se combine avec de l'acide carbonique pour former du carbonate de chaux.

Si on la met en contact avec de l'eau, elle absorbe ce liquide, s'échauffe peu à peu, se brise et se réduit en une poudre blanche volumineuse, qui est un hydrate de chaux qui contient 24 pour 100 d'eau en combinaison.

La chaux est peu soluble dans l'eau ; elle est cependant, d'après Dalton, plus soluble dans l'eau froide que dans l'eau chaude. Une partie de chaux exige pour sa dissolution 778 d'eau à 15 degrés.

La chaux délitée, délayée dans de l'eau, constitue le *lait de chaux* ; l'eau saturée de chaux et filtrée est connue sous le nom d'*eau de chaux*. C'est un produit employé en pharmacie, un réactif usité dans les laboratoires. L'eau de chaux sert à faire reconnaître :

1° L'acide carbonique libre ou combiné ; elle se combine à cet acide et donne naissance à un carbonate insoluble qui fait effervescence avec les acides ;

2° L'acide phosphorique et les phosphates ; le précipité, qui est floconneux, est soluble dans les acides sans effervescence ;

3° L'acide arsénieux, qui fournit un précipité insoluble dans l'eau, mais qui se redissout dans l'addition d'une solution de sel ammoniaque ;

4° L'acide arsénique, qui donne les mêmes résultats.

On n'a pu constater les symptômes de l'empoisonnement et les lésions des tissus sur l'homme empoisonné. Orfila, qui a étudié sur l'animal l'action de ce toxique, décrit ainsi les symptômes observés : nausées, vomissements, épigastralgie, coliques, déjections alvines, enfin les divers symptômes qui caractérisent les inflammations de l'estomac et de l'intestin, les lésions des tissus.

Recherches médico-légales. — Ces recherches sont faciles quand on a affaire à de la chaux ; les caractères que nous avons décrits suffisent pour reconnaître ce toxique ; il en serait autrement si la chaux avait été mêlée à des liquides alimentaires, à des matières vomies ou qui se trouveraient dans le canal digestif. On procéderait d'abord à l'examen physique de ces matières. Si du vin avait été additionné de chaux, sa couleur serait devenue violacée ; si on avait ajouté de ce toxique à du thé, il aurait acquis une couleur rouge qui dévoilerait son addition à ce liquide. On ne trouverait dans le lait, dans le bouillon, aucun des caractères qui puissent éclairer le chimiste, si ce n'est la saveur.

Les premières opérations à faire consisteraient :

1° A traiter les liquides fractionnés et filtrés par la teinture du tournesol rougi, pour voir si elle prendrait la couleur bleue, à faire usage de l'acide oxalique, de l'acide phosphorique, de l'acide arsénieux, et d'étudier les résultats obtenus ;

2° Si on avait affaire à des matières vomies ou recueillies dans les organes, il faudrait rechercher si ces organes se présentent avec une couleur blanc grisâtre, puis les traiter par l'eau distillée, filtrer le liquide et les examiner par les réactifs qui font reconnaître la chaux en dissolution.

M. Orfila, à qui la toxicologie doit de nombreuses expériences, a établi :

1° Que lorsqu'il s'agit de reconnaître la chaux vive dans un cas d'empoisonnement, on devra, après avoir constaté l'alcalinité de la matière suspecte, faire évaporer jusqu'à siccité, si elle n'est pas à l'état solide, puis traiter les résidus par l'eau distillée froide ; filtrer et faire passer un excès d'acide carbonique qui précipite d'abord la chaux, puis qui redissout le carbonate précipité. On fait alors bouillir pendant quelques minutes, pour déterminer la précipitation du carbonate de chaux. D'après cet habile et illustre praticien, il n'existe aucun liquide alimentaire ni aucun produit de vomissement qui fournisse un précipité de carbonate de chaux lorsqu'on le traite par l'acide carbonique, à moins qu'il n'ait été mêlé de chaux ;

2° Que le gaz acide carbonique ne précipite pas, à l'état de carbonate, la totalité de la chaux vive qui a été ingérée, parce qu'une partie de cet alcali a pu se transformer en sel, en se combinant avec les acides libres contenus dans les produits alimentaires et dans le canal digestif, et sans doute aussi parce qu'une partie de l'alcali aurait pu se combiner à de la matière organique avec laquelle elle aurait pu former un produit analogue aux matières savonneuses ;

3° Qu'il faudrait se garder de traiter par l'eau à 100 degrés les matières suspectes desséchées, puis à calciner et à incinérer pour avoir de la chaux vive, l'expérience lui ayant démontré que certains mélanges alimentaires sans addition de chaux traitées par ce procédé fourniraient au moins autant de chaux que d'autres mélanges dans lesquels il avait fait entrer 10 centigr. de cet alcali. Cela s'explique, puisqu'on sait qu'il existe certaines substances alimentaires qui contiennent naturellement des sels de chaux solubles dans l'eau bouillante.

Cette dernière proposition n'a pas pour nous une grande importance, par la raison que ce n'est point un poison très-énergique, et qu'il en faudrait une quantité notable pour déterminer l'empoisonnement.

Les premiers secours à donner consisteraient à faire vomir le malade, puis à lui administrer une limonade aiguisée par de l'acide acétique.

Couleurs toxiques.

Les matières colorantes, qui sont en grand nombre, sont souvent le sujet d'accidents plus ou moins graves; aussi le chimiste, le pharmacien, sont-ils appelés à reconnaître la nature de ces matières et à donner l'explication de certains phénomènes d'intoxication qui leur sont dus; les matières colorantes toxiques peuvent être *blanches*, bleues, jaunes, rouges, vertes.

COULEURS BLANCHES.

Les matières colorantes blanches sont le *blanc de céruse*, le carbonate de plomb, qui est aussi connu sous les noms de *craie de plomb*, de *blanc de plomb*, de *krems*, de *blanc d'argent*. Cette dernière dénomination est donnée à du carbonate très-pur (1).

Cette préparation plombique est dangereuse; aussi les ouvriers qui la fabriquent, ceux qui la broient, les peintres qui l'emploient, les ouvriers qui fafabriquent les cartes dites de *porcelaine*, sont-ils souvent atteints de coliques saturnines (2).

On a utilisé la couleur du blanc de plomb, en Angleterre, dans la prépa-

(1) Cette dénomination a souvent été la cause d'erreurs. Nous avons vu dans une cause judiciaire plaider sur le blanc d'argent, que l'avocat ne pouvait considérer comme étant du blanc de plomb.

(2) Chargé, depuis trente ans, de constater *par ordre du Conseil de salubrité*, de faire annuellement un rapport sur les causes des coliques saturnines qui amènent les ouvriers dans les hôpitaux de Paris, nous avons eu à constater de nombreux cas de maladies et des décès dus au plomb. Le nombre de ces maladies a été en 1868 de 497; le nombre de ceux qui ont succombé était de 8.

ration de quelques bonbons et pour donner aux cartes de visite l'apparence de l'émail de la porcelaine; on s'en sert pour colorer la figure des poupées, pour glacer des papiers que, par ignorance, certains confiseurs emploient pour renfermer des bonbons; des accidents déterminés par cette couleur ont été signalés dans les journaux scientifiques. M. Robinet a bien démontré les dangers de ces emplois, et nous avons, dans le *Journal de chimie médicale*, fait connaître : 1° l'empoisonnement en Belgique d'une petite fille qui avait sucé la figure d'une poupée coloriée par du blanc de plomb; 2° l'empoisonnement de deux enfants, l'un de quatre ans, l'autre de dix, pour avoir mâché des cartes de visites plombées, empoisonnement qui les mit en danger de mort. (*El Heraldo medical*. Madrid, 1864 (1).

Le conseil de salubrité a indiqué en quelques mots des modes simples de reconnaître le blanc de plomb et les papiers qui doivent leur couleur ou leur glaçure au blanc de plomb : on en applique une couche mince sur une carte non lissée à laquelle on met le feu; il y a production de plomb métallique, qui se présente sous la forme de petits globules très-multipliés; en opérant cette combustion au-dessus d'une assiette, les globules qui tombent sur cette assiette sont faciles à apercevoir.

Les cartes glacées au plomb se conduisent de la même manière; mais on peut encore les reconnaître en prenant une carte, la touchant sur trois points différents avec de l'acide acétique (une goutte), laissant sécher, puis traitant chacun des points touchés par les réactifs suivants : l'hydrogène sulfuré, qui fournit une coloration noire; le chromate de plomb, qui donne un précipité jaune; l'iodure de potassium, qui donne aussi un précipité jaune d'iodure de plomb.

On doit aussi placer au rang des couleurs minérales :

1° Le blanc de zinc dit *blanc de neige*; mais cet oxyde à l'état sec n'est pas dangereux;

2° Le *blanc de fard*, le *blanc de bismuth*, le *blanc de perles*; mais ce blanc, qui était autrefois usité comme cosmétique, est aujourd'hui presque abandonné pour cet usage, parce qu'il rendait la peau rugueuse, et parce que ce fard noircissait avec la plus grande facilité par les émanations sulfurées.

---

(1) L'emploi des substances toxiques par les confiseurs, pâtissiers-traiteurs, officiers de maison, *la gomme gutte, les cendres bleues, de toutes les préparations de cuivre, du bleu d'azur, des cendres de plomb, du vermillon, du massicot, de l'orpiment*, de toutes les matières nuisibles à la santé, étaient, par une ordonnance du 10 octobre 1742, interdites à tous, sous la peine de 200 livres d'amende pour chaque contravention.

Sous le régime actuel, il est défendu d'envelopper ou de rouler des sucreries dans des papiers blancs lisses ou coloriés avec des substances minérales, le bleu de Prusse ou l'outremer, les ocres ou la craie exceptés.

MATIÈRES COLORANTES BLEUES.

Les matières colorantes bleues sont : les *bleus de composition* ; puis le *bleu d'azur* dit aussi *bleu de smalt ; bleu de Saxe, bleu d'émail, bleu d'empois, verre de cobalt*, dont nous avons parlé à la page 176; les *cendres bleues* dites *bleu de montagne artificiel*.

Ces bleus, comme on le voit, peuvent présenter quelques dangers. Le smalt, quand les confiseurs s'en servaient dans les pièces montées pour *faire un sablé*, les cendres bleues, employées par les pâtissiers dès 1742, puis encore usitées en Angleterre dans les sucreries coloriées, peuvent être reconnues avec la plus grande facilité ; mises en contact avec de l'ammoniaque, elles fournissent une liqueur bleue très-riche en couleur; si on agit sur du papier coloré par une préparation de cuivre, l'ammoniaque se colore en bleu, le papier reprend sa blancheur primitive.

On a dit que des couleurs bleues s'obtenaient par le traitement de la rosaniline. Or, si ces couleurs étaient obtenues par ce moyen, et qu'on les employât à la coloration du papier, des pains à cacheter, des bonbons, il serait à craindre que la matière colorante contînt de l'arsenic, ce qui a été constaté. L'examen pourrait être fait à l'aide de l'appareil de Marsh. Il serait à désirer qu'une mesure légale intervînt qui défendrait, sous des peines sévères, l'emploi dans des matières alimentaires de produits colorants nouvellement découverts avant qu'ils n'aient été examinés par les corps compétents (les *conseils de salubrité*, les *commissions d'hygiène*) et déclarées ne pouvoir être nuisibles à la santé.

BLEUS EN LIQUEUR.

On sait qu'autrefois on mettait le linge au bleu en plaçant de l'indigo dans un linge faisant un nouet et malaxant ce nouet jusqu'à ce que l'eau eût pris une couleur convenable. On sait qu'aujourd'hui les blanchisseuses font usage de liquides vendus par les fabricants de produits chimiques et par les épiciers, liquides qui sont préparés avec l'acide sulfurique et l'indigo. Autrefois, ces préparations étaient peu acides, elles avaient été *dégraissées*, c'est-à-dire privées d'une partie de l'acide libre; aujourd'hui elles sont très-acides, et, en dehors du blanchissage du linge, elles sont souvent employées comme moyens de suicide ou la cause d'accidents plus ou moins graves. Le premier des faits de suicide qui est arrivé à notre connaissance date de 1835.

Voici ce qu'écrivait le docteur Gabriel Pelletan : Une dame de vingt-sept ans, d'une constituton délicate, eut l'idée de se suicider avec du bleu sulfurique qu'elle avait acheté chez un épicier. A peine l'avait-elle ingéré qu'elle éprouva des douleurs intolérables. On fit appeler M. Pelletan, qui constata que déjà des vomissements avaient eu lieu, et qui ordonna du *lait de magnésie*, préparé avec 24 grammes de cette substance pour un verre d'eau sucrée ;

il fit ensuite faire une application de sangsues et il eut le bonheur de conjurer le mal.

On conçoit que, dans des cas semblables, la coloration de la bouche, de la commissure des lèvres, que les taches produites sur le linge, sont des indices du traitement à mettre en usage, et, en cas de décès, des recherches à faire pour établir la nature du toxique.

En 1841, un pharmacien de Paris, M. Lesage, fut appelé pour donner les premiers secours à un tireur de cartes qui, accusé de vol, avait voulu se suicider pour se soustraire au châtiment qu'il avait mérité; il avait pris une quantité considérable de bleu sulfurique; mais l'administration du lait de magnésie vint encore conjurer les accidents; après les premiers secours donnés, il fut porté à l'hôpital Saint-Louis où s'opéra sa guérison. (*Journal de chimie médicale*, 1841, page 173.)

D'autres faits pourraient être encore signalés; ainsi, en 1846, un sieur Coluit, fruitier, atteint d'un accès de folie, et qui était tombé dans un état d'affaissement général se rapprochant de l'imbécillité, ayant succombé après avoir éprouvé des douleurs atroces, une instruction fut faite sur les causes de cette mort violente. Elle fit connaître qu'il y avait un empoisonnement déterminé par l'absorption d'une ceraine quantité de bleu en liqueur à l'usage des blanchisseuses.

La femme Coluit déclara que de ce bleu se trouvait chez elle, parce que, blanchisseuse, elle en faisait le débit aux nombreuses blanchisseuses de ce quartier, et qu'elle en faisait l'achat chez un fabricant d'encre du quartier Saint-Antoine, qui déclara ne pas fabriquer de ce bleu en liqueur, ce qui fut démenti; en effet, dans une visite faite dans sa fabrique, on trouva le bleu sulfurique qu'il avait déclaré ne pas fabriquer.

M. Parisot, pharmacien à Dieuze, a fait connaître, en 1847, la mort d'un enfant empoisonné par le bleu sulfurique. La connaissance de ces faits nous avait porté à demander que les préparations d'indigo destinées à donner au linge la couleur bleue fussent le sujet de prescriptions, imposant la condition de ne vendre de ces liqueurs que lorsqu'elles ne contiennent pas l'excès d'acide qui détermine des accidents plus ou moins graves et même la mort; mais nos démarches n'ont pas eu le résultat que nous nous proposions.

Le bleu acide n'est pas seulement préparé avec l'acide sulfurique; de ce bleu a été préparé avec le bleu de Prusse pulvérisé, le prussiate de potasse cristallisé et l'acide hydrochlorique (1).

(1) Dans un brevet d'invention, on trouve la formule suivante :

Bleu de Prusse sec	1	partie.
Prussiate de potasse	1	—
Acide chlorhydrique	3	—

Lassaigne a donné une autre formule, résultat de l'examen d'un produit commercial qu'il avait été appelé à examiner.

Nous avons eu connaissance d'accidents graves déterminés par une préparation de ce genre fournie par un épicier de la rue Sainte-Avoie, accidents qui avaient été causés par l'usage de ce bleu ; nous avions douté de la vérité des faits qui nous avaient été rapportés, lorsque le suivant, qui date de 1842, nous fut signalé. Une blanchisseuse qui avait fait l'acquisition d'une bouteille de ce bleu, ne pouvant ouvrir la bouteille, s'imagina d'enlever le bouchon avec ses dents; à peine le bouchon fut-il enlevé que l'acide hydrocyanique gazeux qui se dégageait frappa d'asphyxie la malheureuse qui venait de déboucher la bouteille; de prompts secours qui lui furent donnés la rappelèrent à la vie.

Un fait qui se rapporte à l'emploi du bleu hydrocyanique a déterminé la condamnation d'un épicier à 3,000 francs d'amende. (*Loi du 21 germinal an XI.*)

Cet épicier avait vendu à une femme, qui voulait se suicider, une liqueur pour bleuir le linge, liqueur qui, dans le procès-verbal dressé à cet effet, était désignée sous le nom de *bleu de Prusse*. Cette femme, qui en prit, fut très-gravement malade, mais elle ne succomba pas.

Il sera facile au pharmacien de distinguer les deux liquides dont nous venons de parler. En effet, le bleu sulfurique n'a pas d'odeur sensible, le bleu au prussiate de potasse a l'odeur bien connue de l'acide hydrocyanique.

La recherche des toxiques est aussi très-facile; elles sont pour *le bleu sulfurique* celles que nous avons indiquées à la page 89; celles pour le bleu au prussiate de potasse et à l'acide hydrochlorique sont celles que nous avons fait connaître aux pages 74, 182 et suivantes.

Les secours à donner sont les préparations à la magnésie.

Les faits que nous avons cités démontrent que l'on peut combattre avec succès l'empoisonnement par le bleu à l'acide sulfurique à l'aide du lait de magnésie, mais il faut que l'antidote soit administré le plus promptement possible.

COULEURS JAUNES.

Les couleurs jaunes qui sont toxiques sont le chromate de plomb et la gomme gutte.

Le chromate de plomb a été pendant longtemps employé, non-seulement en Angleterre, mais aussi en France, à la coloration de bonbons et de pastillages, et ce n'est qu'à la suite d'un rapport fait au Conseil de salubrité par

---

Voici cette formule :

Eau	60 parties.
Prussiate de potasse	10 —
Acide chlorhydrique	10 —
Peracétate de fer liquide pesant 1 degré 1/2 à l'aréomètre	40 —

M. Andral, que des visites furent ordonnées et qu'une ordonnance de police, en date du 10 décembre 1830, fut publiée, ordonnance qui interdit l'emploi, dans la préparation des sucreries coloriées, non-seulement de substances minérales nuisibles, mais encore de papiers coloriés par des substances toxiques, papiers pouvant donner lieu, par leur contact avec les matières attirant l'humidité de l'air, à des accidents. Non-seulement les matières minérales vénéneuses ont été interdites, mais il en fut de même pour la gomme gutte, qui était très-employée (1).

Des recherches faites en Angleterre par M. O'Saughessy, par M. Thompson, par les commissaires du journal *The Lancet*, ont démontré que là où l'on ne le soupçonnait pas, il y avait un très-grand danger.

Les commissaires de *la Lancette* soumirent, en 1854, à l'analyse, cent échantillons de sucreries coloriées, et ils constatèrent :

1° Que, parmi les jaunes, soixante-dix contenaient du chromate de plomb et de la gomme gutte ;

2° Que, parmi les rouges, soixante-dix-neuf contenaient de la cochenille, du minium et du sulfure de mercure ;

3° Que, parmi les violets, vingt étaient coloriés avec du bleu de Prusse et de la cochenille ;

4° Que, parmi les bleus, trente-huit contenaient de l'indigo, du bleu de Prusse et du bleu d'Antwerp ;

5° Que les verts étaient dix-neuf colorés par du vert de Brunswick, qui est un chlorure cuivrique mélangé de chromate de plomb et de bleu de Prusse, par du vert-de-gris ou du carbonate de cuivre, par du vert de Scheele, l'arsénite de cuivre ;

6° Que dans quatre de ces bonbons la couleur était due à de la céruse (carbonate de plomb), treize contenaient du sulfate de chaux hydraté, dix-sept de la fécule ou de l'arrow-root.

Les opérations qui peuvent faire reconnaître les sucreries coloriées par le chromate de plomb sont les suivantes.

Les bonbons colorés au chromate de plomb, traités par l'eau, laissent déposer le chromate, qui, séparé, lavé et séché, présente les caractères suivants :

---

(1) L'exemple donné en France a été suivi en Belgique. En 1842, M. le ministre de l'intérieur chargea l'Académie de médecine de Bruxelles de la question des mesures à prendre relativement à la fabrication et au débit des bonbons et liqueurs coloriés, dans le but de faire cesser l'emploi des substances vénéneuses dans cette fabrication. La commission nommée par l'Académie faisait remarquer dans son rapport que ceux qui font ce trafic *s'exposent à commettre le crime d'homicide volontaire, ou tout au moins celui d'homicide par imprudence.* Malheureusement, les prescriptions formulées par le Conseil de salubrité de la Seine ne sont pas appliquées dans la plupart des départements.

1° Fondu au chalumeau avec du borax, il fournit un verre coloré en vert émeraude ;

2° Traité dans un creuset à l'aide de la chaleur avec du nitrate de potasse, il donne du chromate de potasse, qui est soluble dans l'eau, fournissant une solution de couleur jaune, qui prend, par l'addition de l'acide chlorhydrique, une couleur verte ; la solution qui n'a pas été traitée par l'acide chlorhydrique, versée dans un sel soluble de plomb, fournit du chromate de plomb, dont la couleur est d'un beau jaune ; dans une solution d'azotate de mercure, un chromate de mercure décomposable par la chaleur et fournissant de l'oxyde de chrome, dont la belle couleur verte est bien connue.

Le chromate de plomb étant très-employé par les confiseurs, il a été d'abord difficile d'en empêcher l'emploi ; *les ouvriers coloristes* (confiseurs) en trouvaient l'usage facile, et il a été démontré que ces ouvriers, contrairement aux ordres qui leur étaient donnés, achetaient à leurs frais du chromate de plomb pour l'employer dans leur travail.

L'on reconnaît les bonbons colorés avec la gomme gutte par le procédé suivant : mis en contact avec une petite quantité d'eau, ils donnent un liquide de couleur jaune, liquide qui est trouble ; traité par l'alcool à 90 degrés, ce liquide devient clair. Si on filtre la liqueur alcoolique, et qu'on la divise en plusieurs parties, on obtient les réactions suivantes :

1° Avec l'eau distillée, on obtient un trouble ;

2° Avec l'acide chlorhydrique et l'eau, on obtient un précipité jaune ;

3° Par l'ammoniaque ou par la potasse, on obtient une coloration rouge intense.

L'addition de l'acide azotique, dans les liqueurs alcalines, donne lieu à un changement de coloration : le liquide passe au jaune sale.

Avant la publication de l'ordonnance de police, la gomme gutte était très-employée pour colorer les pastillages communs. Un de ces pastillages, représentant *une bourse*, vendu sur la voie publique, fut acheté par un concierge, qui le donna à ses enfants ; ceux-ci en mangèrent et ils éprouvèrent à la suite les accidents les plus graves (1).

COULEURS ROUGES.

Nous avons dit plus haut que des sucreries étaient coloriées par le vermillon (le deutosulfure de mercure), par le minium (l'oxyde rouge de plomb). Le sulfure de mercure a été pendant longtemps employé à la coloration *des pralines rouges communes*, et on a éprouvé les plus grandes difficultés pour faire cesser l'usage de ce sulfure ; il a fallu, pour cela, faire condamner des confiseurs, qui se retranchaient derrière ces mots : *c'est l'usage, pourquoi ne*

(1) M. Boullay a fait connaître à l'Académie de médecine que des pastilles étaient colorées à la gomme gutte.

ferions-nous pas ce qu'on a fait jusqu'ici, sans avoir été poursuivis? Maintenant, *à Paris*, le vermillon est totalement abandonné dans la préparation des sucreries coloriées.

On reconnaissait le vermillon en mettant en contact les sucreries qui en contenaient avec de l'eau distillée, qui dissout le sucre et qui laisse un résidu de couleur rouge. Ce résidu, lavé à l'eau distillée à 100 degrés, puis recueilli sur un filtre et séché, présente les caractères suivants :

1° Projeté sur des charbons ardents, il prend feu, brûle avec une flamme bleue, en fournissant de l'acide sulfureux et des vapeurs qui, recueillies sur une lame de cuivre bien décapée, acquiert une couleur grise, couleur qui devient brillante par le frottement ;

2° Chauffé dans un tube fermé, il se sublime et donne un produit de couleur noirâtre, qui prend la couleur rouge par la pulvérisation;

3° Chauffé dans un tube fermé à son extrémité inférieure, il fournit et du mercure métallique en petits globules et un anneau de cinabre sublimé;

4° Chauffé après avoir été mêlé par trituration avec de la potasse, il fournit du mercure métallique, qui se volatilise, et du sulfure de potassium fixe.

Si la matière sucrée devait sa couleur au minium, il faudrait la traiter par l'eau distillée, qui dissout le sucre et laisse le minium qui, bien lavé et séché, est ensuite examiné.

Cet oxyde peut être reconnu aux caractères suivants :

1° Exposé à la chaleur rouge, il perd sa couleur en se convertissant en protoxyde de couleur jaune. Cet oxyde, chauffé sur des charbons, se réduit en fournissant des globules de métal ;

2° Traité par l'acide azotique, il se convertit en partie en protoxyde, qui entre en dissolution, et en deutoxyde, qui ne se dissout pas, et qui se dépose sous la forme d'une poudre de couleur brune ;

3° Traité par l'acide chlorhydrique, il fournit un protochlorure soluble, avec dégagement de chlore; la solution de protochlorure fournit, avec les réactifs usités, acide sulfurique, sulfates solubles, chromate de potasse, acide hydrosulfurique, iodure de potassium, les précipités caractéristiques des sels de plomb.

Depuis la découverte du rouge d'aniline, cette matière, que des colporteurs vont offrir aux industriels pour la coloration de divers produits, les eaux dentifrices, les bonbons, les vinaigres (1), les sirops colorés en rouge: les sirops de groseilles, de mûres, etc.; les confitures, les gelées animales. Le rouge d'aniline ayant été préparé par l'intervention de l'acide arsénique, ce rouge retenait une certaine quantité de matière toxique arsenicale. Nous avons, lors

---

(1) A Paris, on ne fait usage, à quelques exceptions près, que de vinaigre blanc; en province, on emploie beaucoup de vinaigre rouge. Par cette raison, on décolore à Paris, par le charbon, certains vinaigres, les vinaigres de lie; on expédie en pro-

des visites des confiseurs, trouvé de ces rouges, qui, par l'appareil de Marsh, fournissaient des taches indiquant la présence de l'arsenic en petite quantité, il est vrai, mais suffisantes pour déterminer l'injonction de ne pas faire usage de ce rouge.

On a, dans un travail publié dans le *Journal de pharmacie et de chimie*, fait connaître qu'un nouveau mode d'obtention du rouge d'aniline avait été trouvé par M. Coupier, mode à l'aide duquel l'intervention de l'acide arsénique n'était pas nécessaire.

Une question s'élève ici, c'est celle de savoir si on tolérera l'emploi du rouge d'aniline pour la coloration de certains produits?

Nous pensons que ce produit, dont l'emploi n'est pas nécessaire, ne peut être prescrit, ni toléré. Nous nous basons, pour établir cette manière de voir :

1° Sur l'emploi de ce produit pour colorer des sirops et des confitures de groseilles, des gelées alimentaires; c'est alors une tromperie sur la nature de la marchandise vendue, ce qui constitue une fraude;

2° Sur ce qui a été publié par M. Vande-Vyvère dans l'*Art médical*. Ce praticien établit que des sirops vendus sous les noms *de sirop de groseilles*, *de sirop de framboises*, sirops dans lesquels il n'existe pas un atome du suc de ces fruits, sont colorés avec de la fuchsine et avec de la crubine, qui fournissent des teintes magnifiques et sont la cause de véritables cas d'empoisonnement à des degrés différents.

On sait que des médecins allemands, les docteurs Ziesscher, Lethoby, Frédéric (de Dresde), ont fait connaître des cas de décès chez des ouvriers employés à empaqueter de ces substances tinctoriales, et qui, dans ce travail, avaient avalé une poussière toxique.

M. Vande-Vyvère dit :

1° Que le chlore décolore entièrement les sirops préparés avec le suc des fruits; qu'il décolore également les sirops coloriés par la fuschine; mais qu'avec ces derniers il laisse un dépôt floconneux;

2° Que la potasse caustique décolore le sirop colorié par la fuchsine, mais qu'elle donne lieu à une couleur vert sale aux sirops de fruits;

3° Qu'on obtient les mêmes résultats avec le sous-acétate de plomb, avec l'alun et le carbonate de potasse.

L'analyse a fait reconnaître 5 centigrammes de fuchsine dans 200 grammes de sirop.

Le procédé qui nous a réussi pour reconnaître la présence d'un produit arsenical dans la substance colorante que certains confiseurs employaient pour colorier des matières sucrées, c'est la carbonisation des bonbons par

---

vince des vinaigres qui doivent leur couleur rouge à des matières colorantes étrangères à la matière colorante du raisin.

l'acide sulfurique, puis le traitement par l'eau et l'emploi de l'appareil *dit* de Marsh.

Nous ne terminerons pas cet article sans dire un mot des matières colorantes employées pour la coloration des jouets d'enfants, de nombreux accidents ayant été déterminés par ces jouets en Angleterre, en Prusse, en Saxe, en France, à Paris, à Lyon, à Épinal, à Rouen, à Évreux, etc., des expertises ont été nécessaires, d'autres le seront encore; car, malgré les publications que nous avons faites à diverses reprises (1), les fabricants s'obstinent et n'ont pas discontinué de faire l'emploi de substances dangereuses; les parents, par insouciance, laissent journellement ces jouets dangereux entre les mains des enfants.

Les jouets que nous avons eu à examiner étaient coloriés :

1° Par l'arsénite de cuivre, le *vert de Schweinfurth*, appliqué à la colle sur les jouets;

2° Par le sulfure jaune d'arsenic (*des tambours*);

3° Par le minium;

4° Par le carbonate de plomb;

5° Par du chromate de plomb;

6° Par des préparations ayant pour base le cuivre.

Nous pensons qu'un jour quelque accident signalé à l'administration amènera une réglementation, et qu'on exigera des fabricants de jouets coloriés qu'ils ne fassent usage dans leur industrie que des matières colorantes qui ne puissent être nuisibles à la santé.

Cuivre.

Ce métal doit son nom à la localité où on le travaillait d'abord en grand, à l'île de Chypre; il a été désigné par le nom de *cuivre rouge*; travaillé industriellement bien avant le fer, il servait à la confection des armes, des outils, des instruments; de nos jours, malgré le danger qu'il présente, il est employé pour l'obtention d'un grand nombre de vases culinaires.

Le cuivre existe en grande quantité et sous divers états dans la nature; on le trouve natif en lames, en dendrites, en nodules, l'oxyde de cuivre rouge; la *cuprite* ou *ziguéline* (CuO^2) se rencontre cristallisée en cubes d'une belle couleur rouge, ce qui lui a fait donner le nom de *cuivre rouge*; on le trouve aussi à l'état d'oxyde noir, à l'état de sulfure, de sels, chlorures, arséniates, d'oxyde et de carbonate, de silicate; de ces produits sont remarquables par leur beauté, la *malachite*, l'*azurite;* on le trouve encore à l'état de sulfure de cuivre et de fer, de sulfure, de cuivre et d'antimoine.

(1) *De la préparation des jouets coloriés par des substances toxiques et de l'utilité qu'il y aurait d'en réglementer la fabrication.* (*Journal de chimie médicale.*)

Les mines de cuivre qui se trouvent en France sont peu importantes : ce sont celles de Chessy (Rhône), de Baygorri (Pyrénées); des mines abondantes existent en Angleterre, en Autriche, en Suède.

L'usage du cuivre est considérable, soit seul, soit à l'état d'alliage, le *laiton*, le *bronze*, le *cuivre blanc*, etc. C'est particulièrement du traitement des sulfures qu'on obtient le cuivre versé dans le commerce.

Le cuivre présente les caractères suivants :

Sa couleur est d'un rouge qui lui est spécial; il a une odeur désagréable particulière qui se fait remarquer lorsqu'on le frotte entre les mains (1); il est des plus ductiles et des plus malléables ; sa densité, lorsqu'il a été fondu, est de 8.788 à 8.830 et se fond à 27 degrés pyrométriques ; exposé à l'air sec, il n'éprouve pas d'altération, il ne s'oxyde pas ; au contact de l'air humide, il se recouvre d'une couche vert bleuâtre de sous-deutocarbonate de cuivre hydraté, connu sous le nom vulgaire de *vert-de-gris ;* à une température élevée, il s'oxyde, acquiert une couleur brune à sa surface ; s'il est placé dans la flamme, il lui communique une couleur verte très-perceptible.

Si l'on projette de la limaille de ce métal soumise à l'action du chalumeau, le métal, par la flamme d'oxydation, s'oxyde sans qu'il y ait émanation de vapeurs odorantes, il devient noir ou brun si l'on porte l'oxyde obtenu dans la flamme intérieure (de réduction), il se réduit, acquiert l'éclat métallique qui lui est propre ; fondu avec du borax, l'oxyde de cuivre obtenu à l'aide du chalumeau donne au feu d'oxydation un verre de couleur verte, qui devient incolore au feu de réduction ; par le refroidissement on obtient un produit vitrifié opaque de couleur rouge.

Le cuivre, soumis à l'action de l'acide azotique, se dissout avec dégagement de deutoxyde d'azote ; on obtient alors une dissolution de couleur bleue, dissolution qui jouit des propriétés caractéristiques suivantes :

1° Elle a une saveur marquée, désagréable, et qui est très-sensible ;

2° Elle donne, avec la potasse, un précipité bleu-ciel, soluble dans l'ammoniaque ;

3° Avec l'acide sulfhydrique, un précipité brun de sulfure de cuivre ;

4° Avec le ferrocyanure de potassium, un précipité qui varie, selon la concentration de la liqueur, du rose au rouge pourpre, au brun marron ;

5° Si on plonge dans cette solution une lame de fer bien décapée, un fil de fer bien net, une pointe dite *de Paris*, une aiguille, tous ces objets se recouvrent de cuivre métallique, qui est plus ou moins adhérent au fer et à l'acier.

Ces objets cuivrés, mis en contact avec l'ammoniaque, le colorent en bleu.

---

(1) Cette odeur de cuivre se remarque chez certains individus bien portants et chez d'autres à la suite de maladies.

Le cuivre à l'état métallique est-il un poison ? Cette question peut encore être le sujet de controverse ; ainsi, Drouard dit en avoir donné à des chiens à l'état de limaille à la dose de 32 grammes, sans que les animaux en ressentissent le moindre effet maladif. Orfila, de regrettable mémoire, admet l'opinion de ce médecin ; de ce métal donné sur du *pain beurré*, administré avec de l'huile, n'a donné lieu à aucun accident.

Quelques faits ont cependant été opposés à cette manière de voir ; ils sont peu nombreux, et encore leur valeur est-elle contestée. Ces faits sont les suivants :

Portal a cité un cas d'hydropisie où l'usage de la limaille de cuivre avait été administré dans du pain à chanter.

Orfila a fait connaître ce fait, qui est consigné dans les *Observations sur les effets des vapeurs méphitiques chez l'homme*. Portal, 6e édition, page 437 :

« Des étudiants en médecine s'étaient imaginé de traiter une hydropisie ascite avec de la limaille de cuivre incorporée dans de la mie de pain ; ils en administrèrent d'abord 3 centigrammes, qui ne donnèrent lieu à aucun effet sensible ; ils augmentèrent la dose par degrés, et allèrent jusqu'à 20 centigrammes par jour. Les urines devinrent très-abondantes ; l'enflure avait sensiblement diminué, et tout annonçait une convalescence prochaine, lorsque le malade se plaignit de ténesme ; des vomissements survinrent ; il éprouvait des coliques atroces ; son pouls était petit, concentré. On fit boire beaucoup de lait au malade ; on prescrivit une saignée, un bain, dans lequel le sujet fut à plusieurs reprises maintenu pendant quelques heures ; les symptômes se calmèrent, et par le moyen du lait d'ânesse, qui fut pris pendant longtemps, le malade recouvra sa santé et son embonpoint. »

L'opinion du savant technologiste est qu'il était probable que la limaille de cuivre, enveloppée dans de la mie de pain, avait été préparée quelque temps avant son administration et qu'elle s'était oxydée.

Nous avons un exemple de l'oxydation du cuivre métallique dans la mie de pain. Ce cuivre qui, par accident, se trouvait dans de la farine, fournissait du pain dans la mie duquel on apercevait le cuivre oxydé sous forme de petites taches vertes ayant la forme d'étoiles. (Thieullen, *Journal de chimie médicale*, 1838, t. XIV, p. 371.)

De l'altération du cuivre par diverses substances ; dangers qui peuvent en résulter. — Si le cuivre métallique n'est pas toxique, il n'en est pas de même de ses oxydes, de ses sels ; si l'air sec ne l'attaque pas, il n'en est pas de même de l'air humide. Aussi, deux hommes d'un immense mérite, Mérat et Delens, ont-ils, d'après divers auteurs, établi l'altération d'un métal qui se trouve encore dans toutes nos cuisines, malgré le danger qui peut résulter soit de l'insouciance, soit de la négligence, soit enfin de la paresse de ceux que nous employons.

Voici ce qu'écrivaient ces savants : « L'eau, la chaleur, les acides forts, le vinaigre, le vin, l'eau salée, le sang des animaux, attaquent le cuivre avec une telle facilité que l'emploi journalier qu'on en fait pour la préparation des aliments et des médicaments n'est que trop souvent la source des accidents les plus graves (1). »

Ce que Mérat et Delens avaient écrit était le résultat des faits observés depuis longtemps, faits dont on ne tient pas compte, et cependant le cuivre, dont des mines considérables existent en Suède, avait été, dans ce pays, *proscrit des cuisines*, et un décret rendu par le Collége médical défendait de l'employer pour la préparation des métaux destinés à contenir ou à préparer des aliments.

En France, malgré que nous soyons pauvres en mines de ce métal, nous ne sommes pas moins exposés à être empoisonnés. L'administration, à Paris, a fait ce qu'elle pouvait pour conjurer ces accidents.

Lenoir, conseiller d'État, lorsqu'il était lieutenant de police de Paris (1774), avait interdit l'usage des vases en cuivre employés par les laitiers et les marchands fruitiers.

Les administrations qui lui ont succédé ont continué des prescriptions ayant pour but la conservation de la santé publique; mais les efforts échouent souvent contre une force immense, la force d'inertie.

Nous avons été à même de constater la présence du cuivre :

1° Dans de l'oseille cuite dans un vase de ce métal;

2° Dans un très-grand nombre d'eaux distillées, notamment dans l'eau de fleurs d'oranger;

3° Dans du pain;

4° Dans des vins;

5° Dans des vinaigres;

6° Dans des fruits confits au vinaigre et à l'eau-de-vie;

7° Dans de la pâte de guimauve;

8° Dans des petits pois et dans des haricots conservés.

La présence du cuivre dans l'oseille s'explique par le vase qui avait servi à la préparer; celle d'un sel de ce métal dans l'eau de fleurs d'oranger, de l'emploi de vases en cuivre, les *estagnons*, non étamés ou mal étamés; celle du cuivre dans le pain, par la pratique insensée d'ajouter aux farines du sulfate de ce métal pour obtenir une plus grande quantité de pain; son existence dans les vins et les vinaigres, de l'usage dans les *chaix* (caves où sont conservés les vins) d'instruments et de cannelles en cuivre (2); celle du cuivre

(1) Mérat et Delens, *Dictionnaire universel de médecine*, t. II, p. 427.

(2) Quelques marchands prétendent que du cuivre peut exister dans les vins et provenir du sol et des engrais employés, ce que nous ne croyons pas.

dans la pâte de guimauve, de ce que le confiseur, homme d'une ignorance extrême, avait voulu *azurer* sa pâte; la présence du cuivre dans les fruits et les légumes conservés provenait de ce que l'on avait voulu donner à ces conserves une couleur verte flatteuse à l'œil.

Nous avons dit que l'administration avait pris des mesures pour sauvegarder les populations; aussi, elle a, par ordonnance de police, statué :

1° Que les ustensiles et les vases de cuivre ou d'alliage de ce métal dont se servent les marchands de vin, traiteurs, aubergistes, restaurateurs, pâtissiers, confiseurs, bouchers, fruitiers, etc., devront être étamés à l'étain fin et entretenus en bon état d'étamage;

2° Qu'il est défendu de renfermer de l'eau distillée de fleurs d'oranger ou toutes autres eaux distillées dans des vases de cuivre, à moins que ces vases ne soient étamés à l'intérieur à l'étain fin;

3° Qu'on ne devra faire usage que d'estagnons neufs, non bosselés ni fissurés, qui seront marqués d'une estampille indiquant le nom et l'adresse du fabricant, ainsi que l'année et le mois de l'étamage, garantissant l'étamage à l'étain fin, sans aucun alliage;

4° Qu'il est expressément défendu de fabriquer des estagnons en cuivre en dehors des conditions indiquées ci-dessus; qu'il est également défendu à tout distillateur ou détaillant d'en faire usage;

5° Qu'il est défendu aux marchands de vins et de liqueurs d'avoir des comptoirs revêtus de lames de plomb; aux débitants de sel, de se servir de balances de cuivre; aux nourrisseurs de vaches, crémiers et laitiers, de déposer le lait dans des vases de plomb, de zinc, de fer galvanisé, de cuivre et de ses alliages; aux fabricants d'eaux gazeuses, de bières ou de cidre et aux marchands de vins de faire passer par des tuyaux ou appareils de cuivre, de plomb ou d'autres métaux pouvant être nuisibles, les eaux gazeuses, la bière, le cidre ou le vin. Toutefois, les vases et ustensiles de cuivre dont il est question au présent article pourront être employés s'ils sont étamés;

6° Qu'il est défendu aux raffineurs de sel de se servir de vases et instruments de cuivre, de plomb, de zinc et de tous autres métaux pouvant être nuisibles;

7° Qu'il est défendu aux vinaigriers, épiciers, marchands de vins, traiteurs et autres, de préparer, de déposer, de transporter, de mesurer et de conserver dans des vases de cuivre et de ses alliages, non étamés, de plomb, de zinc, de fer galvanisé, ou dans des vases faits avec un alliage dans lequel entrerait l'un des métaux désignés ci-dessus, aucuns liquides ou substances alimentaires susceptibles d'être altérés par ces métaux;

8° La prohibition portée en l'article ci-dessus est applicable aux robinets fixés aux barils dans lesquels les vinaigriers, épiciers et autres marchands renferment le vinaigre.

Un avis spécial est consacré à la préparation des conserves. En voici le texte :

« A cette époque de l'année où le commerce se livre à la préparation des conserves alimentaires, l'administration croit devoir rappeler aux intéressés qu'il est interdit de faire usage, même en quantité minime, de sels de cuivre pour donner aux légumes *une nuance verte.*

« L'introduction de cette substance alimentaire constituant le délit de falsification de ces produits avec mixtion d'ingrédients pouvant être nuisibles à la santé ; les marchands qui prépareraient, *ainsi que ceux qui mettraient en vente* des conserves de légumes additionnés de sels de cuivre, s'exposeraient à être poursuivis conformément à la loi du 27 mars 1851 (1). »

DE L'EMPOISONNEMENT PAR LES OXYDES ET LES SELS DE CUIVRE.

Si le cuivre métallique n'est pas *absolument* un poison, il n'en est pas de même des oxydes, et plus particulièrement des sels de cuivre ; aussi les empoisonneurs font-ils usage de deux de ces composés. En effet, un tableau des empoisonnements qui ont été le sujet de poursuites judiciaires de 1855 à 1865 inclusivement (onze années) fait connaître que, dans ce laps de temps, quinze empoisonnements ont été dus au vert-de-gris et soixante-trois au sulfate de cuivre.

Les symptômes qui peuvent déceler l'empoisonnement par les sels de cuivre se développent rapidement quand les quantités administrées sont assez fortes et que les conditions d'absorption ne sont pas entravées par la nature des substances avec lesquelles le poison a été ingéré. Ces symptômes sont dès le début des envies de vomir, des vomissements de couleur verdâtre accompagnés de coliques atroces, puis des déjections alvines répétées ; quelquefois, ces déjections sont glaireuses ; d'autres fois, mais plus rarement, elles sont sanguinolentes. Le sujet éprouve de la cardialgie, du ténesme ; la langue est humide. Quoiqu'elle soit pâteuse et qu'on ressente dans la bouche la saveur désagréable et persistante du cuivre, et qu'on ait des *crachottements* continuels, le pouls est petit, des douleurs de tête se font vivement ressentir, souvent l'ictère se déclare dès le lendemain ou le surlendemain, les urines se suppriment ou sont rares, le ventre est souvent dur, ballonné, douloureux à la pression. Dans de certains cas, une contraction tétanique envahit la mâchoire et la gorge ; des crampes s'observent chez le malade, chez lequel on constate des sueurs froides, des vertiges ; des convulsions qui sont souvent les indices de la mort, qui peut être très-prompte, si la dose de poison a été assez forte. Selon Delaporte et Portal, elle peut survenir en quelques heures ; fort heureusement que la terminaison de ce genre d'empoisonnement n'a pas

(1) Ce ne sont pas seulement les légumes, pois, haricots, cornichons, dont il est question, mais aussi des fruits confits à l'eau-de-vie, les prunes, les chinois, etc.

toujours cette fatale issue, alors les symptômes vont en décroissant, et la malade peut se rétablir; mais ce rétablissement prompt chez quelques sujets, de quinze à vingt jours, se prolonge chez d'autres pendant un laps de temps plus considérable : il peut être de plusieurs mois et davantage.

Des lésions déterminées par le toxique. — Dans les quelques cas que nous avons eu l'occasion d'examiner, nous avons remarqué que les caractères n'étaient pas toujours les mêmes; mais les auteurs qui ont été appelés plus fréquemment que nous, établissent que le tube digestif est généralement distendu par une très-grande quantité de gaz; que la membrane muqueuse gastro-intestinale est souvent rouge, enflammée quelquefois dans toute son étendue; que d'autres fois on constatait des ecchymoses répandues dans le tissu cellulaire sous-muqueux; qu'on trouvait aussi des plaques gangrenées, des perforations; que ce qu'il fallait surtout remarquer, c'est la prédominance des lésions inflammatoires sur les extravasions sanguines, qui existent rarement et ne se rencontrent qu'exceptionnellement; sous les séreuses qui revêtent les intestins, on a noté des cas où l'intestin offrait des teintes d'un bleu verdâtre, résistant au lavage, et d'autres dans lesquelles on voyait adhérentes à la muqueuse de petites parcelles du toxique; qu'il y a des cas où le canal intestinal n'offrait dans toute l'étendue de son trajet aucun signe d'irritation ou d'inflammation. Dans un certain cas, on a trouvé les tissus recouverts d'une matière brune qui était due à du sulfure de cuivre; on avait donné au sujet comme antidote des eaux hydrosulfurées, qui avaient décomposé le sel.

MM. Tardieu et Roussin font observer que, lorsqu'on rencontre des tissus colorés d'un bleu verdâtre résistant au lavage, de petites parcelles du toxique, on peut, par l'ammoniaque, déterminer une belle coloration bleue démontrant qu'on a certainement affaire à un produit dû au cuivre.

Recherches chimiques. — Les sels de cuivre étant susceptibles de déterminer la mort; le toxicologiste est souvent appelé pour rechercher, soit dans les matières vomies, soit dans les organes, la présence du toxique. Les opérations à faire sont les suivantes :

Si on agit sur les matières vomies, on les étend avec une petite quantité d'eau distillée, on sépare à l'aide d'un filtre de papier, puis on essaie la liqueur par les réactifs qui décèlent le cuivre, l'acide hydrosulfurique, l'ammoniaque, le prussiate de potasse.

Les matières solides sont ensuite traitées par l'eau additionnée d'acide acétique, à l'aide de l'ébullition. Les liqueurs sont filtrées, puis essayées par les réactifs. On doit employer pour la filtration du papier qui a été essayé, pour reconnaître s'il ne contient pas de cuivre. En effet, M. Hiers-Reynaert a fait connaître que du papier employé dans des analyses chimico-légales avait donné des résultats qui avaient été des causes d'erreurs (1).

Quelques auteurs ont conseillé l'emploi du charbon pour décolorer les liquides à essayer; mais nous avons, dans un mémoire présenté à l'Institut le 9 décembre 1844, posé la prescription formelle, *qu'il ne faut pas décolorer par le charbon les liquides dans lesquels on doit rechercher la présence d'un sel de plomb et celle d'autres sels métalliques* (2).

Parmi les procédés employés, on faisait usage de la carbonisation avec flamme; mais un élève en pharmacie, M. Georges (de Nantes), ayant tenu compte de la flamme colorée en vert qui se produisait, et de la perte d'une certaine quantité du toxique, indiqua l'emploi de l'acide sulfurique et la carbonisation des matières par cet acide.

Cette méthode, qui rappelle celle de M. Flandin, a été adoptée par MM. Tardieu et Roussin; elle nous avait parfaitement réussi dans une affaire d'empoisonnement dont nous fûmes chargés, MM. Bussy, Bayard et moi; dans cette affaire, nous opérâmes à Vendôme. Une femme soupçonnée d'avoir empoisonné son mari par l'arsenic fut appelée à assister à la reconnaissance du cadavre. Les expériences faites par la carbonisation à l'aide de l'acide sulfurique nous fournirent d'abord, par le lavage du charbon, de l'arsenic; puis le résidu charbonneux incinéré nous donna des cendres qui contenaient du cuivre. La présence de ce métal s'explique. La femme X... avait d'abord voulu empoisonner son mari par du vert-de-gris; n'ayant pas obtenu le résultat qu'elle en attendait, elle fit ensuite usage de l'arsenic. MM. Tardieu et Roussin indiquent l'emploi du carbonate de soude.

Voici ce qu'ils disent dans leur *Étude médicale et clinique sur l'empoisonnement* :

« La destruction des matières organiques peut être faite par plusieurs procédés :

« 1° Par l'acide sulfurique concentré. Dans ce cas, on se contentera de dessécher les organes convenablement divisés et de les mélanger dans une capsule de porcelaine avec un cinquième de leur poids d'acide sulfurique pur et concentré. La capsule, placée sur un bain de sable, est chauffée jusqu'à transformation complète des matières en un charbon très-sec et très-friable ; le fond de la capsule peut sans inconvénient atteindre la température rouge. Le charbon refroidi est réduit en poudre fine et traité par l'acide azotique concentré à la température du bain-marie. La bouillie liquide est alors étendue d'eau distillée et jetée sur un filtre de papier Berzélius, où elle est lavée jusqu'à

(1) *Journal de chimie médicale*, 1841, p. 26.

(2) *Annales d'hygiène*, t. XXXIII, p. 135, et *Journal de chimie médicale*, 1846, p. 305.

épuisement. On évapore tous les liquides à siccité et l'on calcine le résidu jusqu'à disparition complète de toute vapeur acide. Le produit calciné est alors redissous dans la plus petite quantité d'acide azotique pur et étendu.

« Dans cette solution filtrée, on dirige un courant d'acide sulfhydrique pur jusqu'à saturation et l'on abandonne le liquide au repos pendant vingt-quatre heures. Le dépôt lavé plusieurs fois, par des affusions successives d'eau sulfureuse, est finalement desséché et traité par quelques gouttes d'eau régale dans une petite capsule de porcelaine. L'excès d'acide étant évaporé au bain-marie, on ajoute un léger excès d'ammoniaque et l'on filtre. La solution qui passe est de couleur bleue, s'il y a une notable quantité de cuivre ou si elle n'est pas trop étendue. Quoi qu'il en soit, on l'évapore à siccité et on la redissout ensuite dans quelques gouttes d'eau légèrement acidulée par l'acide chlorhydrique.

« Cette solution doit présenter toutes les réactions des sels cuivriques.

« 2° Au lieu d'employer de l'acide sulfurique pour hâter la carbonisation des matières animales, on peut faire usage de carbonate de soude. Dans ce cas, on procède de la manière suivante : les organes et produits des vomissements sont intimement mélangés avec une petite quantité de ce carbonate pur, desséchés ensuite aussi complètement que possible au bain-marie, puis projetés dans un creuset de porcelaine vernie par portions successives, de manière à éviter tout boursouflement. Lorsque toute la masse est ainsi complètement carbonisée, on la pulvérise et on la lessive sur un filtre avec de l'eau distillée, que l'on emploie jusqu'à complet épuisement.

« Le résidu insoluble est traité comme précédemment par l'acide azotique et les opérations suivantes sont les mêmes que ci-dessus. L'emploi du carbonate de soude n'est pas absolument indispensable; la carbonisation directe des matières, sans addition d'aucune substance, donnera également un bon résultat; dans ce cas, il faut surveiller davantage l'opération, attendu que le boursouflement est beaucoup plus considérable au début.

« 3° Le procédé suivant nous a fourni plusieurs fois d'excellents résultats. Le charbon sec qui en résulte, traité par l'acide azotique, puis délayé dans l'eau, est épuisé sur un filtre. Les liqueurs filtrées sont réunies et précipitées par un grand excès de potasse caustique. Le dépôt, lavé complétement, est mis à bouillir pendant une demi-heure ou une heure avec une solution concentrée de chlorhydrate d'ammoniaque pur. Le bioxyde de cuivre précipité se dissout à la longue et complétement dans le sel ammoniacal.

« La liqueur filtrée, acidulée légèrement par l'acide chlorhydrique, est mise en contact avec une lame de fer bien polie qui précipite tout le cuivre à l'état métallique.

« La recherche du cuivre dans les aliments ou liquides qui en renferment se pratique par les mêmes procédés. Les corps solides, tels que le pain, les prunes à l'eau-de-vie, les cornichons, etc., sont de préférence carbonisés par l'acide sulfurique, puis traités par l'acide azotique comme dans le premier procédé indiqué. Les liquides, tels qu'eau-de-vie, absinthe, etc., qui renferment quelquefois des composés cuivriques, sont préalablement évaporés au bain-marie. Le résidu peut être ensuite simplement traité par un excès d'eau régale qui suffit à détruire la petite quantité de matière organique et à dissoudre le sel de cuivre qu'elle renferme.

« C'est surtout dans les empoisonnements présumés par le cuivre que l'expert-chimiste doit examiner avec le plus grand soin l'intérieur de l'estomac et de l'intestin. Il n'est pas rare d'y découvrir des parcelles bleues ou vertes du composé cuivreux ingéré. La muqueuse stomacale présente même souvent une surface veinée de taches verdâtres très-faciles à distinguer. »

On voit que cette méthode est facile; mais souvent nous avons, par une simple carbonisation et par une incinération, des matières contenant des composés cuivriques obtenu des cendres qui contenaient le cuivre. Celles-ci étaient traitées par l'acide azotique en excès; le produit était évaporé à siccité à l'aide d'une douce chaleur; le résidu salin était repris par l'eau distillée à l'aide de la chaleur; l'eau, filtrée, était fractionnée et traitée par les réactifs décelant le cuivre : le carbonate de potasse, la potasse caustique, l'ammoniaque, l'acide hydrosulfurique et les hydrosulfates, l'arsénite de potasse, enfin par les lames de fer et de zinc bien nettes et bien décapées, les aiguilles, les clous connus sous le nom de *pointes de Paris*.

La constatation du cuivre dans les recherches toxicologiques a donné lieu à des questions qui avaient pour but de savoir :

1° Si ce cuivre provenait d'un empoisonnement criminel;

2° Si ce cuivre n'était pas le cuivre auquel on a donné le nom de *cuivre normal*;

3° S'il ne proviendrait pas des terrains dans lesquels aurait été déposé le cadavre;

4° S'il ne parviendrait pas d'objets en cuivre mis dans le cercueil du décédé.

Toutes ces questions soulevées doivent attirer l'attention de l'expert.

On a donné le nom de *cuivre normal* au cuivre qui existe naturellement dans divers produits naturels.

Une foule de publications ont été faites sur ce sujet, et MM. Devergie et Hervy ont fait connaître :

Qu'il existait dans les tissus de l'homme et des animaux de petites proportions de cuivre et de plomb;

Que la proportion dans laquelle ils se trouvent augmente avec l'âge du sujet : faible chez l'enfant nouveau-né, quatre et cinq fois plus grande chez l'homme âgé de trente ans;

Que ces métaux sont en proportion variable dans l'estomac et les intestins de l'homme et de la femme adulte ;

Que cette proportion ne dépasse pas 46 milligrammes pour les intestins ;

Que ces chiffres ne reposent pas sur un nombre suffisant pour qu'on puisse les établir comme un terme invariable ;

Qu'une maladie prolongée, pendant laquelle l'alimentation est diminuée ou suspendue, peut apporter une différence moindre dans la quotité du cuivre et du plomb ;

Que cette différence vient à l'appui de la supposition la plus naturelle à faire sur la source de ces deux métaux dans l'économie, à savoir qu'ils y sont introduits par la viande et les végétaux qui servent d'aliments à l'homme.

M. Devergie, dans son *Traité de médecine légale*, a donné le tableau suivant les résultats de mes expériences :

Tableau de la pondération de quelques essais ayant pour but la recherche du cuivre et du plomb dans les organes.

	Plomb.	Cuivre.
Enfant nouveau-né.		
Canal intestinal	0gr.001	0gr.001
Enfant de huit ans.		
Estomac	0gr.005	0gr.003
Enfant de quatorze ans.		
Canal intestinal	0gr.025	0gr.030
Adultes. — Femme saine.		
Estomac	0gr.020	0gr.025
Intestins	0gr.030	0gr.035
Intestins	0gr.040	0gr.046
Homme.		
Intestins (calcination à grand feu)	0gr.025	0gr.037
Intestins (calcination à feu doux)	0gr.035	0gr.049
Vésicule du fiel	0gr.003	0gr.002
Femme malade.		
Intestins (phthisique)	0gr.010	0gr.010
Cerveau, 1 livre	0gr.006	0gr.010
Homme ayant succombé à une encéphalopathie saturnine.		
Estomac	0gr.030	0gr.020
Intestins (ce produit a été perdu, il devait contenir sept ou huit fois plus de plomb que de cuivre).		
Poumons, quantités impondérables.		
Reins, 8 onces 1 gros	0gr.002	0gr.001
Matières fécales	0gr.023	0gr.030
Vésicule du fiel et bile	0gr.004	0gr.001
Vessie	0gr.003	0gr.003
Chair musculaire, 1 livre	0gr.026	0gr.024
Sang, 7 onces	0gr.050	0gr.044
Dents, produit noirâtre	0gr.001	0gr.000

Dans ces expériences MM. Devergie et Hervy avaient employé le procédé suivant :

« Après avoir desséché dans une capsule de porcelaine la matière animale, on y mettait le feu pour la réduire en charbon ; on calcinait celui-ci dans un creuset de porcelaine à une température rouge cerise et on lavait le charbon à plusieurs reprises par l'eau distillée, afin d'avoir une incinération facile et complète. On reprenait les cendres par l'eau d'abord, pour dissoudre les sels solubles, puis par l'acide chlorhydrique ; on évaporait la majeure partie de l'acide employé, puis on traitait par l'eau. On faisait passer dans la solution aqueuse, très-légèrement acide, un courant d'acide sulfhydrique ; il se formait un précipité chocolat ou presque noir, suivant que le cuivre ou le plomb prédominait. On laissait déposer le précipité ; on le rassemblait dans une capsule de porcelaine avec un peu d'eau ; on y ajoutait quelques gouttes d'acide chlorhydrique et une ou deux gouttes d'eau régale. Il se faisait un départ de soufre ; on filtrait et l'on procédait à la séparation du plomb d'avec le cuivre. A cet effet, on évapore la liqueur à siccité presque complète, afin de volatiliser l'excès d'acide ; on reprend par une petite quantité d'eau, on en précipite le plomb au moyen de l'acide sulfurique, et le cuivre reste dans la liqueur.

« On peut réduire l'un et l'autre, le cuivre par le fer, et le plomb, soit au chalumeau, quand il est encore à l'état de sulfure, soit au moyen d'un courant d'hydrogène, comme l'a fait M. Guibourt. C'est par le chalumeau que nous l'avons obtenu à l'état de globules métalliques. »

La constatation de la présence du cuivre dans divers produits naturels et dans les organes de l'homme et des animaux a été, pour quelques chimistes, le sujet d'une dissemblance d'opinions. En effet, parmi les chimistes, les uns trouvaient toujours le cuivre normal, d'autres ne le trouvaient pas. Cela valut à ces derniers, de la part du *maître*, une affirmation peu gracieuse, c'est que si dans des expertises on ne trouvait pas le cuivre normal, *c'est qu'on s'y était mal pris.*

Cette affirmation était d'autant *plus singulière* que ceux qui étaient pour la négative établissaient qu'il y avait encore des expériences à faire pour élucider cette importante question.

La découverte de la présence de ce métal est due à Meissner, qui reconnut la présence de ce métal dans un grand nombre de plantes exotiques et indigènes (Sweiger, vol. XVII, p. 340 et 436) (1).

(1) Meissner incinérait les plantes, lavait les cendres avec de l'eau distillée pour séparer les sels solubles, traitait le résidu par l'acide hydrochlorique à l'aide de la chaleur, saturait la dissolution par l'ammoniaque en laissant un léger excès d'acide, filtrait le liquide et y plongeait soit une lame de fer, soit une lame de zinc qui prenait un aspect cuivré.

Vauquelin avait annoncé à l'Institut qu'il avait trouvé du cuivre dans le sang; mais, ce sang ayant été en contact avec un vase de cuivre, il émit un doute sur l'existence de ce métal dans le sang qu'il avait examiné. Depuis, MM. Millon et Orfila, Devergie et Hervy démontrèrent la présence du cuivre dans le sang.

Gahn avait découvert du cuivre dans les cendres de divers papiers, Sarzeau en constatait l'existence dans le quinquina gris, dans la garance, dans le café Bourbon jaune doré, dans le marc de café, dans le froment, dans la farine, dans le sang, dans le thé (1), dans le riz, le sarrazin, le seigle, l'avoine, l'écorce de malambo.

M. Boutigny, alors pharmacien à Évreux, publiait, en 1833, un mémoire ayant pour titre : *De la présence du cuivre dans le blé et dans un grand nombre d'autres substances.*

En 1832, M. Ferretti, professeur de chimie à Rome, signalait la présence du cuivre dans les vins, et le moyen de distinguer dans ces liquides le cuivre normal et le cuivre ajouté. Ce travail laisse à désirer; on n'ajoute pas de cuivre au vin, mais il peut en contenir en raison des vases, cannelles, etc., employés dans les caves.

L'existence du cuivre normal peut-elle empêcher l'expert de conclure dans les cas d'empoisonnements par les composés de cuivre?

M. Orfila a établi que, lorsqu'on traite par l'eau distillée bouillante, pendant vingt ou vingt-cinq minutes, le foie, le canal digestif d'un individu qui a succombé à un empoisonnement par un sel de cuivre, si ce sel n'a pas été entièrement éliminé, la solution contiendra une partie du composé cuivreux qui existait dans les viscères, et qui est légèrement soluble dans l'eau. Si l'on fait évaporer ce décoctum jusqu'à siccité et que l'on carbonise par l'acide azotique le produit desséché, on pourra, en traitant le charbon par l'acide azotique, dissoudre le cuivre d'empoisonnement renfermé dans ce charbon. Jamais, au contraire, en agissant de même avec les organes d'un individu non empoisonné, c'est-à-dire en opérant sur le charbon non incinéré, on ne retirera la moindre trace de cuivre, qu'ils contiennent naturellement le cuivre dit *normal.*

L'opinion formellement établie par M. Orfila fut combattue par M. Gaulthier de Claubry dans l'ouvrage de médecine légale de Briant. M. Gaulthier faisait observer qu'en supposant que le cuivre accidentel (cuivre normal) ne puisse jamais être extrait par l'eau, il n'en résulterait pas moins à craindre que certains composés de ce métal ne puissent former avec des produits de l'organisation des combinés sur lesquels l'eau n'aurait pas d'action. Si cela

(1) *Journal de chimie médicale*, 1840, p. 240. Mais la présence du cuivre dans le thé peut être due aux manipulations qu'on fait subir à cette feuille.

était, faudrait-il alors prouver qu'il y a possibilité de distinguer l'un de l'autre. A cette observation, M. Orfila répondit qu'il serait nécessaire de spécifier quelles sont les combinaisons sur lesquelles l'eau n'a pas d'action, que des centaines d'expériences ont prouvé que l'on ne pouvait enlever la moindre trace du cuivre naturel par l'eau bouillante, pourvu que le décoctum évaporé jusqu'à siccité et carbonisé ne soit pas incinéré. Une quantité minime de cuivre trouvée dans les organes d'un individu peut-elle permettre à un expert de se prononcer. Cette question a été le sujet de controverses, et tout récemment encore on a nié l'existence du cuivre accidentel dans les végétaux, dans les organes de l'homme. On se demande alors quels sont les chimistes qui ont démontré que les expériences de Meissner, de Gahn, de Vauquelin, de Devergie, d'Hervy, de Sarzeau, de Boutigny, d'Evreux, de Perotti, de Commaille, de Milon, sont entachées de fausseté. Ce qu'il y a d'heureux dans tous les cas, c'est que les quantités de *cuivre accidentel, normal si l'on veut*, ne sont que très-minimes et que dans un cas de suspicion d'empoisonnement les symptômes, la marche, la durée de la maladie qui a donné lieu, soit aux accidents, soit au décès, sont une source de lumières qui ne doivent pas être négligées. On doit, toutes les fois qu'on le peut, recourir à l'examen des matières, des vomissements, des évacuations alvines, à l'examen des linges qui seraient tachés par ces matières, etc.

La question de savoir si les terrains ne pouvaient pas céder de ce cuivre aux cadavres qui y sont déposés, a été, par suite de quelques expériences que nous avons faites, résolue négativement. En effet, nous avons placé *à nu* et non dans une bière, des animaux dépouillés de leur peau, et après un séjour de trois à quatre mois l'examen n'a pas démontré que ces matières organiques aient emprunté du cuivre au sol. Ces expériences méritent cependant d'être faites de nouveau.

Relativement aux objets en cuivre placés avec le cadavre dans la bière, nous avons reconnu, avec Lassaigne, dans deux opérations demandées par la justice, que de ces objets avaient taché le linge, mais que les cadavres n'avaient point absorbé de toxique.

Une question difficile et qui est quelquefois posée à l'expert, c'est la détermination du sel de cuivre qui a dû produire l'empoisonnement. Cette solution est embarrassante en ce sens que les aliments divers contiennent des chlorures, des sulfates, etc., qui pourraient donner lieu à des caractères qui rendraient la question presque insoluble. La réponse à faire dans ce cas doit être le résultat d'un examen sévère, et, si l'expert doute, il doit faire connaître ce doute au magistrat qui l'a consulté.

Les préparations de cuivre sont assez nombreuses; cependant celles qui sont généralement employées comme toxiques sont le vert-de-gris et le sulfate de cuivre, dont nous allons nous occuper.

DU VERT-DE-GRIS.

Ce sel, qui est connu sous les noms de *sous-deuto-acétate de cuivre*, d'*acétate bibasique ou bicuivrique*, *de verdet*, se trouve abondamment dans le commerce, préparé dans les pays vignobles, dans le midi de la France, à Montpellier, à Grenoble. On peut se le procurer facilement ; aussi a-t-il été employé par les empoisonneurs; il est formé d'acide acétique, 27.85 ; de bioxyde de cuivre, 42.92, et d'eau. Il présente les caractères suivants : il est en masse amorphe, friable, micacée dans son intérieur, tantôt colorée, quelquefois en bleu clair, d'autres fois en vert plus ou moins bleuâtre. Mis en contact avec de l'eau distillée à la température ordinaire, il se décompose et se transforme en acétate neutre qui se dissout en fournissant une liqueur colorée, laissant l'acétate tribasique insoluble, qui se dépose au fond du liquide sous une forme floconneuse de couleur bleu pâle.

Projeté sur des charbons incandescents, le vert-de-gris noircit sans se boursoufler, en exhalant une faible odeur d'acide acétique et en laissant un résidu d'une couleur rougeâtre, qui brûle peu à peu à l'air et devient noir. Ce résidu, traité par l'acide azotique faible, se dissout dans cet acide en fournissant une dissolution de couleur bleue peu intense ; c'est de l'azotate de cuivre, qui donne avec les réactifs les caractères qualificatifs des sels de cuivre. Le vert-de-gris traité par l'acide sulfurique, à l'aide de la chaleur, fournit de l'acide acétique..

Le liquide obtenu de la réaction de l'eau sur le vert-de-gris jouit des propriétés suivantes :

1° Sa couleur est bleue, sa saveur est âpre, métallique et désagréable ;

2° Le prussiate de potasse y détermine, selon l'état de concentration, soit une coloration en rose, soit un précipité pourpre ou un précipité marron ;

3° Le carbonate de potasse le précipite ; le précipité a une couleur bleu pâle ;

4° La potasse détermine la formation d'un précipité bleu de ciel ;

5° L'ammoniaque le précipite, mais le précipité se redissout dans un excès d'alcali, en fournissant une liqueur très-riche en couleur qu'on a désignée sous le nom de *bleu céleste ;*

6° L'acide hydrosulfurique et les hydrosulfates donneront lieu à des précipités noirs ;

7° L'arséniate de potasse le précipite ; le précipité a une couleur *vert d'herbe pâle ;*

8° Le zinc et le fer, bien nets et décapés, plongés dans cette liqueur, se recouvrent de cuivre métallique.

Les réactifs qui font reconnaître le cuivre n'ont pas tous la même sensibilité. Il est important de reconnaître cette sensibilité, qui, pour les solutions de cuivre serait la suivante :

La sensibilité du phosphore s'arrête à une liqueur au		6,000 (1)
Celle du fer aidé de l'acide acétique	—	6,000
Celle de l'arsénite de potasse	—	10,000
Celle du carbonate de potasse	—	14,000
Celle du carbonate d'ammoniaque	—	14,000
Celle de la potasse	—	14,000
Celle du sulfhydrate d'ammoniaque	—	60,000
Celle de l'acide sulfhydrique	—	60,000
Celle du ferrocyanure de potassium	—	80,000

Le vert-de-gris est employé dans différentes préparations pharmaceutiques, l'onguent divin, l'onguent *ægyptiac*, l'onguent *contre les cors*, l'emplâtre de cire verte, le baume vert de Metz. Séparé de l'acétate soluble, il prend le nom du *vert-de-gris préparé*.

Son action est énergique, mais on n'est pas d'accord sur son énergie. Il a été essayé contre la phthisie, contre le rachitis, les scrofules, le cancer; mais rien de positif n'a été établi. Aussi Mérat et Delens disaient-ils que les faits publiés semblaient appeler de nouvelles expériences.

Ce sel a été administré, par les uns, de 5 à 20 centigr., de 1 à 3 décigr. ; mais souvent des coliques, des superpurgations ont suivi son administration.

Deutoacétate de cuivre, verdet cristallisé, cristaux de Vénus. — Ce sel, qui diffère du précédent à l'état anhydre, est formé d'acide acétique, 50.48, et de bioxyde de cuivre, 43.52. Cristallisé, il renferme 90.01 de deuto-acétate de cuivre et 8.99 d'eau de combinaison. Ses caractères sont les suivants : il est cristallisé et se présente sous forme de prismes rhomboïdaux d'un vert bleuâtre; il est légèrement efflorescent à l'air; sa saveur, comme celle du cuivre, est âpre et métallique, désagréable et donnant lieu à des crachottements pendant un certain laps de temps. Il se comporte autrement avec l'eau que le vert-de-gris ; il est entièrement soluble dans cinq fois son poids d'eau à 100 degrés. La solution est colorée en bleu verdâtre.

Exposé à l'action de la chaleur sur des charbons incandescents, il pétille légèrement, se fond en répandant des vapeurs piquantes, acétiques, qui entraînent avec elles une portion d'acétate qui les colore en jaune verdâtre laissant sur le charbon une teinte rougeâtre de cuivre métallique, qui passe au noir en s'oxydant à l'air. Chauffé dans une cornue, il fournit de l'acide acétique, le *vinaigre radical*, qui est sali par de l'acétate de cuivre et qui a besoin d'être purifié par distillation.

La solution de ce sel dans l'eau est bleue un peu verdâtre ; elle se comporte avec les réactifs comme la solution obtenue en traitant par l'eau le vert-de-gris.

(1) Un cylindre de phosphore plongé dans une solution de cuivre se recouvre instantanément de cuivre métallique.

Cet acétate jouit de propriétés toxiques plus énergiques que le précédent. Ce sel a été vanté contre le cancer. Scheffer le prescrivait à la dose de 30 à 50 centigr. en dissolution, comme vomitif, dans les cas d'empoisonnement par les narcotiques.

SULFATE DE CUIVRE, DEUTOSULFATE DE CUIVRE, SULFATE CUIVRIQUE.

Ce sel, qui est connu sous les noms de *vitriol bleu*, de *vitriol de cuivre*, de *couperose bleue*, est très-connu du vulgaire. Aussi les cas dans lesquels il a été employé comme toxique, et qui sont arrivés à la connaissance de la justice, se sont-ils élevés, de 1855 à 1865 (inclus), à 63. C'est le toxique qui est le plus employé après le phosphore et l'arsenic, ce qui, selon nous, est dû à la facilité avec laquelle on peut se le procurer.

Ce sel se présente cristallisé en prismes transparents d'une belle couleur bleue; sa saveur, comme celle de tous les sels solubles du cuivre, est styptique. Exposé au contact de l'air, il s'effleurit et se recouvre d'une poussière blanche qui est du sulfate qui a abandonné son eau de cristallisation. A l'aide de la chaleur, il éprouve la fusion aqueuse, perd son eau de cristallisation et se transforme en une masse blanche pulvérulente, qui, à l'aide de l'eau, reprend sa couleur primitive. Ce sel a la composition suivante : acide sulfurique, 31.38; deutoxyde de cuivre, 32.32; eau, 36.30.

Les caractères de ce sel sont les suivants :

1° Réduit en poudre et projeté sur des charbons incandescents ou calciné dans un creuset de porcelaine, il fond, il boursoufle, se blanchit sans répandre d'odeur.

2° Dissous dans l'eau, il présente comme les précédents, par les réactifs, les diverses propriétés démontrant la présence du cuivre en solution.

3° La dissolution, traitée par le chlorure de baryum, donne un précipité blanc insoluble; dans l'acide azotique, ce caractère démontre la présence de l'acide sulfurique.

Le sulfate de cuivre, malgré ses propriétés toxiques, a été employé, mais à petites doses, comme vomitif, surtout en Angleterre, contre les empoisonnements par l'opium et l'arsenic; on l'a employé contre le croup à la dose de 20 centigrammes pour un enfant et de 45 centigrammes pour un adulte (Winter, de Stuttgard). Il est aussi employé comme caustique.

Le sulfate de cuivre a été employé pour le chaulage des grains, pour donner une nuance verte aux conserves végétales, pois, haricots verts, haricots flageolets, cornichons; on s'en est servi pour colorer des liqueurs, les prunes conservées à l'alcool. On a même employé ce sel dans la panification, dans le but, disaient les boulangers ignorants qui l'employaient, de faciliter la fermentation de la pâte préparée avec des farines de qualités inférieures (1).

La recherche du cuivre dans ces cas se fait par le procédé suivant :

Si les produits à examiner sont liquides, on fait évaporer pour obtenir un extrait. Cet extrait est ensuite carbonisé et incinéré, les cendres sont traitées par un excès d'acide azotique, la solution est évaporée au bain de sable pour chasser l'excès d'acide, le résidu repris par l'eau distillée, la liqueur est filtrée, fractionnée, puis soumise à l'action des réactifs du cuivre.

Divers produits, le pain, par exemple, les cornichons, les prunes, sont divisés en petits fragments, on les dessèche, on fait carboniser et incinérer; les cendres sont ensuite traitées comme nous l'avons dit plus haut. La liqueur provenant du traitement par l'acide azotique, par l'évaporation et par l'eau, est soumise à l'action des réactifs.

Des préparations de cuivre de couleur bleue sont aussi employées dans la préparation des sucreries colorées, particulièrement en Angleterre. Nous avons indiqué, à la page 182, les moyens de reconnaître les sucreries qui contiennent de ces préparations cuivreuses.

L'usage des vases et des instruments fabriqués avec le cuivre est souvent la cause d'accidents qui ont de la gravité. Ces accidents nous ont porté à publier, dans le *Journal de chimie médicale*, octobre 1867, un mémoire ayant pour titre : *Le cuivre et les sels de cuivre sont-ils toxiques? Les ustensiles de cuivre sont-ils dangereux?* Dans ce mémoire nous avons fait connaître les faits arrivés à notre connaissance.

DES ANTIDOTES DE L'EMPOISONNEMENT PAR LE CUIVRE.

On a proposé comme antidotes :

1° Les polysulfures de potassium, de sodium, de fer (Navier), mais les faits ont démontré que ces contre-poisons étaient dangereux et que leur administration pouvait produire les accidents les plus fâcheux et déterminer la mort (Drouard).

2° Les alcalis qui décomposent les sels, mais l'oxyde de cuivre hydraté qui résulte de la décomposition des sels est lui-même vénéneux.

3° L'infusion de noix de Galles (Chansard); mais l'examen de l'emploi de cette infusion a démontré qu'elle n'était pas efficace.

4° Le sucre, les liquides sucrés (Marcelin Duval). Ce moyen qui paraissait présenter de l'avantage a été expérimenté par Orfila, qui a conclu de ses expériences :

1° Que le sucre ne décompose pas complétement le vert-de-gris qui a été introduit dans l'estomac, qu'il ne l'empêche pas d'agir comme toxique et par conséquent qu'il n'est pas son contre-poison;

(1) Des boulangers de diverses localités en Belgique et en France en firent usage; vingt-six de ces industriels furent condamnés à Calais.

2° Qu'il est utile pour calmer l'irritation développée par le toxique lorsque celui-ci a été préalablement expulsé par le vomissement.

3° L'albumine, qui, expérimentée sur un chien, fut suivie de réussite. Ce moyen nous a réussi à M. Cartier et à moi dans des conditions particulières. Des ouvriers empoisonnés par le cuivre furent traités par de l'eau albumineuse très-chargée, préparée avec de l'eau hydrosulfurée. Les résultats furent favorables, mais il serait nécessaire de faire des expériences pour s'assurer de l'efficacité de ce moyen; on pourrait encore essayer les solutions sucrées albumineuses, MM. Postel et M. Girardin, membre correspondant de l'Institut, ayant établi que le sucre est un antidote du vert-de-gris et qu'il décompose ce sel, même à la température de 30 degrés.

4° La limaille de fer. Si on pouvait administrer de suite de la limaille de fer bien décapée, les résultats pourraient être avantageux, car nous ne craignons pas l'action toxique des sels de fer, quoi qu'en ait dit un savant toxicologiste.

Mais il y a difficulté à se procurer instantanément de la limaille de fer. De plus, cette limaille, on le conçoit, ne peut pénétrer dans diverses parties des organes et annihiler l'action du toxique.

5° Le lait, qui, par sa caséine, précipite les sels cuivreux (on conçoit que ces matières liquides pénètrent les organes, ce que ne pourrait faire la limaille de fer), doivent jouir d'une efficacité marquée; de plus, il est facile de se procurer du lait et d'en prendre de grandes quantités.

6° La limaille de zinc. Selon nous, cette limaille ne doit pas être employée.

7° Orfila a proposé l'emploi du ferrocyanate de potasse, communément nommé *prussiate de potasse, prussiate jaune, qu'il est important de ne pas confondre avec le cyanure de potassium, qui est un violent poison.*

L'action du prussiate jaune pourrait être comparée à celle de l'albumine. Ce sel jouit de la propriété de précipiter instantanément les sels de cuivre et de donner lieu à un cyanure insoluble. Quelques auteurs établissent que ce sel peut être administré sans danger à des doses assez fortes; d'autres, Gollan, Coulon, M. W.-J. Mac neveu, établissent que ce sel est toxique. On sait cependant que Darcet ayant avalé par mégarde 250 grammes d'une dissolution de ce sel préparée pour réactif, n'en éprouva aucune incommodité, quoi qu'il n'eût bu ensuite que quelques verres d'eau.

De tout ce qui vient d'être dit on doit en conclure que les véritables antidotes du cuivre sont le lait, l'albumine de l'œuf et l'albumine liquide préparée avec de l'eau hydrosulfurée.

Cyanogène.

Le cyanogène, qui est aussi connu sous les noms d'*azoture de carbone*, de *nitrure carbonique*, fut découvert en 1815 par Gay-Lussac, qui l'obtint par la distillation du cyanure de mercure desséché. Ce composé se forme lorsque l'on calcine la potasse avec les matières animales : le sang desséché, la corne, les poils, etc. ; mais il n'est pas mis à nu, il se combine au potassium.

A la température ordinaire, le cyanogène est gazeux, il est incolore ; son odeur est forte et pénétrante, il irrite fortement les fosses nasales et les membranes oculaires ; sa densité est de 1.8064. Il est indécomposable par l'action seule de la chaleur : sous la pression de 3 ou 4 atmosphères, il se condense en un liquide incolore ; mis en contact avec une bougie allumée, il s'enflamme. Il brûle avec une flamme pourpre, en fournissant de l'acide carbonique et de l'azote ; il est soluble dans l'eau, qui en dissout quatre fois et demie son volume ; il est très-soluble dans l'alcool, qui en dissout vingt-cinq fois son volume. La solution aqueuse a l'odeur du gaz et une saveur piquante et poivrée. Le cyanogène est formé de :

Azote........................	54.02
Carbone......................	45.98

Nous ne connaissons pas d'empoisonnement sur l'homme déterminé par le cyanogène, mais Orfila, qui a fait des expériences sur les animaux, a fait connaître le résultat de ses expériences, desquelles il résulte qu'administré à des chiens robustes à la dose de 50 à 60 grammes d'eau saturée de ce corps, récemment préparée, ils éprouvent tous les accidents de l'empoisonnement par l'acide hydrocyanique et succombent au bout de deux à trois minutes.

A l'ouverture des cadavres on constate des lésions analogues à celles déterminées par l'acide hydrocyanique.

Les caractères distinctifs du cyanogène sont les suivants :

1° A l'état de gaz, il est facile à reconnaître à son odeur particulière, à sa propriété de brûler avec une flamme pourpre en produisant de l'acide carbonique, qu'on reconnaît au moyen de l'eau de chaux.

2° Agité avec la teinture de tournesol, il la rougit en se dissolvant ; si l'on chauffe, le cyanogène se dégage et se décompose en partie, la couleur bleue du tournesol reparaît ; le même effet se produit avec la solution aqueuse du cyanogène.

3° Mêlé à trois fois son volume d'oxygène dans l'eudiomètre à mercure et enflammé par l'étincelle électrique, il fournit 2 volumes d'acide carbonique et 1 volume d'azote.

4° Absorbé par une solution de potasse ou saturé par cette base, il fournit une solution qui, mêlée à une solution de persulfate de fer, donne un précipité bleu de cyanure de fer (*bleu de Prusse*).

5° Chauffé avec du potassium, il est complétement absorbé en fournissant un cyanure.

Cyanures.

On donne le nom de *cyanures* à des composés du cyanogène avec les métaux.

Les cyanures sont nombreux; les uns sont employés dans l'industrie, le bleu de Prusse, par exemple, le cyanoferrure de potassium; d'autres sont employés dans l'art médical. Nous ne nous occuperons que des cyanures toxiques : les cyanures d'iode, de mercure, de potassium.

Les caractères des cyanures sont les suivants :

1° Les cyanures des métaux alcalins sont décomposés par tous les oxacides et hydracides avec dégagement d'acide hydrocyanique gazeux, qui est reconnaissable à son odeur prononcée d'amandes amères.

2° La solution aqueuse de ces sels se distingue à l'odeur faible d'acide cyanhydrique qu'elle laisse dégager au contact de l'air, et à ce qu'elle donne avec les sels de fer un précipité blanc ou un précipité bleu, selon leur degré d'oxydation. Le précipité, lorsqu'il est blanc, peut être amené au bleu soit par son exposition à l'air, soit par quelques gouttes d'*eau chlorée* (solution de chlore dans l'eau).

3° Le nitrate d'argent donne lieu avec les cyanures à un précipité blanc caillebotté, insoluble dans l'eau et les acides, soluble dans l'ammoniaque.

4° Le protonitrate de mercure, traité par un cyanure alcalin, donne lieu à un précipité pulvérulent de mercure métallique.

CYANURE D'IODE.

Le cyanure d'iode est toxique; mais nous ne connaissons pas, jusqu'à présent, qu'il ait été employé dans un usage criminel.

Ce sel est blanc; il se présente sous la forme de longues aiguilles très-minces, ayant une odeur piquante. Il irrite vivement les yeux, provoque le larmoiement; sa saveur est très-caustique. Il n'a pas d'action sur le nitrate d'argent. Quand on le soumet à l'action de la chaleur, il y a production de vapeurs d'iode; quand on le traite par la potasse et par le persulfate de fer, ajoutant quelques gouttes d'acide hydrochlorique, on obtient du bleu de Prusse; ce cyanure est soluble dans l'eau et dans l'alcool.

M. Scouteten, qui a fait des expériences sur les animaux, chiens et lapins, a constaté :

1° Que, chez la plupart des animaux auxquels il a administré le cyanure d'iode, on observa des convulsions violentes, presque instantanées. De ces animaux faisaient entendre des cris aigus, chez d'autres on n'observait pas ces cris; mais plusieurs succombaient avec une si grande rapidité qu'on n'avait pas le temps de les poser à terre;

2° Que 3 centigr. de ce cyanure, complétement ingérés, suffisent pour tuer des lapins;

3° Que, si cette quantité n'est pas entièrement introduite, l'accélération de la respiration et même des convulsions plus ou moins fortes sont observées, mais que la mort n'a pas lieu ;

4° Que les chiens paraissent mieux en supporter l'action, puisqu'il en faut au moins 25 centigr. pour amener la mort ; encore ne meurent-ils que lorsque l'estomac n'est pas trop rempli d'aliments ; dans ce cas, ils vomissent, et une grande partie du poison est rejetée ;

5° Qu'il détermine chez l'homme des étourdissements, lorsqu'il est exposé à ses émanations ; que lorsqu'on en place sur la langue, il y produit une sensation de causticité très-vive et très-tenace ; nul doute qu'il ne développât les accidents les plus intenses et même la mort, s'il était introduit dans l'estomac à la dose de quelques décigrammes ;

6° Que, chez les animaux qui succombent à l'action de ce poison, l'on remarque des anomalies dans les lésions organiques. Parfois, l'estomac est peu enflammé, les poumons n'offrant que des taches ecchymosées peu profondes, et le cœur est dans l'état naturel. Ces particularités tiennent à des causes qu'il n'est pas facile d'assigner, des lésions graves ayant été trouvées chez des animaux qui avaient succombé très-promptement, et des lésions légères chez des animaux morts lentement ;

7° Qu'il exerce une action spéciale sur les organes de la digestion et de la circulation, dans lesquels il détermine des désordres profonds. Quant à la congestion du cerveau, elle semble due en grande partie à l'engorgement des poumons ;

8° Que ce cyanure doit être rangé dans la classe des poisons narcotico-âcres.

Recherches médico-légales.

Lorsque le cyanure a été introduit dans l'estomac, et qu'il sera impossible, après la mort, d'en démontrer la présence à l'aide des caractères que nous avons indiqués plus haut, il faudrait s'attacher à rechercher l'iode qui entre dans sa composition. Pour cela, on lave dans une petite quantité d'eau l'estomac, le duodénum, l'œsophage, la langue ; on traite le liquide obtenu par la solution d'amidon aiguisée d'acide azotique, qui donnerait lieu à de l'iodure bleu d'amidon.

Ces réactifs, convenablement employés, nous ont, dit M. Scoutetten, constamment démontré dans les cadavres la présence de l'iode, mais jamais celle du cyanogène, lors même qu'on agissait immédiatement après l'ingestion du poison (1). Il paraît que les matières animales tendent à décomposer rapidement le cyanure d'iode, puisqu'après en avoir placé sous la peau de quelques

(1) Mémoire sur le cyanure iodé. — *Archives générales de médecine*, septembre 1825.

animaux, on a reconnu que la majeure partie de l'iode avait passé à l'état d'acide iodhydrique, et qu'il y avait à peine des traces extrêmement légères de cyanogène.

L'examen qui a été fait des animaux empoisonnés par ce sel n'en a fourni aucune trace.

Traitement de l'empoisonnement par le cyanure.

D'après M. Scoutoten, il faut provoquer le vomissement en faisant usage de l'eau, des boissons mucilagineuses en grande quantité. S'il se manifeste des mouvements convulsifs, on frotte les tempes avec de l'alcool, de l'ammoniaque, ou mieux avec de l'éther ; on pourra faire respirer de ces liquides, évitant l'emploi du café, du quinquina. La saignée générale, les saignées locales et les autres antiphlogistiques seront plus tard mis en usage, lorsque les accidents inflammatoires se développeront.

CYANURE D'ARGENT.

Le cyanure d'argent ne peut être considéré comme un toxique, nous devons cependant en dire un mot, parce que le nitrate d'argent est employé : 1° pour reconnaître la présence de l'acide chlorhydrique et des chlorures; 2° celle de l'acide cyanhydrique et du cyanure, et parce qu'il jouit de caractères qui sont en partie semblables avec le chlorure de ce métal. En effet, le chlorure et le cyanure d'argent se présentent lors de l'obtention sous forme d'un précipité blanc caillebotté se rassemblant par l'agitation.

Le chlorure d'argent est insoluble dans les acides, soluble dans l'ammoniaque; le cyanure d'argent est soluble à chaud dans les acides concentrés.

Lorsqu'on obtient un précipité blanc caillebotté qui pourrait être du cyanure ou du cyanure mêlé de chlorure, pour reconnaître sa nature on le traite par l'acide nitrique bouillant qui dissoudra le cyanure sans dissoudre le chlorure; on peut, après que la liqueur est filtrée, traiter par l'acide chlorhydrique, qui donnera lieu à un précipité si le produit traité contenait du cyanure.

CYANURE DE MERCURE, PRUSSIATE DE MERCURE DES ANCIENS CHIMISTES.

Ce cyanure, qui est toxique, se présente sous forme de cristaux incolores à base carrée. Ces cristaux sont quelquefois opaques, d'autres fois transparents; ils contiennent de l'eau d'interposition, qui se dégage à une douce chaleur; sa saveur est désagréable, *mercurielle*. Il est peu soluble dans l'alcool, très-soluble dans l'eau, plus à chaud qu'à froid.

Exposé à l'action de la chaleur, il se décompose peu à peu, en fournissant, lorsqu'il est sec, du cyanogène et du mercure métallique; lorsqu'il est humide, on obtient aussi, outre ces produits, de l'acide carbonique et de l'acide hydrocyanique.

Le cyanure de mercure projeté sur des charbons incandescents décrépite légèrement, brunit peu à peu en exhalant du cyanogène, facile à reconnaître à son odeur.

Chauffé dans un tube fermé à l'une de ses extrémités, il se décompose en fournissant :

1° Du mercure métallique, qui se dépose et s'attache sur les parois du tube ;

2° Du cyanogène, qui se dégage en laissant dans le fond du tube un résidu noir charbonneux.

La dissolution de ce cyanure présente les caractères suivants avec les réactifs :

1° Elle n'est pas précipitée par les alcalis ;

2° Elle est décomposée par les acides hydrosulfurique, hydriodique et hydrochlorique.

L'acide hydrosulfurique donne lieu à un précipité noir de deutosulfure de mercure ; l'acide hydriodique a un précipité rouge d'iodure ; l'acide hydrochlorique donne lieu à du deutochlorure de mercure soluble. Dans toutes ces réactions, il y a mise à nu d'acide hydrocyanique, reconnaissable à son odeur caractéristique d'amandes amères.

La solution de cyanure étendue d'eau ne détermine aucun changement ni par la solution d'azotate d'argent, ni par la solution d'iodure de potassium. Aiguisée avec l'acide sulfurique, si on y plonge une lame de cuivre bien décapée, cette lame se recouvre, au bout d'un certain laps de temps, de mercure métallique.

Le cyanure de mercure se prépare dans les laboratoires en faisant bouillir pendant un laps de temps convenable, 2 parties de *bleu de Prusse en poudre très-ténue*, avec 1 partie d'oxyde de mercure pulvérisé et 6 parties d'eau distillée, filtrant le liquide, le faisant évaporer et cristalliser.

Un mode de faire plus convenable consiste à prendre 18 parties de prussiate de potasse jaune en poudre, 9 parties d'acide sulfurique à 66 degrés, 12 parties d'eau distillée. Ce mélange étant fait, on laisse réagir pendant douze heures en entourant la cornue d'un mélange réfrigérant ; on distille après ce laps de temps, en recueillant dans de l'eau distillée, à l'aide d'un tube, l'acide qui se dégage. Continuant la distillation jusqu'à ce qu'il s'élève une vapeur bleue, il faut alors cesser.

L'acide ainsi obtenu, saturé par de l'oxyde rouge de mercure, fournit, par l'évaporation, le cyanure.

Le cyanure de mercure est employé dans la préparation de l'acide hydrocyanique ; il sert aussi de réactif pour précipiter le palladium de sa dissolution.

Dans l'usage médical, il a été employé comme antisyphilitique ; on l'a donné en pilules; on l'a fait entrer dans un cérat employé dans le traitement du chancre.

Les doses auxquelles ce cyanure peut être donné sont les mêmes que celles du deutochlorure de mercure. Nous ferons connaître ici qu'un pharmacien de Saint-Malo refusa d'exécuter une ordonnance d'un médecin qui avait prescrit pour douze pilules *4 grammes de cyanure de mercure* (1).

L'action du cyanure de mercure a été le sujet de diverses publications. Trousseau et Pidoux, 2e édition de leur *Traité de thérapeutique*, disaient : « M. Coullon regarde le cyanure de mercure comme aussi énergiquement toxique que l'acide prussique médicinal; mais Ittmer, sans nier son action vénéneuse, ne la croit pourtant pas aussi puissante que l'a prétendu M. Coullon. On le donne soit en poudre, soit en pilules. La formule du docteur Mondoga était la suivante :

Cyanure de mercure.	de 40 à	60 centigrammes.
Laudanum.......................	de 4 à	8 grammes.
Eau distillée..........................	500	—

En prendre soir et matin une cuillerée à bouche dans un verre de tisane. »

D'autres ouvrages, les *Formulaires* de Cadet de Gassicourt, de Foy, la *Pharmacopée* de Guibourt, l'ouvrage de Rodius, contiennent aussi des formules pour l'emploi de ce cyanure.

Nous avons recherché si on avait constaté des cas d'empoisonnement par le cyanure de mercure, nous n'en avons trouvé qu'un seul, qui se trouve consigné dans un mémoire publié par M. Ollivier (d'Angers), dans le *Journal de chimie médicale*, 1825, p. 269 : ce cas est celui d'un homme qui, voulant se donner la mort, voulait le faire à l'aide de l'acide prussique, et qui, n'ayant pu réussir à préparer ce toxique, s'administra en une seule fois 13 décigrammes de cyanure de mercure; cet homme succomba le neuvième jour. Le mémoire de M. Ollivier fait connaître la marche de la maladie, les traitements auxquels le malade a été soumis, enfin ce qui fut constaté lors de l'autopsie.

Les secours à administrer contre un semblable empoisonnement n'ont pas été indiqués. On pourrait combattre l'action du mercure par l'acide sulfhydrique; mais, dans ce cas, de l'acide cyanhydrique étant mis à nu, il faudrait aussi faire usage des moyens qui pourraient annihiler ce toxique.

CYANURE DE POTASSIUM; CYANURE POTASSIQUE; PRUSSIATE DE POTASSE (2).

Le cyanure de potassium est une des substances les plus vénéneuses que

---

(1) *Journal de chimie médicale*, 1843, p. 12.

(2) Il ne faut pas confondre le *cyanure* prescrit par le nom de *prussiate de potasse* avec le *cyanure de fer et de potassium* désigné dans les ouvrages par les déno-

lion convulsée, il cristallise en cubes ou en cristaux dérivant du cube, ses cristaux sont anhydres. Sa saveur, *qu'on ne doit constater qu'avec précaution*, est âcre, un peu alcaline et amère, laissant dans la bouche un arrière goût d'amandes amères.

Exposé au contact de l'air ou conservé dans des flacons mal fermés ou non remplis, il se décompose lentement par suite de l'humidité et de l'acide carbonique de l'air. En raison de cette action continue, il se convertit en cyanate et en carbonate de potasse, en répandant une légère odeur d'acide cyanhydrique. Exposé à l'action de la chaleur, il supporte la température rouge sans se décomposer et même éprouver la fusion ignée; sous l'influence d'une chaleur blanche longtemps soutenue, il laisse dégager de l'azote et se décompose. Le résidu de cette décomposition a été considéré comme un carbure de potassium; projeté dans l'eau, il y a dégagement d'hydrogène. On trouve dans le liquide de la potasse caustique.

Le cyanure de potassium a une réaction fortement alcaline; il est très-soluble dans l'eau, presque insoluble dans l'alcool anhydre. Aussi lorsqu'on traite la solution concentrée de cyanure par l'alcool, le cyanure est-il en grande partie précipité; l'alcool à 78 degrés en dissout une petite quantité, la solubilité augmente à mesure qu'on l'étend d'eau l'alcool.

La dissolution aqueuse de cyanure de potassium, abandonnée au contact de l'air, se décompose peu à peu, laisse dégager de l'acide cyanhydrique et finit par se convertir complètement en carbonate de potasse. Si on chauffe jusqu'à ébullition et qu'on continue l'action de la chaleur, cette solution se décompose très-lentement en ammoniaque et en formiate de potasse (Pelouze).

Soumis à l'action des corps oxydants, le cyanure de potassium se transforme en cyanate de potasse; il réduit par la voie sèche un très-grand nombre d'oxydes métalliques.

La solution de cyanure de potassium a une réaction alcaline; traitée par les acides même faibles, il y a dégagement d'acide cyanhydrique avec effervescence; elle n'est pas précipitée par l'eau de chaux, lorsqu'elle ne contient pas de carbonates. Les sulfates de protoxyde et de sesquioxyde de fer y déterminent un précipité d'un bleu verdâtre, qui passe au bleu par l'addition de quelques gouttes d'acide chlorhydrique; le sulfate de cuivre y détermine un précipité vert pomme, qui passe à la couleur blanche par l'addition de quelques gouttes d'acide chlorhydrique; la liqueur séparée n'est pas claire mais opaline. L'azotate d'argent fournit un précipité de cyanure d'argent (Wiggers).

Ces caractères peuvent varier, selon que le cyanure a été préparé soit par

---

minations de *cyanure ferro* ou *ferroso-potassique* (Berzélius), de *prussiate de potasse du commerce*. Le cyanure est un poison énergique, le *cyanure ferroso-potassique* ne possède pas les mêmes propriétés toxiques.

la méthode de Wiggers, soit par la méthode inscrite dans le Codex, soit par celle employée dans l'industrie.

Ces trois méthodes peuvent être décrites en quelques mots :

1° La méthode de Wiggers consiste à faire arriver de l'acide hydrocyanique dans une solution alcoolique de potasse pure ;

2° En calcinant avec de la potasse de la chair musculaire, du sang, traitant le résidu par de l'alcool bouillant ;

3° La méthode du Codex, en calcinant en vaisseaux clos le cyanure jaune de potassium et de fer.

Orfila a déterminé la valeur de ces cyanures, il a constaté :

1° Que le cyanure de potassium préparé, soit par le procédé Wiggers, soit par le procédé du Codex, est un poison excessivement énergique capable d'occasionner promptement la mort à la dose de quelques centigrammes, qu'il agit exactement comme le ferait l'acide cyanhydrique ;

2° Que le cyanure de potassium obtenu en calcinant la chair musculaire et le sang desséché par la potasse à l'aide de la chaleur contient à peine de cyanure, et qu'il est en grande partie formé de carbonate de potasse et de chlorure, qu'il est peu vénéneux ; enfin, qu'il exerce sur l'économie animale la même action que le carbonate de potasse. Nous devons dire que nous ne partageons pas tout à fait l'avis du maître sur l'action de ce cyanure, et que nous pensons que cette opinion, si elle était admise, serait une cause de danger.

Le cyanure de potassium n'était autrefois préparé qu'en de très-petites quantités ; à l'époque actuelle on l'emploie en de grandes masses dans les ateliers pour l'application de l'argent et de l'or sur d'autres métaux, dans la photographie, et, chose extraordinaire, c'est que ce toxique ne donne pas lieu à de nombreux cas d'empoisonnement qui s'expliqueraient par suite des opérations journellement exécutées par des hommes qui ne font rien pour éviter le danger (1).

Le cyanure de potassium est aussi employé dans l'usage médical ; le pharmacien ne doit faire usage que du cyanure préparé selon la méthode du Codex. On obtient ce cyanure en prenant le prussiate de potasse jaune, le cyanure de fer et de potassium, le réduisant en poudre et le faisant sécher à l'étuve ; lorsqu'il est complétement sec, on l'introduit dans un creuset de fonte, on couvre le creuset. On chauffe d'abord doucement, puis on élève la température jusqu'au rouge, on continue de chauffer jusqu'à ce qu'il n'y ait plus de dégagement de gaz. Si on ouvre le creuset, on voit que le produit est à l'état liquide ; c'est le cyanure fondu, mais il tient en suspension du carbure de fer provenant de la décomposition du prussiate ferrugineux ; pour opérer la sépa-

(1) On cite quelques cas de suicide, mais ils sont rares. Un cas de suicide et d'empoisonnement est celui de la femme Walser (de Vienne), qui empoisonna sa mère, trois de ses enfants, et qui s'empoisonna ensuite.

ration du carbure, on opère la filtration du cyanure à travers un tissu de fer qu'on dispose au-dessus d'un autre creuset qui est placé dans un fourneau et qui est chauffé; le cyanure de potassium ainsi filtré se prend par le refroidissement en une masse qui a de l'analogie avec un émail de couleur blanche, mais à structure cristalline. Le produit obtenu doit-être blanc et on doit le séparer de toutes les parties du produit qui n'ont pas cette couleur.

Le cyanure de potassium doit être conservé dans des vases fermés avec le plus grand soin et en fragments fondus.

Nous avons dit que ce cyanure était susceptible de se décomposer et de se convertir en carbonate; le pharmacien doit apporter le plus grand soin à sa conservation et n'employer dans les prescriptions qui lui sont transmises que le cyanure ne contenant que le moins possible de carbonate, résultat de sa décomposition.

Nous avons souvent dans les visites des officines trouvé du cyanure presque entièrement décomposé, ce qui est une cause de danger. En effet, il pourrait arriver qu'un médecin ordonnant du cyanure, que la prescription fût exécutée; mais que trouvant qu'il n'avait pas atteint le but qu'il se proposait, il augmentât la dose, si la provision de cyanure était épuisée, ou qu'on portât la formule à exécuter chez un pharmacien qui aurait du cyanure exempt de carbonate, on conçoit que ce serait une cause plus ou moins grave de dangers, et pour le malade et pour le pharmacien.

On reconnait que le cyanure contient des carbonates en en plaçant un fragment dans un tube de verre fermé à une de ses extrémités, ajoutant de l'eau, puis quelques gouttes d'acide chlorhydrique. Si le cyanure contient des carbonates, il y a dégagement avec effervescence d'acide carbonique, et le dégagement est d'autant plus intense que le cyanure est moins pur; on pourrait, en recueillant le gaz, reconnaitre quelle était le degré d'impureté du cyanure.

L'action énergique du cyanure de potassium doit faire apporter le plus grand soin à son dosage et à la préparation dans laquelle il doit entrer. Cette dose est de 1 à 5 centigrammes dans un véhicule aqueux, son altérabilité que nous avons signalée fait que quelques médecins répugnent à l'employer.

Si l'on recherche quels sont les cas où le cyanure de potassium a été la cause d'empoisonnement, on trouve que plusieurs de ces cas sont dus a la préparation de médicaments dans lesquels les formules prescrites indiquaient que ceux qui les avaient données ne connaissaient pas la valeur du médicament qu'ils prescrivaient. Voici ces observations :

Première observation. — Elle fait connaitre que le 30 mars 1842, un employé au bassin à flot de Saint-Malo, le nommé Lessechop, mourut subitement présentant tous les symptômes d'un empoisonnement; l'attention publique ayant été éveillée, une enquête fut faite. De cette enquête, il résulta que la mort de ce malheureux devait être attribuée à un médecin, le sieur M..., qui l'avait soigné. Celui-ci fut traduit devant le tribunal de Saint-Malo, qui le condamna comme coupable d'*homicide involontaire*, à 200 *francs* d'amende. Sur l'appel *à minima*, il fut par suite de l'application des articles 72 et 319 du Code pénal, et 193 du Code d'instruction criminelle; condamné à trois mois de prison, 50 francs d'amende et aux frais (1).

L'instruction fit connaître que le sieur M... avait présenté le 9 mars, à un pharmacien, M. P..., une *ordonnance*, par suite de laquelle 12 pilules auraient contenu 4 grammes de cyanure de mercure. Sur l'observation de M. P..., que cette préparation pourrait donner lieu à de graves accidents, il substitua *au cyanure de mercure le cyanure de potassium*; puis, *après de nouvelles observations*, ce cyanure fut remplacé par de l'*iodure de potassium*. Les accidents furent évités; mais, le 20 mars, M. M... fit exécuter une préparation ainsi formulée :

Cyanure de potassium	4	grammes.
Eau de fleurs d'oranger	60	—
Sirop	15	—

Cette prescription fut malheureusement exécutée; elle fut *remise à* Lessechop, avec prescription d'en prendre trois cuillerées par jour; la première tua le malade, qui fut comme foudroyé : et mourut au bout de trois quarts d'heure.

Un fait singulier dans cette affaire, c'est que, l'autopsie ayant été faite, on ne put constater la présence du toxique, et cependant les experts nommés par *le tribunal étaient des hommes dont la réputation était* bien connue, MM. Malaguti, Sarzeau et Guyot.

Voici d'ailleurs ce qu'ils constatèrent :

1° Que l'estomac, le duodénum, l'œsophage, n'ont fourni aucune trace de cyanure de potassium ;

2° Qu'il manquait dans le vase contenant la potion toxique environ une cuillerée de ce liquide;

3° Que le cyanure introduit dans le médicament était chimiquement pur;

4° Que des animaux assez forts, des chiens vigoureux, ayant mangé des aliments mêlés à des doses de cyanure égales à celles qu'avait dû prendre la victime, avaient presque tous succombé immédiatement;

5° Qu'il est donc présumable que la mort de Lessechop était le résultat du remède que lui avait prescrit M. M....

Ce médecin alléguait pour combattre la prévention :

1° Que Lessechop, qui avait étudié la médecine, avait été le premier à réclamer l'emploi du cyanure de potassium;

2° Qu'il n'avait prescrit à ce malade qu'une cuillerée à café du médicament;

(1) *Journal de chimie médicale*, 1853, p. 12.

3° Qu'il avait prescrit de mêler le contenu de cette cuillerée à café dans une tasse de lait ;

4° Que le docteur Trousseau recommandait le cyanure de potassium à la dose à laquelle il l'avait employé (1).

5° Qu'il n'était pas vrai que le pharmacien P... eût déféré à cet avis.

A cette dernière objection, le président fit observer à M. M... que P.. était dans son droit (2) ; que, d'ailleurs, ce pharmacien n'était pas le seul de la ville qui avait constaté les erreurs dans lesquelles il tombait en rédigeant ses ordonnances ; que d'autres pharmaciens que P... avaient refusé de les exécuter.

Deuxième observation. — Cette observation est due à M. Weidner, conseiller aulique.

Un médecin, ayant été appelé près d'un malade qui souffrait violemment d'hémorrhoïdes internes, prescrivit la mixture suivante :

Cyanure de potassium	8	grammes.
Eau de camomille	60	—
Sucre blanc	8	—

Une demi-cuillerée à bouche toutes les quatre heures.

Le malade ayant pris une cuillerée à café de ce mélange, qui pouvait contenir à peine 100 gouttes de ce liquide, mourut une heure après.

Le médecin qui avait prescrit la potion, mandé auprès du moribond, et croyant avoir prescrit du *cyanure jaune*, prit une cuillerée à café du médicament, le tint pendant quelque temps dans la bouche et en avala environ les trois quarts ; mais, ressentant une constriction particulière à la gorge, il rejeta le reste ; sa vue s'obscurcit ; il éprouva des vertiges, des bourdonnements d'oreille, et perdit presque entièrement connaissance. Après avoir pris quelques tasses de lait, il revint à lui ; le lendemain il était guéri.

L'autopsie de la victime fut faite ; on ne remarqua aucune odeur particulière ; on ne trouva pas le poison dans le sang, ni dans l'urine ; mais on constata la présence du cyanogène et du potassium dans le gros intestin et dans les matières fécales qui y étaient contenues.

Troisième observation. — L'empoisonnement, dans ce cas, est encore le résultat de l'administration d'un médicament. Voici le fait :

(1) Cette assertion est fausse. Trousseau indiquait la dose de 5 à 25 centigrammes dans une potion à prendre en vingt-quatre heures, par cuillerée à bouche, d'heure en heure ; il disait qu'il serait imprudent de commencer par la dose de 25 centigrammes. (Voir le *Journal de chimie médicale*, 1843, p. 50[?].)

(2) La question de savoir si un pharmacien peut faire des observations au médecin lorsqu'une ordonnance paraît, dans son administration, présenter du danger, doit être résolue par l'affirmative. Le pharmacien n'a, selon nous, pas le droit de modifier l'ordonnance, mais il doit recourir au médecin, en y mettant toute la politesse convenable pour lui exprimer son opinion.

Un officier de santé avait prescrit à une dame L..., demeurant aux Grandes-Ventes, arrondissement de Dieppe, un *remède* dans lequel devait entrer du cyanure de potassium; la dose était trop forte, et à peine l'injection était-elle faite, que la dame L... était prise de douleurs affreuses, présentant tous les indices d'un empoisonnement.

Un médecin appelé, ayant examiné l'ordonnance et d'autres bouteilles contenant une préparation semblable à celle qui avait été introduite dans le corps de la malade, *déclara que c'était bien, en effet, un empoisonnement.* La violence du poison avait été telle que la mort avait été presque instantanée. Les bouteilles furent saisies, et le parquet de Dieppe instruisit cette affaire, en chargeant M. Eugène Marchand des recherches toxicologiques (1).

Quatrième observation. — Elle porte sur un empoisonnement par imprudence.

Le sieur M..., âgé de cinquante ans, ancien militaire, avait été atteint d'affections syphilitiques, auxquelles il attribuait des douleurs qu'il ressentait dans diverses parties du corps; il avait subi divers traitements par l'iodure de potassium; il avait l'habitude de *se droguer*, soit en s'administrant des médicaments de sa propre autorité, soit en outrepassant les doses de ceux qui lui étaient prescrits par les médecins. Ce dire résulte de la déposition de plusieurs témoins.

Un médecin, qu'il avait consulté en dernier lieu, lui avait ordonné la potion suivante :

Eau de laitue..............................	60 grammes.
Cyanure de potassium........................	1 décigramme.
Sirop de laitue..............................	30 grammes.

Il lui avait, en outre, conseillé des purgations réitérées avec le sulfate de magnésie, et une tisane sudorifique avec le gaïac et la salsepareille.

Le sieur M..., muni de son ordonnance, se rendit d'abord chez un droguiste, qui lui délivra sans difficulté les paquets prescrits pour la tisane et les purgations, mais l'adressa chez un pharmacien voisin pour la confection de la potion. Toutefois, avant de sortir, le sieur M... voyant sur le comptoir un bocal étiqueté *cyanure de potassium*, en demanda 25 grammes, qu'on eut l'imprudence de lui livrer (2); il alla ensuite faire confectionner la potion, et,

(1) C'est par erreur que les journaux ont désigné M. Marchand comme ayant été nommé par le parquet pour examiner les organes de la dame L...... Voulant savoir ce que notre savant collègue avait constaté lors de l'analyse, il nous répondit par une lettre en date du 24 octobre 1869 qu'il n'avait eu 1849, ni à aucune autre époque, été chargé d'examiner les organes d'une femme décédée aux Grandes-Ventes par suite de l'ingestion d'un remède contenant du cyanure de potassium. Notre but était de savoir si M. Marchand avait, lors de l'analyse, trouvé le cyanogène.

(2) Le droguiste a été condamné à 150 francs d'amende et aux frais de la procédure.

de retour chez lui, il expliqua à sa femme que le cyanure de potassium devait être ajouté à la tisane qu'il allait préparer pour le lendemain. Dans la soirée, étant à jeun et dans les meilleures dispositions physiques et morales, en présence de sa femme et de ses enfants, il prit une cuillerée de la potion; mais à peine l'avait-t-il avalée, qu'il chancella et s'écria : *Qu'ai-je donc? Je meurs!* Ce furent les seules paroles qu'il put proférer; il tomba dans une prostration extrême accompagnée de mouvements convulsifs dans les membres et d'une difficulté excessive de la respiration. Quinze minutes après, il était mort, avant qu'aucun des médecins appelés ait pu lui porter secours.

L'autorité judiciaire, instruite du fait, ordonna et l'autopsie cadavérique et l'expertise chimico-légale. Ces opérations furent confiées à MM. Blondlot, Roussel, Simonin, Forthomme, qui conclurent de leurs expériences :

1° Que la mort de M... a été causée par asphyxie, due à l'ingestion à dose élevée du cyanure de potassium;

2° Que l'estomac a fourni à l'analyse des traces certaines d'acide cyanhydrique, lesquelles étaient évidemment dues à une certaine quantité de cyanure de potassium ingéré (1).

Les recherches à faire pour reconnaître un empoisonnement par l'acide cyanhydrique, ou par le cyanure de potassium, ont été indiquées par MM. Roussin et Tardieu. Voici ce qu'ils disent :

Lorsque le chimiste expert a lieu de supposer l'empoisonnement par l'acide cyanhydrique ou par le cyanure de potassium, ou que des analyses antérieures, effectuées sur une portion des organes soumis à son examen, l'amènent à rechercher la présence de ce composé redoutable, il est nécessaire de se mettre au plus vite à l'abri de la volatilisation ou de la transformation naturelle de cet acide. Le meilleur moyen dans ce cas est d'ajouter rapidement, dans les vases qui renferment les organes ou les déjections, une notable proportion d'alcool à 90 degrés, très-pur, et un petit excès d'acide phosphorique sirupeux, jusqu'à réaction nettement acide de la masse. Après une digestion prolongée des matières dans des vases parfaitement bouchés et placés dans un lieu très-frais, on procède à leur distillation, ménagée dans une cornue tubulée placée sur un bain de sable. On adapte à cette cornue un tube recourbé qui plonge de plusieurs centimètres dans un flacon tubulé contenant une dissolution limpide de 10 grammes d'azotate d'argent dans 300 grammes d'eau. L'une des tubulures du flacon donne passage à un tube droit dit de *sûreté*, et

(1) L'analyse de la potion a été faite. On trouva dans le reste de cette potion 1 gr. 039 de cyanure pur et anhydre, et 0,313 de carbonate de potasse; les experts établirent, en outre, que la quantité de cyanure ingérée avait dû être de 0,38 de cyanure pur, la potion entière ne devant contenir que 1 décigramme de ce médicament. Il est probable que M.... l'avait additionné, après la préparation, d'une certaine quantité de cyanure.

la troisième tubulure communique avec un tube de Liebig renfermant également de la solution argentique. Pour éviter tout danger d'absorption, la tubulure de la cornue donne passage à un tube en S, destiné à fonctionner comme tube de sûreté. On chauffe la cornue de manière à entretenir une ébullition modérée et non interrompue, et l'on arrête l'opération lorsqu'il est bien constant qu'aucun précipité ne se forme plus dans le flacon tubulé, ou que le précipité formé n'augmente plus. On laisse alors refroidir l'appareil, et l'on remet dans un même vase les liquides du flacon, du tube de Liebig et du tube de sûreté à boules. On laisse reposer de manière à rassembler le dépôt au fond du vase; on décante le liquide clair surnageant, et l'on jette le précipité sur un petit filtre pour être commodément lavé et rassemblé.

Obtenu de la sorte et dans les conditions que nous venons de décrire, le précipité argentique exige une analyse minutieuse; car rien ne démontre qu'il soit formé par du cyanure d'argent. L'acide phosphorique employé pour aciduler les matières soumises à l'analyse a pu, en effet, mettre en liberté une certaine proportion d'acide chlorhydrique provenant du chlorure de sodium, normalement contenu dans les organes et dans les aliments. Une petite portion du précipité peut être immédiatement traitée dans un tube fermé par un bout au moyen de l'acide nitrique concentré et bouillant, qui respectera le chlorure et dissoudra tout le cyanure. Mais ce procédé, très-exact et fort rigoureux pour reconnaître des produits purs, n'offre pas les mêmes avantages lorsqu'on opère sur un mélange de chlorure et de cyanure d'argent, et nous ne saurions en conseiller l'emploi lorsqu'on dispose de peu de matière.

Il est bien préférable de mettre en usage le procédé que nous avons décrit pour la recherche du cyanogène dans le cyanure de mercure. On opère avec le précipité de cyanure d'argent introduit avec un peu d'eau distillée dans un ballon de verre, comme on opère avec la solution de cyanure mercurique; rien n'est changé dans le mode opératoire, l'emploi du fer métallique, de l'acide chlorhydrique, etc. La seule précaution à prendre est d'opérer à la plus basse température possible et de laisser la réaction du fer et de l'acide chlorhydrique se prolonger un peu plus longtemps.

MM. Ossian Henry fils et E. Humbert ont publié un procédé ingénieux de décomposer le cyanure d'argent et de mettre en liberté le cyanogène de ce sel sous une forme caractéristique. Ce procédé consiste à former des cristaux aiguillés, très-brillants et très-volatils d'iodure de cyanogène, faciles à produire et à reconnaître. Pour cela on lave, on recueille et on dessèche complétement le précipité qu'on suppose être du cyanure d'argent, et on l'introduit dans un tube étroit, long de 20 centimètres environ, avec de l'iode pur en quantité moindre que le poids du cyanure d'argent supposé. Il ne reste plus qu'à chauffer très-légèrement le tube sur une petite lampe à alcool pour voir se déposer sur les parties froides de belles aiguilles d'iodure de cyanogène.

Lorsque les matières et le tube sont parfaitement secs, il est aisé d'obtenir des aiguilles très-apparentes avec 1 milligramme de cyanure d'argent. Ces cristaux peuvent se conserver indéfiniment dans des tubes scellés, ce qui donne à cette méthode l'avantage de fournir une pièce de conviction. Ces aiguilles d'iodure de cyanogène peuvent à leur tour servir à former du bleu de Prusse. Il suffit pour cela de les dissoudre dans quelques gouttes de solution aqueuse de potasse, d'ajouter 1 goutte du mélange de protosel et de sesquisel de fer, puis de sursaturer le liquide ainsi traité par l'acide chlorhydrique dilué.

Il peut être fort important dans bien des cas, non-seulement de déterminer la nature des substances solides ou liquides saisies à la suite d'un empoisonnement par l'acide cyanhydrique ou par un cyanure, mais encore de déterminer par une analyse quantitative la proportion exacte du principe actif réellement contenu dans ces produits.

Nous rappellerons, pour justifier cette nécessité, les variations si fréquentes observées, dans leur teneur en acide cyanhydrique, des eaux distillées d'amandes amères ou de laurier-cerise, du kirsch, des divers acides cyanhydriques du commerce et même du cyanure de potassium lui-même. Ce dernier produit, notamment, préparé aujourd'hui en grand pour les besoins de l'industrie, renferme, suivant le procédé de préparation qui a servi à l'obtenir, des proportions de cyanure pur qui peuvent varier entre 30 et 90 pour 100.

L'acide cyanhydrique peut toujours être dosé à l'état de cyanure d'argent qu'on pèse à la manière des précipités ordinaires, et dont le poids, au moyen d'une simple proportion, permet de calculer le poids correspondant d'acide cyanhydrique; mais dans la plupart des cas il est préférable de faire usage des méthodes volumétriques spéciales : elles ont l'avantage d'être plus rapides et d'une extrême sensibilité. Il en existe plusieurs; nous nous bornerons à indiquer et à recommander celle de M. J. Liebig et celle de M. Buignet, dont l'exactitude ne laisse rien à désirer (1).

Les antidotes du cyanure de mercure et les secours à donner sont les mêmes que ceux employés dans l'empoisonnement par l'acide prussique. Nous les avons fait connaître à la page 138 et suivantes de notre ouvrage.

Les pharmaciens ne doivent délivrer ce cyanure qu'avec les plus grandes précautions, sur les ordonnances de médecins connus, et dans des quantités qui ne puissent être la cause d'empoisonnements.

On se demande, quand on lit les détails sur un empoisonnement de huit personnes en Angleterre, affaire Walter James Dugan, comment cet homme a pu se procurer cet acide.

(1) Nous décrirons ces méthodes, lorsque nous traiterons de l'eau distillée du laurier-cerise, etc.

Étain.

L'étain est un métal blanc dont la couleur se rapproche de celle de l'argent. Ce métal, connu très-anciennement, a été confondu avec le plomb. Ainsi, dans les livres anciens, il est parlé de l'étain sous les noms de *plombum album*, et du plomb sous le nom de *plombum nigrum*. Ce métal, à l'état de pureté, n'est pas vénéneux. On sait qu'il sert à fabriquer des ustensiles et des vases employés dans l'économie domestique. Si on lui a attribué des accidents, il est probable qu'ils étaient dus au plomb, avec lequel il était allié, et peut-être, dans quelques circonstances, à une certaine quantité de cuivre et d'arsenic, qui se rencontrent dans l'étain à l'état naturel; mais ces cas n'ont dû être observés que lorsqu'on avait laissé séjourner dans les vases fabriqués avec ce métal des boissons acides, des aliments gras, des préparations salées.

Les mines d'étain sont rares en France; mais elles sont abondantes dans les Indes, au Chili, au Mexique, au Brésil, en Angleterre, en Bohême, en Saxe, en Espagne.

On le rencontre le plus souvent à l'état d'oxyde et de sulfure; son traitement est des plus faciles. Après avoir bocardé et lavé suffisamment le minerai pour séparer les matières terreuses, on le grille dans un four à réverbère, pour brûler et vaporiser l'arsenic, qui, malgré ce traitement, n'est qu'en partie séparé de l'étain. On jette la matière grillée et encore rouge dans des cuves pleines d'eau. Les sulfates de fer et de cuivre résultant du grillage se dissolvent, tandis que les oxydes de fer, de cuivre et d'étain tombent au fond des cuves. On retire les sulfates par décantation, évaporation et cristallisation. On laisse exposés à l'air les oxydes pendant quelques jours; on les lave pour entraîner autant que possible les oxydes de fer et de cuivre qui sont plus légers que l'oxyde d'étain, et sont entraînés, laissant l'oxyde d'étain à l'état convenable pour être réduit. Cette réduction s'opère en mêlant l'oxyde d'étain avec du charbon de bois et en le jetant dans un fourneau à manche. L'étain réduit par l'oxyde de carbone s'écoule, à l'aide d'un tuyau, dans un bassin de réception, après lui avoir fait subir des purifications pour séparer des matières étrangères auxquelles on a donné le nom de *crasses*.

L'étain pur est d'une belle couleur blanche d'argent; il est mou, malléable et un peu ductile. Sa densité est de 7.291 à 7.293. Frotté entre les doigts, il y laisse une odeur particulière peu agréable, assez persistante; si on cherche à plier une lame ou un cylindre d'étain, il fait entendre un bruit particulier que l'on a nommé le *cri de l'étain*. Il est fusible à + 228 degrés; il n'est pas volatil au contact de l'air; il absorbe l'oxygène de l'air et se convertit en deutoxyde, surtout à sa surface.

L'étain que l'on trouve dans le commerce est plus ou moins pur, et, suivant sa pureté, il est employé à divers usages : pour fabriquer la poterie d'étain, pour étamer le fer-blanc. Le plus pur sert à la préparation de sels pour les teintures, à l'étamage des glaces.

Depuis longtemps, on sait que l'on emploie l'étain mêlé de plomb pour l'étamage, et qu'il résulte de graves inconvénients de ce mode de faire. On trouve aussi de l'étain contenant du zinc. M. Robierre (de Nantes) a fait connaître les fraudes que l'on commet dans l'étamage des vases culinaires à l'aide de cette fraude.

On peut facilement reconnaître ces fraudes en traitant l'étain que l'on soupçonne additionné de plomb par l'acide azotique pur à l'aide de la chaleur; il y a formation d'acide stannique insoluble et d'azotate de plomb. L'acide stannique, bien lavé et calciné, fait connaître le poids de l'étain. On peut ensuite connaître le poids du plomb en précipitant les eaux de lavage par le sulfate de soude, en recueillant, séchant et pesant ce sel, duquel on déduit la quantité de plomb.

Nous avons dit que l'étain contenait de l'arsenic. On le reconnaît lors d'un traitement par l'acide chlorhydrique, à l'aide de la chaleur; il y a dans ce cas dégagement d'hydrogène arsénié et précipitation d'une poudre noire qui est arsenicale. Jetée sur les charbons ardents, on remarque une fumée blanché, et il y a émanation d'une vapeur d'odeur alliacée.

Descroizilles est le premier qui constata la nature de l'arsenic à l'état de poudre noire.

Nous avons été à même de voir, à Dieuze, à Saint-Denis, de l'arsenic en poudre noire, qui s'était déposée lors de la préparation du chlorure d'étain. Proust, en traitant des étains par l'acide hydrochlorique, avait obtenu de l'hydrogène arsénié, et il avait constaté que ce gaz, en brûlant, laissait déposer sur les parois supérieures de la fiole de l'arsenic métallique. On sait que depuis Marsh a utilisé ce caractère pour faire un appareil qui, modifié, est employé à la démonstration des quantités les plus minimes d'arsenic. La présence de l'arsenic dans l'étain, signalée par Margraff, a été un sujet qui a longtemps fixé l'attention. On conçoit qu'on a dû se demander si cet arsenic ne pouvait pas faire courir de dangers à ceux qui feraient un usage continu de vases en étain. Les expériences faites par deux membres du Collége de pharmacie, Bayen et Charlard, en 1781, sur la demande de M. Lenoir, lieutenant général de police, fournirent des résultats qui durent rassurer le public sur l'usage de l'étain contenant de l'arsenic. Ces deux chimistes conclurent des recherches qu'ils avaient faites *que la faible quantité d'arsenic que contient l'étain anglais* (1) *le plus usité de tous en France ne peut préjudicier en rien à ses usages économiques.*

(1) En 1701, Louis XIV avait défendu l'entrée en France de l'étain d'Angleterre, *ouvré ou non*, laissant aux Hollandais l'avantage de vendre *l'étain de Siam*, qui était d'un prix plus élevé. Qu'arriva-t-il de cette proscription? C'est que l'étain

On sait qu'un long usage a démontré l'innocuité de l'étain employé en ustensiles ou comme vaisselle. Cependant des faits signalés par Hœffer, Miffla, Navier avaient semblé démontrer que les boissons acides, les aliments gras et salés peuvent quelquefois, par un contact prolongé avec ce métal, acquérir des propriétés actives, causer des coliques ou des vomissements; mais, ces accidents étaient-ils dus au plomb, qui souvent y est mêlé par fraude. Il y a donc nécessité de s'assurer que les vases en étain dont on fait usage ne sont pas alliés de plomb, aucun caractère physique ne pouvant exactement différencier ces deux sortes d'étain. L'étain a cependant été employé comme médicament. Fourcroy disait que dans quelques campagnes on s'en servait comme vermifuge. Pour cela, on laissait en contact, pendant vingt-quatre heures, dans un vase en étain, du vin sucré, et on le faisait prendre au malade. Navier dit avoir vu cette médication faire rendre à une fille de seize ans trente lombrics.

Nous avons, pendant que nous avions une officine, préparé de la poudre d'étain qui était donnée comme vermifuge; mais nous ne savons si l'administration de cette poudre produisait l'effet qu'on en attendait.

Parmi les faits curieux qui se rattachent à l'histoire de l'étain, c'est la proposition publiée dans le *Journal de physique* avant 1781, par un physicien de Rouen qui tachait d'insinuer que l'étain était un véritable poison et qui proposait au public des casseroles étamées avec le zinc; le public jugea sainement en refusant ces vases qui eussent été la cause d'accidents plus ou moins graves.

Si l'étain n'est pas toxique, le chlorure jouit de propriétés très-actives, ainsi que nous le ferons connaître en traitant de ce sel.

CHLORURES D'ÉTAIN.

Nous avons dit que l'étain n'était pas toxique, mais que les chlorures de ce métal pouvaient être la cause d'accidents ayant plus ou moins de gravité. Orfila, qui a fait des expériences sur les chiens, a constaté que le protochlorure d'étain déterminait la mort de ces animaux.

Nous ne connaissons pas de tentatives d'empoisonnements par ce sel, ce qui s'explique parce qu'il possède une saveur *austère*, métallique des plus marquées et qui est insupportable.

Le seul cas de l'ingestion de ce sel est un cas dû à une erreur, du sel d'étain ayant été pris par erreur pour du sel de cuisine. Voici ce fait, rapporté par Orfila d'après M. Guersant père :

Un fabricant d'acide sulfurique des environs de Rouen avait apporté de la ville un paquet de protochlorure d'étain dont il avait besoin pour quelques expériences qu'il se proposait de faire, il avait posé ce paquet sur la chemi-

---

d'Angleterre arrivait en France sous le nom d'*étain de Siam* et qu'on le payait plus cher. Cette loi protectrice ne subsista pas longtemps.

née. La cuisinière, qui avait demandé du sel dont elle manquait, ouvrit le paquet et crut que c'était du sel blanc ; elle s'en servit pour saler le pot-au-feu et pour mettre dans les salières sur la table. Le maître de la maison avait du monde à dîner ; on servit la soupe que tous les convives trouvèrent mauvaise et que la plupart ne mangèrent pas ; le bouilli parut encore plus désagréable ; mais deux ou trois des convives, poussés par leur appétit, et pensant qu'on masquerait la saveur désagréable de la viande en y ajoutant du sel, salèrent leur bouilli avec le protochlorure d'étain qui était dans les salières : ils en avalèrent quelques bouchées, mais ils furent bientôt obligés d'abandonner cet aliment, tant il était insupportable. Le maître de la maison interrogea la cuisinière ; on reconnut la source de l'erreur, et on donna du lait et de l'eau sucrée à ceux qui avaient mangé le bouilli. Néanmoins, tous les convives qui avaient pris quelques cuillerées de soupe, quoique ayant ensuite bien dîné, furent pris de coliques ; elles furent beaucoup plus fortes chez ceux qui avaient mangé du bouilli salé ; elles durèrent deux jours chez deux personnes et furent accompagnées de diarrhées. Je crois me rappeler, dit M. Orfila, qu'aucun malade n'eut de vomissements ; les boissons mucilagineuses abondantes et les lavements suffirent pour faire cesser les accidents.

Le protochlorure d'étain livré au commerce présente les caractères suivants : il est sous la forme de cristaux aiguillés et incolores ; son odeur est particulière, désagréable ; sa saveur est acide et très-styptique ; exposé à l'action de la chaleur en vase clos, il perd son eau de cristallisation et se convertit, pour la plus grande partie, en chlorure sec ; une autre portion peu considérable se décompose en présence de l'eau, en fournissant de l'acide chlorhydrique gazeux et du protoxyde d'étain ; exposé au contact de l'air, il absorbe de l'eau et de l'oxygène, et se transforme en bichlorure, en laissant déposer du peroxyde d'étain. La solution aqueuse de protochlorure se comporte de la même manière, seulement la réaction est plus prompte ; ce chlorure est formé de 32.5 de chlore et de 62.5 d'étain. Ces caractères démonstratifs sont les suivants :

1° Projeté sur des charbons ardents, il perd son eau, se dessèche et laisse exhaler une petite quantité d'acide hydrochlorique ;

2° Traité par l'acide sulfurique, il donne lieu à un dégagement de vapeurs chlorhydriques avec légère effervescence ;

3° Sa solution aqueuse précipite l'azotate d'argent en flocons blancs insolubles dans l'acide azotique (chlorure d'argent) ; la potasse y produit un précipité floconneux soluble dans un excès d'alcali ; l'ammoniaque la précipite ; le précipité, qui est blanc, est insoluble dans un excès d'ammoniaque ; l'acide hydrosulfurique la précipite : le précipité a la couleur brun chocolat ; il en est de même avec les hydrosulfates ; la solution du deutochlorure d'or est réduite instantanément : il y a formation d'un précipité brun-violet ou pourpre, selon la concentration des liqueurs. Une lame de zinc plongée dans la solution précipite l'étain à l'état métallique. Ce métal affecte la forme de petites lames ou d'aiguilles.

Ce chlorure est employé en teinture comme mordant, il sert à la préparation du pourpre de Cassius. Dans l'étamage, c'est un réactif des sels d'or ; d'après Lassaigne, il peut faire reconnaître $^{1}/_{150000}$ par la coloration de la liqueur essayée.

Symptômes de l'empoisonnement par le chlorure d'étain.

Les symptômes n'ont guère pu, comme nous le disions, être observés sur l'homme. Cependant, M. Orfila disait : Ces symptômes sont un sentiment de constriction à la gorge (ce symptôme, nous l'avons constaté à la suite d'une erreur); nausées, vomissements répétés, douleur vive à l'épigastre, douleur qui s'étend à toutes les autres régions de l'abdomen ; déjections alvines abondantes ; difficulté de respirer ; pouls petit, serré et fiévreux ; mouvements convulsifs des muscles des extrémités et de ceux de la face ; quelquefois paralysie. M. Orfila termine ainsi cette description : tels sont les symptômes effrayants qui sont presque toujours suivis de mort ; heureusement que la plupart de ces symptômes n'ont été observés que sur les animaux.

Recherche du poison.

Quoique la plupart des liquides contenant des matières organiques de natures végétale et animale déterminent la précipitation du protochlorure d'étain, on a remarqué que la décomposition n'était pas toujours complète ; le toxicologiste doit :

1° Rechercher le toxique soit dans les liquides filtrés trouvés dans les organes, soit dans les liquides obtenus des lavages de ces organes. Ces liquides sont traités par les réactifs que nous avons indiqués plus haut, pour reconnaître s'il se manifeste des réactions indiquant la présence d'un sel d'étain. Si ces caractères n'indiquaient pas la présence d'un de ces sels (1), on prend les matières, on les fait sécher, on les carbonise, on les incinère, on traite ces cendres par un mélange d'acide azotique et d'acide chlorhydrique, dans la proportion de 1 partie d'acide azotique pour 20 parties d'acide hydrochlorique, on fait évaporer à une douce chaleur, on reprend par de l'eau aiguisée d'acide chlorhydrique, on filtre, puis on traite la liqueur par l'hydrogène sulfuré, qui, si le liquide contient un sel d'étain, fournit un bisulfure d'étain qui jouit de propriétés qui peuvent le faire reconnaître.

Secours à donner contre l'empoisonnement par le chlorure d'étain.

Déterminer les vomissements, puis administrer, au sujet, de l'eau albumineuse préparée avec des blancs d'œufs et de l'eau hydrosulfurée.

(1) Des réactions indiquant la présence des chlorures doivent être le résultat d'expériences sur la provenance de ces chlorures ; car on sait qu'on trouve toujours des chlorures dans les matières animales.

OXYDE D'ÉTAIN.

Les oxydes d'étain, le protoxyde et l'acide stannique, seraient, d'après des expériences de M. Orfila faites sur des chiens, aussi toxiques que le protochlorure.

Nous ne connaissons pas d'empoisonnement dû à ces préparations ; mais, si un expert était appelé, un cas exceptionnel se présentant, les expériences à faire seraient les mêmes que pour le protochlorure.

Du fer.

Le fer est très-abondamment répandu dans la nature à l'état métallique de sulfure d'oxyde, de sels. Ce métal n'est pas toxique ; mais de ces sels ont de l'action sur l'économie ; donnés à de hautes doses, ils pourraient être la cause d'accidents plus ou moins graves. Le *sulfate* a été considéré comme toxique par M. Orfila ; cette opinion n'a pas été partagée par divers auteurs, ce qui a donné lieu à quelques contradictions. C'est donc de ce sulfate dont nous allons entretenir nos lecteurs.

Le sulfate de fer, qui porte les noms de *sulfate de protoxyde de fer*, de *protosulfate de fer*, de *sulfate de fer*, de *vitriol de Mars*, de *couperose verte*, se trouve dans le commerce à l'état de cristaux de couleur verte, mais dont l'intensité de colorations varie. Ce sel est composé de :

Acide sulfurique	28.9
Protoxyde de fer	25.7
Eau	45.4

Les propriétés de ce sel sont de se présenter sous la forme de prismes rhomboïdaux, obliques et transparents, d'un vert bleuâtre lorsqu'ils n'ont pas été exposés au contact de l'air. Sa saveur est douceâtre et astringente ; cette saveur est celle de l'encre, dans la composition de laquelle on le fait entrer.

Exposé à l'air sec, il perd de sa transparence, devient d'abord blanc à la surface et se recouvre ensuite d'une poussière jaunâtre de *sous-sulfate de fer*. Soumis à l'action de la chaleur, il éprouve la fusion aqueuse et se dessèche ; il se présente alors sous forme d'une masse de couleur blanche. L'eau, à + 15 degrés, en dissout la moitié de son poids ; à + 100 degrés, elle en dissout les trois quarts. Cette solution, par refroidissement, fournit des cristaux.

Les caractères distinctifs de ce sel sont les suivants :

1° Projeté sur des charbons ardents, il fond, se boursoufle et fournit une masse blanche dont nous avons parlé plus haut ;

2° Sa solution aqueuse, traitée par l'azotate de baryte, donne lieu à un précipité blanc de sulfate de baryte insoluble dans l'eau et dans les acides ;

3° La potasse y détermine un précipité floconneux blanc verdâtre qui passe au vert, puis au jaune, par le contact prolongé de l'air ;

4° L'infusion de noix de Galles n'y produit pas immédiatement de coloration ; au contact de l'air, une coloration noire plus ou moins foncée se produit, l'addition de quelques gouttes de chlore détermine cette coloration ;

5° L'hydrogène sulfuré ne précipite pas la solution ; mais, si on ajoute quelques gouttes d'ammoniaque, il y a précipitation d'un sulfure de fer de couleur noire qui a trompé quelques personnes qui l'ont confondu avec le sulfure de plomb ;

6° Le cyanure de potassium et de fer détermine dans la solution de protosulfate de fer un précipité blanc qui bleuit au courant de l'air et par l'addition de quelques gouttes d'eau chlorée ;

7° L'ammoniaque ne précipite qu'en partie la solution de protoxyde de fer ; la précipitation est complète si on ajoute du chlore.

Le sulfate de fer est un réactif très-usité dans les laboratoires pour faire reconnaître la présence de l'acide azotique dans l'acide sulfurique ; pour cela, on ajoute à cet acide soit du sulfate de fer concentré, soit des cristaux de sulfate de fer qui, lorsque l'acide contient de cet acide ou de ses dérivés, prend une couleur depuis le rose le plus tendre jusqu'au pourpre le plus foncé.

Ce sel sert aussi à réduire les métaux en dissolution et à les précipiter à l'état métallique ; exemple : les sels de palladium, le deutochlorure d'or.

Le sulfate de fer est employé depuis les temps les plus reculés; il a été donné à la dose de 2 à 3 grains, de 6 à 12 grains, de 12 à 24 grains; enfin à celle de 3 et 4 scrupules à la fois (3 gr. 90 à 5 gr. 20). A cette dernière dose il donne lieu à des vomissements, à de la diarrhée; il a été spécialement recommandé comme vomitif contre l'empoisonnement par les champignons (1); mais il n'avait pas été signalé comme toxique; cependant, Orfila le considère comme tel. Quelques faits semblent donner raison à ce savant toxicologiste; mais, suivant nous, c'est encore une question à étudier. Nous allons d'abord faire connaître le résultat des expériences faites sur les animaux par divers chimistes.

La première expérience fut faite sur deux chiens, en employant 8 grammes de protosulfate de fer sur le tissu cellulaire de la cuisse; l'un de ces chiens succomba au bout de douze heures; l'autre au bout de quinze heures (Smith).

La deuxième expérience fut faite par M. Orfila, à une heure de l'après-midi; il appliqua sur le tissu cellulaire de la cuisse d'un chien très-fort et très-robuste 8 grammes de protosulfate de fer réduit en poudre; l'animal se plaignit dans la journée; le lendemain l'inflammation du membre sur lequel l'application avait été faite était très-intense; les battements du cœur étaient accélérés; la respiration difficile; la langue était sèche, légèrement rouge vers la pointe. L'animal était très-abattu et refusait les aliments; il mourut à quatre heures de l'après-midi.

(1) *Journal général de médecine*, t. XXIV, p. 217.

La troisième expérience est due à Smith. On introduisit dans les veines 40 ou 60 centigrammes de sulfate de protoxyde de fer sans occasionner la mort des chiens. On remarqua, peu après l'injection (deux ou trois minutes), que les animaux poussent des cris et vomissent, peu après; ils font des efforts pour évacuer, et se rétablissent.

La quatrième expérience est aussi due à Smith. On introduisit dans l'estomac d'un chien 8 grammes de protosulfate de fer; l'animal mourut vingt-six heures après, sans avoir éprouvé d'autre symptôme qu'une insensibilité générale.

La cinquième expérience fut faite sur un chien robuste. A onze heures du matin, on détacha l'œsophage de l'animal; on introduisit dans son estomac 8 grammes de sulfate de fer dissous dans 64 grammes d'eau distillée; l'animal fit des efforts pour vomir, tomba dans l'abattement et mourut dans la nuit.

Orfila a fait connaître qu'il avait souvent administré à des chiens 15 et 20 grammes de protosulfate de fer dissous dans 80 ou 100 grammes d'eau; qu'il avait lié l'œsophage, et que les animaux mourraient au bout de quinze à dix-huit heures, après avoir fait des efforts pour vomir.

Nous devons dire ici, ce que nous avons dit ailleurs : c'est que nous n'ajoutons aucune importance aux résultats des expériences dans lesquelles on a opéré la ligature de l'œsophage, opinion qui nous a valu un blâme de la part du savant toxicologue, dont chaque jour nous regrettons la perte.

A la suite de ces expérimentations, Orfila a constaté les lésions de tissu déterminé par le protosulfate de fer. Il a constaté :

1° Que l'estomac et les intestins étaient enduits d'un mucus d'un vert olive, que l'on enlevait facilement à l'aide du scalpel; que la membrane muqueuse sous-jacente paraissait comme tannée et de même couleur. En incisant la couche olivâtre qui était au-dessous du mucus, on reconnaissait que cette membrane était généralement enflammée et d'un rouge vif; on apercevait çà et là des ecchymoses de différentes dimensions, mais le plus ordinairement petites. Les autres organes ne paraissaient pas être le siége d'aucune lésion.

2° Que le liquide contenu dans l'estomac, étendu d'eau et filtré, donnait par le cyanoferrure de potassium un précipité de bleu de Prusse, et par l'infusion alcoolique de noix de Galles un précipité violet, dont la couleur se fonçait au contact de l'air.

3° Que le mucus d'un vert olive, épuisé par l'eau, traité par l'acide chlorhydrique très-faible, cédait au liquide du fer, qui, se combinant à l'acide, formait du chlorure de fer.

4° Que la membrane muqueuse, comme tannée et de couleur olive, contenait une quantité notable de fer; en effet, en laissant l'estomac dans l'eau distillée froide, et en renouvelant celle-ci pendant plusieurs jours, jusqu'à ce que le liquide ne se chargeât plus de fer, ce qu'on constatait par les réactifs, la membrane, qui se détachait facilement, traitée pendant quelques minutes par de l'eau aiguisée d'acide chlorhydrique, en faisant intervenir la chaleur, fournissait une solution de couleur jaune contenant du chlorure de fer.

5° Que si, après ces traitements, on soumettait à l'action de la chaleur, dans un creuset de porcelaine, la matière épuisée par l'eau, par l'eau aiguisée d'acide chlorhydrique, on obtenait à l'aide de cette calcination des cendres colorées en rouge par de l'oxyde de fer : ce qui n'avait pas lieu lorsqu'on soumettait aux mêmes expériences l'estomac des chiens qui n'avaient pas succombé.

6° Que l'urine trouvée dans la vessie et dont la quantité variait depuis 12 jusqu'à 20 grammes, et qui avait une couleur normale, passait au vert par la solution de ferrocyanure de potassium, et fournissait un précipité violet par l'addition de l'alcool de noix de Galles ; qu'évaporée jusqu'à siccité, elle laissait un produit qui, carbonisé par l'acide azotique, fournissait un résidu qui, traité par l'eau aiguisée par l'acide chlorhydrique, donnait un liquide dans lequel les réactifs spéciaux indiquaient la présence du chlorure de fer : ce qui n'a pas lieu pour l'urine normale.

7° Que le foie, la rate, les poumons, soumis aux mêmes traitements, fournissaient des résultats indiquant la présence du fer.

On sait que les matières organiques contiennent du fer, mais en petite quantité. Or, quand on a la pratique des opérations chimiques, la présence de la minime quantité de ce fer contenu dans les organes, et qui n'est pas soluble dans l'eau, et même dans l'eau acidulée, ne peut induire l'expert en erreur.

Les conclusions de toutes ces expériences sont les suivantes :

1° Le sulfate de fer est vénéneux, soit lorsqu'il est introduit dans l'estomac et dans les veines, soit lorsqu'il est appliqué sur le tissu cellulaire ; 2° qu'il est absorbé, et qu'il détermine une irritation locale suivie de l'inflammation des parties avec lesquelles il est en contact.

De l'action du sulfate de fer sur l'homme.

Nous ne connaissons que quatre observations sur l'administration du sulfate de fer comme toxique ; la première date de mai 1850.

Un sieur Malet fut trouvé mort dans son lit ; l'autopsie démontra, outre quelques lésions dans le tube digestif, une adhérence de la plèvre et un ramollissement d'une partie du poumon. M. le docteur Ancessy et M. Limousin-Lamothe, pharmacien-chimiste, furent chargés par le ministère public de procéder à des recherches pour reconnaître la cause de la mort de M. Malet. De ces recherches les experts conclurent :

1° Que l'estomac et les intestins contenaient du sulfate de fer ;

2° Que ce fer ne pouvait provenir, du moins en totalité, du fer normal que les poumons avaient fourni, *en infiniment moindre quantité;*

3° Que les matières fécales renfermaient du fer;

4° Que les matières vomies en contenaient aussi;

5° Qu'il y en avait aussi dans le pain et dans le liquide que le malade avait bu;

6° Que le sulfate avait été ingéré pendant la vie;

7° Que si ce sel a été donné, en quantité notable, il avait pu occasionner des désordres graves dans l'économie animale;

8° Que s'il avait été administré, durant la maladie, en quantité considérable, il aurait pu non-seulement l'aggraver, mais peut-être déterminer une mort beaucoup plus prompte, et que, dans l'espèce, il était impossible de préciser à quelle époque et à quelle dose le sulfate de fer avait été donné.

Rose Malet, femme du décédé, fut condamnée à la peine de mort (1).

Lors des débats, les questions suivantes furent soulevées :

1° Le sulfate de fer est-il un toxique par lui-même (2)?

2° A quelle dose le devient-il?

3° La médecine comparée peut-elle fournir des renseignements précis?

4° Peut-on distinguer le *fer normal* du *fer ingéré?*

Selon nous, la première, la troisième et la quatrième question peuvent être résolues affirmativement; quant à la deuxième, nous avions déjà résolu négativement cette question; en effet, l'âge, la constitution, l'état de plénitude ou de vacuité de l'estomac, son état sain ou malade, sont des circonstances qui doivent faire varier l'action de ce sel.

Dans une suspicion d'empoisonnement par ce sel, nous fûmes avec M. Lesueur (affaire de D..., garçon boulanger, inculpé de tentative d'empoisonnement sur sa femme, qui, heureusement secourue à temps par le docteur Grenier, ne succomba pas).

Lors de cette affaire, qui fut portée aux assises de la Seine en septembre 1848, l'opinion de MM. les docteurs Tremaux et Grenier, exprimée dans leurs réponses aux questions du président, était que le sulfate de fer n'était pas dangereux, opinion que nous partagions à cette époque :

1° Parce que nous avions été à même de voir une femme à laquelle on avait fait prendre pendant plusieurs jours, dans le but de l'empoisonner, d'assez fortes doses de sulfate de fer, et qu'elle n'avait point succombée;

2° Parce qu'il nous semble difficile de faire prendre de grandes doses de

(1) *Journal de chimie médicale*, juillet 1850.

(2) Il est bon de s'entendre sur cette question : il n'est pas nécessaire qu'un produit détermine toujours la mort pour être considéré comme poison; il peut ne déterminer que des altérations qui amènent des résultats fâcheux, et cela par une foule de circonstances; exemple : le vinaigre, les liqueurs alcooliques.

ce sel, en raison de sa saveur, qu'on peut désigner sous le nom de *saveur d'encre;*

3° Parce que M. Orfila avait dit d'une manière générale que le sulfate de fer n'est pas au nombre de ces toxiques énergiques qui déterminent des accidents graves à de petites doses.

M. Orfila combattit les déclarations des experts, et il se prononça de la manière suivante :

1° Qu'il était impossible de dire quelle est la dose à laquelle le protosulfate de fer pourrait déterminer la mort de l'homme ;

2° Qu'étant introduit dans l'estomac, il peut donner lieu à des accidents dont la gravité serait d'autant plus grave que l'individu qui aurait pris cette substance serait dans un état maladif.

D... fut déclaré coupable par le jury *pour avoir occasionné à sa femme une maladie, en lui administrant une substance qui, sans être de nature à déterminer la mort, est nuisible à la santé.*

La troisième affaire se rapporte à un enfant d'une femme Vivier; mais cette affaire, dans laquelle nous avions opéré MM. Orfila, Mialhe et moi, n'a pu être bien appréciée; car il a été démontré que la mère de cet enfant avait employé et le sulfate de fer en grande quantité et la décoction de têtes de pavots. Quoi qu'il en soit, l'accusée fut condamnée aux travaux forcés à perpétuité, après la déposition de M. Orfila.

La quatrième affaire fut jugée aux assises du département de l'Eure; mais nous n'avons pu nous en procurer les résultats.

Secours à donner contre l'empoisonnement par le protosulfate de fer.

Il faut faciliter les vomissements par des boissons albumineuses données tièdes, puis par les antiphlogistiques.

Dans tout ce qui a été écrit sur l'empoisonnement attribué au protosulfate de fer nous ne voyons pas qu'il ait été fait mention de l'impureté de ce sel, et cependant on sait que ce sulfate, pris dans le commerce, contient très-souvent du sulfate de cuivre, et, selon d'autres auteurs, du sulfate de zinc et un composé arsenical. (Herberger.)

Nous avons été à même de constater dans le sulfate de fer du commerce la présence du sulfate de cuivre ; nous avons même trouvé des cristaux de sulfate de fer qui, dans leur centre, contenaient des cristaux de cuivre, cristaux bien nets, jouissant de la couleur et des propriétés du sulfate de cuivre.

On conçoit, si du sulfate de fer contient de ces sels, et surtout un produit arsenical, que l'empoisonnement pourrait être aussi bien attribué à ces composés qu'au sulfate de fer.

On reconnaîtrait la présence du cuivre dans le protosulfate de fer :

1° En acidulant la solution de ce sel et plongeant une lame de fer bien décapée dans cette solution, si le sulfate contenait du cuivre, la lame de fer se recouvrirait de ce métal ;

2° Par l'acide hydrosulfurique, qui précipite le sel de cuivre, mais qui ne précipite pas le sel de fer ;

3° Par l'ammoniaque, qui précipite le sel de fer, mais qui ne redissout pas l'oxyde de fer ; qui précipite le sel de cuivre, mais qui, en excès, redissout l'oxyde de cuivre précipité ; mais il faut ajouter à la liqueur, avant de la précipiter, du chlore, pour convertir le protosulfate en deutosulfate.

La présence du sel de zinc dans le sulfate de fer peut être reconnue :

1° Par l'hydrogène sulfuré. Si la liqueur n'est pas acide, le zinc est précipité ; le précipité est blanc ;

2° Par l'ammoniaque, qui redissout l'oxyde de zinc précipité, oxyde qu'on peut obtenir en chassant par la chaleur l'excès d'ammoniaque.

Selon M. Herberger, le sulfate de fer pourrait contenir un produit arsenical, ce sel provenant des fabriques dans lesquelles on emploie à la préparation de ce sulfate des pyrites arsenicales ; nous n'avons pas rencontré de ces sulfates ; mais il serait facile de démontrer dans ce sel la présence d'un produit arsenical, soit par l'acide sulfhydrique, soit en faisant usage de l'appareil de Marsh.

M. Orfila a aussi établi que le persulfate de sesquioxyde et de sulfate de fer, que le lactate de fer, d'après les expériences qu'il avait faites sur des chiens, pouvaient être considérés comme étant toxiques ; mais nous ne connaissons aucun fait d'empoisonnement par ces sels.

Foie de soufre. — Voyez SULFURE DE POTASSIUM.

Iode.

L'iode est un corps simple rangé parmi les métalloïdes qu'on ne trouve pas dans la nature à l'état de pureté, mais combiné à quelques métaux et constituant les *iodures*.

L'iode a d'abord été trouvé dans un grand nombre de plantes marines, les *fucus sacharinus digitatus, vesiculosus, seratus, siliquosus, filum, helminthocorton, cartilagineus*, etc., et dans les *ulva pavonia, liaza umbilicatis* ; on l'a encore trouvé dans l'éponge, les enveloppes des œufs de sèche, dans les eaux-mères de certaines salines : les salines de Salzer, de Schweigar, de Hall (dans le Tyrol), de Sallier, dans les eaux salées de Voghera, dans diverses eaux minérales. M. Chatin la trouvé dans diverses plantes, dans des eaux de diverses localités.

L'iode se trouve aussi en combinaison dans le règne minéral ; Vauquelin a fait connaître l'iodure d'argent de Mexico.

La découverte de l'iode est due à Courtois ; ses propriétés furent étudiées par Clément Desormes, à qui Courtois le fit connaître en 1812; puis par Gay-Lussac en 1813, et par H. Davy. Sous le point de vue médical, son action fut signalée en 1819 par Coindet, et depuis par divers médecins.

L'iode ayant une action très-grande sur l'économie et pouvant, donné en trop grande quantité, occasionner des accidens, il a pu être considéré comme toxique, et donner lieu à des accidents plus ou moins graves, et même déterminer la mort.

Caractères de l'iode.

Tel qu'on le trouve dans le commerce, il est sous la forme d'écailles brunes et cristallines, ayant un éclat métallique que l'on peut comparer à l'éclat de la plombagine que l'on a frottée; son odeur est analogue à celle du chlore; sa saveur est désagréable, âcre et persistante; sa densité est de 4.946; écrasé entre les doigts, il en teint l'épiderme en jaune rougeâtre. Cette couleur disparaît par la volatilisation de l'iode. Exposé à l'action de la chaleur, il entre en fusion à + 107, bout à + 175, en donnant lieu à la production d'une belle couleur violette plus dense que l'air. Cette vapeur se condense en reprenant sa forme et ses caractères.

L'eau, à la température ordinaire, mise en contact avec l'iode, se colore en jaune ambré : ce qui est dû à ce que ce liquide en dissout 15.700 de son poids. Cette solution, quoique faible, mêlée à une solution d'amidon, donne lieu à une belle coloration bleue. Il est très-soluble dans l'alcool, l'éther, le sulfure de carbone.

Caractères distinctifs de l'iode.

1° Chauffé dans un tube fermé à l'une de ses extrémités, ou dans un petit ballon, l'iode se sublime en remplissant le tube ou le ballon de vapeurs violettes.

2° Amené le plus possible à un état de division, et agité avec de l'eau distillée, il colore ce liquide en jaune; l'eau contenant de l'iode se décolore à la lumière solaire. Cette eau, comme nous l'avons dit, décèle la solution des matières amylacées.

3° L'éther et l'alcool le dissolvent, et on obtient des teintures qui ont une teinte rouge.

De l'action de l'iode sur l'économie animale.

Les expériences ayant pour but de déterminer l'action toxique de l'iode sont dues à MM. Orfila et Schmidt. Nous allons faire connaître le résultat de ces expériences.

On a fait avaler, à midi, à un chien de moyenne taille 8 grammes d'iode ; immédiatement après, l'animal a eu la bouche pleine d'écume jaunâtre, et a fait des mouvements de déglutition souvent répétés ; à trois heures, il n'avait eu encore aucune évacuation ; à cinq heures, il a eu une selle peu abondante, composée de matières solides teintes en jaune et d'une matière pâteuse bleuâtre (1), dans laquelle on pouvait distinguer une partie de la substance vénéneuse ingérée. Cette matière avait l'odeur de l'iode ; desséchée et exposée à l'action du calorique, elle a exhalé une belle vapeur violette, et a fourni à la sublimation 2 grammes de lames cristallines bleuâtres ; à six heures, l'animal a vomi une très-petite quantité de matières molles d'une couleur jaune assez foncée. Ces vomissements se sont renouvelés dix minutes après ; l'animal avait l'air un peu abattu, mais ne poussait aucun cri plaintif.

Le lendemain, deuxième jour, il a refusé les aliments et les boissons ; il était couché sur le ventre et il respirait sans difficulté ; ses mouvements étaient parfaitement libres.

Le troisième jour, l'abattement était le même ; les battements du cœur étaient très-fréquents, et il ne voulut pas prendre de nourriture. A six heures du soir il a eu une nouvelle selle, dans laquelle il a été impossible de découvrir la moindre trace d'iode.

Le quatrième jour, il a refusé de prendre du lait ; il avait le hoquet de temps en temps, et n'offrait d'autres symptômes remarquables que l'abattement.

Dans la nuit du septième jour, il a eu une nouvelle selle, et a expiré deux heures après, sans avoir présenté aucun signe de paralysie, ni de convulsions, ni de vertiges.

Des expériences faites avec 5, 7 et 12 grammes d'iode, ont amené la mort des chiens en cinq ou six jours, et même en trente-six heures.

D'autres expériences, faites sur des chiens avec 3 ou 4 grammes d'iode, sans que l'œsophage ait été lié, ont fait voir que ces animaux, en général, ne succombaient pas ; ils font des mouvements de déglutition et vomissent au bout de quelques minutes des matières molles, teintes en jaune, dans lesquelles on retrouve une partie de l'iode. Ces animaux souffrent ; ils ont le hoquet, et continuent à faire des mouvements de déglutition ; ils restent couchés sur le ventre ; mais, quelques jours après, ils sont parfaitement rétablis.

D'autres essais ont été faits :

1° Sur des chiens avec de la teinture d'iode ; on a administré 4 grammes d'iode dans 60 grammes d'alcool à 36 degrés. Ces animaux ont éprouvé des symptômes d'ivresse, et sont morts au bout de quelques heures.

2° Sur de ces mêmes animaux, avec 200 grammes d'eau, 1 gramme d'iode et 100 grammes d'alcool à 36 degrés, la mort survient cinq ou six heures après.

3° En faisant une plaie sur le dos de chiens de moyenne taille ; saupoudrant cette plaie avec 4 ou 5 grammes d'iode ; réunissant les lambeaux de

(1) Cette matière bleuâtre semblait indiquer que l'animal avait mangé des aliments contenant une substance amylacée.

cette plaie par deux points de suture, la peau jaunit tout à coup. Ces animaux ne paraissent pas incommodés; le lendemain ils mangent comme à l'ordinaire; trois ou quatre jours après, la surface de la plaie offre une couche d'un blanc jaunâtre asssez épaisse, et moins apparente que dans les portions sous-jacentes, qui sont rouges et très-enflammées. Au bout de six à sept jours, les animaux se portent bien.

Nous allons maintenant faire connaître ce qui a été observé sur l'homme.

M. Schmidt, qui a administré à différents malades, pendant plusieurs jours, de 5 à 15 centigrammes d'iode, a constaté les faits suivants : amaigrissement, abattement, appétit vorace, soif, fièvre, insomnie, fréquence du pouls, toux sèche, quelquefois enflure des jambes, excitation des organes génitaux, et pertes utérines chez quelques femmes.

L'iode en vapeur a de l'action sur l'économie animale. Nous avons à plusieurs reprises, faisant des expériences sur l'iode et ses composés, été affecté de coliques très-intenses. M. le docteur Lugol avait remarqué que la vapeur qui s'exhale des bains iodés pouvait produire l'ivresse, avec congestion cérébrale.

Les effets toxiques de l'iode, s'ils ne sont pas constamment suivis de mort, ont cependant, dans un très-grand nombre de cas, de la gravité.

On trouve dans divers journaux scientifiques les faits suivants :

1° Dans un cas, l'usage de l'iode occasionna des douleurs dans la région du foie, de l'amaigrissement, une fièvre quarte, de la diarrhée, une faiblesse extrême, une grande diminution du foie et une mort lente. (J. de Rust, *Magazin fur die gesammte Heilkunde*, t. XXII, p. 291.)

2° Gardner dit avoir constaté : 1° dans un cas suivi de mort, que le foie avait considérablement diminué de volume; 2° qu'un enfant de quatre ans avait succombé pour avoir pris 1 gr. 30 de teinture d'iode. (*Essai on the effects of iodine*, 1824, p. 20.)

3° Un malade, après avoir pris de fortes doses d'iode pendant un mois, éprouva une chaleur brûlante à la peau, des tremblements, des palpitations, des syncopes, un sentiment de brûlure le long de l'œsophage, des selles fréquentes de matières noires et bilieuses; le pouls était très-petit; la mort survint au bout de six semaines. (Zinc, *Journal complémentaire*, t. XVIII, p. 126.)

On pourrait citer d'autres cas d'empoisonnement par l'iode, voir : 1° le *Journal de chimie médicale*, 1828, t. IV, p. 216; 2° le même journal, 1854, t. XXX, p. 20.

On voit, d'après ce qui vient d'être dit, que l'administration de l'iode demande de la part du praticien des précautions, pour ne pas déterminer d'accidents.

Nous devons cependant dire ici que divers auteurs n'ont pas considéré l'iode comme aussi dangereux. Orfila dit en avoir pris 10, 20, 30 centigrammes, et n'avoir éprouvé que des accidents peu graves.

Symptômes de l'empoisonnement par l'iode.

Les symptômes de l'empoisonnement par l'iode peuvent être considérés comme étant les suivants : vomissements, selles, douleurs plus ou moins vives dans un ou plusieurs points du canal digestif, soif ardente, bouche pâteuse, agitation, palpitations, tremblements, mouvements convulsifs, syncopes ; quelquefois on observe des éructations violentes, des pertes utérines.

L'usage prolongé de l'iode à la dose de 1 à 2 centigrammes par jour, donne lieu à des évacuations fréquentes *par haut et par bas*, à des douleurs épigastriques, à des crampes ; le pouls devient petit, fréquent, et l'amaigrissemen' fait des progrès rapides. Ces symptômes, d'une durée variable, reparaissent quelquefois, sinon tous, au bout d'un certain laps de temps.

Recherches médico-légales.

Si on a affaire à des liquides, à des matières de vomissements, on examine leur coloration, leur odeur. Toutes ces observations faites, on filtre et on examine ; le résidu reste sur le filtre.

Si de l'iode était resté à l'état solide, à l'état d'iode, on le reconnaîtrait parfaitement à l'odeur et à la couleur que prendrait le papier formant le filtre. Ce résidu devrait alors être traité par l'alcool, qui dissoudrait l'iode et fournirait de la teinture.

Si l'examen du filtre ne faisait pas reconnaître la présence de l'iode sur le filtre, il faudrait alors rechercher dans le liquide la présence des acides iodique et hydriodique, qui, mis en contact avec l'*eau amidonnée chlorée*, donneraient lieu à la coloration en bleu de l'amidon qui fait partie de ce réactif.

Divers procédés ont été indiqués pour ces recherches. M. Orfila proposait la matière liquide étant peu colorée, de la chauffer dans une cornue de verre à laquelle on adapte un tube dont l'extrémité se rend dans une éprouvette entourée de glace ou d'eau froide dans laquelle on aura placé de l'eau amidonnée ; après quelques minutes d'ébullition, on aperçoit dans la cornue des vapeurs violettes et la coloration en bleu de l'amidon, coloration qui pourrait ne pas se manifester si l'éprouvette n'était pas tenue à une basse température ; quelquefois, si l'iode était en quantité notable, il pourrait cristalliser sur les parois de la cornue.

M. Lanaux conseillait le procédé suivant : on fait dessécher la matière suspecte dans une cornue tubulée, dont le bout se rend dans un ballon ; de celui-ci part un tube courbe à angle droit, dont l'extrémité se rend dans une éprouvette contenant de l'eau amidonnée, éprouvette qui est entourée d'eau à très-basse température ; lorsque la matière est desséchée, on introduit dans la cornue le sixième de son poids d'acide sulfurique pur et concentré, et l'on chauffe. Si la matière traitée contient une préparation iodée, il se dégage aussitôt des vapeurs violettes, qui ne tardent pas à disparaître, ce qui est dû à ce que, par suite de la décomposition de l'acide sulfurique, il y a production de gaz sulfureux, lequel, réagissant sur les vapeurs d'eau et d'iode, donne naissance à de l'acide sulfurique et à de l'acide iodhydrique, qui se condensent dans l'eau qui se trouve dans le récipient. Si l'on ajoute quelques gouttes de chlore à la liqueur qui se trouve dans le ballon, l'iode est précipité.

On a dit que le charbon sulfurique qui reste dans la cornue contiendrait encore un composé d'iode qu'on obtiendrait par l'eau bouillante et par le chlore.

On peut aussi traiter les matières qui contiennent de l'iode par une solution de carbonate de potasse, et rechercher dans la solution s'il y a une combinaison d'iode et de potasse. Ce procédé est analogue au procédé préconisé par MM. O'Shangnessey et Devergie.

Wœhler, Cantu, Beunerscheidt, O'Shangnessey, ont fait connaître qu'ils avaient trouvé de l'iode dans l'urine, dans la sueur et dans la salive des individus et des hommes qui avaient pris de l'iode. Kramer en avait trouvé dans ce liquide quarante-huit, soixante-douze et quatre-vingt-seize heures après l'administration de ce médicament. Le mode d'opérer à mettre en pratique consiste à verser dans cette urine une solution d'amidon, puis d'ajouter quelques gouttes d'eau chlorée; la coloration en bleu qui se produit est un indice certain.

Quelques personnes avaient prescrit l'emploi des acides sulfurique et azotique; mais ces acides déterminent des colorations nuisibles à l'expérience.

Nous avons trouvé dans du charbon, obtenu de la calcination d'une urine iodée, un composé d'iode.

De la teinture d'iode.

La teinture d'iode est aussi un toxique, et cela s'explique, puisqu'elle est composée de 10 grammes d'iode pour 120 grammes d'alcool à 90 degrés.

Cette teinture a une odeur qui décèle l'iode; sa couleur est très-foncée; et, comme le ferait l'iode, elle tache la peau en jaune ou en jaune rougeâtre. Ces taches ne s'effacent qu'au bout d'un certain temps; l'amidon, avec ces taches, prend une couleur bleue: la potasse les fait disparaître. Ces caractères peuvent avoir, dans les cas d'empoisonnement, de l'importance.

Premiers secours à donner.

Il faut provoquer le vomissement à l'aide de l'eau tiède; puis administrer abondamment de l'eau contenant de la matière amylacée par décoction; on doit aussi administrer des lavements avec la solution d'amidon.

IODURE DE POTASSIUM.

L'iodure de potassium, à la dose de 4 à 8 grammes, administrée à des chiens, détermine des vomissements, suivis de l'évacuation d'une partie du poison. Les vomissements ayant cessé, les chiens tombent dans un état d'affaissement qui va croissant de jour en jour jusqu'au moment de la mort ; ils succombent dans le collapsus le plus complet (Orfila).

M. Devergie a fait connaître que l'iodure de potassium appliqué sur des plaies, ou sur le tissu cellulaire des chiens, à la dose de 4 grammes, n'exerce aucune action nuisible sur ces animaux.

Nous ne connaissons pas d'empoisonnement sur l'homme. Un seul cas d'accident a été signalé par M. Octave Dessaignes. (Voir le *Journal de chimie médicale*, t. IV, p. 65.)

Une jeune personne, qui avait pris 6 grammes d'une dissolution d'iodure ioduré de potassium (1), vomit une heure après, ressentit une douleur de tête, de l'agitation, des vertiges. Ces accidents cédèrent à l'administration de boissons aqueuses et gommeuses prises tièdes, et à des antispasmodiques.

La solution d'iodure ioduré est plus active. La solution de Coindet, sans addition d'iode, ayant la composition suivante, était préparée avec 48 grains d'iodure pour 1 once d'eau. Une autre solution, plus employée, était préparée avec 36 grains d'iodure par once d'eau.

Magendie (*Formulaire*, 1827) disait l'avoir administré sans accident à la dose de 3 gros par jour, puis par cuillerées.

Caractères distinctifs de l'iodure de potassium.

Ce composé est blanc, inodore, d'une saveur très-piquante. On l'obtient sous forme de cristaux cubiques, plus ou moins gros, qui contiennent de l'eau d'interposition; soumis à l'action de la chaleur, il décrépite d'abord, et fond à une température au-dessous du rouge; à une haute température, il se volatilise; exposé au contact de l'air, si l'air est sec, il ne s'altère pas; il s'humecte si l'air est humide. L'eau, à la température de 16 degrés, le dissout en de très-grandes quantités; l'alcool le dissout en moindre quantité; sa solution aqueuse peut dissoudre de l'iode et le convertir, en prenant une couleur brun foncé, en iodure de potassium ioduré.

L'acide sulfurique hydraté le décompose à froid; il y a production d'effervescence et dégagement d'acide hydriodique, qui se décompose en partie et donne des vapeurs violettes qui se produisent à une légère chaleur.

Calciné dans un tube avec du sulfate acide de potasse, on obtient pour

---

(1) L'iodure ioduré, dont la formule ne se trouve pas au Codex, a été préparé pour obtenir la solution dite *de Coindet*, avec 36 grammes d'iodure de potassium, 10 grammes d'iode et 32 grammes d'eau.

résultat de l'acide sulfureux, qui se dégage et qui est perceptible à son odeur, et à de l'iode qui se sublime.

Sa solution dans l'eau est décomposée :

1° Par le chlore et le brome ;

2° Par le chlorure de platine ; la liqueur se colore et il y a formation d'un précipité jaune-rouge ;

3° Par l'acide tartrique, qui, par agitation, donne lieu à un précipité de crème de tartre.

Elle est précipitée :

1° En jaune par l'acétate de plomb ;

2° En rouge par les deuto-sels de mercure ;

3° En vert par les proto-sels de ce métal.

La solution de l'iodure de potassium est un réactif d'un grand nombre de sels métalliques.

Caractères des organes des animaux qui ont été soumis à l'action de l'iodure.

Ces caractères n'ont pu être étudiés sur l'homme. Voici ce qui a été observé sur les animaux.

L'iodure de potassium développe entre les membranes muqueuses et musculaires un état emphysémateux partiel qui donne lieu à un soulèvement de la tunique interne de l'estomac, et qui produit dans les endroits mous malades une quantité considérable de tumeurs arrondies, à base large, d'une couleur légèrement rosée, crépitantes, contenant dans leur intérieur un liquide incolore enveloppé d'air, et analogue pour l'aspect et la consistance au poumon d'un jeune enfant.

Les autres altérations que détermine l'iodure de potassium sont des ecchymoses nombreuses et fort larges, et des ulcérations qui, comme celles que produit l'iode, seraient aussi environnées d'une aréole jaune, si l'iodure était de l'iodure fortement ioduré (Orfila).

Recherches médico-légales.

Si l'expert était appelé à reconnaître dans des liquides la présence de l'iodure de potassium, si ces liquides sont incolores, les réactifs que nous avons indiqués peuvent démontrer la présence du toxique.

Si les liquides sont colorés, si on avait à opérer sur des matières solides alimentaires, sur des viscères, il faudrait faire usage des moyens que nous avons indiqués pour la recherche de l'iode (voir page 238).

Dans les cas d'empoisonnement qui pourraient être déterminés par l'iodure de potassium, il ne faudrait pas négliger la recherche de cet iodure dans les urines. Le docteur Kramer, qui avait pris de ce sel, voulut reconnaître s'il était possible de retrouver de l'iode (ou plutôt le sel) dans son urine ; il en constata la présence après un laps de temps considérable.

Secours à donner.

Ces secours consistent à déterminer ou à aider le vomissement ; puis à administrer des boissons aqueuses et gommeuses tièdes, enfin les antispasmodiques.

Parmi les faits qui intéressent l'hygiène publique, nous devons en faire connaître un qui a vivement fixé l'attention publique et qui a nécessité le concours des professeurs de l'École de pharmacie.

En 1832, l'administration fut avertie que des sels livrés au commerce, par des marchands en demi-gros *et par des épiciers, contenaient de l'iodure de potassium, et que l'usage de ces sels pouvait présenter des dangers* ; elle prit immédiatement les mesures nécessaires, et des échantillons de ces sels furent pris par les commissaires de police de Paris et de la banlieue chez tous les débitants exerçant dans leurs quartiers ou dans leurs communes.

Ces échantillons, au nombre de plus de six mille, furent soumis à des expériences chimiques par les professeurs de l'École supérieure de pharmacie ; des procès-verbaux furent dressés lorsque le mélange fut constaté, et transmis au préfet de police, puis au procureur impérial.

Les recherches faites firent connaître que la présence de l'iodure de potassium dans les sels livrés au commerce était due à ce que du sel marin, obtenu des sels de varech, lors de la fabrication de l'iode, étaient vendus à des marchands de sel à un prix moindre que le sel ordinaire, et que ces sels servaient à faire des mélanges.

Les expériences de recherches se faisaient de la manière suivante : *le sel gris pulvérisé* était placé sur une soucoupe en porcelaine ; puis on le mouillait avec une solution amidonnée chlorée. Si le sel contenait une minime quantité d'iodure, il prenait une teinte violette ; si la quantité était plus grande, la couleur était bleue ; cette coloration bleue était d'autant plus intense que l'iodure était en plus grande quantité dans le sel.

Les sels blancs, qui n'avaient pas besoin d'être pulvérisés, étaient traités de la même manière.

Un grand nombre de marchands furent poursuivis et condamnés pour avoir fait subir aux sels cette falsification.

Malgré cette sévérité, il fallut, pour faire cesser la fraude, plusieurs années, pendant lesquelles les professeurs de l'École supérieure de pharmacie, lors de leurs visites annuelles, firent subir un examen chimique aux sels livrés au commerce. Maintenant cette fraude a entièrement cessé.

Cette fraude n'était pas la seule ; outre le mélange du sel avec les sels de varechs, ce sel était encore mêlé de *plâtre cru* pulvérisé, vendu sous le nom de *poudre à mêler au sel*. Cette fraude se reconnaissait par le lavage, le sel marin étant soluble, le plâtre ne l'étant pas.

Manganèse.

Le manganèse est un métal qui, ayant la plus grande affinité pour l'oxygène, ne se rencontre dans la nature qu'à l'état d'oxyde; on peut cependant l'obtenir à l'état métallique en le traitant à une très-haute température par le charbon à l'aide de la chaleur.

L'oxyde duquel on retire le métal a été confondu avec l'oxyde noir de fer (oxyde magnétique); il a été appelé par Porez de Vargas *savon des verriers*, parce qu'il avait reconnu qu'il blanchissait le verre lors de la vitrification; il a été le sujet de travaux dus à Scheele, à Bergmann et à Gahn, qui, le premier, l'amena par réduction à l'état de métal.

L'oxyde de manganèse, qui semble inerte, paraît cependant avoir de l'action sur l'économie animale. Ebers (*Revue médicale*, 1837) disait que les ouvriers qui travaillent à son extraction, à sa pulvérisation, éprouvent parfois une paralysie des nerfs du mouvement; on l'a employé en médecine, et pour conserver et purifier l'eau (Périnet) (1).

Le manganèse n'est pas toxique; cependant Orfila a cru devoir, dans sa *Toxicologie*, placer les sels de manganèse au nombre des produits toxiques qu'il a étudiés. Nous avons cru devoir imiter son exemple, parce que nous avons été témoin d'accidents peu formidables, il est vrai, qui avaient été déterminés par des eaux minéralisées par des sels manganésiens (le sulfate). La personne qui avait fait préparer ces eaux avait pour but d'imiter les eaux minérales de Cransac, qui, comme on le sait, contiennent et de l'oxyde de manganèse et de l'acide sulfurique.

Les expériences faites par MM. Gmelin et Orfila ont fait connaître :

1° Que le sulfate de manganèse introduit à haute dose dans l'estomac détermine chez les animaux des vomissements;

2° Que les lapins le supportent assez bien; mais que, si la dose est trop forte, il survient une inflammation de l'estomac, des convulsions, la paralysie et la mort;

3° Qu'appliqué sur le tissu cutané, le sulfate de manganèse est sans action; injecté à petites doses dans le système veineux, il a pour effet de déterminer seulement le vomissement; mais que si la dose est plus forte, il tue instantanément en détruisant l'irritabilité du cœur, ou bien encore en déterminant une forte paralysie apoplectique, dont l'animal se relève au bout de quelque temps; mais qui finit cependant par amener la mort. Les symptômes qui se manifestent dans ce dernier cas sont les vomissements, l'inappétence et un grand abattement; l'estomac, l'intestin grêle, le foie, la rate et le cœur offrent des traces non équivoques d'inflammation; tous les intestins et les gros vaisseaux sont colorés par la bile.

(1) *Annales de chimie et de physique*, t. XI.

Recherches médico-légales.

Aucunes recherches médico-légales n'ont été faites sur l'homme; on conçoit que, dans un cas d'empoisonnement, il faudrait faire usage des réactifs qui sont recommandés.

Ces caractères sont les suivants :

Sels de protoxyde (sels manganeux). — Ces sels sont incolores; quelquefois cependant ils ont une légère teinte rosée; leur saveur est douceâtre et aussi amère. Les solutions de ces sels possèdent les caractères suivants :

1° Le cyanure de fer et de potasse (le cyanure jaune) y détermine un précipité blanc ;

2° Le carbonate de potasse donne lieu à un précipité blanc;

3° La potasse à l'alcool détermine dans ces solutions un précipité gélatineux, qui jaunit promptement au contact de l'air, précipité qui prend peu à peu une teinte brune. On peut déterminer plus promptement cette coloration en ajoutant au mélange quelques gouttes d'eau chlorée;

4° Les hydrosulfates donnent lieu à un précipité couleur de chair;

5° Les sels de manganèse calcinés, après les avoir mêlés avec de la potasse à l'alcool, donnent lieu à la production du manganate de potasse, qui, d'un vert foncé, paraît noir vu en masse; ce sel est soluble dans l'eau. Sa solution a une belle couleur verte. Cette solution, étendue d'eau, passe au bleu, puis au violet et au rouge-violet. Les acides saturés d'oxygène la font passer immédiatement au rouge. Cette couleur repasse au vert par les alcalis en excès. Les oxacides non saturés d'oxygène les décomposent en les décolorant immédiatement.

Sels de deutoxyde (sels manganiques). — Les caractères distinctifs de ces sels sont les suivants :

1° L'eau trouble leur dissolution, et il y a production d'un précipité brun;

2° La potasse à l'alcool y détermine un précipité de couleur brune;

3° Les acides sulfureux, phosphoreux et hypophosphorique les décolorent immédiatement, en les ramenant à l'état de protosels.

On conçoit que, dans un cas d'empoisonnement par un sel de manganèse, il faudrait d'abord examiner les liquides trouvés dans l'organisme, ou bien les liquides qu'on obtiendrait par l'eau distillée, en faisant usage des réactifs que nous avons indiqués plus haut.

Si l'examen de ces liquides ne donnait pas de résultats pouvant indiquer la présence des sels de manganèse, il faudrait réunir les matières organiques, les dessécher, les carboniser, les incinérer, puis rechercher si elles contiennent de l'oxyde de manganèse en quantité notable.

Les premiers secours à donner dans un cas d'empoisonnement par l'oxyde de manganèse seraient de l'eau albumineuse, préparée avec de l'eau hydrosulfurée, ou avec des eaux minérales sulfureuses naturelles.

Mercure.

Le mercure, qui porte aussi le nom de *vif-argent*, est un métal connu de toute antiquité; on le rencontre, mais en de petites quantités, à l'état natif, affectant la forme de globules, dans des sulfures naturels appelés *cinabres natifs* et dans de l'argile endurcie.

Ce sont particulièrement les sulfures naturels qui fournissent le mercure livré au commerce. Le mode d'obtention consiste en grillant dans des fours faits exprès, et avec le contact de l'air le sulfure est décomposé; le mercure se volatilise, mais se condense par refroidissement, et est recueilli dans des réservoirs. Ce mode de faire est usité à Almaden et à Idria; mais dans le Frioul on traite le sulfure de mercure par la chaux, à l'aide de la chaleur, en faisant usage de cornue en terre, à laquelle on adapte des récipients en terre contenant de l'eau. Il y a, dans ce cas, décomposition, formation de sulfure de calcium, qui est fixe, et de mercure, qui se volatilise et qui se condense dans les récipients.

Le mercure est un métal très-remarquable. C'est le seul qui soit liquide à la température ordinaire; il est blanc comme l'argent et son éclat est des plus vifs; lorsqu'on le laisse tomber sur une surface plane, il se divise en globules qui sont parfaitement sphériques lorsque le mercure est pur, mais qui présentent une forme allongée lorsque le mercure est allié à d'autres métaux.

La densité du mercure est de 13.568 à + 15; exposé à un froid de 40 degrés, il se solidifie. A cet état, sa densité est de 14.391; il est alors mou comme le plomb et malléable; exposé à l'action de la chaleur, il se dilate jusqu'à + 360 températures; il entre en ébullition et se volatilise; l'air et l'eau sont sans action sur lui à la température ordinaire; mais à une chaleur voisine de l'ébullition, il s'oxyde lentement et se convertit peu à peu en deutoxyde de mercure, qui se préparait autrefois d'après le procédé de Boyle, et qui portait le nom de *précipité* per se (*mercurius precipitatus per se*); l'air et l'eau sont sans action sur le mercure.

Le mercure à l'état métallique, quoi qu'en ait dit Galien, n'est pas dangereux. La preuve de cette innocuité est démontrée par les faits. On sait :

1° Que des femmes en avaient pris en grande quantité dans l'intention de se faire avorter;

2° Que des ouvriers, qui en avaient avalé dans le but de le voler, n'avaient subi aucun symptôme d'indisposition;

3° Que Brera en donna jusqu'à 26 onces dans un cas de volvulus, et qu'il y eut soulagement notable du malade;

4° Qu'Ebers (de Breslau) a fait connaître que, dans des cas semblables, l'administration de 4 à 5 onces de mercure procurait du calme, du sommeil, et qu'aux vomissements stercoraux avaient succédé des déjections abondantes et le retour à la santé;

3° Que Belloc et W. Malcom ont signalé des résultats analogues;

4° Que Desbois de Rochefort (*Matière médicale*, t. Ier, p. 107), rapportait qu'au commencement du XVIIIe siècle c'était la mode, à Londres et à Édimbourg, de prendre tous les matins 2 ou 3 gros de mercure avec quelques onces d'huile, comme remède préventif de la goutte et de la pierre;

5° Que l'on a consigné, dans les *Mémoires de la Société médicale*, deux relations (t. IV, p. 252), celle d'un homme qui en prenait chaque jour de très-grandes quantités pour expulser par amalgamation un écu arrêté dans l'œsophage, et qui le rendait journellement par les selles. M. Orfila a fait prendre de ce métal par des chiens sans constater d'accidents;

6° Que le mercure, à l'état métallique, a été employé avec succès contre les vers des enfants par Brassavole et par d'autres.

Un fait qui a été contesté, c'est l'action efficace de la décoction mercurielle préparée avec une partie de mercure et six parties d'eau, action qui, selon quelques auteurs, ne peut être mise en doute. (Voir le *Journal de physiologie expérimentale*, t. I, p. 242) (1).

Si le mercure à l'état métallique, administré à l'intérieur, ne donne lieu à aucun accident, il n'en est pas de même lorsque ce métal est absorbé à l'état de vapeurs, ou bien lorsque l'on soumet un individu à des frictions avec un onguent contenant du mercure divisé. Dans ces cas, les accidents peuvent être très-graves : nous avons vu des cas graves de salivation, déterminés par des frictions mercurielles, mettre le malade en danger.

Le mercure, à l'état de vapeur, doit être considéré comme toxique. Fernel, Swediaur, Fourcroy, et un grand nombre d'autres hygiénistes ont rapporté des observations qui font connaître l'action funeste de ce métal sur l'économie. Ces observations ont été faites sur des sujets exerçant diverses professions : les ouvriers qui travaillent dans les mines de mercure, les doreurs, les chapeliers, les étameurs de glaces, les constructeurs de baromètres. Les uns sont atteints de tremblements mercuriels, de phthisie, d'autres deviennent paralytiques, asthmatiques, etc. (2).

Nous avons été à même, comme membre du conseil de salubrité, de constater :

1° Que les ateliers de doreurs peuvent, par suite de la mauvaise construction des cheminées, ou de l'ouverture dans ces cheminées pour y placer des

(1) Les essais que nous avons fait sur cette décoction ne nous ont jamais permis de reconnaître dans cette décoction la présence du mercure, ni son efficacité.

(2) Depuis l'application des procédés d'argenture Ruolz, Christofle et Elkington, les maladies ont beaucoup diminué chez les doreurs.

tuyaux de poêle, déterminer, chez des locataires d'une maison où de ces établissements existent, des accidents de la plus grande gravité (1);

2° Que la distillation par un concierge, dans une cour, de l'étamage enlevé des glaces pour en séparer le mercure, avait déterminé, dans la maison où cette distillation s'opérait, des accidents mercuriels d'une gravité assez grande, dus à la volatilisation partielle du métal.

Un cas de l'influence dangereuse des vapeurs mercurielles a été consigné par M. le docteur Lombard, de Genève, dans un travail sur l'*Hygiène des professions* (Voir les *Annales d'hygiène publique et de médecine légale*, t. II, p. 48); c'est le suivant :

En 1810, un vaisseau, *le Triomphe*, avait pour cargaison du mercure qui se répandit dans le fond de la cale, et qui donna lieu à des accidents qu'on ne put attribuer qu'à une émission de vapeurs mercurielles. Ces vapeurs furent très-nuisibles aux marins. On constata, à la suite de cet accident, outre le ptyalisme et les ulcères gangréneux dus aux vapeurs mercurielles, que celles-ci furent très-nuisibles à ceux qui avaient quelques dispositions à la phthisie. Trois hommes, qui n'avaient jamais été malades, ou qui étaient en bonne santé avant d'avoir respiré ces vapeurs, moururent phthisiques en fort peu de temps ; un quatrième, de pneumonie, et un cinquième, qui n'avait jamais eu de maladie de poitrine, furent laissés à Gibraltar dans un état de phthisie confirmée. M. Lombard, à la suite de ce récit, établit qu'on peut considérer ces émanations comme très-nuisibles pour les personnes dont la poitrine est délicate, mais comme insuffisantes pour causer la phthisie chez les ouvriers robustes et qui suivent un genre de vie hygiénique.

M. Mialhe a cherché à expliquer l'action délétère de ces vapeurs ; selon lui, cette action est due à ce qu'elles s'absorbent avec une très-grande facilité et sur l'action des chlorures de l'organisme, et à ce que le nouveau composé se transforme en *sublimé corrosif*, à la faveur des chlorures alcalins qu'il trouve dans l'économie animale.

Nous allons maintenant examiner chacun des composés mercuriaux qui peuvent être la cause d'accidents toxiques, et quels sont les caractères qui peuvent les faire reconnaître. Ces composés sont : le protochlorure de mercure (le mercure doux), le bichlorure de mercure (le sublimé corrosif), le sulfure de mercure (le cinabre), le cyanure de mercure, les oxydes de mercure, les iodures, les bromures.

PROTOCHLORURE DE MERCURE.

Le protochlorure de mercure, qui a porté les noms de *mercure doux*, de *calomel*, de *calomelas d'acquila alba*, de *mercure sublimé doux*, de *panacée*

(1) Voy. *Annales d'hygiène*, t. XVI, p. 33.

mercurielle, est un composé formé de chlore, 14.9, et de mercure, 85.1, obtenu par sublimation. On le trouve, dans le commerce, sous la forme de pains semi-orbiculaires, blancs, semi-transparents, formés de belles aiguilles prismatiques qui se relient les unes contre les autres et forment une masse compacte qui s'est moulée sur les parois du vase sublimatoire. Sa densité est assez grande, elle est d'environ sept à huit fois plus forte que celle de l'eau ; par son exposition à la lumière directe, il brunit légèrement à sa surface.

Ce chlorure, lorsqu'il est pur, est tout à fait insoluble dans l'eau ; sa poudre est de couleur plus foncée que la couleur de ses cristaux. Projeté sur des charbons ardents, il se volatilise, affectant la forme de fumées blanches, qui, recueillies sur une lame de cuivre, la blanchissent lorsqu'on la frotte.

Calciné avec de la soude ou de la potasse dans un tube de verre fermé à l'une de ses extrémités, il fournit des globules de mercure ; le résidu, traité par l'eau, précipite abondamment par l'azotate d'argent, résultat de la formation d'un chlorure ; à froid, la potasse et l'ammoniaque réagissent sur ce chlorure, il y a formation de chlorure de potassium et d'un protoxyde ayant une couleur gris noirâtre ; l'acide hydrosulfurique donne lieu à un précipité noir et à de l'acide chlorhydrique.

Le protochlorure de mercure du commerce contient assez souvent du bichlorure de mercure, dont il doit être privé lorsqu'on le destine à l'usage médical ; on reconnait qu'il contient du bichlorure en le traitant par l'alcool, il fournit une solution alcoolique qui, filtrée et traitée par la potasse, donne lieu à un précipité jaune de deutoxyde de mercure.

La présence du deutochlorure dans le mercure doux a été la cause d'accidents suivis de mort. M. Brierre de Boismont écrivait de Varsovie qu'il avait trouvé beaucoup de deutochlorure dans le calomel employé dans ce pays pour combattre le choléra ; nous avons, dans le *Journal de chimie médicale*, signalé de ces cas d'empoisonnement. Ces faits démontrent que le pharmacien qui reçoit du mercure doux, ne doit pas le délivrer à ses clients qu'il ne l'ait examiné pour s'assurer de sa pureté.

Cet examen, d'autant plus nécessaire, repose sur ce qu'il faut indispensablement que le pharmacien soit convaincu que le protochlorure est pur, parce qu'il a été établi que quelquefois ce sel, quoique exempt de bichlorure, donné à des doses de 6, 12, 24 et 48 grains, a donné lieu à quelques accidents. Un fait qu'on trouve inscrit dans un mémoire publié par Vogel doit être médité. Voici ce fait : un médecin ayant prescrit à un enfant douze paquets contenant chacun 25 centigrammes de chlorhydrate d'ammoniaque, 25 centigrammes de sucre et 7 centigrammes 5 milligrammes de protochlorure de mercure, l'enfant succomba après avoir pris plusieurs paquets de ces poudres. Le pharmacien fut accusé d'avoir commis une erreur dans l'exécution de l'ordonnance ; par bonheur pour lui, l'accusation fut reconnue fausse, le docteur

Petenhoffer ayant démontré qu'en présence du chlorhydrate d'ammoniaque et de l'eau, le protochlorure de mercure passe en partie à l'état de bichlorure, (de sublimé corrosif).

Mialhe, qui s'est occupé de l'étude des effets délétères du protochlorure de mercure, a émis l'opinion qu'ils devaient être attribués à ce que ce sel, dans le canal digestif, aurait pu être peu à peu amené à l'état de deutochlorure sous l'influence, soit du chlorure de sodium, soit du chlorhydrate d'ammoniaque. M. Mialhe admet que le protochlorure n'est vénéneux que lorsque, par une cause quelconque, il a séjourné dans cet organe, et il donnait pour preuve l'observation clinique qui démontre que lorsque le chlorure ne purge pas et qu'il reste en digestion dans le canal intestinal, on observe une sécrétion anormale des glandes salivaires, et cela parce qu'une plus grande quantité de protochlorure s'est transformé en sublimé corrosif; le même phénomène est observé lorsque les malades continuent pendant un temps plus ou moins long l'usage de ce protochlorure.

Lors de l'administration du protochlorure, le bichlorure ne pouvant résulter que de l'action des chlorures alcalins et de la quantité de ces chlorures dans l'économie, les *grands mangeurs de sel*, toutes choses égales d'ailleurs, doivent être plus exposés que les autres aux accidents que détermine le protochlorure.

Le protochlorure, malgré certains inconvénients signalés par les auteurs, est encore un des médicaments les plus souvent employés; il est surtout utilisé en Angleterre uni à l'opium et à des sudorifiques; il entre dans les pilules suédoises, dans les pilules purgatives de Van-Moor, dans les pilules hydragogues de Janin, dans les pilules de Leslie, dans les biscuits purgatifs; on l'a aussi prescrit en fumigations.

Quelques auteurs, notamment Teichmeyer, l'ont accusé d'être vénéneux pour l'homme, mais nous croyons qu'il avait observé des cas résultant de l'administration du protochlorure impur.

C'est avec le protochlorure de mercure que les Anglais préparent l'*eau phagédénique noire*, en le mêlant avec 32 ou 64 fois son poids d'eau de chaux.

Dans le cas d'empoisonnement par le protochlorure, il faudrait, dans la recherche du toxique, agir de la même manière que pour le deutochlorure de mercure.

Les antidotes sont l'eau albumineuse, les eaux minérales hydrosulfurées.

MERCURE DOUX A LA VAPEUR OBTENUE PAR L'INTERMÉDIAIRE DE L'EAU.

Ce produit, qui est entièrement privé de bichlorure, s'obtient par la réduction en vapeur du protochlorure, vapeur qui rencontre de la vapeur d'eau. Ce mercure se préparait par le procédé décrit par Josias Jewel : il consistait en deux vases destinés à produire la vapeur de protochlorure et la vapeur d'eau. Ces deux vases amènent les vapeurs dans un vase à trois tubulures; là, elles se rencontrent, le protochlorure de mercure lavé par l'eau résultant de la vapeur condensée tombe au fond du vase; on le recueille sur un filtre, on le fait sécher après l'avoir lavé à l'eau distillée.

On conçoit que le chlorure ainsi obtenu est exempt de bichlorure et qu'on n'a pas besoin de le phorphyriser à l'eau.

CALOMEL OBTENU PAR LE PROCÉDÉ ANGLAIS.

Ce procédé, que nous a fait connaître Soubeiran, consiste à faire arriver les vapeurs de mercure doux dans un réservoir d'une capacité assez grande pour qu'elles soient condensées avant d'arriver en contact avec les parois du vase.

Ce chlorure peut contenir du sublimé corrosif; aussi Soubeiran a fait connaître qu'il fallait le laver à l'eau distillée jusqu'à ce que les eaux de lavage ne se colorent plus par l'hydrogène sulfuré.

L'excès de division du mercure doux à la vapeur explique son action, qui, disent les auteurs, est plus grande, et l'injonction faite aux pharmaciens belges de ne délivrer ce protochlorure s'il n'est pas spécialement prescrit.

PRÉCIPITÉ BLANC, PROTOCHLORURE DE MERCURE PAR PRÉCIPITATION.

On obtient non-seulement un protochlorure de mercure par sublimation, par sa sublimation et sa condensation par l'eau en vapeur, par sublimation et condensation par l'air, mais aussi par la précipitation de la dissolution du protonitrate de mercure, acidulé, soit par l'acide hydrochlorique, soit par une solution de sel marin pur, lavant avec le plus grand soin le précipité et jusqu'à ce que l'eau essayée par les réactifs démontre que ce liquide ne contient plus de mercure en dissolution.

Le précipité blanc a été vanté par Boerhaave; c'était le remède secret de Dibon et la base de la *poudre unique de Godeernaux*, où il était associé à une petite quantité de mercure, poudre qui était donnée à la dose de 12 grammes. Cette poudre, selon Desbois, n'était pas sans danger; en effet, il a fait connaître qu'une prise et demie de ce médicament avait donné lieu à un empoisonnement.

Nous avons dit que le protochlorure de mercure, en présence des chlorures alcalins, pouvait être converti en bichlorure et devenir dangereux. M. Mialhe a aussi fait connaître que le mercure doux ne devait jamais, dans une formule, être associé soit à l'acide cyanhydrique, soit à des médicaments contenant cet acide, les amandes amères, l'eau distillée d'amandes amères, de laurier-cerise : il y aurait danger. Selon M. Béranger, de Lausanne, il y aurait formation de mercure, de cyanure de mercure et de chlorure de benzoïle.

Il est utile de faire connaître que le protochlorure existe dans la nature, qu'on le trouve dans le Palatinat, à Almaden en Espagne, et qu'il est désigné par les noms de *mercure muriaté*, de *mercure corné*, mais le produit naturel n'est pas usité dans l'art médical ; on se demande si ce protochlorure contient du bichlorure ?

DEUTOCHLORURE DE MERCURE. — BICHLORURE DE MERCURE. CHLORURE MERCURIQUE.

Ce composé est aussi connu sous le nom de *sublimé corrosif*, nom qu'il doit à ses propriétés.

Le bichlorure de mercure préparé par sublimation existe dans le commerce sous la forme d'un pain semi-orbiculaire d'un blanc brillant, ayant une structure cristalline formée de prismes tétraèdres aplatis ; il est inodore ; il possède une saveur styptique métallique très prononcée, désagréable, qui excite la salivation. Exposé à l'action de la chaleur, il entre en fusion à une température peu élevée, et se volatilise sans éprouver d'altération ; il est plus volatil que le protochlorure, peu soluble dans l'eau ; 100 parties de ce liquide à 10 degrés, en dissolvent 6.57 ; à 20 degrés, 7.39 ; à 100 degrés, 53.96. Par le refroidissement, il y a dépôt de cristaux anhydres. Il est plus soluble dans l'alcool et dans l'éther ; le premier (l'alcool) en dissout le septième ; le second, un tiers de son poids.

Le deutochlorure de mercure est formé de :

Chlore	= 2 atomes	25.96
Mercure	= 1 atome	74.04
		100.00

Les caractères de ce chlorure sont les suivants :

1° Projeté sur des charbons incandescents, il se volatilise rapidement en fournissant des vapeurs blanches, épaisses, irritantes. Ces vapeurs, reçues sur une lame de cuivre bien décapée, donnent au cuivre, par frottement, le brillant métallique du mercure ; le cuivre ainsi *blanchi* est doux au toucher ;

2° Chauffé dans un tube fermé à l'une de ses extrémités, il fournit un sublimé de couleur blanche formé de cristaux ;

3° L'acide sulfurique ne lui fait éprouver aucune altération, ni à froid, ni à une température élevée ;

4° Sa solution aqueuse donne, avec l'azotate d'argent, un précipité blanc, qui est redissous par l'ammoniaque liquide ; les solutions de potasse, de soude, de chaux, de baryte, la précipitent, en fournissant des précipités de couleur jaune orange (hydrate de deutoxyde de mercure) ; l'ammoniaque produit un précipité blanc ; l'iodure de potassium un précipité rouge coquelicot, précipité qui est soluble dans un excès d'iodure. L'acide hydrosulfurique, lorsqu'on le verse peu à peu dans la solution, y détermine un précipité qui, d'abord peu coloré, devient jaune, ensuite brunâtre par l'addition d'une nouvelle quantité d'acide sulfhydrique. Une lame de cuivre bien décapée, plongée dans la solution de ce bichlorure légèrement acidulé par l'acide azotique, donne lieu à la séparation du mercure qui se dépose sur la surface de la lame de cuivre, qui acquiert une couleur grise, couleur qui disparaît par le frottement ; le cuivre acquiert alors un brillant métallique.

Le bichlorure de mercure réduit en poudre et mêlé soit à de la potasse, soit à de la limaille de fer, chauffé dans un tube de verre fermé à l'une de ses extrémités, fournit du mercure métallique et du chlorure de potassium ou de fer.

Le deutochlorure de mercure, qui est éminemment toxique, est un médicament qui entre dans une foule de préparations officinales et magistrales; on le fait entrer dans des injections, dans des gargarismes, dans des pommades, dans des trochisques, etc.; il est la base de la liqueur de Van Swieten, de l'eau phagédénique de Grindel, de l'injection de Whately, de la poudre caustique de Kruger, de l'eau antiophthalmique de Conrad, de l'eau antidartreuse du cardinal de Luynes, de l'eau cathérétique de Plenk, de l'eau de Stelin, de l'eau de Quercetan, d'Audoucet, de Dacher ; il entre dans quelques sirops antisyphilitiques ; mais la plupart de ces remèdes, qui ont eu une grande vogue, sont oubliés de nos jours.

A l'époque actuelle, l'eau destinée à faire disparaître les taches de rousseur, tant vantée par les journaux, et qui est considérée comme une découverte nouvelle, n'est que la lotion de Gowland's, qui est composée du deutochlorure de mercure dissous dans une émulsion d'amandes, dans la proportion de 7 centigrammes $^1/_2$ pour 32 grammes d'émulsion (1).

Le deutochlorure de mercure est décomposé par un très-grand nombre de substances : l'eau ordinaire, la salive, le suc gastrique, le mucilage de coing, celui préparé avec le salep, le sirop de Cuisinier, l'albumine, la farine, le gluten frais, le gluten sec; le résultat de cette décomposition est, selon les uns, dû à la formation de mercure doux ; selon les autres, à une combinaison des matières organiques avec le deutochlorure.

Le deutochlorure de mercure est usité comme réactif dans les laboratoires de chimie ; on l'emploie :

1° Pour déceler la présence de l'albumine en très-petite quantité ;

2° Pour faire reconnaître l'eau de chaux, avec laquelle il donne un précipité jaune qui passe au brun-marron ;

3° Pour démontrer la présence de l'ammoniaque et du carbonate de cette base, en dissolution dans un liquide, il donne alors un précipité blanc ;

---

(1) Soubeiran donnait la formule suivante de cette liqueur :

Amandes amères..................	60 grammes.
Eau distillée..........................	500 —
Sublimé corrosif.....................	80 centigrammes.
Sel ammoniaque......................	3 grammes.

4° L'hydriodate de potasse, avec laquelle il donne un précipité rouge (1).

Quoique le deutochlorure de mercure soit décomposé par divers produits de nature organique, il n'en est pas moins un des poisons irritants des plus énergiques du règne inorganique, soit qu'on l'introduise dans l'estomac, soit qu'on l'applique sur le tissu cellulaire sous-cutané; dans ces deux cas, il est absorbé et transporté dans le torrent de la circulation, et il exerce son action délétère sur le cœur et sur le canal digestif.

Les faits qui font connaître l'action de ce toxique sur l'homme sont nombreux; les cas d'empoisonnement dans lesquels il a été employé, la plupart du temps ont été suivis de mort.

M. Orfila, dans son *Traité de toxicologie*, fait connaître vingt-trois observations (2). Sur ces vingt-trois observations, on compte quatorze cas de mort, et sept cas de soulagement ou de guérison. Dans ces vingt-trois cas, le poison avait été ingéré seize fois; dans les sept autres cas, il y avait eu application du toxique sur le tissu cutané (3).

SYMPTOMES DE L'EMPOISONNEMENT PAR LE DEUTOCHLORURE DE MERCURE.

Les symptômes qui ont été observés sur les sujets qui ont pris une dose assez grande de ce sublimé sont les suivants : saveur métallique âcre, styptique, persistante, insupportable, sentiment de constriction et de chaleur à la gorge, qui bientôt devient le siége d'une inflammation vive qui est quelquefois suivie de la mort, quoique le sublimé ne soit pas arrivé jusqu'à l'estomac; anxiété, douleurs très-vives dans la bouche et le pharynx, et en outre dans l'estomac et dans les intestins, nausées, vomissements de matières dont la couleur est variable et qui contiennent quelquefois des traces de sang, et d'autres fois des quantités assez grandes de ce liquide; viennent ensuite des diarrhées, de la dysenterie; quelquefois ces symptômes persistent, d'autres fois les malades présentent un grand état d'abattement, les battements du cœur sont profonds et lents et tendent à s'affaiblir, le pouls est petit, filiforme, serré et fréquent, la respiration est ralentie, la peau est froide et couverte de sueur, les membres éprouvent un grand état de relâchement, des syncopes, une insensibilité générale qui commence toujours par les pieds; elle est telle qu'on peut pincer la peau des membres sans que les animaux empoisonnés s'en aperçoivent;

(1) *Traité des réactifs*, Payen et Chevallier, 1829.

(2) Ces observations sont dues à Dumonceau et Planchon, à Adjutor, à Devergie, à Johnston, à Wood, à Blackloc, à Westumb, à Lowenhardt, à Pibrac, à J. Cloquet, à Plenck; l'une d'elles fait connaître le cas qui fut observé sur M. le baron Thenard.

(3) Nous avons, M. Vernois et moi, constaté un cas d'empoisonnement suivi de mort, dû à l'application, sur le tissu cutané, d'une poudre qui ne contenait pas de sublimé, mais de l'acide arsénieux.

chez de certains malades, il y a des convulsions, une sueur glaciale bientôt suivie de mort ; il est des cas dans lesquels, suivant la dose du toxique ingéré et son état de dilution, les malades urinent ; cela arrive surtout lorsqu'on leur fait prendre des boissons aqueuses abondantes (des tisanes adoucissantes) ; quelquefois il y a érection douloureuse du pénis. Les malades, en général, conservent l'intégrité des fonctions intellectuelles jusqu'au dernier moment.

L'usage habituel et imprudent du sublimé corrosif à petite dose, 2 à 3 centigrammes, pris intérieurement ou appliqué à l'extérieur, donne lieu à des coliques, quelquefois à des vomissements ; les glandes salivaires s'enflamment, deviennent douloureuses, la salive est sécrétée en plus grande quantité, elle est âcre, corrosive et d'une odeur fétide, la langue, les gencives se tuméfient et offrent des ulcères rongeurs douloureux, les dents se colorent en noir, elles se déchaussent, vacillent et tombent ; quelquefois cette chute est suivie de celle des maxillaires ; l'haleine change de nature, elle est infecte, la tête et la face présentent de la *bouffissure*, la respiration et la déglutition deviennent difficiles, la voix change d'intonation, la cardialgie, la dyspepsie, la diarrhée, diverses inflammations sont suivies d'hémoptysie, de bronchite chronique, de phthisie pulmonaire, de douleurs dans les muscles, dans les tendons, dans les articulations, de tremblement, de paralysie, de tétanos, de fièvre lente, de marasme, le tout se terminant par la mort.

Tous ces effrayants symptômes ne sont plus communs à l'époque actuelle, que l'usage du sublimé corrosif est devenu beaucoup plus rare, surtout pour le traitement des maladies vénériennes, ce chlorure ayant été remplacé par d'autres médications moins dangereuses.

Lésions de tissu produites par le sublimé corrosif.

Le sublimé corrosif détermine une inflammation plus ou moins intense des parties qu'il a touchées ; lorsqu'il a été introduit dans l'estomac, on découvre une rougeur plus ou moins foncée de la luette, des piliers du voile du palais et de l'épiglotte ; les cartilages du larynx, la trachée et jusqu'aux dernières ramifications des bronches sont injectés ou enflammés. Ordinairement, l'œsophage est blanchâtre ; quelquefois cependant il est profondément altéré par quelques particules de sublimé solide qui l'ont touché pendant un certain temps. L'estomac, plus ou moins contracté, est fortement enflammé dans son intérieur, d'un rouge brique, avec des ecchymoses çà et là, notamment sur les replis de la membrane muqueuse, et avec des érosions plus ou moins multipliées ; tous les vaisseaux sont fortement injectés et paraissent noirs. Il arrive quelquefois que, dans cet empoisonnement, les tissus sur lesquels le sublimé corrosif a été appliqué sont d'une couleur gris blanchâtre, même du vivant de l'individu. En général, les intestins sont peu altérés, si ce n'est le rectum, qui est ordinairement enflammé. On voit des ecchymoses nombreuses, noirâtres, dans les épiploons. Le cœur peut être également le siége d'une lésion remarquable; ses cavités offrent une ou plusieurs taches rougeâtres ou noirâtres. Le cerveau a quelquefois été trouvé gorgé de sang.

Les diverses altérations du tissu qui résultent de l'action des poisons sont-elles bien connues ou présentent-elles des caractères assez tranchés pour qu'on puisse reconnaître à leur inspection la substance vénéneuse qui les a produites?

Recherches médico-légales dans l'empoisonnement par le bichlorure de mercure.

Avant tout, on doit se poser une question importante : du bichlorure de mercure ayant été donné comme toxique, a-t-il, par le contact des substances qu'il a rencontrées dans l'organisme, été décomposé en entier par des matières végétales ou animales, ou bien ne l'a-t-il été que partiellement? Quelques auteurs avaient prétendu que la décomposition était complète (1); mais des expériences faites par Lassaigne et par M. Devergie ont fait connaître que le sublimé corrosif n'est pas immédiatement décomposé par les matières animales (2).

Il nous semble cependant qu'il serait possible, si la quantité du toxique était en de très-petites quantités, que la décomposition pourrait être complète. Ces questions sont difficiles, en effet. D'après M. Mialhe, le protochlorure étant converti en bichlorure dans l'économie, en présence des chlorures de sodium et de potassium, si les chlorures se rencontrent dans l'organisme du sujet empoisonné, tout porte à croire que la décomposition n'a pas lieu ou qu'elle n'est que très-minime.

Si l'on a dans les cas d'empoisonnement affaire à des liquides contenant le toxique, l'opération est simple; elle consiste, si le liquide est abondant relativement au produit toxique, à placer le liquide dans une capsule de porcelaine bien lavée, et de procéder à l'évaporation du liquide de manière à l'obtenir le plus concentré possible. Le liquide concentré obtenu, on fait intervenir les réactifs. Si la quantité est notable, on se sert de verres à expérience. Pour opérer les réactions dans le cas où le liquide serait peu abondant, on dispose sur des soucoupes des petites quantités du liquide, puis on touche chacun de ces liquides avec les réactifs appropriés, l'azotate d'argent, les solutions de potasse, de soude, de baryte, l'iodure de potassium, l'acide hydrosulfurique. Si la quantité peut le permettre, on se sert d'une lame de cuivre

(1) Boullay, Taddei, Christison.

(2) *Journal de chimie médicale*, avril 1827; *Médecine légale* de A. Devergie, t. III, p. 365.

ou de la petite pile de Smithson (1) pour s'assurer si le liquide examiné ne présente pas les caractères que nous avons décrits à la page 254.

Si l'on a à examiner des parties des organes d'une personne empoisonnée par le bichlorure de mercure, et que ce bichlorure n'ait pas été décomposé après son introduction dans l'économie animale, on doit traiter, soit les liquides, soit les membranes par de l'eau distillée, s'aidant de la chaleur, filtrant le liquide, faisant concentrer, acidulant, mettant en contact avec une lame de cuivre bien décapée.

On peut encore diviser en deux parties la liqueur concentrée : la première est mise en contact avec la lame de cuivre; la seconde est traitée, soit par l'alcool, soit par l'éther, à l'aide de la chaleur, filtrant le liquide, le faisant évaporer et le traitant par les réactifs décelant la présence du bichlorure de mercure.

Ces réactifs ont une sensibilité plus ou moins grande; aussi M. Devergie, dans sa *Médecine légale*, a-t-il indiqué quelle est cette sensibilité. Selon lui, elle est la suivante :

Cyano-ferrure jaune de potassium sécrété à...........	1,500
L'eau de chaux à...	4,000
La potasse à..	6,000
Le carbonate de potasse à..............................	7,000
L'iodure de potassium à.................................	8,000
L'ammoniaque à...	35,000
Le sulfhydrate d'ammoniaque à.....................	60,000
L'acide sulfhydrique à..................................	60,000
La pile de Smithson à...................................	80,000
Le protochlorure d'étain (2) à.......................	100,000

Si on n'obtenait pas par le traitement par l'eau des matières organiques des résultats indiquant la présence du mercure, il faudrait agir par d'autres procédés.

On découpe les matières organiques, on les additionne de sous-carbonate de soude bien pur, on fait sécher le mélange à l'aide de la chaleur, en se servant d'une capsule de porcelaine neuve ou soigneusement nettoyée; le produit desséché est introduit dans une cornue de verre à laquelle on adapte un récipient. Cette cornue est ensuite soumise à l'action de la chaleur convenablement appliquée. On obtient une distillation; on continue la chaleur jus-

(1) La pile de Smithson peut, d'après M. Orfila, faire reconnaître la présence de minimes quantités de sublimé, 1/80000; mais la lame de cuivre est d'une sensibilité plus grande et elle ne présente pas les inconvénients de la pile, la lame de cuivre pouvant être blanchie par l'étain.

La présence du mercure dans la pile de Smithson ne doit être décelée qu'en obtenant le mercure en chauffant la lame blanchie dans un petit tube de verre.

(2) M. Orfila disait que ce dernier réactif donne un précipité gris qui n'est pas caractéristique.

qu'à distillation complète avec carbonisation du résidu. L'opération terminée, on coupe le col de la cornue et on recherche si le produit de la distillation contient des globules de mercure, qui se trouveraient avec les produits pyrogénés, dont il faudrait les séparer pour bien établir qu'on a obtenu le métal. Si on n'aperçoit pas de ces globules, il faut, pour surcroît de précaution, traiter le produit qui a passé à la distillation par de l'*eau régale* en excès, pour détruires les matières organiques. Le produit traité n'en contenant plus est évaporé à siccité à une douce chaleur, repris par l'eau distillée. La solution filtrée est traitée par l'acide sulfhydrique. Si on a un précipité, on s'assure que ce précipité est du sulfure de mercure.

On doit aussi retirer de la panse de la cornue la matière charbonnée, l'examiner à la loupe pour reconnaître si elle ne contiendrait pas quelques globules, la pulvériser, la traiter par l'eau régale, faire évaporer à siccité, reprendre par l'eau et essayer la liqueur filtrée par les réactifs.

D'autres méthodes sont encore employées. Il est utile de les faire connaître.

Un autre procédé consiste à dessécher les matières animales ou les autres produits suspects, puis à les traiter dans une cornue de verre munie de son récipient par de l'acide sulfurique pur et concentré, jusqu'à transformation en un charbon sulfurique complet et friable ; lorsque la cornue est refroidie, on retire le charbon, on le réduit en poudre, on le traite par un excès d'eau régale, la liqueur acide est ajoutée au produit distillé, condensé dans le récipient, on expose le tout à l'action de la chaleur pour obtenir un résidu qu'on dessèche convenablement ; ce résidu, repris par l'eau distillée, est filtré, et soumis à un courant d'acide sulfhydrique. On constate si l'acide hydrosulfurique détermine un précipité. On laisse le liquide en repos pour que le précipité puisse se réunir; ce précipité est ensuite séparé du liquide par décantation de celui-ci, lavé, puis traité par l'acide azotique, à l'aide de la chaleur ; l'excès d'acide étant chassé, on traite par l'eau, on filtre sur du papier Berzelius et on examine le liquide filtré, et par les réactifs et par la pile de James Smithson (1).

On peut encore recueillir le sulfure de mercure, le dessécher, l'additionner de carbonate de soude sec et pulvérisé ou de limaille de fer, l'introduire dans un tube de verre fermé à l'une de ses extrémités, on soumet le mélange à l'action de la chaleur. Si le précipité fourni par l'acide sulfhydrique est du sulfure de mercure, on obtient le mercure métallique, qui peut être en glo-

(1) Nous le répétons ici, il faut bien s'assurer que la lame d'or n'a pas été blanchie par l'étain. Un bon caractère est le traitement de la lame d'or à chaud par de l'acide chlorhydrique concentré. Si la lame d'or est blanchie par l'étain, elle reprend sa couleur jaune; si elle est blanchie par le mercure, elle reste blanche; et on peut volatiliser le mercure par l'action de la chaleur.

bules perceptibles à *la loupe*, ou qui se présente avec l'apparence d'une poussière, suivant la quantité de sulfure traité ; dans ce dernier cas, on coupe l'extrémité du tube qui était fermée, on obture l'ouverture avec un bouchon, on introduit dans le tube et sur le point où la poussière blanche est la plus apparente un petit cristal d'iode ; on ferme l'extrémité supérieure par un bouchon et on place le tube dans une étuve à la température de 30 à 40 degrés. Si le produit qui ternit le tube est dû à du mercure très-divisé, au bout de dix à douze heures il aura pris une teinte rouge vif due à la formation du biiodure de mercure ; celui-ci, chauffé à la flamme de la lampe à esprit de vin, passe au jaune et conserve cette couleur jusqu'à ce que le tube soit refroidi ; le biiodure acquiert alors de nouveau sa belle couleur rouge par le refroidissement.

Une grave question a été soulevée : cette question est celle de savoir si *de petites quantités de mercure étant trouvées, dans un cas présumé d'empoisonnement, quelles sont les investigations auxquelles doit se livrer l'expert avant de se prononcer sur la question de reconnaître si l'origine de ce toxique ne pourrait pas être due à des causes autres que l'empoisonnement ?* M. Orfila s'est prononcé, et ce qu'il a publié sur ce sujet est une réponse à cette question. Ainsi, il disait : il ne suffit pas, pour affirmer qu'un individu est mort empoisonné par du sublimé corrosif, d'avoir obtenu du mercure métallique ou du bichlorure de mercure des matières soumises à l'analyse chimique :

1° Parce que ce poison est journellement administré comme médicament à des malades atteints de syphilis ;

2° Parce que l'on emploie d'autres médicaments, le protochlorure, par exemple, qui, d'après M. Mialhe, semble se transformer en bichlorure aussitôt qu'il se trouve en présence avec des chlorures alcalins et avec l'air. M. Orfila dit que l'on peut constater la présence du mercure en traitant le canal digestif, le foie, l'urine, la salive, le lait ; mais l'on conçoit que les quantités du toxique constatées sont excessivement minimes (1).

Le mercure qui constitue l'onguent mercuriel peut aussi, employé en frictions, être absorbé et fournir, lors de l'analyse, des produits indiquant la présence du mercure. Ainsi, en 1848, M. Orfila faisait connaître qu'un médecin,

(1) Les symptômes que présente le sujet qu'on suppose empoisonné doivent, on le conçoit, être relatés avec soin ; ils peuvent élucider la question. MM. Tardieu et Roussin ont aussi fait de prudentes réserves ; ils disent que le mercure extrait des organes soumis à l'analyse chimique peut provenir de deux sources autres que l'empoisonnement : une médication mercurielle d'une part, et de l'autre l'absorption résultant de l'exercice de certaines professions ; et avant de conclure l'empoisonnement, l'expert aura le devoir d'établir que la substance mercurielle retirée du cadavre de la personne qu'on suppose empoisonnée n'a pas été introduite dans l'économie par un traitement médical ou par une exposition accidentelle ou habituelle aux vapeurs de mercure.

habitant à quelques lieues de Mippet (Néerlande), consultait le docteur Vervier sur le fait suivant :

Appelé près d'une famille de paysans, père, mère et trois enfants, il les trouva tous affectés d'un ptyalisme qui, chez la mère, avait déjà revêtu un aspect inquiétant. Cette famille n'avait fait ni à l'intérieur, ni à l'extérieur, usage d'aucune préparation mercurielle ou autre, à laquelle on aurait pu attribuer le développement d'une salivation aussi intense.

Le médecin persévéra dans la recherche des causes de ce phénomène. Il apprit bientôt que le père de famille avait acheté une vache, quelques semaines auparavant ; que cette vache avait été languissante pendant tout le temps qu'il en avait été possesseur, et qu'elle salivait comme toute la famille.

Le médecin ne douta plus que cette famille, qui se nourrissait journellement du lait de cette vache, soit en bouillie, soit d'une autre façon, ne fût affectée de ce ptyalisme, par suite de la présence d'un sel mercuriel dans le lait, la vache ayant été soumise, chez son dernier possesseur, à des frictions avec des onguents mercuriels, dans le but de faire périr les tiques dont elle était très-incommodée. Afin d'établir ce fait, ce médecin envoya au docteur Verves une cruche de ce lait pour l'analyser. Cette analyse fit reconnaître la présence d'un produit mercuriel dans ce liquide.

La recherche du mercure dans le lait a été le sujet d'opinions diverses : les uns prétendant que le mercure, pris comme médicament, ne se retrouvait pas dans le lait lorsqu'on en faisait l'analyse ; M. Orfila, qui a fait connaître le fait que nous venons de rapporter, émettait un avis contraire.

La recherche du mercure dans le lait a été le sujet d'un travail publié en 1859, dans le *Journal de chimie et de pharmacie*, par M. Personne. Ce jeune et laborieux chimiste, convaincu par des expériences répétées, que le mercure existant en petite quantité dans les matières organiques échappait aux recherches des chimistes, en raison de son entraînement par l'évaporation qu'on faisait subir à ce liquide, laissa de côté les procédés suivis jusqu'alors et fit usage du mode de faire suivant :

On fait passer dans le lait à examiner un courant de chlore, sans faire usage de la chaleur, on continue jusqu'à séparation de la matière caséeuse, qui devient solide et friable, on jette sur un filtre, l'excès de chlore est ensuite éliminé par l'acide sulfureux ou par un sulfite, le liquide est alors traité par l'hydrogène sulfuré, en opérant lentement et dans un flacon bouché. Si le liquide contient un produit mercuriel, il y a précipitation du métal à l'état de sulfure. Ce sulfure est lavé à plusieurs reprises par décantation ; il est ensuite desséché à l'étuve. Ainsi desséché, il est introduit dans un petit tube en U fermé à l'une de ses extrémités. On recouvre le précipité de chaux vive ou de baryte anhydre, on *étire* la partie du tube qui était ouverte et on chauffe au rouge, en commençant par l'alcali et en finissant par le précipité ; on fait ensuite l'essai des produits volatilisés en se servant de la lame d'or pour reconnaître si le produit volatilisé contient du mercure; s'il en contient, on obtient le *blanchiment* du métal, blanchiment qui doit disparaître par l'action de la chaleur, mais qui ne doit pas être altéré par l'action de l'acide chlorhydrique.

Dans un essai, nous avons substitué la limaille de fer à la chaux; ce moyen, qui nous a réussi, nous a paru plus rationnel.

Le procédé de M. Personne peut être appliqué aux autres liquides organiques dans lesquels on soupçonnerait l'existence d'un produit mercuriel.

M. Personne dit que, par son procédé, il a pu obtenir un amalgame de mercure sur de petites lames d'or en opérant sur 860 grammes du lait fourni par une nourrice qui, placée dans le service de M. Cullerier, à l'hôpital de Lourcine, prenait quotidiennement 5 centigrammes de proto-iodure de mercure.

Nous trouvons, dans le *Journal de chimie médicale*, mars 1843, que M. Audouard fils, pharmacien à Béziers, avait recherché inutilement le toxique dans l'urine de personnes qui suivaient un traitement antisyphilitique par le bichlorure de mercure, quoiqu'il examinât l'urine en grande quantité (3 litres); mais ayant fait usage du chlore indiqué par M. Orfila, il put obtenir la précipitation sur des lames de cuivre d'une petite quantité de mercure métallique provenant de ces urines, qu'il constata la présence de ce métal dans 515 grammes de salive provenant d'un jeune homme qui, atteint d'un chancre très-étendu, prenait depuis quinze jours des pilules de Dupuytren qui avaient déterminé la salivation (1).

Des premiers secours à donner contre les accidents causés par les sels de mercure.

Les premiers secours à donner contre les accidents déterminés par les sels de mercure ont été le sujet d'études de la part des médecins. On sait que Navier a publié en 1777 un ouvrage ayant pour titre : *Des contre-poisons de l'arsenic, du sublimé corrosif*. Ce praticien avait indiqué comme contre-poison des sels mercuriels les alcalis salins et ce qu'on appelait les *alcalis terreux*, les sulfures de potassium et de calcium, les teintures martiales alcalines (2) : les eaux de Spa; mais Orfila, dont la perte sera encore longtemps regrettée, démontra par des expériences positives que ces substances ne pouvaient remplir le but pour lequel on les avait proposées.

M. Mialhe lut à l'Académie de médecine une note sur l'emploi du proto-

---

(1) Ces pilules avaient été préparées d'après la formule suivante :

Extrait de gayac	80	centigrammes.
— d'opium	40	—
— de sublimé corrosif	20	—

Faites 20 pilules. On en prend de 1 à 3 par jour.

(2) On conçoit que, pour l'arsenic, les préparation de fer auraient pu avoir une certaine valeur.

sulfure de fer récemment préparé et délayé dans l'eau. Employé comme antidote du sublimé, le protosulfure décomposait instantanément le sublimé en donnant naissance à du chlorure de fer et du sulfure de mercure.

Des expériences faites par M. Orfila, pour rechercher quelle était la valeur de cet antidote, lui ont permis de formuler les conclusions suivantes :

1° Le protosulfure de fer anéantit complétement les propriétés vénéneuses du sublimé corrosif, s'il est administré en dose suffisante immédiatement après l'ingestion du poison ;

2° Que, de même que, pour les antidotes les plus accrédités, il est inefficace s'il n'est donné qu'au bout de dix à quinze minutes, lorsque déjà le sublimé a eu le temps d'exercer une action délétère assez forte pour déterminer la mort ;

3° Que, tout en admettant qu'il agit plus énergiquement que l'albumine pour s'opposer aux effets délétères du sublimé et qu'il doit, par conséquent, lui être préféré ou il pourra être administré *immédiatement ou peu de temps après l'empoisonnement*, il n'en est pas moins vrai que *presque toujours, pour ne pas dire toujours, dans la pratique*, on retirera plus d'avantage de l'albumine que du protosulfure de fer, parce que celui-ci ne se trouvant que rarement dans les pharmacies, il ne pourra être ingéré qu'au bout d'un temps assez long et lorsque le toxique aura exercé ses ravages, tandis que le blanc d'œufs et l'eau, qui sont à la portée de tout le monde, pourra être donnés peu de temps après l'intoxication (1).

L'acide sulhydrique a été conseillé ; mais M. Orfila, qui l'a administré, a conclu à son inefficacité. Cela se conçoit : la quantité de l'acide pour précipiter le mercure est en trop petite quantité dans l'eau hydrosulfurée pour convertir le mercure en sulfure. Cependant, la solution d'hydrogène sulfuré employée à préparer de l'eau albumineuse nous a paru être utile dans un cas d'empoisonnement par le sublimé que nous avons eu à combattre.

Divers antidotes ont encore été proposés contre l'empoisonnement par le bichlorure de mercure : Marcelin Duval a proposé l'*eau sucrée*, Chansarel l'*infusion de quinquina callisaya*, Buckler la *limaille de fer* et la *poudre d'or*.

Le seul antidote qui ait quelque valeur est l'albumine ; mais on a cherché à atténuer ce qu'on pouvait attendre de cet antidote, en disant que le précipité *albuminoso-mercuriel* pouvait se dissoudre dans un excès d'eau albumineuse et être toxique. M. Orfila, qui a examiné la question, qui s'est livré à de nombreuses expériences, a formulé les conclusions suivantes :

(1) Le protosulfure de fer est inscrit au Codex ; mais sa formule n'est point précédée de l'astérisque (*), qui indique que cette préparation doit se trouver dans toutes les pharmacies, il se trouve dans les laboratoires de chimie ; mais il n'est pas toujours récemment préparé.

1° Le précipité d'albumine et de sublimé corrosif peut être pris sans danger à forte dose ;

2° Qu'il est vénéneux lorsqu'il est dissous dans l'albumine, mais qu'il l'est beaucoup moins que le sublimé corrosif ;

3° Que, lorsqu'on administre du sublimé corrosif avec une quantité de blancs d'œufs plus considérable que celle qu'il faudrait pour obtenir le précipité, les animaux périssent ; si on a empêché le vomissement, ce qui dépend de la dissolution du précipité d'albumine et de sublimé dans l'excès d'albumine. Toutefois, l'action de ce mélange est beaucoup moins énergique que celle du toxique, puisque les animaux succombent plus lentement, et qu'après la mort des animaux sur lesquels on avait fait des expériences on trouve à peine ou l'on ne découvre pas de traces d'inflammation dans le canal digestif ;

4° Que les chiens auxquels on avait fait avaler 60 ou 75 centigrammes de sublimé, et auxquels on a laissé la faculté de vomir, périssent rarement lorsqu'on leur fait prendre abondamment du blanc d'œufs délayé dans l'eau, ce qui dépend de la propriété qu'a l'albumine de se combiner avec le sublimé qu'elle trouve dans l'estomac et de favoriser le vomissement (1). En effet, le poison est expulsé à mesure qu'il se combine avec l'albumine, et l'on a, par conséquent, peu à redouter l'action de la portion du précipité qui pourrait être redissoute par l'albumine en excès ;

5° Que tous les animaux qui ne prennent pas une assez grande quantité de blancs d'œufs meurent au bout de trois ou quatre heures, lors même qu'ils n'ont avalé que 50 centigrammes de sublimé, ce qui est établi par les faits, que le sublimé, mêlé avec une quantité moyenne d'albumine, donne un liquide dans lequel il y a encore du sublimé qui doit, par conséquent, agir comme poison ;

6° Que, de toutes les substances proposées jusqu'à ce jour elle est la plus utile, quoiqu'elle ne neutralise pas complétement les propriétés vénéneuses de ce poison, parce qu'elle peut être prise impunément, qu'elle forme avec le toxique un corps qui n'est nullement délétère lorsqu'il n'est pas dissous ; enfin parce qu'il est à la portée de tout le monde et que son application peut être faite immédiatement après l'ingestion du poison.

Les jaunes d'œuf, délayés dans l'eau, ont aussi été proposés pour combattre l'empoisonnement par le sublimé. M. Orfila ne se prononce pas sur l'efficacité de cette préparation ; il dit, après avoir fait une expérience, que les résultats ont été insuffisants ; mais qu'il n'y a aucun inconvénient, lorsqu'on administre l'eau albumineuse, de donner au sujet de l'eau dans laquelle on a délayé des jaunes d'œuf.

---

(1) On doit se demander si, l'eau albumineuse étant préparée à l'eau tiède, le vomissement ne serait pas plus facile.

En 1822, M. Taddei proposa de remplacer l'eau albumineuse par le gluten, préparant une pâte liquide en triturant 5 à 6 parties de gluten frais avec 10 parties de dissolution de savon de potasse (*savon mou*), et, à défaut de ce savon, avec du savon dur. Quand on n'aperçoit plus de gluten, on expose la préparation à la chaleur de l'étuve sur des assiettes. Dès qu'elle est sèche, on la détache; on la réduit en poudre, et on la conserve dans des flacons en verre. Lorsqu'on veut s'en servir, on la jette dans une tasse contenant de l'eau à la température ordinaire; on la remue avec une cuiller et on la fait avaler.

Voici sur quoi M. Taddei se fonde pour établir la supériorité du gluten sur l'albumine :

1° Il en faut beaucoup moins pour décomposer la même quantité de sublimé corrosif;

2° L'albumine exige un certain temps pour être délayée dans l'eau, et dans le traitement d'un empoisonnement il faut agir promptement;

3° Le blanc d'œuf ne peut avoir qu'une faible action sur le bioxyde de mercure, sur les sous-sulfates et le sous-azotate de mercure, produits insolubles; tandis que le gluten pulvérisé, agissant à la fois physiquement et chimiquement, enveloppe ces poisons, se combine avec eux, et les dénature;

4° La plus petite quantité de dissolution de sublimé est précipitée en flocons par l'émulsion glutineuse; tandis qu'avec l'albumine, on n'obtient qu'un liquide laiteux, qui ne précipite qu'au bout de quelques heures, et même alors l'albumine retient une partie du précipité en dissolution.

Les raisons données par M. Taddei nous paraissent devoir être prises en considération; mais, pour que cet antidote pût être employé utilement, il faudrait que la poudre pouvant fournir l'émulsion de gluten puisse se trouver dans toutes les pharmacies, et encore, pour se la procurer, il faudrait plus de temps qu'il n'en faudrait pour préparer de l'eau albumineuse. On pourrait, cependant, administrer d'abord l'eau albumineuse, puis l'émulsion de gluten.

M. le docteur Bertrand, de Pont-le-Château, avait préconisé l'emploi du *charbon de bois*, et la décoction de charbon, comme pouvant arrêter l'action toxique du bichlorure de mercure.

M. Orfila, qui a répété les expériences de M. Bertrand, les variant, les multipliant, a émis l'opinion que *ni le charbon, ni l'eau de charbon*, ne sont des contre-poisons du sublimé corrosif.

Cet avis nous a paru rationnel. En effet, d'après les expériences que nous avons faites en 1846, *sur la propriété que possède le charbon d'enlever aux solutions les sels qu'elles contiennent*, nous avions constaté que les sels de mercure sont enlevés par le charbon animal non lavé, par le charbon animal lavé, par le charbon de bois, des solutions des sels de mercure; mais nous agitations dans des ballons et à chaud. Il y aurait donc lieu de faire de nouvelles expériences pour établir la valeur de ce procédé.

On a aussi, dans les cas d'empoisonnement par le sublimé, proposé de gorger les malades de liquide. On s'est basé, pour faire cette proposition, sur un fait qui remonte un peu loin (cinquante ans), et qui est le suivant : Le pharmacien d'un hôpital avait préparé de la liqueur de Van Swieten, et par mégarde il avait employé une plus grande quantité de sublimé que la dose prescrite. Deux cents malades soumis au traitement antivénérien prirent la dose ordinaire de ce liquide, furent empoisonnés, et éprouvèrent les symptômes qui signalaient ce malheur. Cullerier (oncle), chirurgien en chef de l'hôpital, instruit de ce funeste événement, eut sur-le-champ recours aux boissons mucilagineuses; il ordonna du lait, de la décoction de graine de lin, de l'eau tiède; il en fit prendre à chaque malade environ 7 à 8 litres dans l'espace de six à sept heures; au bout de ce temps les accidents étaient presque dissipés. Dix à douze malades seulement ressentirent des douleurs à l'estomac pendant douze ou quinze jours, mais aucun ne succomba.

On remarqua chez les malades que les douleurs étaient d'autant plus vives que l'estomac était plus vide, et qu'elles étaient presque nulles immédiatement après l'ingestion du liquide. Cullerier ne put spécifier quelle était la dose de sublimé corrosif administrée à ces malades; mais il était persuadé que le minimum était de 12 à 15 centigrammes.

Sydenham a publié une observation dans laquelle il faisait connaître un cas d'empoisonnement guéri par l'eau. Nous ne conseillerons à personne de se fier à un pareil traitement (1).

On trouvera sans doute que nous avons traité longuement des antidotes du sublimé? Mais notre livre étant destiné particulièrement à nos confrères, nous avons voulu les mettre à même d'appliquer, au besoin, celui de ces antidotes qui, administré au malade, peut présenter le plus de chance de succès.

CYANURE DE MERCURE. — Voir à la page 211.

NITRATES, AZOTATES DE MERCURE.

AZOTATE DE PROTOXYDE DE MERCURE, PROTONITRATE DE MERCURE.

Le proto-azotate de mercure se présente sous la forme de cristaux prismatiques de couleur blanche; sa saveur est âcre et styptique; chauffé convenablement, il se décompose, en fournissant de l'oxygène et du deutoxyde de mercure. Si on le chauffait plus fortement, l'oxyde de mercure se réduirait et le mercure se volatiliserait.

(1) *Traité de toxicologie* d'Orfila, t. I, p. 698.

Traité par l'eau, il y a décomposition, formation d'un proto-azotate acide, qui se dissout, et de sous-proto-nitrate, qui se sépare. Ce sous-sel, traité par l'eau distillée chaude, passe à l'état d'azotate plus basique, qui se présente sous forme d'un précipité jaune verdâtre.

Les caractères distinctifs du proto-nitrate de mercure sont les suivants :

1° Projeté sur des charbons incandescents, il ne fuse pas; mais il répand une vapeur rutilante ayant l'odeur de l'acide hyponitrique; le résidu acquiert une couleur jaune, puis rougeâtre, et se dissipe par une plus forte chaleur. Une lame de cuivre décapée, exposée aux vapeurs qui se dégagent en dernier lieu, acquiert une couleur grise; par le frottement, elle possède un *toucher doux*, et la blancheur et le brillant du mercure métallique;

2° L'acide sulfurique concentré le décompose, avec dégagement d'acide nitrique;

3° Divers réactifs fournissent des caractères démonstratifs avec la solution aqueuse : elle précipite en noir par les alcalis, en blanc par l'acide chlorhydrique, en jaune verdâtre par l'iodure de potassium; elle laisse déposer sur une lame de cuivre bien décapée du mercure métallique.

Cette solution, dans les laboratoires, sert à précipiter l'acide chromique de ses composés solubles, et à fournir de l'oxyde de chrome par calcination.

DEUTONITRATE DE MERCURE, DEUTOAZOTATE.

Le deutoazotate de mercure est blanc, acide, d'une saveur plus âcre et plus caustique que le protoazotate; mis en contact avec l'épiderme, il le tache en noir en se décomposant; exposé au contact de l'air, il en absorbe l'humidité. Traité par l'eau, il y a décomposition en un sel azotique très-acide, qui est soluble, et en un azotate basique insoluble. Soumis à l'action de la chaleur, il se décompose en fournissant les mêmes produits que le protoazotate.

Les caractères distinctifs de cet azotate sont les suivants :

1° Projeté sur des charbons ardents, il fuse sans donner de signe de scintillation, avec des phénomènes semblables à ceux fournis par le protonitrate;

2° Par les réactifs, il fournit, lorsqu'on opère sur sa dissolution, un précipité jaune avec la potasse, la soude, l'eau de chaux; un précipité blanc avec l'ammoniaque, un précipité rouge coquelicot avec l'iodure de potassium; l'acide chlorhydrique, les chlorures alcalins ne le précipitent pas.

On prépare avec ce sel un réactif pour l'essai des huiles d'olives (procédé Boudet), une solution mixte dans laquelle entrent les proto et deutonitrate de mercure, et qui s'obtient avec 6 parties de mercure et 7 parties 1/2 d'acide azotique à 38 degrés.

Lassaigne a publié un tableau qui indique la coloration que prennent certaines substances organiques par les solutions de proto et de deutonitrate de mercure (*Dictionnaire des réactifs chimiques*, page 553).

Le nitrate de mercure est un très-violent poison; mais les cas d'empoisonnement par ce sel sont rares. On ne trouve dans les ouvrages qu'un cas de suicide; mais son application à l'extérieur a donné lieu à des accidents graves non suivis de mort.

Le cas de suicide est le suivant : Un garçon boucher fit dissoudre 7 parties de mercure dans 8 parties d'acide azotique; il y ajouta une petite quantité de vert-de-gris. A neuf heures un quart du soir, il prit une cuillère à thé de cette préparation. Quelque temps auparavant, il avait pris 1 litre de bière. Presque aussitôt qu'il eut pris le produit mercuriel, il se plaignit d'être très-mal à son aise, et fut pris de vomissements. Les douleurs qu'il éprouvait devinrent si violentes qu'il se roulait à terre, demandant à grands cris un couteau pour mettre fin à son existence.

Un médecin, qui fut appelé, reconnut que les extrémités étaient froides, que le pouls était petit, que le sujet avait des coliques et des selles abondantes; survint une faiblesse générale, puis la mort.

A l'autopsie, on constata, dit le rapporteur du fait, une vésication à la partie postérieure de la langue, des eschares imparfaits sur le pharynx, un épaississement considérable des parois de l'estomac; les intestins grêles étaient rouges et injectés; le rectum tout à fait sain.

Nous ne trouvons pas là un caractère que l'on observe lorsqu'on se tache avec le deutoazotate de mercure, la coloration en noir de l'épiderme.

L'application à l'extérieur du deutoazotate de mercure peut donner lieu à des accidents graves. On trouve dans le journal *The Edimburg medical and surg.* (juillet 1835), l'observation de James Maxwell, qui, admis à l'hôpital pour un rétrécissement de l'urèthre, et qui étant parfaitement guéri, se proposait de sortir le 30 mars 1835. Dans la soirée du 29, il pria un de ses voisins de lui faire des frictions sur la hanche et sur la cuisse du côté droit avec de l'huile camphrée. Ce voisin se trompa, et fit usage d'une solution d'azotate de mercure. A la suite de ces frictions, il fut pris d'un violent frisson, qui dura une demi-heure; il rendit avec facilité une grande quantité d'urine présentant un aspect naturel; mais, pendant les cinq jours suivants, il n'urina pas une seule fois. Le cathéter employé n'amena que deux ou trois petites cuillerées d'un liquide muqueux, sans odeur d'urine. Quelques gouttes d'urine furent rendues dans la nuit du 5 avril; la nuit suivante il en rendit une très-grande quantité. A partir de ce moment, l'émission de l'urine prit son cours normal. Il avait été saigné par M. Child, qui constata la présence de l'urée dans le sang de Maxwell.

L'eschare qui s'était formée sur les parties frictionnées était superficielle, mais très-étendue; elle laissa une plaie très-douloureuse, qui se cicatrisa très-lentement; du ptyalisme se manifesta le troisième jour et fut très-intense; le rebord alvéolaire de la mâchoire se dénuda. Le malade but abondamment pendant tout le temps pendant lequel il y avait suppression d'urine; il conserva sa connaissance et resta calme sans aucune disposition au coma; le pouls était plein et mou, donnant de 80 à 90 pulsations. Les forces revinrent très-lentement; cependant Maxwell put quitter l'hôpital le 20 avril pour aller habiter la campagne; là, il se rétablit promptement.

La suppression de l'urine est un fait à noter.

Ollivier (d'Angers) a rapporté un cas dans lequel des accidents survinrent à la suite de l'emploi d'azotate acide de mercure étendu d'eau et en frictions sur diverses parties du corps qui étaient le siége de démangeaisons. Les gencives se recouvrirent de pellicules blanchâtres; une salivation désagréable se manifesta; l'haleine devint fétide; les dents avaient perdu leur blancheur (*Annales d'hygiène et de médecine légale*, 1re partie, t. XXVIII).

Martin Solon a vu le gonflement des gencives, avec fausses membranes et salivation abondante, survenir à la suite de cinq ou six cautérisations faites en dix jours sur des verrues développées à la surface du corps d'une femme âgée.

L'emploi à l'extérieur du deutonitrate de mercure peut être la cause de graves accidents. En 1869, des individus affectés d'une maladie de la peau, et qui avaient lu dans je ne sais quel livre, que l'on pouvait se servir du nitrate de mercure, achetèrent dans une officine de Paris du mercure et de l'acide nitrique; ils préparèrent eux-mêmes, avec ces deux agents, une solution qu'ils employèrent en frictions. L'effet eut de l'analogie avec ce qui avait été constaté sur Maxwell; le pharmacien fut inquiété pour avoir vendu sans ordonnance de médecin une préparation toxique.

Nous ne savons ce qu'est devenue cette inculpation, et si elle a eu des suites.

Dans un cas d'empoisonnement par l'azotate acide de mercure, il faudrait, pour rechercher le toxique, avoir recours aux procédés que nous avons décrits aux pages 78 et 255, pour la recherche de l'acide nitrique et du mercure.

Les soins à donner dans un cas d'empoisonnement par le deutoazotate sont l'administration d'une grande quantité d'eau albumineuse mêlée à une quantité assez grande de magnésie calcinée (1).

Il est indispensable de provoquer les vomissements.

OXYDE ROUGE DE MERCURE, BIOXYDE DE MERCURE, DEUTOXYDE DE MERCURE, PEROXYDE DE MERCURE, OXYDE MERCURIQUE, PRÉCIPITÉ PER SE.

Il ne faut pas confondre l'oxyde rouge de mercure que l'on trouve actuel-

(1) Des essais avec la magnésie calcinée nous ont présenté assez d'intérêt pour que nous fassions faire des essais à l'École impériale vétérinaire d'Alfort, nous ferons connaître plus tard les résultats obtenus.

lement dans les pharmacies avec l'oxyde rouge obtenu par l'oxydation du mercure, oxyde auquel on doit appliquer les mots de *précipité per se*.

Cet oxyde, excessivement rare ajourd'hui, s'obtenait en se servant d'un appareil dit *l'enfer de Boyle*, en tenant le mercure plusieurs jours sur le feu sur un matras dont le col, très-allongé, ne donnait passage à l'air que par une ouverture capillaire. Cette préparation avait fait dire à Gay-Lussac que *l'oxydation du mercure à l'aide de l'air, si elle était encore à faire, ne serait probablement pas faite aujourd'hui, parce que nous manquons d'une qualité précieuse chez les anciens, la persévérance*. Ce n'est qu'à un degré de chaleur voisin de celui auquel le mercure entre en ébullition qu'il absorbe l'oxygène et qu'il se convertit en petits cristaux d'une belle couleur rouge ; mais il est nécessaire de bien ménager l'action de la chaleur. A la chaleur rouge, il se décompose en oxygène qui se dégage et en vapeurs mercurielles qui peuvent se condenser sous forme de gouttelettes. Cet oxyde est un peu soluble dans l'eau, il est toxique.

Les auteurs disent que le précipité *per se* était connu de Geber qui vivait, selon les uns vers la fin du VIIIe au commencement du IXe siècle ; mais la formule attribuée à Geber est la suivante :

Prenez une livre de vitriol et une livre de salpêtre. Traitez ce mélange par le feu ; il se produit un sublimé rouge et brillant. (Hœfer, *Histoire de la chimie*, t. Ier, 1842, p. 322.)

On voit que le mode de faire n'est pas le même ; à l'époque actuelle, l'oxyde rouge de mercure s'obtient par la décomposition du proto-azotate de mercure, à l'aide de la chaleur calcinant l'azotate au-dessous de la chaleur rouge obscur.

Cet oxyde a une belle couleur rouge orangé qui varie de ton quoiqu'on le prépare par des opérations semblables. Son aspect est cristallin ; réduit en poudre, il acquiert une couleur jaune rougeâtre qui passe au jaune par la porphyrisation. Sa saveur est âcre, métallique, désagréable, ce qui fait connaître qu'il est un peu soluble dans l'eau. Exposé à la lumière, il est décomposé en partie, mais superficiellement ; il acquiert une teinte noirâtre ; la chaleur, comme nous l'avons dit, si elle est élevée, le réduit en ses éléments, qui peuvent être recueillis séparément, il est formé, pour 100 d'oxygène 7.32 ; et de mercure 92.68.

Ses caractères distincts sont les suivants :

Chauffé dans un tube de verre fermé à l'une de ses extrémités, il se résout en oxygène qui se dégage et en vapeurs mercurielles qui se condensent en globules à la partie supérieure du tube.

Traité par l'acide azotique faible, il se dissout avec facilité en fournissant un liquide incolore qui est précipité en jaune par les alcalis, soude, potasse, chaux, en blanc par l'ammoniaque, en rouge coquelicot par l'iodure de potassium, qui se précipite sur la lame de cuivre avec laquelle on la met en contact. Cette lame acquiert le brillant métallique par le frottement.

Ce liquide n'est pas précipité par l'acide chlorhydrique.

On peut employer cet oxyde pour obtenir de l'oxygène pur, pour brûler le carbone qui est converti en acide carbonique ; ce procédé facilite l'incinération de diverses matières organiques difficiles à incinérer ; mais il est trop coûteux.

Cet oxyde est toxique. On ne connaît cependant pas beaucoup d'observations d'empoisonnement par le précipité rouge. Plouquet a cependant cité le cas d'empoisonnement d'un homme qui, tourmenté d'un violent mal de tête, avala par mégarde de l'oxyde rouge de mercure, qui éprouva des coliques atroces, des vomissements abondants, un tremblement de tous les membres et des sueurs froides.

Devergie a aussi fait connaître les accidents déterminés par ce toxique, qui avait été pris en quantité notable dans des confitures, dans un but de suicide. Voici la description de cet empoisonnement, communiquée par M. X... à M. Devergie :

La malade, Mlle Sophie C..., ressentit des douleurs d'estomac très-violentes qu'elle dissimula autant que cela lui fut possible ; enfin, les vomissements s'établirent et elle rejeta une partie de ce qu'elle avait avalé. Les douleurs s'étendirent dans tout le bas-ventre et donnèrent lieu à de fortes coliques. Les personnes qui environnaient la malade soupçonnèrent qu'elle avait pu s'empoisonner et se hâtèrent de lui faire prendre une grande quantité de lait chaud. Elle rejeta les premières gorgées et garda les dernières tasses. Le bas-ventre devint de plus en plus douloureux, et, à mesure que les douleurs s'éloignaient de l'estomac, celles de ce dernier organe diminuaient ; bientôt, les évacuations alvines très-abondantes se manifestèrent ; les membres inférieurs devinrent le siége de crampes très-douloureuses. Cet état dura au moins six heures. Ayant été appelé, à cette époque, je trouvai cette malheureuse avec la figure grippée, le ventre dur, contracté, la peau froide, couverte de sueur, se plaignant d'éprouver dans l'abdomen des douleurs atroces. Je prescrivis 30 grammes de sirop scarabé dans une potion qu'elle devait prendre par cuillerées ; un quart de lavement toutes les demi-heures avec la décoction de son dans laquelle on ajouterait par chaque lavement 5 gouttes de laudanum. Les douleurs se calmèrent insensiblement, les selles devinrent moins fréquentes ; une sueur abondante s'établit, la malade eut quelques heures de sommeil, et, le matin, je la trouvai dans l'état le plus satisfaisant. Cependant il restait encore une sensibilité extrême du bas-ventre et une disposition singulière à des contractions involontaires des membres, analogues à des crampes. Je continuai les mêmes moyens, mais à des doses moins fortes et moins fréquemment données ; je leur associai des bains entiers longtemps prolongés, et, au bout de quelques jours, la malade put reprendre ses occupations.

Les premiers secours à donner, dans un cas d'empoisonnement par l'oxyde rouge, consisteraient à faire prendre de l'eau albumineuse dans laquelle on aurait délayé de la magnésie.

SULFURE DE MERCURE ROUGE, VERMILLON, CINABRE.

Le sulfure rouge de mercure, le vermillon, est-il toxique? C'est là une question qui mérite d'être étudiée; car il est à notre connaissance que des pralines rouges qui devaient leur couleur au vermillon avaient déterminé non pas un empoisonnement, mais des coliques. M. Orfila a cependant publié que, par suite de l'application de ce sulfure sur la cuisse d'un chien, on déterminait la mort de l'animal en deux, trois ou quatre jours.

Il est à notre connaissance qu'avant qu'on ne s'occupât sous le rapport de l'hygiène des couleurs qui entraient dans les sucreries coloriées, le vermillon était employé presque par tous les confiseurs, et qu'il a fallu, pour faire cesser cet emploi, des visites répétées et un procès, qui fut intenté à un sieur B..., qui n'avait pas tenu compte des avertissements répétés qu'on lui avait donnés. On doit conclure de ce qui a été observé que le sulfure rouge de mercure ne peut tout au plus donner lieu qu'à des indispositions et non à l'empoisonnement.

Ce sulfure, qui se rencontre dans la nature en assez grande quantité, est la mine de laquelle on tire le mercure métallique, soit qu'on convertisse le soufre en acide sulfureux, soit qu'on fixe ce soufre à l'aide des matières alcalines ou du soufre, tandis qu'on volatilise le mercure en recueillant par condensation les vapeurs mercurielles.

Le sulfure de mercure, qui porte le nom de *vermillon*, se prépare artificiellement en combinant directement le soufre et le mercure, procédant par mélange et par distillation. A l'état libre, il se présente sous la forme d'une masse solide de couleur violette; la cassure est brillante et cristalline. Réduit en poudre par la saturation, en une poudre d'un rouge vif; mais cette couleur est variable, et le vermillon préparé en France obtient la préférence, parce qu'il a une nuance rouge très-riche, plus éclatante que celle des vermillons fabriqués en Allemagne et en Chine (1).

Les caractères distinctifs du vermillon sont les suivants :

1° Projeté sur des charbons incandescents, le vermillon noircit, brûle avec une flamme bleue, en répandant l'odeur d'acide sulfureux (l'odeur d'allumettes en combustion) et en fournissant des vapeurs mercurielles qui, re-

(1) On fabrique en France, dans le département de la Seine, plus de 20,000 kilogrammes de ce vermillon, d'une valeur d'à peu près 2 millions de francs.

cueillies sur des lames de cuivre, leur donnent une couleur grise. Ces lames, frottées, acquièrent un toucher doux et le brillant métallique blanc du mercure. Si le sulfure est pur, il ne laisse aucun résidu.

2° Chauffé dans un tube fermé, il se sublime entièrement en une masse violâtre, qui, par la pulvérisation, fournit une poudre de couleur rouge.

3° Calciné dans un tube ouvert à sa partie supérieure, il donne, par l'action de la chaleur, du mercure en petits globules et un sublimé de cinabre. On conçoit qu'il y a eu décomposition partielle du sulfure, et qu'il y a eu dispersion du soufre à l'état d'acide sulfureux.

4° Mêlé avec de la potasse, de la soude, de la chaux, du fer, il est totalement décomposé par l'action de la chaleur, en fournissant des sulfures fixes, qui restent dans le tube, et du mercure métallique, qui se volatilise.

Le sulfure de mercure a souvent été employé pour donner aux malades des fumigations mercurielles. On a constaté que, par suite de ces fumigations, les malades étaient atteints de salivation.

Mort-aux-rats.

Nom donné à l'acide arsénieux. (Voyez, p. 27.)

Minium.

Nom donné à l'oxyde rouge de plomb.

Phosphore.

S'il est un corps qui mérite de fixer l'attention de ceux qui s'occupent de toxicologie, c'est certainement le phosphore. Très-intéressant sous le rapport chimique, il est devenu depuis un des fléaux de l'humanité, et il donne lieu à plus d'empoisonnements que l'arsenic, surtout depuis qu'on sait qu'on peut se procurer ce toxique sans difficulté, sans contrôle, sans laisser de traces des moyens employés pour se le procurer.

La découverte du phosphore remonte à l'année 1669; elle est due à Brandt, chimiste de Hambourg, qui recherchait dans l'urine humaine un liquide capable de convertir l'argent en or (1).

Il en envoya un échantillon à Kunckel, savant chimiste allemand, qui fit part de cet envoi à Kraft, son ami, qui résidait à Dresde. Celui-ci se rendit immédiatement à Hambourg et acheta de Brandt son secret moyennant 200 dollars, en établissant comme condition que le vendeur ne révélerait son

(1) L'*Histoire de la chimie* d'Hœfer donne à penser qu'Alchid Bechil, qui vivait dans le IXe siècle, connaissait le phosphore. Cette opinion est basée sur un écrit dans lequel il est parlé d'une *escarboucle artificielle* ou d'une espèce de lune obtenue par la distillation des urines, avec de la chaux et des matières organiques charbonneuses.

secret à nulle autre personne. Kraft fit voir publiquement son nouveau produit en Angleterre et en France, dans le but d'en tirer parti pour sa fortune. Kunckel, qui avait fait connaître à Kraft l'intention qu'il avait de se procurer la possession du procédé, s'étant trouvé piqué de la conduite de Kraft, travailla à le découvrir, et il y parvint en 1675, quoiqu'il n'eût appris de Brandt autre chose, sinon que l'urine était la substance qui avait fourni le phosphore. Aussi considère-t-on ce chimiste comme un de ceux à qui la découverte de ce corps si curieux doit être attribuée. Boyle découvrit aussi le phosphore, quoique Leibnitz assure que Kraft lui avait communiqué son procédé, et que Kraft l'ait également déclaré à Stahl; mais l'assertion d'un trafiquant de secrets qui avait trompé son ami ne peut pas prévaloir sur l'affirmation de Boyle, dont l'honorabilité était connue de tous, et *Boyle déclarait positivement qu'il avait fait la découverte du phosphore avant d'avoir eu connaissance du procédé de Brandt.*

Boyle fit connaître le procédé à son assistant Godfrey Hankwitz, apothicaire à Londres, qui, pendant longtemps, fut en possession de fournir le phosphore à toute l'Europe. C'est par cette raison que ce produit était connu sous le nom de *phosphore d'Angleterre*. D'autres chimistes avaient essayé de l'obtenir, mais sans succès. En 1737, un étranger vint à Paris et offrit de préparer le phosphore. Le gouvernement lui accorda une récompense pour la communication de son procédé, qui fut mis en pratique avec succès devant les membres de l'Académie des sciences, Hellot, Dufay, Geoffroy et Duhamel. Ce procédé fut décrit dans les plus grands détails par Hellot dans les *Mémoires de l'Académie.*

Le procédé exécuté devant les membres de l'Académie des sciences résultait de l'emploi de l'urine; il était long et dispendieux; il fut modifié par Margraf. Puis vint Gahn, chimiste suédois, qui découvrit, en 1769, que le phosphore est contenu dans les os. Peu de temps après, Scheele trouva un procédé pour l'obtenir; puis des chimistes français, Fourcroy et Vauquelin, décrivirent un procédé, qui fut mis en usage par les fabricants, et qui est un perfectionnement du procédé de Scheele.

Le phosphore a été un sujet d'études pour un grand nombre de chimistes: Hofmann, Pelletier, Lavoisier, Davy, Gay-Lussac, Thenard, Vogel, Dulong, Berzelius, Thomson, etc. Depuis, les applications qu'on a faites du phosphore ont conduit les médecins toxicologistes, les industriels, à faire de nombreux travaux sur ce corps si curieux et si dangereux (1).

(1) Les craintes de danger que peuvent faire craindre ces tels emplois du phosphore ont été signalées par Kunckel en 1669 ou 1670. En effet, dans un ouvrage ayant pour titre : *Vollständiges Laboratorium*, p. 605 et suivantes, il dit : « Quant « à moi, je fais ce que personne ne fait encore. Mon phosphore est pur comme du « cristal et d'une grande force; mais je n'en fais plus maintenant, parce qu'il peut « donner lieu à beaucoup d'accidents malheureux. »

www.ingramcontent.com/pod-product-compliance
Ingram Content Group UK Ltd.
Pitfield, Milton Keynes, MK11 3LW, UK
UKHW020132220726
13923UKWH00001B/119

9 782016 177822